华东政法大学65周年校庆文丛

重申罪刑法定主义

孙万怀 / 著

法律出版社
LAW PRESS·CHINA

崛起、奋进与辉煌

——华东政法大学65周年校庆文丛总序

2017年，是华东政法大学65华诞。65年来，华政人秉持着“逆境中崛起，忧患中奋进，辉煌中卓越”的精神，菁莪造士，棫朴作人。学校始终坚持将学术研究与育人、育德相结合，为全面推进依法治国做出了巨大的贡献，为国家、为社会培养和输送了大量法治人才。一代代华政学子自强不息，青蓝相接，成为社会的中坚、事业的巨擘、国家的栋梁，为社会主义现代化和法治国家建设不断添砖加瓦。

65年栉风沐雨，华政洗尽铅华，砥砺前行。1952年，华政在原圣约翰大学、复旦大学、南京大学、东吴大学、厦门大学、沪江大学、安徽大学、上海学院、震旦大学九所院校的法律系、政治系和社会系的基础上组建而成。历经65年的沧桑变革与辛勤耕耘，华政现已发展成为一所以法学为主，兼有政治学、经济学、管理学、文学、工学等学科的办学特色鲜明的多科性大学，人才培养硕果累累，科研事业蒸蒸日上，课程教学、实践教学步步登高，国际交流与社会合作事业欣欣向荣，国家级项目、高质量论文等科研成果数量长居全国政法院校前列，被誉为法学教育的“东方明珠”。

登高望远，脚踏实地。站在新的起点上，学校进一步贯彻落实“以人为本，依法治校，质量为先，特色兴校”的办学理念，秉持“立德树人，德法兼修”的人才培养目标，努力形成“三全育人”的培养管理格局，培养更多应用型、复合型、高素质的创新人才，为全力推进法治中国建设和高等教育改革做出新的贡献！

革故鼎新，继往开来。65周年校庆是华东政法大学发展史上的重要里程碑，更是迈向新征程开创新辉煌的重要机遇。当前华政正抢抓国家“双一流”建设的战略机遇，深度聚焦学校“十三五”规划目标，紧紧围绕学校综合改革“四梁八柱”整体布局，坚持“开门办学、开放办学、创新办学”发展理念，深化

“教学立校、学术兴校、人才强校”发展模式，构建“法科一流、多科融合”发展格局，深入实施“两基地（高端法律及法学相关学科人才培养基地、法学及相关学科研究基地）、两中心（中外法律文献中心、中国法治战略研究中心）、一平台（“互联网+法律”大数据平台）”发展战略，进一步夯实基础、深化特色、提升实力。同时，华政正着力推进“两院两部一市”共建项目，力争到21世纪中叶，能把学校建设成为一所“国际知名、国内领先，法科一流、多科融合，特色鲜明、创新发展，推动法治文明进步的高水平应用研究型大学和令人向往的高雅学府”。

薪火相传，生生不息。65周年校庆既是对辉煌历史的回望、检阅，也是对崭新篇章的伏笔、铺陈。在饱览华政园风姿绰约、恢弘大气景观的同时，我们始终不会忘却风雨兼程、踏实肯干的“帐篷精神”。近些年来，学校的国家社科基金法学类课题立项数持续名列全国第一，国家社科基金重大项目和教育部重大项目取得历史性突破，主要核心期刊发文量多年位居前茅。据中国法学创新网发布的最新法学各学科的十强排名，学校在法理学和国际法学两个领域排名居全国第一。当然我们深知，办学治校犹如逆水行舟，机遇与挑战并存，雄关漫道，吾辈唯有勠力同心。

为迎接65周年校庆，进一步提升华政的学术影响力、贡献力，学校研究决定启动65周年校庆文丛工作，在全校范围内遴选优秀学术成果，集结成书出版。文丛不仅囊括了近年来华政法学、政治学、经济学、管理学、文学等学科的优秀学术成果，也包含了华政知名学者的个人论文集。这样的安排，既是对华政65华诞的贺礼，也是向广大教职员工长期以来为学校发展做出极大贡献的致敬。

65芳华，荣耀秋菊，华茂春松，似惊鸿一瞥，更如流风回雪。衷心祝愿华政铸就更灿烂的辉煌，衷心希望华政人做出更杰出的贡献。

华东政法大学65周年校庆文丛编委会

2017年7月

目　　录

第一章　新理论的提出及对罪刑法定理念的冲击*

一、新理论的提出

近些年来，我国刑法学界发生的一系列学术争论从根本上讲都是围绕刑法理念的更新进行的，而这些更新从表面上看似乎是在关注刑法的适应性和社会性、关注个案正义的实现，但实际上是在不断地冲击或销蚀罪刑法定主义的基本意蕴。以下笔者拟对晚近以来我国刑法学界发生的一些比较重大的学术争议略作梳理。

（一）“道德评判理论”的提出

罪刑法定原则的派生原则之一是刑法明确性原则，而准确理解和把握明确性原则需要借助刑法解释来确立明确的标准。有学者提出以道德标准——“常情、常理、常识”——作为判断刑法解释是否合理和刑法文本含义是否确定的标准，并认为“我们的法律是人民的法律，绝不应该对其做出根本背离老百姓所共同认可的常识、常理、常情的解释”。〔1〕可是，如果坚持以“常情、常理、常识”作为判断刑法是否明确的标准，那么就有可能产生“情、理、法”之间、“法律”与“人民认同”之间的冲突。对此，上述学者认为，坚持讲“法”不讲“理”实际上是坚

---

* 本部分的主体内容参见《重申罪刑法定的基本理念》，载《法商研究》2015年第1期。该文由本书作者及其博士研究生闻志强合作完成。由于期刊只发表单独作者的文章，故本书作者放弃了署名。

〔1〕 陈忠林：《“常识、常理、常情”：一种法治观与法学教育观》，载《太平洋学报》2007年第6期。

持“恶法亦法”、合情合理不合“法”的要依“法”办，就是传统法治理论根本缺陷的集中体现。[1]传统法学理论的主张（恶法亦法）都可以归结为法是少数人（立法者或自然法学家）意志的体现，法治应是少数人对多数人的统治。坚持这些理论，在实践中必然结出“有权就是法”“权必然大于法”的恶果，坚持以这些理论指导法治，必然导致人治，导致专制。[2]显然，能否准确理解和把握这种观点的实质已成为我们评判该观点是否真正坚持和恪守罪刑法定理念的一个重要前提。

（二）“风险刑法理论”的提出

自德国著名社会学家乌尔里希·贝克提出“风险社会”概念以来，世界各国学者相继开展了风险社会视野下的法学研究，我国刑法学界自然也不甘落后。然而，随着认识、思考的不断深入，我国刑法学界对风险社会视野下的刑法定位问题产生了不小的争议，赞成的声音与质疑的声音交织在一起。于是，如何把握风险的内涵和实质、正确认识风险社会的本质以及如何看待风险社会理论与刑法的关系、立基于风险社会理论的风险刑法理论是否符合罪刑法定理念等问题成为当下我国刑法学者必须破解的难题。

与之相应的是“敌人刑法理论”的引进。德国刑法学者京特·雅科布斯提出了“敌人刑法”的概念，并相继阐发了“敌人刑法”的内容，这促成了“敌人刑法理论”的出现。近年来，“敌人刑法理论”引起了我国学者的关注，学术界赞成者有之，反对者亦不在少数。准确理解和把握“敌人刑法”的基本内容与实质，就成为我们判断“敌人刑法理论”是否符合罪刑法定理念的前提。

（三）“量刑反制理论”的提出

由量刑的合理性反推定罪的合理性是晚近兴起的“量刑反制理论”。持这种理论的学者认为，体现罪刑法定理念的落脚点在于实现罪刑均衡，因而其过分强调量刑的合理性和重要性，主张罪刑相适应原则应当取代罪刑法定原则成为刑法的最高原则，合理性原则应当作为刑法解释的根本原则，最终又回归到“常情、常理、常识”的判断标准。例如，有学者认为：“刑从罪生、刑须制罪的罪刑正向制约关系并非罪刑关系的全部与排他的内涵，在这种罪刑正向制约关系的基本内涵之外，于某些疑难案件中亦存在逆向地立足于量刑的妥

〔1〕 参见陈忠林：《司法民主是司法公正的根本保证》，载《法学杂志》2010年第5期。

〔2〕 参见陈忠林：《“恶法”非法——对传统法学理论的反思》，载《社会科学家》2009年第2期。

当性考虑，而在教义学允许的多种可能选择之间选择一个对应的妥当的法条与构成要件予以解释与适用，从而形成量刑反制定罪的逆向路径”。〔1〕详言之，“即首先要考虑对某一行为是否有动用刑罚予以规制的必要，在定罪的前提下进一步考虑如何处罚是妥当的，然后再反过来决定是否认定为犯罪，认定为何种犯罪”。〔2〕这一理论是否符合罪刑法定理念也需要我们作深入的分析。

二、冲击所在

（一）“道德评判理论”是否因提倡刑的确定性优先而将定罪作为附庸

罪刑法定原则的派生原则之一就是要求刑法规定具有明确性。而刑法的明确性是指，“表示这样一种基本要求，规定犯罪的法律条文必须清楚明确，使人能确切了解违法行为的内容，准确地确定犯罪行为与非犯罪行为的范围，以保障该规范没有明文规定的行为不会成为该规范适用的对象”。〔3〕但是，正如美国学者哈罗德·伯曼所言：“人类的深谋远虑程度和文字论理能力不足以替一个广大社会的错综复杂情形作详尽的规定。”〔4〕由于语言文字的抽象性、歧义性、多变性以及自身所处的语境等都会对我们正确理解语言文字的内涵产生诸多困扰，因此，绝对的明确是不存在的，模糊性与确定性之间也并不存在不可逾越的鸿沟。这就表明对刑法的明确性作机械主义、教条主义的理解是不可取的，而过分追求刑事立法的明确化以致忽视乃至漠视刑法解释的必要性与重要性也是不可取的。刑法解释应当有合理的发展空间，但是刑法解释不是随意的，而是在依附刑法文本的基础上受罪刑法定理念的引导和制约的，这是体现刑法明确性的必然要求。

寻求刑法文本的确定性就是要搞清楚刑法条文的基本含义，而这需要借助刑法解释，那么刑法解释应当以什么作为标准来判断其是否体现了刑法内在含义的确定性呢？有学者认为，合理性原则是刑法解释的基本原则，并主张将罪责刑相适应原则作为刑法的最高原则，在合理性的判断上以“常情、常

---

〔1〕 梁根林：《许霆案的规范与法理分析——编者按》，载《中外法学》2009年第1期。

〔2〕 聂昭伟：《“由刑及罪”逆向路径在司法实践中之体现与应用——以最高人民法院发布的典型案例及司法解释为样本》，载陈兴良主编：《刑事法评论》（第31卷），北京大学出版社2012年版，第525页。

〔3〕 [意]杜里奥·帕多瓦尼：《意大利刑法学原理》，陈忠林译，法律出版社1988年版，第24页。

〔4〕 [美]哈罗德·伯曼：《美国法律讲话》，陈若桓译，三联书店1988年版，第20页。

理、常识”作为标准，而“所谓的‘常识、常理、常情’，是指为一个社会的普通民众长期认同，并且至今没有被证明是错误的基本的经验、基本的道理以及为该社会民众普遍认同与遵守的是非标准、行为准则”。[1]“常识”“常理”“常情”到哪里去找呢？“那答案就是：请到你们自己的本性中去找，请到你们心灵深处去找，请到你们自己的良心中去找。”[2]那什么是良心呢？“良心不是别的，良心是一个社会基本的是非观、善恶观、价值观在每一个人心目中的反映，是一个人对所处社会的常识、常理、常情的认识。”[3]笔者称该理论为“道德评判理论”。该理论存在的问题从实质上讲其实可以转化为如何看待道德与法理的关系以及道德在认定犯罪中的作用问题。通过作这样的转化，对该理论进行评判就变得相对简单一些。

1.从法律逻辑上讲，将道德作为行为准则无可厚非。这里的问题是，作为保障立法正当性依据的道德能否成为具体法律适用的依据呢？如果司法者能够忠实地执行一部合乎道德的法律，那么以道德标准评价具体法律的适用自然是无可非议的，但是当刑法更多地关注限制权力的时候，这样的标准不仅无助于限权目标的实现，而且还会造成权力的不断扩张。因此，如何实现道德评判与罪刑法定主义的统一是非常重要的问题。

2.常识带有道德标准不明确、不统一的根本缺陷。常识是是非标准、行为准则，应当到“良心”中去寻找，而“良心”又是是非善恶价值观念、是常识，很明显上述论证犯了形式逻辑之循环论证的错误，导致立论根本无法成立。从确定性原则本身来看，笔者认为，“道德评判理论”内容的不周延决定了任意使用该理论会严重违反确定性原则本身。“道德评判理论”内容抽象概括、适用标准含混不清，是以道德价值判断来取代事实判断和法律判断，如果在司法实践中强行推行该理论，那么会造成司法不统一、不协调乃至司法不公和混乱的结果，而这是违背罪刑法定基本理念的。“道德评判理论”是一种典型的常识主义刑法观，而“衡量标准不明确是常识主义刑法观无法克服的顽疾”。[4]根据前述介绍，论者对“常识、常理、常情”的界定充斥着“最基本”

---

〔1〕 陈忠林：《“常识、常理、常情”：一种法治观与法学教育观》，载《太平洋学报》2007年第6期。
〔2〕 陈忠林：《“恶法”非法——对传统法学理论的反思》，载《社会科学家》2009年第2期。
〔3〕 陈忠林：《“恶法”非法——对传统法学理论的反思》，载《社会科学家》2009年第2期。
〔4〕 温登平：《反思常识主义刑法观》，载《中国刑事法杂志》2013年第9期。

的“是非观、善恶观、价值观”“良心”“普通民众”“基本的经验”“基本的道理”“基本的感情”等诸如此类的表述，然而如何界定这些概念的含义是相当困难的，对其使用也是比较随意的。“‘常识’或者‘常识主义’这种颇具不确定性的特点，实际上也成为今日常识主义和常识主义刑法观在刑法学理论和司法实践中的命运的预言。”〔1〕

以上评判虽然是基于罪刑法定原则明确性的要求而进行的，其中也不乏合理性，但是其与“道德评判理论”具有同样的弊病，即在具有一定合理性的同时，都具有不周延性。道德评判应当具有一定的生存空间，但是其必须符合罪刑法定的基本理念，违背罪刑法定基本理念的道德评判都是不合理的。

3.在进行道德评判时必须处理好“公意”与“民意”的关系。“道德评判理论”作为一种常识主义刑法观和司法民主化乃至司法大众化理论，因过分注重道德评判而违背罪刑法定原则下立法权与司法权的界分，有可能使司法机关承载过多的不适当职能乃至强化司法僭越立法的冲动，从而有违我国的政治实践和权力架构。“因为从我国宪法来看，人民代表大会制和‘一府两院’制都决定了，人民民主应当主要通过权力机关和立法机关来完成。强化这一点对于现代政治体制的发育完善极为重要。这强调了政府的不同部门在职能上和权限上有分工与分立，不是让每个部门都变成民意表达和吸纳机构，否则，民主化的司法就会侵犯政治部门的立法权。”〔2〕虽然对民意的极端追求可能并不是“道德评判理论”创始者的初衷，但是“道德评判理论”事实上为司法者提供了一个追求民意的武器。笔者认为，追求法律与人民意志一致是值得肯定的，但是“民意”并不等于“公意”，二者存在本质的区别。法律是公意的体现，其对民意的追求是有限的、克制的。因为民意是多元的、易变的，有时是非理性的甚至是不加判断的群体无意识，而“群体具有五大特点：群体是冲动、多变与急躁的，群体易受暗示、易轻信，群体的情绪夸张而单纯，群体偏执而保守，群体不可能是道德的”，〔3〕这就决定了我们不能根据所谓的（群体）民意来理解和适用法律（尤其是刑法）。

退一步来讲，即使承认力求使刑法获得公众的认同和民意的支持并不必

〔1〕 温登平：《反思常识主义刑法观》，载《中国刑事法杂志》2013年第9期。

〔2〕 苏力：《法条主义、民意与难办案件》，载《中外法学》2009年第1期。

〔3〕 [法]勒庞：《乌合之众》，冯克利译，广西师范大学出版社2007年版，第52页。

然就违反法治、破坏罪刑法定原则，但是“公众的刑法认同并不必然地与舆论调查中多数人的意思画等号”。[1]因为“‘具有多数公认力的正义观念’作为一个标准却是不无问题的。尤其是，它不能被简单地等同于表面上的多数意见。这种多数意见往往是为利益而非良知所驱动；它常常不过是被操纵的‘从众意见’”。[2]因此，“过分注重所谓的民意，存在实行人治的危险”，[3]而“将法和臆想的或者自称的民众利益等量齐观，就把法治国家变成了非法治国家”。[4]笔者认为，“道德评判理论”如果不是一种民粹主义的体现，那么就是在舍弃规则之治的良善、再次（隐性地）掀起少数人乃至个别人的专制的一次让人无法理解的错误回潮。因此，在情、理、法发生冲突的情形下，我们必须恪守罪刑法定的基本理念，坚持司法遵循立法和形式理性为上、为先的原则，虽然这样做需要作出一些牺牲、付出一定的代价，但是从法治建设的长远目标来看是值得的，这也与国家刑权力同权利不平衡对抗的模式决定了刑法只能实现普遍的面上的正义而无法实现绝对的、个案的正义相契合。因此，仅因作为规则之治的法治不完美而倡扬“道德评判理论”，有可能重蹈人治与专制的覆辙，这应引起我们的深刻警醒。

罪刑法定原则的形式要求是刑法规定的明确性，而其实质要求则是坚持刑法的人道主义。遵守形式与实质相统一是刑事司法底线的原则，“由于刑法文本的特殊性以及罪刑法定原则的根本制约，生活逻辑原则的适用应当受到严格的限制”，[5]而“道德评判理论”并不能为此提供一个根本性的法则。因此，其所具有的部分合理性不经过再解释显然无法达到明确性的要求，甚至有可能从根本上否定罪刑法定原则，并且会混淆道德与法律的关系，引起司法上的混乱，而这是违反罪刑法定基本理念的，也是我们不能接受的。

（二）过分强调刑的合理性是在罪刑相适应的名义下对罪名确定性的破坏

“风险刑法理论”“量刑反制理论”以及“司法犯罪化理论”具有一个相同的前提，即认同后果和风险的危害性，否定罪名本身的确定性。例如，在持

---

〔1〕 周光权：《论刑法的公众认同》，载《中国法学》2003年第1期。

〔2〕 [德]齐佩利乌斯：《法学方法论》，金振豹译，法律出版社2009年版，第23～24页。

〔3〕 温登平：《反思常识主义刑法观》，载《中国刑事法杂志》2013年第9期。

〔4〕 顾培东：《公众判意的法理解析》，载《中国法学》2008年第4期。

〔5〕 梁根林：《刑法解释的适用规则论》，载《法学》2003年第12期。

“风险刑法理论”的学者看来，“刑法不再注重实害性后果的发生，而是为了防止‘可能’出现的结果，甚至为了防止潜在风险的存在，预先将某些行为入罪。刑法不知不觉中从保护法益为基本属性向保护社会安全感靠拢”。[1]而从前述对于“量刑反制理论”和“司法犯罪化理论”的叙述中可以发现这两个理论也有类似的追求。这些理论从形式上看似乎“满足”了社会现实的需要，但是从实质上看却突破了罪刑法定原则的内涵，扩大了刑法的防卫社会功能。

虽然罪刑法定原则的基本内容是罪与刑的法定化、明确化，但是仅仅实现了罪与刑的法定化、明确化还不够。因为在司法实践中仅仅遵从刑法的明文规定有时还会出现罪名与量刑不尽一致、合理的情况，而“量刑关系到被告人的人权保障乃至国家的人权状况”，[2]要实现保障被告人人权的目标就必须保证罪与刑之间合理、妥当，即实现罪刑均衡。犯罪的定性（定罪）与处罚的定量（量刑）应当保持一致，这一立论的逻辑前提在于：定罪是量刑的前提和基础，否认罪名确定性的存在，否认犯罪的先在，将量刑前置、罪名后置就违反了犯罪与刑罚的刑法逻辑关系，也有违一般的认识规律和认知路径。按照基本的法律逻辑，犯罪是一个被发现、被证实、从追求法律真实走向无限接近客观真实的认定过程。在“事实清楚”的前提下，对于犯罪行为的认定是先定性（定罪），然后据以定量（量刑），遵从的是“三段论”的法律适用逻辑。“三段论”的法律适用逻辑内在地要求“司法人员必须遵循先定罪、后量刑的时间顺序规则，不能把量刑提到定罪之前”。[3]然而，近年来我国刑法学界兴起了一股反传统甚至反逻辑的思潮，而“量刑反制理论”的提出尤其引人注目。笔者认为，这一理论虽然披着“罪刑关系创新论”的外衣，但是实际上已经违背罪刑法定的基本理念，实不足取。详述如下：

1.“量刑反制理论”违背了罪刑之间的前后制约关系，破坏了行为与结果之间因果关系的逻辑认定。从逻辑的角度来看，刑从罪生，有了定性的“罪”才有定量的“刑”，定罪为因，处刑为果，二者既在时空上存在先后发生的因果关系，也在犯罪证实的逻辑判断中存在先后制约的关系。“从犯罪的流程看，行为人基于主观恶性支配行为，在行为的作用下产生危害结果，行为是结果发

---

〔1〕 孙万怀：《风险刑法的现实风险与控制》，载《法律科学》2013年第6期。

〔2〕 张明楷：《责任主义与量刑原理——以点的理论为中心》，载《法学研究》2010年第5期。

〔3〕 王勇：《定罪导论》，中国人民大学出版社1990年版，第263页。

生的原因，决定着结果的发生，而结果不可能反过来决定行为本身的危害性程度。”〔1〕对此，持“量刑反制理论”的学者认为：“判断罪名的目的，是以恰当的方式和形式评价犯罪的危害性、服务于量刑。刑法解决的是行为人刑事责任有无和大小的法律，其他所有中间过程，都服务于这一终极目的。”〔2〕从刑罚论的终极诉求来看，长期以来我们过于看重定性的准确而并不重视量刑是否适当确实是一个重大缺陷；从现代法治的角度来看，我们已经认识到这一问题并向同时追求定性准确与处刑公正、兼顾实现定罪量刑同步正义的方向转变。然而，将定罪与量刑同等重视并不意味着要实现极端化的转型——以刑制罪，这种转型实际上已经违背罪刑关系，因为“不同的罪名对应的是不同的犯罪构成，而不同的犯罪构成来源于对截然不同犯罪事实的法律概括和提炼，出于量刑的目的更换罪名，否定了整个案件的事实，使定罪与量刑的逻辑关系产生根本性的错位”。〔3〕

2.“量刑反制理论”与“司法犯罪化理论”的逻辑延伸暴露了司法积极能动主义的隐忧，与强调消极主义刑罚权的罪刑法定理念相悖。它们容易导致在出现所谓量刑不合理的情形时一味去破坏刑法规范底线的后果：（1）为了求得量刑的合理而选择与本应认定罪名最相近、最相似的其他罪名，从而违反刑法有关定罪和量刑的规定，其本质是对刑法罪名确定性的破坏；（2）为了确保量刑的合理性，仅从刑罚必要性方面去考量犯罪的认定从而使刑事违法性判断被以刑罚必要性为支撑的社会危害性判断架空，使对于刑法没有明文规定的行为的认定在所谓“刑罚当罚性”的内在需求和权力扩张冲动下，肆意突破刑法文本的规范限制，使社会危害性判断借由“刑罚当罚性”的前置判断获得支撑，导致刑事违法性的形式判断由前置变为后置乃至消除，这对于需要坚守“司法遵循立法”原则的司法者而言更显潜在的“法治危险”，容易导致司法者重回实质判断——“社会危害性”判断——的老路上去，而这与罪刑法定原则对立法权与司法权的界分以及强调司法遵循立法、形式理性先于和优于实质理性的要求不符。

3.罪刑法定原则、平等适用刑法原则和罪刑相适应原则作为刑法的三大

〔1〕孙万怀：《有毒有害食品犯罪的量刑反制思维应摒弃》，载《人民检察》2012年第19期。

〔2〕高艳东：《量刑与定罪互动论：为了量刑公正可变换罪名》，载《现代法学》2009年第5期。

〔3〕曹坚：《“以量刑调节定罪”现象当杜绝》，载《检察日报》2009年12月21日。

基本原则，在法律地位上是平等的，但是这并不意味着三者之间就是平行的关系。从更深层的意义上分析，笔者认为罪刑法定原则是其他两项原则的前提和基础。持“量刑反制理论”的学者认为：“定罪是‘因’，量刑是‘果’，‘先定罪后量刑’是因果逻辑发展下的天经地义。然而，在一些疑难案件中，这种正向性的罪刑认定逻辑在严守罪刑法定的同时却无法兼顾罪刑相适应，量刑失衡的问题不断地引发民众的质疑。”〔1〕换句话说，该学者认为严格遵守罪刑法定原则会与罪刑相适应原则发生冲突。对于这一观点，如果我们稍加分析就会发现其根本就不能成立。刑法三大基本原则之间并不是相互对立的，更不存在不可调和的冲突，而是内在交融的，从根本上看，罪刑法定原则占据首要位置。罪刑相适应原则与罪刑法定原则的关系应当是“罪刑法定原则包含罪刑相适应是正义与人权的彻底要求”。〔2〕正是有了法律的明文规定、有了刑法对于个罪认定所作的刑种刑度规定，才可能谈得上适用相当的刑罚予以惩罚，才可能实现罪责刑相适应。如果连法律的明文规定都不存在，对一个行为的定性都没有刑法的规范依据，那么仅仅根据所谓“刑罚当罚性”的判断首先从量刑合理性上寻找其可能对应的罪名，不能不说是一种本末倒置的做法，是有违刑事法治精神的。退一步讲，即使存在罪名体系内部量刑设置失衡、不妥的现象，也主要是立法的失当、立法技术的不足所致，应当寻求立法的修改和完善，而非以所谓的量刑反制来寻求一个量刑适当的罪名；否则，刑法规定罪名罪状的必要性将丧失殆尽，刑法的确定性也将受到动摇，而这既违背罪刑法定原则，也不符合量刑反制论者追求量刑合理目标的初衷。从某种意义上讲，前述“道德评判理论”与“量刑反制理论”具有内在的一致性，二者是源与流的关系，因为首先考虑量刑的合理性就是一种抛弃罪的确定性的道德评价结果。

三、如何看待消极出罪权的问题

国家刑权力包括入罪权和出罪权两个方面，罪刑法定原则强调在入罪时应当保持审慎和克制，在出罪时则应坚持国家刑权力的宽容和人道，这是罪刑法定原则的深层内涵，是符合有利于被告人精神的。罪刑法定原则虽然强调

〔1〕 王拓：《量刑反制定罪：传统司法认定逻辑的必要补充》，载《检察日报》2011年6月17日。

〔2〕 马荣春：《论罪刑相适应原则之刑法地位》，载《河北法学》2008年第5期。

限制司法者的“定罪权”，防止司法者在法无明文规定的情形下滥用司法权任意入罪，但是并不限制司法者的“出罪权”。入罪与出罪是两个方向上的，罪刑法定侧重于对刑权力的限制，主要是针对入罪方向的，而不意味着在出罪方向上也是如此。在立法存在漏洞的情况下，或法律明文规定的核心含义与边缘含义存在模糊之处，抑或形式上符合刑法规定但实质上缺乏刑罚必要性的行为，笔者认为在遵循刑罚人道主义的前提下，应当赋予司法者自由裁量权予以判断。有学者认为：“我国司法上的非犯罪化的空间很小，应当呈现颓势。”[1]笔者认为，这一观点值得商榷。因为立基于罪刑法定原则下的立法权与司法权界分，司法者行使一定的自由裁量权通过出罪渠道实现对被告人的人权保障，即享有消极出罪权是正当的，也是司法宽容的彰显。

（一）司法者行使消极的出罪权与我国刑法的明文规定相符

1997年《中华人民共和国刑法》（以下简称《刑法》）第13条规定的犯罪概念是定性与定量的统一，这与外国刑事立法定性、司法定量的立法模式存在本质的区别。立法者已经经由社会危害性的判断对所有行为类型作了抽象概括和认真筛选，因此，司法者应当在行为定性判断上与立法者保持一致，但是由于立法者把制定定量的可操作性标准的权力——司法解释权——赋予了司法者，司法者便享有合法的自由裁量权，其能够根据行为类型的设置并结合社会实际做出更合理的界定和调整。例如，随着社会经济的发展和人民生活水平的提高，认定经济犯罪、侵犯财产类犯罪的入罪数额标准总体上处于逐渐提高的趋势，如果一味固守原有的犯罪行为类型，而不进行数额等入罪量标准的调整，那么势必会扩大刑法的打击面，使刑法的效用减损。从根本上看，这种对数额等入罪量标准的调整是对一些原来有惩罚必要性但现在看来不具有惩罚必要性的行为进行非犯罪化，是保障国民人权的体现，并且没有破坏立法者设置的行为类型，因而是正当的。同时，1997年《刑法》第13条后半段“但书”的存在使司法者在司法实践中面对错综复杂、千姿百态的具体案件时，对一些行为类型具体危害程度和行为人人身危险性程度的判断更具灵活性，也使司法者在出罪方向上依据“情节显著轻微危害不大”行使出罪权具有法律依据，从而合理地控制刑罚圈以保持刑法的相对稳定性和权威性。

---

〔1〕 张明楷：《司法上的犯罪化与非犯罪化》，载《法学家》2008年第4期。

(二)司法者行使消极的出罪权力契合刑法谦抑主义，是对宽严相济刑事政策的落实，符合法治建设的根本精神和世界刑法的发展趋势

刑法的谦抑性意味着刑法应较少地被适用，这既体现在入罪方向上的严格控制，也体现在出罪方向上应保持宽容，司法者行使消极出罪权正是刑法谦抑主义在出罪方向上的彰显。当下我国司法者贯彻宽严相济刑事政策的本质是强调从宽，落脚点在于以宽济严，这鲜明地体现在行使出罪权上，既与罪刑法定原则强调有利于被告人的精神相契合，也与世界范围内的非犯罪化、非刑罚化、宽缓化刑法发展趋势相符。在这种刑事法治氛围中，司法者秉持有利于被告人的精神行使消极的出罪权契合罪刑法定理念，是国家刑权力克制的体现，是对刑法人道主义的践行，值得肯定。

刑事法治建设中的刑法理念超越刑事立法、解释技术和刑法规范文本占据更高、更重要的位置。刑法理念引领、统摄刑事立法、刑法解释和刑事司法。晚近以来，众多新型的刑法学理论的提出归根结底是因学者们对刑法基本理念的理解出现偏差所致，特别是对作为刑法根基的罪刑法定理念出现了误解。罪刑法定既是一个原则，更是一种理念。刑法规定了罪刑法定原则并不等于罪刑法定的基本理念就得到了树立和恪守。从规定类推到废除类推、从确立罪刑法定原则再到罪刑法定原则向罪刑法定理念的艰难转变，我们不能不对罪刑法定在当代中国的命运始终抱有“保守的乐观”态度，能否真正超越技术层面和制度层面实现罪刑法定原则向罪刑法定理念的升华，仍需要我们在刑事立法、刑法解释和刑事司法等多方面作出努力。

第二章　解决法定化困境的错误选择——司法犯罪化*

在刑法的适用过程中，始终存在两个方面的问题：一是规范作为一种类型化的语言，具有基本的内涵，而现实中的危害行为往往是独特的，这就导致始终存在规范的内容与现实要求之间的差距；二是法律规范作为哈特所说的“空缺解构”，在某些情形下又是不明确的，于是就产生了对规范化的理解或解释的问题。在以上两种情形下，罪刑法定的适用就遭遇到了挑战，罪刑法定原则的先天缺陷就暴露了。

一、对罪刑法定价值基础的质疑

刑法通说认为，罪刑法定原则的理论起源有两个：一个是天赋人权理论，另一个是心理强制说。一般认为，“近代刑法学之父”费尔巴哈创立了心理强制主义或心理强制学说。因为对刑法威慑性所导致的心理强制的重视，刑法的预先公布和刑法规范的明确性就成为一项最基本的要求。随着费尔巴哈在其1813年起草的《巴伐利亚刑法典》中第一次将罪刑法定思想法典化，心理强制学说就被作为罪刑法定主义的基础之一。

笔者认为，罪刑法定主义与心理强制说纯属形式上的契合。心理强制学说只是说明了法律正义性的底线，或者说符合了福勒所说的法的自由性的要求，并不能归结为罪刑法定思想的价值性。罪刑法定的思想必然包含法律的公布，但是罪刑擅

---

* 本部分内容刊载于本书作者发表的《罪刑关系法定化困境与人道主义补足》一文，原载《政法论坛》2012年第1期。

断同样可能伴随着法律的成文与公布。罪刑法定思想是作为罪刑擅断的对立面出现的，是和人权的观念结合在一起的。心理强制学说只是说明了法律公布的重要性，是法律的正义性或自由性的最低要求，是法律的内在道德要求之一，不能直接作为罪刑法定思想的渊源或理论基础而存在。

从历史渊源来分析，作为罪刑擅断观念对立面提出的并非只有罪刑法定原则，刑罚人道主义观念与罪刑擅断观念的对抗似乎更为直接。因为西方中世纪罪刑擅断观念的肆行同样有一定的规则基础，只不过这样的规则是建立在以教会为中枢的价值体系框架之内，以神意和宗教的名义对所谓的“异端”用刑，对人的思想进行钳制。所以对理性的追求和对信仰主义、经验主义的清算成为资产阶级革命的旗帜和目标。在刑法领域，通过弘扬人道主义刑法观进而否定罪刑擅断成为一种重要的方法。如果说罪刑法定主义是对罪刑擅断观念的形式批判，刑罚人道主义则是对罪刑擅断观念的实质批判。

在罪刑法定主义进入中国甫始，就在罪刑法定原则的形式理解上有些纠结。罪刑法定主义是自发的还是引入的问题就不无争议。其实无论是“断罪引律令”，还是“法无明文规定不为罪”，都具有相同的意思，并不能从根本上作出差别性的界定。尽管从实质角度来说可以找到两者之间的差异，但是毫无疑问，无论是古代的律令，还是当代的刑法，都具有心理强制性这一结论应当是没有争议的。要说明罪刑法定原则的时代性，还需要从罪刑法定原则之外来寻求原因。我们还是要回到贝卡里亚那里。罪刑法定原则确立之初，与罪刑等价原则、刑罚人道主义原则是三位一体的，尤其是刑罚人道主义原则更是罪刑法定原则的有效补充。单纯的罪刑法定原则尽管承担起了刑法的时代使命，但是实际上其并不能独自担此重任，尚需要其他原则的扶助。罪刑法定原则只是描述了罪刑关系的明确化、规格化和法定化要求，只是对于法律标准至上的一种忠实追随。但并不能说明刑法以及刑法适用的时代价值，刑罚人道主义作为补充，则说明了刑法不仅需要形式正义，还需要实质正义。刑法规范只有具有符合人道主义的诉求，坚持罪刑法定原则才有意义。或者说只有从人道主义的角度出发，才能找到理解罪刑法定原则的有效方法。“法律往往因为符合了道德目的，条文才具有正当性。”[1]而不是只要具有了明确性和不

---

〔1〕 [法]斯特法尼：《法国刑法总论精义》，罗结珍译，中国政法大学出版社1998年版，第29页。

可溯及性，就自然获取了正当性。

二、追求刑罚确定所导致"文字困境"及对合理性的限缩

罪刑法定原则所注重的就是文字形式，追求文字规范的确定性。贝卡里亚认为："当一部法典业已厘定，就应该逐字遵守，法官唯一的使命就是判定公民的行为是否符合成文法律。"〔1〕也就是说，社会的稳定来源于法律的明确和公开，司法过程的实质就是通过法律来印证行为的符合性。当然，他实际上也看到了法典作为一种文字形式所表露出来的局限。但是，他认为尽管这种"麻烦"不可避免，但是"严格遵守刑法文字所遇到的麻烦，不能与解释法律所造成的混乱相提并论。这种暂时的麻烦促使立法者对引起疑惑的词句作必要的修改，力求准确，并且阻止人们进行致命的自由解释，而这正是擅断和徇私的源泉"。〔2〕

由于人类的语言带有抽象性特征，文字作为一种语言的载体，同样也是抽象的，对法律的文字崇拜最终必然产生困顿，从而陷入"文字困境"。在罪刑法定成为刑法基本原则之后，对于如何理解、遵循罪刑法定原则，一些解释是否有违罪刑法定原则的争论从来就没有停止过，根本原因就在于法律规范作为语言本身抽象而充满歧义。在寻法的过程中，从最初类型化语言逐步向具体犯罪行为靠近的时候，文字的含义趋向于模糊不清。"水葬"案件〔3〕中就可以看出这样的端倪。警方认为："根据'法律明文规定为犯罪行为的，依照法律定罪处刑'的刑法基本原则，本案犯罪嫌疑人王士喜、叶桂丽抛尸行为符合刑法第三百零二条之规定，构成侮辱尸体罪。"〔4〕似乎只有认定为侮辱尸体罪才能满足罪刑法定原则的要求，而更多的反对声音则不以为然，认为将"水葬"认定为侮辱行为违反了罪刑法定原则。再如，在王某明案件〔5〕引发的婚内

---

〔1〕 [意]贝卡里亚:《论犯罪与刑罚》，黄风译，中国大百科全书出版社1993年版，第12页。

〔2〕 [意]贝卡里亚:《论犯罪与刑罚》，黄风译，中国大百科全书出版社1993年版，第12页。

〔3〕 2008年11月29日《海峡都市报》报道："两个麻袋套着一具女尸，袋子里装着3块石头。南安市码头镇大庭村黑石潭，这具女尸大白天惊现河岸边。杀人抛尸？南安市公安局专案组民警，艰苦排查9天后，疑案真相大白，更让人辛酸不已——28岁的安徽外来工王士喜（化名）的66岁母亲猝死租房中，拮据不堪的他，含泪将遗体装在麻袋里，沉尸'水葬'。王士喜随即被以涉嫌侮辱尸体刑拘。"

〔4〕 郭宏鹏:《南安警方公开回应外界质疑》，载《法制日报》2008年12月9日。

〔5〕 具体案情为：1996年6月，被告人王某明搬离住所并于1997年3月向法院提起离婚诉讼。1997年10月8日，上海市青浦区法院作出准予离婚的判决。在上诉期内，王某明来到原住所，采取暴力方式强行与妻子发生了性行为。

强奸行为是否构成强奸罪的争论中，正方认为，婚内强奸被定罪不违背罪刑法定原则，因为刑法并没有排除丈夫可以构成强奸罪的主体，反方则认为法律并没有规定丈夫可以构成强奸罪的主体，所以定罪是违背罪刑法定原则的。罪刑法定原则一时成了任人打扮的“小姑娘”。

刑法中“侮辱”“强奸”等词应当说内涵还是相对明确的。但是落实到具体案件还是不够明确，所以才会产生理解的分歧。正如哈罗德·伯曼所言：“人类的深谋远虑程度和文字论理能力不足以替一个广大社会的错综复杂情形作详尽的规定。”〔1〕而绝对的罪刑法定强调了一般情况一般处理，却忽视了个别情况的个别处理，因而顾此失彼。“当法律遭遇个案，本来被认为‘明确’的法律就可能变得不再明确，对于善于思考的法官来说尤为如此。”〔2〕前不久发生的“火车是否属于机动车案”应当是非常典型的诠释。〔3〕

如果我们基于人道的思考，对文字的字面理解进行一种扩张性的解释，实际上很多问题也就迎刃而解。所以产生“文字困境”并不可怕，忽视从人道的角度对字面含义进行扩展才是误判的深层因素。判决固然要依据形式标准，但更注重实质价值。在刑法中，这样的理解尤其重要，譬如，根据我国《刑法》第49条的规定，审判时怀孕的妇女不得适用死刑。如果仅就字面理解，“审判时”只是刑事案件的一个阶段，即法院受理案件到判决生效之前这段时间。但字面含义不能将此前羁押的怀孕妇女包含在内，结果显然是不人道的或者可能造成不人道的结果，故此，刑法生效之后不久，1998年8月7日《最高人民法院《关于对怀孕妇女在羁押期间自然流产审判时是否可以适用死刑问题的批复》中明确指出，羁押期间怀孕的妇女自然流产的，又因同一事实被起诉、交付审判的，视为“审判时”怀孕的妇女，不得适用死刑。这显然是对文字字面含义的扩充，但因为打上了人道主义的烙印，所以毫无争议达成了共识。

对于“文字困境”所导致的消极后果，孟德斯鸠的认识十分深刻：“没有比在法律的借口之下和装出公正的姿态所做的事情更加残酷的暴政了，因为

---

〔1〕 [美]哈罗德·伯曼：《美国法律讲话》，陈若桓译，三联书店1988年版，第20页。

〔2〕 [美]约翰·亨利·梅利曼：《大陆法系》，顾培东、禄正平译，法律出版社2004年版，第43页。

〔3〕 江苏省南京市居民高某梅的女儿下班途中不幸被火车撞死，案件经历了2次行政认定、5次司法裁判，都认为不属工伤。理由是，道路交通安全法对机动车是指以动力装置驱动或者牵引，在道路行驶、供人员乘用或者用于运送物品以及进行工程专项作业的轮式车辆，而火车不在道路行驶，所以不是机动车。后江苏省高院再审推翻原判决。

在这样的情况下，可以说，不幸的人们正是在他们自己得救的跳板上被溺死的。”[1]这句话通过富勒著名的“洞穴奇案”和“卡纳安德斯之板”的典故为我们进行了解说，而其最初的现实化考量就是英国著名的“达德利与斯蒂芬斯”案。[2]在法律的尽头，如果缺乏人道主义的补足，现实的不幸会真正坠入法律的深渊。法律的确定化并不能带来公正，更何况法律的确定化永远是相对的。在文字与现实之间不可能畅通无阻，这实际上就是此岸世界与彼岸世界的隔阂。

那么如何架构这座桥梁呢？文字崇拜所显现出来的无奈和弊端又该如何来进行纠正呢？这需要立法者、司法者本着以人为本的信念来落实和实践法律规范，一个重要的出发点就是对规范作出人道主义的理解，从以人为本的角度作出合乎普遍信念的理解。

2006年6月25日，美国联邦最高法院以5票反对、4票赞成裁定路易斯安那州判处强奸幼女案被告人帕特里克·肯尼迪死刑违反宪法。这一裁决在美国社会引发极大争议。裁定文称，除叛国罪和间谍罪外，法庭在受害人没有死亡的情况下判处案犯死刑违反美国宪法，因为宪法禁止“残忍和特殊的”刑罚。投票反对死刑的最高法院大法官安东尼·肯尼迪在多数派投票意见中写道：“对强奸幼童罪行而言，死刑判决并不适度。”[3]

该案的主要争议点就在于：对于强奸儿童的行为适用死刑是否违背了美国联邦宪法第八修正案禁止“残忍与异常刑罚”条款。最高法院的法理依据在于：联邦最高法院在1910年的Weems v. United States一案中已提到，对“残忍与异常的刑罚”条款的解释可以“不断更新，且不为陈腐的观念所束缚，随着公共舆论受到更为人道的正义观启迪而可能获得新的意义”。[4]这一表述在1958年的Trop v. Dulles一案中由首席大法官厄尔·沃伦概括为“与时俱进的文明标准”。在这种人道主义标准框架下，联邦最高法院的裁定考察了绝大多

---

〔1〕 [法]孟德斯鸠：《罗马盛衰原因论》，婉玲译，商务印书馆1962年版，第75页。

〔2〕 在该案中，法官最后认为：“我们经常被迫确立我们无法达到的标准，定下我们无法遵循的规则。但是，一个人没有权利主张诱因是一种犯罪借口，尽管他可能屈从于这种诱因；也不允许为了同情犯罪人而以任何方式改变或削弱犯罪的定义。因此我们的义务是，宣布本案在押人的行为是蓄意的谋杀；裁决中所陈述的事实不是杀人的正当理由；一致同意，依这一特殊裁决而在押的人，构成谋杀罪。”该案最终诉诸女王赦免而达成了妥协。

〔3〕 《路州强奸幼女案高法“免死”裁决引争议》，载《国际日报》2008年6月26日。

〔4〕 Weems v. UnitedStates, 217U.S.349, 378(1910).

数州对同类型案件所作出的实际判决，认为适用死刑的比例已经非常低，据此得出结论对于该罪行适用死刑是不人道的、残忍的。

其裁决的基本逻辑是，死刑本身是否属于残忍的、不人道的刑罚是一个不确定的命题，但针对具体的案件死刑是否属于残忍、不人道的应该有一定标准。这为我们理解刑罚人道主义提供了一个新的视角，即违背了罪刑均衡原则的刑罚处罚（尤其是轻罪重罚）就是不人道的处罚。此思路的意义在于：（1）我们以前往往只是专注于考察静态的规范，执着于某个规范本身是否是残忍的、异常的或者说是不人道的，忽略了一点：对于静态的规范贴上一个标签往往是很困难的，因为不同的人会依据不同的价值观作出不同的理解。如果根据不同的环境事实、环境设计或重建对一个规范进行动态的考察，结论就比较容易达成一致。譬如，对于死刑是否人道不无争议，但对盗窃罪以及经济犯罪适用死刑是否人道则比较容易得出结论。（2）既然罪刑均衡问题的一个重要标准是用刑是否人道，那么，刑罚人道主义就不仅成为罪刑法定原则的补足，也成为罪刑均衡（等价）原则的补足。确实，无论是历史还是现实中，大量的事例也已经说明了重刑轻罪（譬如“窃钩者诛”“不教而诛”）往往都是国家权力不宽容或违背人道主义刑罚观的结果。（3）刑法中的“文字困境”永远是存在的，在普通法系国家，尽管司法权的运作更具有灵活性，但是司法同理，在其他法系的刑事司法过程中，也存在相似问题，因而也有相同的进路，尤其是强调忠诚于法律规范的司法制度中，“文字困境”更是一种常态，摆脱困境的合理方法就是付诸对刑法目的价值追求，追求和谐化、宽和化就是当代中国刑法价值的主导择向。

其实刑罚人道主义原则不仅仅是对罪刑法定原则、罪刑均衡原则的一种补足，还是对罪刑法定所延伸的一系列价值的补强。譬如在人道主义者看来，平等原则至少应当包括三条规则：“第一，我们应对所有人同等看待，同等对待；第二，我们承认机会均等，为此要清除妨碍个人和群体进步的障碍；第三，我们要满足所有人的最基本的生活和文化需要。”[1]我国刑法将刑法的平等适用作为一项原则，所谓平等适用某种意义上就是人道主义的体现，因为其崇尚人的基本价值，满足于人的基本需要同时又承认人的差异性。这可以理解为：

---

〔1〕［美］保罗·库尔茨：《保卫世俗人道主义》，余灵灵等译，东方出版社1996年版，第35页。

首先，刑法的适用反对特权，因为满足了特权的需要实际上就是对其他人的不平等和不人道。其次，在国家刑罚权追求同类行为同等对待的时候，必须考察个体自由意志、自由选择的差异性，最终有针对性地对待和处罚。刑法个别化在形式上是不平等的，但因为正是基于人道主义而获取了规则和行动的正当性。譬如，刑法规定了对未成年人犯罪处理的宽和制度，司法实践中对老年人犯罪也有从宽的政策。如果仅仅从犯罪的行为方式以及危害性角度来看，显然这样的规定和处理并不平等，但是会聚在人道主义的旗帜下的时候，这样的规定不仅得到了认同而且会被愈加重视。

三、罪刑关系法定化困境解决的歧路——司法犯罪化

国家刑权力在适用刑法的时候，必不可免会遭遇到罪刑法定原则所带来的“文字困境”。在多数时候，权力的倾向十分明显——不会因为固守罪刑法定原则而放任其难以容忍的危害行为，于是，司法犯罪化的主张就得到了响应，尤其是宽严相济刑事司法政策在被解释为包含着“以严济宽”的内容后，司法犯罪化的主张似乎又找到了政策依据。

司法犯罪化是一种司法对规范的理解问题，在这样的问题中刑事司法政策也外化为一种解释方法。有学者提出了司法犯罪化的问题并认为“司法上的犯罪化应是趋势”。[1]其核心理由在于：其一，凶恶犯罪、重大犯罪不断增加，国民的整体感觉治安恶化，必然要求扩大处罚范围；其二，随着行政管理加强，行政犯会越来越多，而且行政犯的法益侵害性也越来越明显；其三，适用刑法的过程也是解释刑法的过程。在具有罪刑法定主义观念的前提下，如果解释能力低下，不能发现刑法用语可能具有的含义，必然导致原本构成犯罪的行为也不能受到应有的处罚。

在刑法的解释方法上，一直存在形式解释与实质解释的争论。在我国，由于刑法中对于犯罪的认定长期是以危害性作为基础，所以一直存在实质解释的冲动，从实质的合理性角度来注释刑法规范。上述观点就是实质解释论的延伸，或者说已经超越了实质解释论。因为解释的触角已经延伸到了立法领域，已经形成了实质性的法官造法，而司法犯罪化只不过是另外一种表达方式

〔1〕 张明楷：《司法上的犯罪化与非犯罪化》，载《法学家》2008年第4期。

而已。往更深层次里探究，这实际上已经对法律的成文化初衷形成了某种挑战。之所以得出这样的结论，是因为实质解释论并未脱离基本的规范性，正如有学者所指出的，有必要纠正这样一种错误的认识倾向：“实质的犯罪论和刑法解释论就意味着对形式正义和刑法安定性的反动。”[1]从刑法理性角度来说，司法犯罪化的观点显然也脱离了实质解释论的轨道，与刑法的理性和人道诉求背道而驰。其一，从成文法诞生伊始，就存在犯罪的变化性与刑法的滞后性之间的矛盾。即使社会发展到今天，这对矛盾也并没有消除，甚至形式上也没有新的变化。所以司法犯罪化的观点并不能找到新的现实理由。恰恰相反，罪刑法定原则写入新中国刑法只有短短的十几年时间，罪刑法定原则本身的司法化尚不尽如人意，现实司法的主要矛盾不是罪刑法定司法化过度，而是落实的不够。在这样的背景下提出司法犯罪化无疑是为司法权的扩张提供了理论武器。其二，无论是以前的单行刑法的立法方式还是当前通行的刑法修正案的修法方式，虽然存在对法律稳定性冲击的可能，但这种法律的明定化与司法犯罪化导致刑法的不确定性相比，消极后果要小得多。更为重要的是，通过立法或修法的方式实际上避免了司法权对于立法权的侵蚀，防止了成文法被曲解。其三，司法犯罪化论者根本理由是强调法益被侵害，以法益受侵害为标准，而所谓的法益又是通过犯罪化的方式被解释进去的，这实际上是将法益的内涵等同于社会危害性的标准了。于是，理论在游荡了一圈之后，又回到了非罪刑法定的时代。其四，司法犯罪化观点的一个基本要求就是司法官员必须提高“解释能力”，然而，能力“低下”或者“提高”的标准是什么呢？如果这些标准不明确，而司法官员又拥有将刑法没有规定的行为加以“犯罪化”的权力，在司法权很难做到中立的时候，谁能够保证出入人罪的结果不出现呢？谁能够保证重刑思想不肆无忌惮呢？在这个时候，即使司法犯罪化论者也认为：“在司法上的犯罪化成为主流趋势的时代，司法机关同时应避免重刑主义，应当积极地推进刑罚的轻缓化。换言之，随着社会的发展，虽然刑法的处罚范围可能越来越宽，但刑罚的处罚程度应当越来越轻。”[2]但这样的呼吁已经在司法犯罪化的“潮流”中显得底气不足，因为从人道主义的角度来看，入罪化

---

〔1〕 梁根林主编：《全国中青年刑法学者专题研讨会文集——刑法方法论》，北京大学出版社2006年版，第364页。

〔2〕 张明楷：《司法上的犯罪化与非犯罪化》，载《法学家》2008年第4期。

和轻缓化南辕北辙。

所以笔者认为，司法犯罪化的提法不仅是对刑法理性的一种叛离，更是违背了刑罚人道主义所要求的宽容原则，根本层次上是对宽严相济刑事政策的误读。这样的解读方法无益于构建和谐的刑事司法环境。宽严相济刑事政策的实质就是宽和化，宽和化又为刑罚人道主义的勃兴提供了基本注脚。在坚持刑法理性的基础之上，在罪与非罪、重罪与轻罪的认识分化极端明显以及法律和社会情感（人道主义所说的“理性与同情”）极度对立的情形下，刑罚人道主义的价值观为案件的处理提供了一个方法论。

第三章　罪刑法定原则的实质*

本书第一章所述的学术争议的产生，归根结底在于没有准确理解和把握刑法理念的内涵，没有在刑法学理论研究中树立和坚持罪刑法定的理念。因此，有必要超越刑法文本的制度层面和刑法解释的技术层面对罪刑法定理念的内涵作深入的研究。

法治在一国的实现包括并历经技术、制度和理念三个层面。三者之中，成熟的立法技术和规范的法律文本是我们进行法治建设的基础和前提，而理念则居于更高的关键位置，起着风向标的作用。刑事法治建设作为我国法治建设的重要组成部分，离不开刑法理念的引导。上述刑法学理论纷争凸显的是学者们对刑法理念解读的差异，因此，准确界定和把握刑法理念的基本内涵成为我们树立和坚持正确刑法理念的基础与前提条件。

对于何谓刑法理念，我国刑法学界众说纷纭，莫衷一是。认真考察和梳理学者们现有的研究成果，笔者发现许多学者对刑法理念的阐释并没有本质的区别，即都立基于刑法理念首先是作为一种观念和意识，是一种主观性凸显的对于刑法各方面内容的理性认识，只是对于刑法理念的作用范围和具体内容在阐述时略有区别，而这与学者们研究的侧重点和落脚点有关。依循观念文明建构在技术文明和制度文明积淀基础上的逻辑，笔者认为刑法理念的建构和完善必须以刑事立法、解释技术和

* 本部分的主体内容参见《重申罪刑法定的基本理念》，载《法商研究》2015年第1期。该文由本书作者及其博士研究生闻志强合作完成。由于期刊只发表单独作者的文章，故本书作者放弃了署名。

刑法规范文本为依托，这就意味着刑法理念应当是贯穿并统摄刑事立法、刑法解释和刑事司法等多个环节的指导性观念，是刑法精神、刑法意识和刑法观念的集中体现，是刑法内在的价值诉求。因此，笔者将刑法理念界定为人们制定、解释、适用刑法，贯穿刑事立法、刑法解释、刑事司法等多个环节、方面所彰显和体现的，对刑法内涵、地位、性质、机能、罪刑关系等刑法根本问题的基本认识、基本立场的理性认知和思想凝结。从刑法与其他部门法的关系来看，刑法作为保护社会的最后一道防线，处于后置法、保障法的地位，对其适用必须慎之又慎；否则，国家和个人皆受其害。因此，只有树立和坚持正确的刑法理念才能切实、有效地指导包括刑事立法、刑法解释、刑事司法在内的刑事法治建设沿着正确的道路和方向前进。

需要指出的是，这里还涉及基本理念与基本原则的关系问题。近些年来学者们创设了一系列理论，以适应司法实践中不断突破罪刑法定原则的需要，而这些理论往往也是在高举刑法基本原则的大旗下创立的。例如，在高举罪刑相适应原则的旗帜下先确定刑罚再找寻罪名，在高举刑法平等适用原则的旗帜下基于所谓的“公平”对危害后果同质的行为确定相同的罪名等。其实，刑法有许多原则，但原则未必就直接体现为基本理念。一般而言，原则都具有全局性，但是在原则适用产生冲突时，作为基本理念的原则具有终局性、至上性，这正是为了防止因适用刑法混乱而导致的不公正现象。在刑法的基本原则中，唯有罪刑法定原则能够上升为基本理念。

罪刑法定虽然是作为一项基本原则规定在刑法中，但它更是作为一种刑法理念在指导着刑事立法、刑法解释和刑事司法。从根本上讲，恪守罪刑法定的基本理念是刑事法治建设的前提和关键。然而，罪刑法定理念的树立是艰难曲折的，迄今仍面临着各种理论的挑战，上述多种理论的提出即是适例。笔者认为，学者们提出上述理论的根本原因在于其没有准确理解和把握罪刑法定原则、没有切实坚持和恪守罪刑法定的基本理念。具体而言，是学者们对以下几个问题的认识存在误解。

一、罪刑法定的本质是从入罪方向上限制国家的权力（尤其是司法权）

有了罪刑法定原则的立法规定和司法者声称的“根据罪刑法定原则……”是否就意味着罪刑法定理念已得到树立和恪守？回答是否定的。1997年《刑法》废除类推制度、规定罪刑法定原则并不能改变司法实践中遗留的“类推残毒”，特别是积极入罪、强势扩张犯罪圈的司法能动主义思想仍在以一种更为隐蔽的方式发挥作用，重视入罪、轻视出罪，重视社会保护、轻视人权保障的司法犯罪化倾向及其背后所谓的“民意”支持仍然是一股不容忽视的汹涌暗流。持“司法犯罪化理论”的学者认为：“当今社会非正式的社会统制减弱，因而越来越依赖刑罚……当今社会犯罪的危害普遍加重，越来越需要刑法的提前介入……我国在今后的相当长时间，与司法上的非犯罪化相比，司法上的犯罪化应是主流趋势。换言之，司法机关应当在遵循罪刑法定原则的前提下，积极地推行司法上的犯罪化。”〔1〕

深入考察上述观点可以发现，论者想要讨论的问题就是在罪刑法定原则的视野下应该如何看待权力的问题，即国家刑权力与个人权利保障之间的冲突与协调问题。梳理罪刑法定原则的历史演进过程可以看出，确立罪刑法定原则的目的就在于从入罪方向上限制国家的权力，特别是强调限制司法机关的司法权，从而保障人权（尤其是保障作为强大国家机器对立面的弱小被告人的人权及有限的辩护权、自卫权）。基于形式与实质相统一的罪刑法定原则，在确立对立法权与司法权进行双向规制的同时，也大大强化了对犯罪化方向上的入罪权的控制，使人权保障在立法层面和司法层面都得到强有力的保障。遵循这一逻辑，罪刑法定意味着法律没有规定的不得定罪处罚，但并不意味着法律有规定的一定要定罪处罚。强调国家刑权力在入罪方向上的审慎和克制，就坚决反对在形式上声称“依照罪刑法定原则”但在实质上仍然积极扩张刑罚权、彰显刑权力的恣意，而主张司法犯罪化显然是在坚持徒有其表、泛口号化的罪刑法定。

从形式上看，法有明文规定的依照法律规定定罪处罚并不意味着对行为人的行为要一概作入罪化处理。囿于成文法的局限性，国家在适用刑法时会不可避免地遇到罪刑法定原则所带来的“文字困境”。司法犯罪化看似是借助对刑法规范含义的解释以探求所谓的可能含义来为其提供佐证，其实则不然，并且这种客观解释、实质解释最终容易在扩张刑罚权的内在冲动下滑向不受限制的扩大解释乃至类推解释的深渊。正因如此，有学者指出：“比较危险的问题并不存在于扩大解释与类推解释，或者实质解释与形式解释的学说区分，

〔1〕 张明楷：《司法上的犯罪化与非犯罪化》，载《法学家》2008年第4期。

而是由于可能的文义的范围无法限定，混同了类推解释与扩大解释，或者将实质解释论演变为不受限制的扩大解释，以致突破罪刑法定的限制。"[1] 罪刑法定要求从立法和司法两个方面保障人权特别是保障被告人的人权，而联结立法与司法的中介是法律解释，因此法律解释的根本指向就在于能够一以贯之地坚持有利于被告人原则以保障人权，对法律规定模糊之处进行法律解释时坚决不从扩张国家刑权力方面扩大犯罪圈和刑罚圈，坚持法律规定模糊的"疑点利益"归于被告人，坚持在法律解释有两个甚至多个冲突备选项而面临艰难抉择时向被告人一方倾斜的信念。由此可见，"司法犯罪化理论"从表面上看只是客观解释论、实质解释论的一种反映和阐述，但是其"实际上已经对法律的成文化初衷形成了某种挑战"，[2] 与罪刑法定的基本理念是背道而驰的。因此，持"司法犯罪化理论"的学者是打着遵循罪刑法定原则的旗号以探求刑法文本可能含义的旗帜，最终却背离了罪刑法定原则。

从更深层次来看，罪刑法定原则的意旨在于从限权的要求、从否定积极能动的国家刑权力四处出击的方面，来实现对国民预测可能性的维护和对被告人人权的保障。这一立论实际上已经明确指出罪刑法定的侧重点在于时刻保持对国家刑权力的警惕，而如果仍然强调在司法上通过刑法解释的技术手段来尽可能地探求所谓刑法文本可能的含义（事实上无异于"无限"扩大刑法文本的含义），那么实际上就等于是在积极地扩大国家刑权力特别是司法权，而这在根本上与罪刑法定原则的要求是相悖的。虽然持"司法犯罪化理论"的学者也声称其依据的是罪刑法定原则，但是其思维导向已偏离罪刑法定原则的宗旨（限制国家刑罚权以保障人权，而非强化国家的干预和入罪功能）。

与"司法犯罪化理论"类似的是"风险刑法理论"和"敌人刑法理论"。持"风险刑法理论"的学者认为，我国已经进入风险社会，带有不确定性的各类风险不断呈井喷式爆发，为了实现对法益的最大化保护，刑法应尽早对风险进行规制，刑法规制的对象由实害（结果）向（潜在的）危险转变，刑法由"后置"变为"前置"，相应地，法益保护的范围扩大了、预防法益受到侵害的关口提前了，其实质是主张刑法的社会保护功能优于权利保障功能，刑法由重视惩罚和报应向强调威慑和（一般）预防转变。持"敌人刑法理论"的学者则通过界定

---

〔1〕 毛玲玲:《犯罪化与非犯罪化的价值与边界》，载《华东政法大学学报》2011年第4期。
〔2〕 孙万怀:《罪刑关系法定化困境与人道主义补足》，载《政法论坛》2012年第1期。

非人格体的“敌人”概念，注重对早期产生的违反法规范意识（的敌人）通过刑法惩罚的提前介入，实现对法规范应有状态的维护——法规范的信赖和恪守。本书认为，“敌人刑法”与“风险刑法”在本质上存在共通之处，“其难以划定明确的处罚界限；违反刑法谦抑的价值取向；罪责主体、罪责基础错位、罪责范围过度扩张；对传统刑法基本原则（罪刑法定原则、罪责原则、罪刑均衡原则）产生冲突”，[1]二者实际上都主张刑法介入早期化、法益保护前置化，只是这种需要介入的领域和刑法所要针对的对象是来自“风险社会”下的“风险”还是来自“敌人刑法”中的“敌人”不同罢了。它们都强调以行为人为基础的社会防卫理念，主张“新形势”下的刑法社会防卫机能优于人权保障机能，突出对刑法预防机能特别是一般预防机能的重视，使国家刑权力以强化社会防卫和一般预防为借口而积极扩张，使行为人成为强化刑法威慑的工具，其实质都是对以行为为基础、坚守人权保障的罪刑法定理念提出挑战，暗藏着不可控制的隐性法治风险，是国家刑权力不克制、不宽容、不审慎的表现，也是对罪刑法定基本理念的彻底违反。

罪刑法定原则从消极防范方面提出对国家刑权力特别是入罪权应进行限制，强调恪守国家刑罚权的宽容和谨慎，实际上也是对刑法人道主义的彰显。如果不能始终保持对国家刑权力的警惕，那么就有可能重拾司法积极能动主义、功利主义、重刑主义；如果仅仅坚持罪刑法定原则的形式化内涵，那么得到的只能是法律专属主义的外壳，而未能把握罪刑法定彰显的刑法人道主义、保障人权之实质。特别是在当下我国正处于社会转型时期，各种利益阶层、社会结构正在分化、重组，各种理论风云际会，更加凸显了刑法作为后置法、保障法的特殊地位和克制国家刑权力的重要性。作为保障法、后置法的刑法应当谨慎恪守自己的消极克制立场，防止因积极介入乃至过度介入而带来法治风险和人权保障风险。

二、国家刑权力在立法与司法中的界分蕴含着司法遵循立法、形式理性与实质理性相统一的基本要求

罪刑法定原则要求法无明文规定不得定罪处罚，而法是由立法者制定的，

---

〔1〕 陈晓明：《风险社会之刑法应对》，载《法学研究》2009年第6期。

这就意味着司法者应当遵循立法者制定的法律而不能肆意突破，这其实在一定程度上界分了立法权与司法权的范围。但是，在法治运行的过程中，立法权与司法权并非“井水不犯河水”，相安无事，而是隐藏着很多冲突，如果不能很好地界分和把握立法权与司法权的关系，那么要实现保障人权的终极目标是不现实的。

由于立法者认识能力的局限性决定了立法的有限性，因此立法存在疏漏是不可避免的。从权力的界分和归属来看，立法的疏漏应当由立法者通过立、改、废的方式进行填补，而不应该由司法者借助司法解释等技术手段强行将某些行为纳入犯罪圈和刑罚圈。“无论是以前的单行刑法的立法方式还是当前通行的刑法修正案的修法方式，虽然存在对法律稳定性冲击的可能，但这种法律的明定化与司法犯罪化导致刑法的不确定性相比，消极后果要小得多。更为重要的是，通过立法或修法的方式实际上避免了司法权对于立法权的侵蚀，防止了成文法被曲解。”[1]司法遵循立法不应只是一句虚无缥缈的口号，而应是切实的行动指针和时刻恪守的理念导向。主张司法犯罪化，实际上就是借助实质解释理论和司法解释等技术手段，以探求刑法文本可能具有的含义为切入点来扩张刑罚权，“解释的触角已经延伸到了立法领域，已经形成了实质性的法官造法，而司法犯罪化只不过是另外一种表达方式而已”，[2]这样的司法举动在实质上已经违背罪刑法定原则对立法权与司法权的界分。由此可见，司法应当削减积极能动主义，牢固树立遵循立法的基本理念；否则，就会出现司法僭越立法的后果。

判断一个行为是否构成犯罪的根本依据究竟是（严重的）社会危害性还是刑事违法性，立法者与司法者的判断标准究竟是同一的还是有区别的，在我国的刑事立法、司法活动和刑法学研究中一直是个颇有争议的问题。这个问题也从侧面反映了我国刑法理念的立场抉择问题，即形式（合）理性与实质（合）理性的冲突与协调问题。一般而言，在形式（合）理性与实质（合）理性之间存在一个看似简单实则令人纠结的艰难取舍，究其实质是社会危害性与刑事违法性的关系定位以及由此逻辑推演的形式理性与实质理性冲突下的刑法理念定位问题。对此，本书认为在现代法治国家明确区分立法权与司法权并划出

〔1〕 孙万怀：《以危险方法危害公共安全罪缘何成为口袋罪》，载《现代法学》2010年第5期。

〔2〕 孙万怀：《罪刑关系法定化困境与人道主义补足》，载《政法论坛》2012年第1期。

两大权力边界的前提下，立法者和司法者对犯罪的认定存在逻辑路径和思维顺序的差异：立法者经由审慎的比较、过滤、筛选和历史经验积累基础上的抽象、归纳、概括将行为类型化、定型化、模式化，其依循的根本标准是社会危害性判断——社会危害性的有无、大小，是基于实质（合）理性的前置判断，在经由正当的立法程序通过后，附随产生和形成刑事违法性，形式（合）理性贯穿其中，与实质（合）理性可谓浑然一体；而司法者则是在立法者制定法律之后，依据有效的、明确的法律规范才开始着手进行相应的判断，这意味着其尊重立法的首要标准是先做形式判断——行为（类型）是否具有刑事违法性即刑法规范依据有无的判断，然后再做社会危害性有无、大小的实质（合）理性判断。因此，严格遵守罪刑法定原则对权力划分的基本要求，立法与司法应当各守其位、各司其职，立法者应当主要做并且首先做实质判断，即实质（合）理性居首、为上，司法者应当首先做形式判断，即形式（合）理性在先、在前。在司法实践中，坚持和恪守罪刑法定原则，彻底实现人权保障，就需要我们的司法者在遇到案件后，必须首先基于形式（合）理性做出刑事违法性有无的判断，在得到肯定回答的前提下才能进一步基于实质（合）理性做出社会危害性严重程度的判断。只有经过上述阶层式、过滤思维逻辑的判断才能最终认定行为人的行为是否成立犯罪，而绝不能先做行为社会危害性的判断，以致最终可能为了契合社会危害性的前置判断而强行找寻罪名以印证入罪和施以刑罚的必要性和确证先验性判断的正当性。

保障罪刑法定原则在司法实践中得到贯彻落实的关键在于坚持司法遵循立法，坚持形式理性优于实质理性，坚持形式判断优于实质判断。需要指出的是，形式理性与实质理性的先后顺序界分并不意味着相互否定甚或取代，罪刑法定原则本身并不否定一些实质性的因素，因为如果坚守罪刑法定原则的本质，那么必然会基于限制权力、保障人权的目的而在个别情形下容忍实质（合）理性的存在，并且这一实质（合）理性是一种与入罪方向相对的出罪上的合理性，是罪刑法定原则没有正面涵摄的范围，但符合罪刑法定的根本意旨。

第四章　法定化困境的人道主义补足*

罪刑关系的法定化困境根源于刑法规范和解释方法本身，但却是体现在现实司法适用过程中。而在司法过程中，刑事司法基本政策和导向又对法定化的困境的解决具有直接性。这就意味着司法原则存在价值基础的奠立和刑事策略的择向问题。

一、确定性择向的现实要求

注重法律效果和社会效果的统一似乎成为当前我国现实中一个重要的司法择向。"对于疑难案件的处理，在定性存在争议、难以确定的情况下，要善于依据刑事政策，从服务大局的角度出发来考虑处理问题，追求法律效果与社会效果的统一。社会效果是评判案件裁判最终效果的标准，是确保刑罚功能发挥的基础，必须努力兼顾两个效果，努力追求积极的案结事了。"〔1〕

这样的观点曾经在学界引起了不同的反响，这里实际上涉及的就是规范的确定性与现实存在差距的时候，应当如何抉择的问题。笔者认为至少可以从以下三个方面进行思考：

---

*　本部分内容刊载于本书作者发表的《罪刑关系法定化困境与人道主义补足》，原载《政法论坛》2012年第1期；《国际刑法的成长根基——人道主义诉求》，原载《中国刑事法杂志》2009年第5期。

〔1〕　张军：《落实宽严相济刑事政策，切实保障案件质量》，载中国人大网：http://www.npc.gov.cn/npc/xinwen/fitd/sfgz/2009-10/26/content_1523086.htm，最后访问日期：2009年10月26日。

（一）对于“定性存在争议、难以确定”应该如何理解

在刑事案件中，对于犯罪的性质存在争议应该说是司空见惯、不足为奇的事情，也正因如此，才会出现现代诉讼模式。而法庭解决的首要问题也是案件的性质争议问题。争议有大有小，无非是为最终裁决提供一种参考。而最终的裁决无论选择哪一种结果，其首先都应该是以法律规范为依据做出的一种理解和选择，而不是以社会效果为依据，这是坚持刑法理性的必然要求。如果仅仅从社会效果来加以考虑，实际上就是在追求刑罚与行为客观社会危害性的平衡。这往往会忽视与主观恶性的对应，会忽视刑法的确定性。规范确定性问题是司法和理论永恒的主题，但这并不重要，重要的是大家都有一个共同的基点，即从法律基本规范的内涵和内在逻辑出发进行释评，而不是从社会效果去考虑。社会效果并不是没有发挥作用的空间，社会效果虽不是评判案件裁判最终定性的标准，却对量刑甚至死刑都有一定的意义，也就是说，刑法的适用包含价值运作的空间。

（二）仅仅依据社会效果来确定案件的性质，人道性要求就会成为一种无边际的纵容

譬如说，过去的严打政策虽然作用、效果乃至人道性、合理性本身都被质疑，但至少其标准是确定的、统一的。但社会效果的政策标准使政策标准的基本确定性也失去了。所以，就会出现案件在同样的法律条件下，在不同时空中，案件的性质变得捉摸不定。为此，最高人民法院不得不在“孙伟铭交通肇事案”确定为以危险方法危害公共安全罪之后，强行制定了一个标准：对醉酒驾车，肇事后继续驾车冲撞，放任危害后果的发生，造成重大伤亡，构成以危险方法危害公共安全罪的，应当依照《刑法》第115条第1款的规定定罪处罚。对于此前已经处理过的将特定情形的醉酒驾车认定为交通肇事罪的案件，应维持终审裁判，不再变动。这是法律稳定性原则的体现，是以往司法解释处理此类问题确定的原则，也是司法实践的一贯做法，有利于保持社会关系的稳定。所以如果将社会效果作为一个评判标准，其标准就应当进一步细致化。

（三）社会效果内容较为艰深，不是简单的个案民意问题

所谓法律的社会效果，是指社会大众依据社会发展的现状对司法活动的一种主流评价，是公众从传统道德、文化、审美情趣、观念等社会生活的各个

范畴对司法活动所作的主导性评判，通过法律的实施，使法的本质特征得以体现，实现法的秩序、自由、正义、效益等基本价值的效果，从而使法律作用于整个社会关系的过程得到社会大众的肯定。最高人民法院原副院长李国光在2002年全国民商事审判工作会议上的报告中阐述："审判的法律效果是通过严格适用法律来发挥依法审判的作用和效果；审判的社会效果则是通过审判活动来实现法律的秩序、公正、效益等基本价值的效果。"笔者认为，法律的秩序、公正、效益固然是基本价值，人道更是前提，秩序、公正和效益必须建构在人道主义的基础之上才会有良好的效果。不仅司法如此，立法上这一原理同样富有意义。如我国《刑法修正案（八）》在《刑法》第17条后增加一条，作为第17条之一："已满七十五周岁的人故意犯罪的，可以从轻或者减轻处罚；过失犯罪的，应当从轻或者减轻处罚。"将《刑法》第49条修改为："犯罪的时候不满十八周岁的人和审判的时候怀孕的妇女、已满七十五周岁的人，不适用死刑。"就是因为将公正建构在人道基础上而具有很好的社会效果。

所以，社会效果是融合法律效果的一种综合功能显示，它与法律效果本身并不属于同一位阶。社会效果并非我们大部分人所认为的那样，是一种非专业性的灵活处理问题的方式方法，而是一种综合了构成要件的符合性、行为的违法性质、刑法的人道观念以及社会的和谐构建等内容的结果。尤其是在对法律和事实的认知相去甚远的时候，刑罚的人道主义更是彰显出基本价值。只有将法律条文本身、法理基础、社会的正义和人道价值融会贯通的司法者才能真正理解法律所追求的社会效果的本意。笔者认为，在考察社会效果的时候至少必须牢牢把握两个基点：（1）法律的规范性基础——刑法的理性要求。从宏观层面上说，立法本身就是一种适应和满足社会发展需要的结果，已经体现社会需求。虽然法有穷而情无限，但是从整体社会意义上说，立法应该体现社会效果的最大化。（2）政策的指导性作用——和谐社会条件下的人道主义精神。法律条文作为一种空缺性结构，必然需要一定的政策指导。但是对政策的理解应当定位准确，社会效果要符合刑事政策的需要，刑事政策不能违背法律的基本确定性。权力与权利总是存在此消彼长的关系，在法律规定模糊不清的时候，权力表现出一定的保守态度是十分必要的，毕竟刑罚的错误最不具有可挽救性。有时这种保守短期来看社会效果不佳，长期来看却有很好的效果。试想如果我们最初认定赵作海无罪可能会遇到民意反弹，但却不会产生后来难以弥补的消极后果。

那么司法中是否有必要贯彻从严的一面呢？笔者认为结论是当然的。但问题在于，从严惩治某些犯罪本来就是法律应有之义。此外，我国刑法就是在严打的环境中形成的，尤其是1997年刑法的许多条款就是严打形势下创制的单行刑法再立法的成果，本身就带有比较严厉的色彩。所以严厉惩治犯罪实际上就是重视适用刑法的过程，与刑事政策的关涉不大。

2010年2月8日，最高人民法院出台了《关于贯彻宽严相济刑事政策的若干意见》，对人民法院在刑事审判工作中如何更好地贯彻落实宽严相济的刑事政策，提出了具体、明确的要求。根据意见第7条的要求，依法从重处罚的情形是危害国家安全犯罪、恐怖组织犯罪、邪教组织犯罪、黑社会性质组织犯罪、恶势力犯罪、故意危害公共安全犯罪等严重危害国家政权稳固和社会治安的犯罪，尤其对于极端仇视国家和社会、以不特定人为侵害对象、所犯罪行特别严重的犯罪分子。但这里需要注意，法律因为其正当性而获得合法性，政策则是以合法性获取了正当性。政策的贯彻必须以罪刑法定原则为圭臬，必须以法律的规范性为前提。上述规定实际上只是对于法律理性的一种重申而已，对于罪行极其严重的犯罪分子严惩不怠本来就是刑法应有之义，是法律正义的基础，不应也无法理解为“以严济宽”，与刑罚的人道主义并不存在抵牾之处。

二、人道主义诉求是刑事司法职业者的道德责任的缘由

《孟子·公孙丑上》有云：“恻隐之心，仁之端也；羞恶之心，义之端也；辞让之心，礼之端也；是非之心，智之端也。人之有是四端也，犹其有四体也。”这是对“恻隐之心”的经典论述。这里的“恻隐之心”就是人道观念的一种感情表达方式。一般看来，这段话是为了说明人道之心的普适性，但如果这样理解显然是将问题简单化了，“恻隐之心”只是“四端”中的一端。具体到刑事司法职业活动来说，立体性的司法职业者至少需要以下条件：（1）对法律忠实的解读能力和对事实的洞察能力、对证据的把握能力；（2）社会情感所产生普遍认同的理性的对错、是非观；（3）应当具备的人文主义情怀，也就是通常所说的法官的良知。这包括作为一个职业群体的“共知”和作为职业个体的“自知”。其是人内心最柔软部位映射出来的一种自然情怀。这与孟子所

强调的“四端”非常类似：司法者力图发现事实和法律及其之间的联系，此即“是非之心”；从理性角度判断行为的对错和性质，此即“羞恶之心”；将犯罪行为人作为人来对待，此即“恻隐之心”。对于是非曲直的准确判断是司法者作出公正判断的基本要求，对于犯罪的痛恨和社会清明的渴望是包括职业者在内的社会的普遍情感判断，但是职业者只有具备了人道主义的道德情怀，刑事司法的公正才不再是残缺的公正，司法才有“四体”，司法职业者才具有人格的立体性。

古罗马法谚说道：“法律的适用是公正与善良的艺术。”在人类的刑事司法历史中，对于公正与人道精神合体的追求一直是作为刑事司法职业的美德来加以体现的。“钦哉，钦哉，惟刑之恤哉！”“罪疑为轻，功疑为重；与其杀不辜，宁失不经；好生之德，洽于民心。”（《尚书·大禹谟》）这些论述的合理性不仅仅是因为其在法律的纯洁性与秩序的至上性之间选择了法律纯洁性的价值观，而且是在遵循刑法适用公平性的同时，“好生之德”成为司法者的一种美德。“令甲，死者不可生，刑者不可息。此先帝之所重而吏未称。今系者，或以掠辜，若饥寒瘐死狱中，囚以饥寒而死曰：瘦，何用心逆人道也？”（《文献统考·刑考二·刑制》）汉宣帝是汉代“最为苛急”的帝王之一，然思囹圄之苦，念困厄之人，将改善罪犯的处遇作为司法官员的考绩标准，可见良苦用心。唐太宗的一些做法更是在正史上被称颂：“贞观六年十二月辛未，亲录囚徒，归者二百九十人于家，令明年秋末就刑。其后应期毕至，诏悉原之。”（《旧唐书·太宗本纪》）

对于“好生之德”认同的根源，明代丘浚给出了基本的以下理由：

“好生之德，洽于民心，此帝舜所以为舜也。盖天地生人而人得以为生，是人之生也莫不皆欲其生，然彼知己之欲生而不知人之亦莫不欲其生也，是以相争相夺以至于相杀，以失其生生之理。人君为生人之主，体天地之大德，为生灵之父母，于凡天下之人无不欲其生，于凡有生者苟可以为其养生之具者无不为之处置营谋，俾之相安相乐以全其生生之天，苟于其中有自戕其生而逆其生生之理者，则必为之除去，此所以有刑法之制焉。所以然者，无非欲全民之生而已，圣人欲全民之生如此，一言以蔽之曰好生。吁，天地之大德曰生，圣人之大德曰仁，仁者好生之谓也。”（《大学衍义补·慎刑宪（卷一百）》）

也就是说，作为传统的人道观念至少也包含以下几个层面的内容：首先是人道具有普遍性；其次是在刑事领域，人道精神成为从君王溯及普通司法官员的一项人性义务。尽管这些历史素材可以被我们武断地认为是正史的标榜，也可以将这种人道主义理解为一种苦难之下例外或意外的垂恩和抚慰，但是不可否认，他们十分清醒地认识到律令本身的冰冷、僵硬和缺损，也正是因为这种冰冷和僵硬，法律形式上的公正有时显得刻薄、残酷，需要得到一种司法道德的柔化，这对后世的宣教意义是不言而喻的。正所谓“徒善不足以为政，徒法不能以自行”。(《孟子贰·离娄上》)冰冷的法律并不足以体现法律的正义，单纯的仁爱并不能实现政通人和。“用法而行之以仁恕之心，法何尝有弊？”[1]国家衰亡不是法律本身的过错，但是刑事司法过程的“刻薄寡恩”往往是催化剂。也正因如此，在近代修法过程中，沈家本明确提出应将推行仁政作为“修法之宗旨”。针对旧法律的专制主义性质，他直言陈述“治国之道，以仁政为先。”[2]

如果说刑法规范以正当性为标准，刑事政策以合法性为标准，则刑事司法者在树立法律信仰的时候，还要求以人道主义为道德责任。这是司法权内在的道德要求。在当代刑事司法体制中，尽管其基础乃至体制架构与传统刑事司法过程存在明显的差别，作为刑事司法的职业者在适用法律过程中信守一种人道主义精神实乃异曲同工，而且在人权的旗帜下，显得更具有现实意义。其基本缘由在于：

1.当代刑事司法的特征决定了司法者秉持人道主义道德观的必要性。现代的刑事司法构造呈现出这样的特点：

(1)司法权力的分散和专属。美国联邦最高法院在判例中宣称：

“所有托付给无论州或全国政府的权力，均被分为三大部分：行政、立法和司法。与每一个这些政府部门相当的职能应授予一个分立的公仆机关，而这一制度的完善要求分开和划分这些部门的界限应广泛地和明确地界定。对这一制度顺利运行也属于必要的是，被托付以任何这些部门之一的权力的人不应被容许侵犯托付给其他人的权力，而是每个人应由设立它的法律限于行使

---

〔1〕 沈家本：《历代刑法考》(四)，中华书局1985年版，第2023页。
〔2〕 杜刚建：《论沈家本“人格主义”的人权法思想》，载《中国法学》1991年第1期。

与其本部门相当的权力而不是其他权力。"[1]

这是一个对于美国政府之间权力分配的定位，但却揭示了现代社会权力的分散和专属特征。刑事诉讼构造同样因权力分散而专属化，这种专属和分散更接近于权力的实质，制刑、求刑、量刑等关系更多呈现出掣肘而非配合。然而，权力的分散从一定意义上来说也加速了权力的人格化。"而在横向分权中，却给腐败的滋生提供了可以泛滥的空间。总之，权力被分流或分配之后便失去了控制，从而使政治权力的公共性质遭到扭曲，执掌权力的人可以在为公的名义下滥用权力，也可以在谋取私利的行为中出租权力。因为，他偷偷地窃取了上级或领导冠冕唐皇的授权，转化成他个人的私有物，任意地支配它。"[2]所以，权力的这种分散和专属固然有助于权力之间的制衡，但是权力的人格化特征也更为具体和明显，在刑事司法运作过程中，每个阶段都可能打上更多个性的色彩，此时就要求司法职业者具有一个统一的道德标准。

(2)刑事权力行使的专业化。诉讼构造专属化和分散化的理由之一在于权力日益强化的专业性特征。法治的过程日益表现为专业化的趋势，这是现代社会法治状态与传统社会中法治状态外部特征的典型差别。法律官员的专业化、法律职能的专业化、执法过程的专业化都是权力专业化的体现。这是农业社会中集行政权与司法权于一身官僚体制所无法比拟的。在农业社会中，法律适用的过程是经验性的，由此也绝少出现效果和价值评价的尖锐对立，一方面经验的判决较为容易、与社会的反映较为相近(甚至判决本身就是一种社会要求的结果)，另一方面经验的判决只能通过经验加以否定，而这种否定显得较为淡薄。刑事司法专业化的结果使法律实施及其效果的评价显得多元化，裂变出专门游离于公共权力领域之外一种独立的专业性的评价主体，客观上形成了对刑罚权的一种制约机制和审视群体，这在农业社会是不可能出现的。专业化的结果必然要求对于刑事显现作出专业化的解读，在这个时候，一般的道德标准就失去了作用的空间，必须树立起一种新的道德观念。人道主义由此也不再是仁恕那么简单，而是汇聚在人道主义的旗帜下，是一种专业必然的道德要求，而不是为了现实统治的仁慈情怀。

---

〔1〕《美国最高法院判例汇编》(1880)(第103卷)，第168页。转引自凯尔逊:《国家与法的一般理论》，沈宗灵译，中国大百科全书出版社1996年版，第313页。

〔2〕张康之:《权力分散：分权的误区》，载《新视野》1997年第6期。

2.即便刑事诉讼构造是分散的和专属的，但因为是静态的、框架性的，而权力和政策是动态的、实质性的，所以司法职业者的行为仍然不可避免会受到来自公共权力和社会情感的影响。而刑事司法活动的主要矛盾并非表现为被告方和被害者之间的矛盾，而是表现为国家权力与被告人之间的矛盾，作为司法职业者的个体必然要在忠实于“是非之心”的同时，面临着道德情感的抉择。

首先，司法职业者是权力的代行者。政治和权力联系在一起，也是十分具有吸引力的力量，为了实现合法的社会目的也需要独立使用权力。因此，在政治领域内常常存在私欲的膨胀、贪赃枉法、唯利是图、尔虞我诈和背信弃义，这自然并不奇怪，一些最具有政治企图的人甚至通过残酷的政治事件直接去推进，所以规范的标准在更多的时候是违反而不是遵循。所以马基雅弗利式的权力游戏必须超越攫取、野心、生存等内容设定新的价值，政治机构或组织必须被设定一些新的规则和标准将私利从权力中分开，换言之，必须给予权力一个道义依据，权力通过承认一系列的基本价值、原则和进行运作。[1]

作为国家权力本身，人权的普遍性赋予了国家的道德使命——权力的人道化，作为个性化的权力个体，自然应当秉持这种道义。诚如《宽容原则宣言》中所说，“宽容是个人、群体和国家所应采取的态度”。包括宽容在内的人道是一种规则贯彻过程的态度，是一种道德责任。

其次，在当今的司法活动带有科层化、集权化特征的现实条件下，法律职业者个体权力相对比较薄弱，司法职业者坚持这样一个道德标准弥足珍贵。因为人道主义本身就是正当程序的一项基本价值。如果说程序正义直接体现为一种诉讼构造，那么这种程序只具有保障作用，不足以实现正义，而对于司法职业者的人道主义的道德诉求则要直接和现实得多，其直接体现为德化的具体态度：

法院还应在审判过程中对各方参与者给予人道的对待。这项要求可以说是“自主、自治地参与”所固有的。从参与的目的来看，程序参与者要想自主地对裁判结果产生影响，就必须自愿地进行诉讼行为，不受人身、精神上的强

〔1〕 参见陈瑞华：《刑事审判原理论》，北京大学出版社2003年版，第57～58页。

制或胁迫。被告人、被害人如果在参与过程中不拥有人的尊严，而是时时受到非人道的对待，如人身污辱、暴力胁迫、精神压制等，那么他们的参与即使再充分、再富有意义也是毫无价值的，因为这违背了参与者应为具有主体资格的人而非被动的客体这一基本参与原则。〔1〕

3.人道主义作为一种道德责任有助于对刑事法内进行在机理的解读。在法律理论领域，历史的经验教训揭示了法律并非是完全实证的，其存在根本性的价值。“法律概念，一个文化概念，也就是一个涉及价值的概念，把我们推向了法律价值和法律理念，法律是按照其意义必然服务于法律理念之物。”〔2〕法律的概念既然是价值性的概念，就必须寻找一个超越科学性、实证性本身的理由来维护整体价值，限缩强者、权力的原本正当性的诉求就成为普适性的需要。譬如刑法中关于刑事责任年龄的规定，长期以来一些学者不断从未成年人身心发育增快的角度来论证降低刑事责任年龄的合理性，其潜意识还是从刑罚与危害性结果相适应的报应性思维。实际上我们可以通过类似的刑法规定来找到刑事责任年龄的价值基础：《刑法》第49条将不得适用死刑的条件规定为“犯罪时不满18周岁”和“审判时怀孕的妇女”。立法者之所以将两类对象规定在同一条款，并且设定了相同的责任方式，原因在于其具有共同价值依据。实际上“审判时怀孕的妇女”不得适用死刑的合理性，从危害性与刑罚对应性角度是不具有说服力的，这项规定得到大家共同认可的基础就是共同的刑罚人道主义观。语同此理，刑事责任年龄的设定也是因为得到权力体恤的同时又得到了民众认同的结果，与合理性之间没有关系。〔3〕也正是因为这样的原因，宽严相济的刑事司法政策在提及对老年人犯罪从宽处理的时候，《刑法修正案（八）》在对老年人犯罪刑事责任立法从宽的时候，其内容本身并没有遭遇多少反对。因为这是强者对自我权力的限缩，也是普适性的人道伦理的诉求。尽管权力原本可以从罪刑均衡原则甚至刑法平等适用原则那里找到合法性、正当性依据而拒绝改变。

---

〔1〕 参见陈瑞华：《刑事审判原理论》，北京大学出版社1997年版，第64～65页。

〔2〕 [德]G.拉德布鲁赫：《法哲学》，王朴译，法律出版社2005年版，第73页。

〔3〕 需要说明的是，刑法通说认为，刑事责任能力包含刑事责任年龄要素。但是如果我们将刑事责任年龄的规定建立在人道主义的基础之上，势必需要将年龄因素从刑事责任能力中独立出来。因为刑事责任能力问题是一个科学问题，是可以通过专业知识和经验来鉴定和评估的。而刑事责任年龄问题则只能是一种规定，只能说明国家刑权力人道化的态度和程度，无法从科学角度来说明合理性。

这样解读法律的依据是什么呢？在拉德布鲁赫看来，法律的理念由三项价值构成：正义、合目的性和法的安定性。从这一角度出发，拉德布鲁赫在其《法律的不法与超法律的法》这篇文章中提出了著名的“拉德布鲁赫公式”并认为如果实在法违反正义达到不能容忍的程度，它就失去了其之所以为法的“法性”。在刑法中如果规范本身无法体现人道性的道德责任，则其可能沦为一种暴政的工具。所以贝卡里亚断言：

刑罚最残酷的国家和年代，往往就是行为最血腥、最不人道的国家和年代。人道主义精神是刑罚轻缓化乃至最终实现非刑罚化的原动力。在感性认识上，刑罚人道主义与悲悯、仁慈等人类与生俱来的善性相关联，而与野蛮、残酷、暴虐等蒙昧状态相对立。在理性观念上，刑罚人道主义核心是对人的主体性的承认与尊重，将犯罪人作为伦理关系和法律关系的主体对待。〔1〕

从人道的角度来说，司法的过程不应当成为“我将天国的钥匙交给你，而你却要放牧我的羊群”〔2〕的鞭子。也正因如此，才会出现“二战”结束之后德国“泄密者案”中对于主审法官责任的争论。

在具体刑事司法运作过程中，“拉德布鲁赫公式”也可以延伸出新的功用——对法律的适用和理解也存在一个从“安定性”到“合目的性”的演进过程。人道性必须以规范的法定性为前提，从法定性向合目的性的推演必须以人道性要求为标准。譬如，我国《刑法》第263条规定：“冒充军警人员抢劫的，应处10年以上有期徒刑、无期徒刑或者死刑，并处罚金或者没收财产。”该条文生效甫始，理论界就在一个问题上——真正的军警人员抢劫——产生了不同的看法。有学者从“合目的性”的角度认为——从实质上说，军警人员显示其真正身份抢劫比冒充军警人员抢劫，更具有提升法定刑的理由。并将“冒充”解释为包括假冒与充当，假冒与真实并无差别——其实质都是使被害人误认罪犯为军警人员，故军警人员显示其身份抢劫的，应认定为冒充军警人员抢劫。〔3〕毫无疑问，真正军警抢劫的行为比冒充军警抢劫的行为显然更为严重，至少可以说毫不逊色，其对犯罪环境的影响也是相同的。但是如果这样理解，势必“冒充”一词的基本文意就失去了确定性。上升到一种方法论的角度，这

---

〔1〕 参见[意]贝卡里亚：《论犯罪与刑罚》，黄风译，中国大百科全书出版社1996年版，第42～43页。

〔2〕 此语由《圣经·新约》中耶稣对伯多禄所说的话延伸而来。

〔3〕 参见张明楷：《刑法学》，法律出版社2007年版，第717页。

样的解释会导致刑法的法定性、规范性受到极大损害，“当基于实质可罚性进行解释时，解释的边界何在？”[1]这样的否定“安定性”的“合目的性”解释因为违背了人道主义所要求的宽容性的标准，必然陷入类推解释的泥潭。[2]笔者并不反对解释方法存在“语义解释→体系解释→目的论解释”的适用顺序，但这只是结果，必须有一个基本的原则作为原因，那就是刑罚人道主义价值观。

三、司法职业者的人道责任是对法律和权力人道补足的具体表达

阿图尔·考夫曼认为：“宽容不是在冷淡的放任允许意义上，而是在有意抉择意义上，承认其他科学的和世界观的权利。宽容也是这样一种认识的结果：一切人道价值处在暴政的危险之中，因为暴政被指责为具有专断性要求。最后，宽容是意识形态批评的结果，是对错误的自我确信进行开明的摧毁之结果。”[3]这样的论断直接就是建立在对刑事司法活动的评述基础上。人道责任体现为司法职业者对自我确信进行的一种“开明摧毁”。因为权力往往倾向于自负和功利，此时人道观念作为一种道德的约束显得十分必要。人道主要体现为法律和权力的适用的层面，尤其是在法律的不具有“合法性”的时候，司法职业者再一味追求实证的法律实质上就会造就权力的非人道现象。

人道主义的道德责任还是高风险社会中法权的内在要求。因为现代社会的高风险性，人无往不在枷锁之中，权力的运作也都始终处于风险之中，权力运作所带来的后果带有很大的不可预知性，不仅可能危及人的利益，也可能危

---

〔1〕 刘艳红：《走向实质的刑法解释》，北京大学出版社2009年版，第222页。

〔2〕 实质解释的观点招致了许多非议。有观点认为：“从语义上来说，冒充就是假冒，因而根据简单的语义解释就可以排除真正的军警人员适用加重处罚规定的可能性。那么，又为什么非要把真正的军警人员显示真实身份抢劫解释为冒充军警人员抢劫呢？如果是因为军警人员显示真实身份抢劫比冒充军警人员抢劫更有加重处罚的必要性。在这种情况下，还把军警人员显示真实身份抢劫排除在冒充军警人员抢劫之外，就是一种形式解释论，这种形式解释论未能将更有加重处罚必要性的情形解释进来，因而需要采用实质解释论加以纠正。这样一种逻辑，岂非破坏罪刑法定原则的逻辑？”参见陈兴良：《形式解释论的再宣示》，载《中国法学》2010年第4期。更多的学者直陈其违背了罪刑法定原则，认为这样的解释是类推解释。在罪刑法定原则之下，该问题只能通过立法途径解决。参见刘艳红：《冒充军警人员抢劫罪法定刑设置之疏漏》，载《法学》2000年第6期；刘明祥：《论抢劫罪的加重犯》，载《华侨大学学报》（哲学社会科学版）2003年第3期。

〔3〕 [德]U.诺伊曼：《纪念考夫曼》，郑永流译，载中国民商法律网：http://old.civillaw.arn.cn/artide/defaut.asp?id=16194，最后访问日期：2010年6月5日。

及权力自身。权力往往无法预见结局,[1]或者难以评价之前行为的对错,[2]由此人道诉求就构成了现代社会的伦理准则。

综合来说,刑事司法者的人道主义道德责任既是对整体价值观的承接,也是司法过程的现实化表达。

1.人道主义道德责任的意义在于能够促进法律标准的合理化

譬如,《刑法修正案(八)》取消了13个罪名的死刑,这是一项立法成果,但其潜在的逻辑就是司法过程中对这样的罪名已经基本上停止死刑的适用,也就是说,最先是从司法的角度否认了对于这样的罪名适用死刑的人道性和必要性,由此我们也可以设定一个废止死刑的路径,即司法前行是立法废止死刑这一不人道刑罚的前奏。此外,就具体适用法律而言,无论是作为法律人还是作为法律之下的人,在进行行为判断的时候都会发生错误。一种是自身能够控制的错误,另一种是超越自身意志的无法预见或无法控制的错误结果。对于第一种错误,由于对行为的非正义形式可以预判预知,所以其责任的承担是有意义的,也是合理的。而对于第二种错误,在法律规范和法律的适用过程中则是应当具有一定宽恕要求。譬如,法国1994年刑法典就对认识错误和刑事责任作出了一种大胆的规定。"监狱大量的技术性规范和行政控制性规范逐步演化为刑事法律规范,对于上述范围内的某些误解和认识错误,已经超出了一般常识的范畴。据此,新刑法总则明文规定:'只要行为人能够证明自己的行为处于自己无力避免的误解,该行为就可不承担刑事责任。'此规定为世界刑事立法所仅见。"[3]这样的规定体现的就是一种刑法的宽容。其不再是简单地从后果的角度来加以认定责任,虽然在刑法中这样的观念经常会有所体现,但是作为一项刑法规定,无疑具有现实的宽容色彩。

---

〔1〕 譬如对于公捕公判,娄底市政法委书记曾认为:"效果很好,省里满意,涟钢也满意"。但这样的预判显然错了。"娄底市综治办主任向健勇没有想到,报道被网络关注后,'宣传效果'朝反方向发展。"黄秀丽等:《被质疑的基层公审公判》,载《南方周末》2010年7月22日。

〔2〕 譬如,全国人大代表张燕联合32位人大代表专门向全国人大常委会提出了"关于修改《中华人民共和国刑法》第306条的议案",国家权力机关给予的答复是:"关于您们提出的全国各地刑事辩护数量锐减,这一规定在司法实践中易被某些执法人员当作职业报复的根据等问题确实存在,有的部门、律师和专家学者也多次反映过。造成这些情况的原因是多方面的,我们也曾多次做过调查和研究。目前,对这些问题,需广泛调查,收集意见,结合立法工作进行研究。你们的意见,我们在研究工作中将认真考虑。"这样的结论如果不是推托之词,就是对规则的实践效果认识不清的结果。

〔3〕 何勤华、李秀清:《外国法制史》,复旦大学出版社2002年版,第339页。

2.刑事司法职业者的人道责任是权力人道主义补足的具体表达

站在权力个性化的角度，人道主义反映的是一种道德观，而浓缩的权利个性化有时就是政策的具体体现，而政策的普遍性又是权力个性化的整体表达。在刑事司法独立的背景下，个性化司法权受到权力的压力相对要小很多。在司法行政化的社会中，个性化的司法权则不可避免会承受更多地来自政策层面的压力，司法性质与行政化的对抗性被削弱。此时，政策的人道性更显示出必要性。如果整个政策是人道的，往往常态下的个性化权力也是相对仁恕的。在政策无法体现这一价值的时候，作为个体化的职业道德责任则承担着重要的补足作用。从这个意义上说，司法职业者的良知在一个非完全的法治环境中才更有意义。

刑事司法职业者的人道责任还有助于克服权力“致命的自负”。人道主义是作为政策主导者——国家权力必然的一种选择。哈耶克认为：

一切道德体系都在教诲向别人行善……但问题在于如何做到这一点。只有良好的愿望是不够的。国家权力如果严格地只去做那些对具体的他人明显有利的事情，并不足以形成扩展秩序，甚至与这种秩序相悖。市场的道德规则使我们惠及他人，不是因为我们愿意这样做，而是因为它让我们按照正好可以造成这种结果的方式采取行动。扩展秩序以一种单凭良好的愿望无法做到的方式，弥补了个人的无知，因而确实使我们的努力产生了利他主义的结果。〔1〕

因此，无论是权力为恶还是权力为善的理论，最终必然都是殊途同归，在刑法领域，国家权力掌控着生杀予夺的大权，肩负着同犯罪作斗争的使命，肩负着保卫社会秩序的重任，因此很容易出现“致命的自负”，实际上这些年所出现的一系列发人深省的冤案都和这种“致命的自负”有关联。最近一段时间集中出现的“公捕”“公判”都表现出这种倾向。具备法律常识的人到知道，法律规定了无罪推定，任何人在判决以前都应当被假定为无罪。既然被假定为无罪之身，进行公捕就是一种对权利的侮辱，权力的自负表现在其虽然未经审判，但已经确定其有罪了。如果被告人无罪，这种自负是“致命”的；如果被告人被定罪，这种自负是“恐怖”的。

---

〔1〕 [英]F. A. 哈耶克：《致命的自负——社会主义的谬误》，冯克利译，中国社会科学出版社2000年版，“译者的话”。

3.司法职业者的人道责任为解读我国的司法现实提供了一种方法论

人道责任的内在逻辑在于：单纯依靠法制制约权力毕竟是有限的，即使规范可以被制作得滴水不漏，更何况法制的确立具有历史的局限性，法律需要人来操作和执行，规范被曲解的可能性始终存在。刑罚的标准乃至判决永远和裁决者个人的观念联系无法撇清，人道作为一种美德就开始起作用。冯象博士在论及法律的程序理性和实质理性的时候指出：

在中国，由于司法的正义的渊源在法律之外，法官必须采取相反的策略，模糊程序的界限，才能保证司法的效能。故“重实体、轻程序”不但是政治文化和心理传统、也是法律得以顺利运作、分配正义，法官得以维持民众信心，争取最低限度的独立的现实手段……这是一种灵巧的工具主义法治……工具主义的法治，比起形式平等的法治来，更需要人情常理的衡平而坚持超越法律的实质正义。否则法律原则的妥协、程序规定的克服就无章可循……所以这“情理法并重”的正义和古代的女神一样，是不戴蒙眼布的：没有任何程序可以挡住她的视线。[1]

笔者认为，这样的看法是有见地的，可谓切中肯綮。但是，如何进行衡平，笔者则有不同的结论：其路径在于确立人道主义的道德责任，在形式合理性尚不足以遏制权力的个性化的时候，当个性化的权力狼奔豕突，人道主义就是司法道德选项。

进入21世纪以后，构建和谐社会成为中国社会发展的主题，和谐和人道正在成为权力普遍的美德，它的光辉将照耀社会生活的每一个角落，即使在最严厉地限制个体自由和幸福的刑罚领域，这种美德也日益凸显出来。但是，在光芒普照的时候，刑罚的刚性越来越柔化，刑法的观念越来越开放，权力一时还难以接受，还感到有些刺眼——对人道主义的精神和范畴从潜意识中似乎还有一份抵触的情绪；还感到有些眩晕——对于人道主义的现实化还感到难以适从。前者表现为对刑罚人道主义的精神和理念还存在一些排斥，甚至将刑罚人道主义仅仅归结为一种对于犯罪嫌疑人、被告人的无休止的宽容。实践中还屡屡发生一系列不人道的现象，如东莞市派出所民警“牵卖淫女游街”事件，引起了民众的不满，以至于“公安部下发通知，要求各地公安机关在查处

---

〔1〕 季卫东：《法律程序的形式性与实质性——以对程序理论的批判和批判理论的程序化为线索》，载《北京大学学报》（哲学社会科学版）2006年第1期。

卖淫嫖娼违法犯罪活动时，要坚决制止游街示众等有损违法人员人格尊严的做法。省公安厅已向全省转发，并规定发生此类问题，将予以通报，并依法追查当地公安机关领导责任。”[1]此外，政法部门还屡屡开展“公捕”“公审”“公判”等行动，在湖南省娄底市2010年7月“公捕”“公审”行动之前半年之内，“就有山东青岛、湖南永兴、陕西临潼、四川阆中等地进行了公审公判”，[2]这些行为不仅产生了负面的社会效果，而且均反映出对于权力的因循和对人道观念的抵触。后者则表现为一种对人道主义的理解还仅仅表现为一种形式，甚至误读人道主义，迷失在刑法的人道主义和刑事法定化之间。譬如前几年在各地纷纷开始试点的死刑刑事案件和解制度，就是在人道与正义之间迷失了方向，在民众对“以钱赎命”的质疑浪潮中归于沉寂。

有些价值，我们一直在实践，但因为种种因素，没有去总结；有些规则，我们一直有规定，但因为种种因素，我们没有去实践。譬如，死刑与人道的话题人们已经谈的很多，但是二者实际上应该是一个间接的关系——问题的实质并非仅仅是死刑本身是否人道的问题，而是国家刑权力的掌控者是否以人道主义的道德观来看待死刑的规制和适用的问题。也正是这个缘故，清末刑法改革之时沈家本与其是在论证死刑的非人道性，不如说是为了说服刑权力应具有人道主义价值观，从而大幅度地削减死刑：

“欧美刑法，备及单简，除意大利、荷兰、瑞士等国废止死刑外，其余若法、德、英、比等国，死刑仅限于大逆、内乱、外患、谋杀、放火、溢水等项。日本承用中国刑法最久，亦止二十余条。中国死刑条目较繁，然以实际论之，历年实决人犯以命盗为最多，况秋审制度详核实缓，倍形慎重，每年实予勾决者十不逮一，有死刑之名而无死罪之实。持较东西各国，亦累黍之差尔。兹拟准《唐律》及国初并各国通例，酌减死罪；其有因囿于中国之风俗，一时难予骤减者，如强盗、抢夺、发冢之类，别辑暂行章程，以存其旧，视人民程途进步，一体改从新律。顾或有谓罪重法轻，适足召乱者。不知刑罚与教育互为消长，格免之判，基于道齐。有虞画像，亦足致垂拱之治；秦法诛及偶语，何能禁胜、广之徒起于草泽；明洪武时所颁大诰，至为峻酷，乃弃市之尸未移，新犯大辟者即至。征诸载籍，历历不爽。况举行警察为之防范，普设监狱为之教养，此弊可无顾

〔1〕 李红汛等:《公安部下发通知制止将违法人员游街示众》，载《大河报》2010年7月26日。
〔2〕 黄秀丽等:《被质疑的基层公审公判》，载《南方周末》2010年7月22日。

虑也[1]”。

沈家本之所以谈古论今、辨析利弊，是因为他深切地体会到了削减死刑的阻力或动力并非是死刑本身是否人道，而在于统治者能否具有人道情怀，从而减少死刑。

在《大清新刑律》[2]颁行百年之际，我国《刑法修正案（八）》也大幅度地削减了刑法中的死刑。这虽然是一个小小的修正，却是我国刑罚人道主义得到弘扬的一大步。只是我们回顾一下百年前沈家本似曾相识的理由，在欣喜之余少许会有一点无可奈何。

无论如何，在笔者看来，人道主义刑法观是罪刑关系法定化的重要补足，其意义可以归并为：第一，刑罚人道主义与我国当前的宽严相济刑事司法政策的实质一脉相承，是我国刑事政策的重要内涵，具有时代性特征。第二，刑罚人道主义是刑法适用的一项基本价值观，强调司法宽容、谦抑和慎刑。但必须坚持刑法理性，人道主义应当是建立在刑法规范性基础之上，不是无休止的宽容或纵容。在规范失范的时候，人道主义的思维是一种补强，是对罪刑法定原则的一种补足。第三，刑罚人道主义是国家刑权力运作过程中的一个道德义务，在司法实践中必须尊重犯罪人的人格自尊。犯罪人因为犯罪受国家刑罚处罚，但并不因此而丧失其人格自尊和所有权利。在考察刑法平等适用的基础上，由于个体的或不同群体的差异性，体现刑法人道要求有助于实现刑法平等适用的平衡。第四，刑罚人道主义是一个动态的过程，其绝非仅仅局限在对静态刑法规范的考察，它更是罪刑均衡原则的一种补强。所谓禁止适用残酷而蔑视人权的刑罚手段，并不是简单考察规范本身，还要考察规范适用是否失衡。

如果说我们充分理解了这些意蕴，对宽严相济刑事政策解读就有了合理路径，刑法的规范性要求才能合理限缩和延展，刑事法治的步调就能够达成一致，刑事司法改革的方向才会更为明晰，和谐在刑事领域才具有厚重的基础和更为有针对性的成果体现。

---

〔1〕 沈家本：《修订法律大臣沈家本等奏进呈刑律草案折》，载《大清光绪新法令》（第19册），第26～28页。

〔2〕 于1908年完成，但由于守旧派的反对，直到1911年1月25日才颁布施行。它采用资产阶级的刑法体例、刑罚制度和刑法原则。在刑法体例方面，分总则、分则两篇。在刑罚制度方面分主刑、从刑两种，主刑包括死刑、无期徒刑、有期徒刑、拘役、罚金；从刑包括褫夺公权和没收。在刑法基本原则方面，采用了资产阶级的“罪刑法定主义”。

第五章　罪刑法定主义所要求的权力宽容*

犯罪分子总是被视为仇视和憎恨的对象，因为他侵犯了无辜者的利益，危害了社会的整体秩序。包括这篇报道，恐怕也是从这个角度来进行思考。至于被抓获的原因更多的似乎是从新闻价值的角度思考。但是许多读者在读完报道之后，产生的不仅仅是对范育才的违法行为的痛恨，还包括对生存本能的同情，因为相对于生存的困境，抢夺（而不是手持凶器抢劫）行为已经不能够再让人们产生一种正常情况下对于犯罪的态度了。同情代替了敌意，不满代替了满足。这种内心激发出来的对于他人的同情就是一种德化伦理型的人道主义观念的感性

---

* 本部分内容刊载于本书作者发表的《刑事正义的宣谕——宽容》，原载《环球法律评论》2012年第5期；《罪刑关系法定化困境与人道主义补足》，原载《政法论坛》2012年第1期。

体现。[1]

正如德化人道主义的具体性、现实性一样，这种德化伦理视野内的人道主义对于刑事法正义性的考察同样十分具体和现实，因为都是人类的基本心理和基本情感。当一个人濒临生存绝境的时候，生存的要求同样是符合人道的，人道主义的起码原则是，每一个没有被法律剥夺生存权利的人都有生存下去的权利。所以刑事法确立的基本原则就是，满足人道主义要求的行为被追究刑事责任或者完全的刑事责任是非人道的。

人道虽然是古道，但是如同一面古老但长新的铜镜，其永远是也应该永远是现在时态的。其可以在个别历史时期的特殊状态下被扭曲，但最终还是要回归于质朴性、非思辨性。我们已经看到一些被扭曲的社会心态正在被校正，社会正在呵护这样的禾苗，剔除一些扭曲的因素，正在恢复那些健康情感。法治就是最好的例证，现代法治的精神就是最好的说明。

权力同样要求有宽容的胸襟。房龙认为，宽容是容许别人有行动和判断的自由，对不同于自己或传统观点的见解的耐心公正的容忍。从一定意义上

〔1〕这样一个在版面上极不起眼的事件能够折射出许多德化伦理人道主义的问题。首先是对社会缺少一种“仁者爱人”氛围的拷问。人道主义之所以可以用“古道热肠”词语来加以形容，首先，因为这是人类对于同道的基本情感，也是人类历史的基本情感。其次，这是一种人们善良、质朴、温厚的本性。但是在很多时候邪恶代替了善良，狡猾代替了质朴，冷漠代替了温厚，对立代替了妥协，仇视代替了宽容。人对人之间的关系变成了文化启蒙时期哲人们所说的“人与人之间像狼一样”的关系，这是对作为伦理视野内的人道精神的基本扭曲。

作为社会中的一分子，每个人都自然而然地应当受到社会的庇护，从社会中得到最为基本的生活资料，尽管社会有时无法满足这些需求，但只能说是社会运转出现了失灵或失控。对于生活在丛林中的个人来说，如果完全脱离了人类社会，是不存在所谓人道问题的。因为他的生存权要依靠自身的奋斗来解决。所以，人道首先是一个社会或公共权力的态度，其次是生活在社会中的个人的态度，我们通常所说的“不劳动者不得食”完全与人道主义无关。缺乏仁慈的公正不是真正的公正。即使有能力的劳动者，社会也不可避免地承担起满足其生存权需要的义务。这是人道主义最基本的要求，并不是片面地使用公正一词就可以避免责任。

人道主义不是居高临下的施舍，而是作为公共权力或者社会本身一种义不容辞的义务，人道主义不是个别富有者的一种奢侈品，而是应该根植人类每个个人心灵的自觉。也就是说，人道主义既是人类精神共同的情感，也是社会或公共权力建立机制的目标。前者表现为一种作为情感的人道主义，后者表现为作为体制目标的人道主义，而后者是我们所论述的重点，因为刑事法中的人道主义本身就是一种对于体制的期望。同时也因为人类个人自发的人道主义情感或者人道主义帮助运作的范围十分有限（这是个人力量的单薄所决定的），依靠个人的人道主义情感是不可靠的，也是不通畅和不及时的。当人们面临募捐箱或媒体慷慨解囊的时候，多数卧床不起的孩子或者无家可归的灾民则没有这样幸运，他们或许只能在人道主义情感没有光顾的角落中呻吟。所以整个社会体制的人道主义要求，是人道主义根本实现、每个人的生命得到充分尊重、每个社会成员得到及时、普遍、合理、制度性帮助的方向。

说，刑事制裁以及对个人被确定为犯罪行为人的过程就是不同行动和不同判断相互磨合的过程。行为人通过实施行为进入国家刑权力的视线，国家刑权力通过判断进而提出自身的见解。国家刑权力的运作被限定在法定的框架之内，这是公正得到伸张的前提，但是公正与人道、仁慈从来就不是互相排斥的概念，因为不人道的制裁可能是合法的，但很难说完全公正。公正包括公平和正义两个方面的内容，人道的刑事待遇是正义的内涵。正如歌德所说，不管应惩罚人还是关爱人，必定把人当人看，这要求国家刑权力不能专横地对待包括犯罪行为人在内的个人的合法利益，同时一旦人道主义的措施成为一种规则，其就表现为个人的一项权利，同样不能被剥夺和限制。我们常说公正、谦抑、人道是现代刑法的价值目标。从一定程度上说，谦抑是公正和人道相结合的一种体现方式，人道和公正作为现代刑法的最为根本的理念，二者是现代刑法的两大“车轮”，刑罚在人道主义精神的感召下走向公正性的纵深。

无论在什么时候，刑罚的人道性都是刑法的命脉，刑法的宽容性既是公正本身的要求，又是防止过分严厉和残酷的有效手段。也就是说，刑罚的人道性建立在宽容的基础之上。宽容不仅是个人的一种品格，更是制度上的特性。法律的宽容是社会宽容的制度确认。

一、中西方法治语境下宽容的表现及其演进

尽管东西各国对宽容的意蕴有不同的诠释，语义和语境也不同，但实际上殊途同归。

（一）中国古代忠恕观念的语义及其政策化

《尚书·大禹谟》中指出：“宥过无大，刑故无小。罪疑为惟轻，功疑惟重。与其杀不辜，宁失不经。好生之德，洽于民心。”这是中国古代最早系统论述并且在今天仍熠熠生辉的刑罚宽容思想。它不仅是在实体和程序、个案与整体冲突时的一项司法选择，也是一个立法的基本出发点，更是一个富有魅力的统治理念。

但是在法家的统治政策中，虽然理论上讲以刑去刑，但刑罚实际上并不宽容。这首先表现为崇拜刑法。“故以刑治则民威，民威则无奸，无奸则民安其所乐。以义教则民纵，民纵则乱，乱则民伤其所恶。吾所谓刑者，义之本也，

而所谓义者，暴之道也。”[1]“重刑，连其罪，则民不敢试。民不敢试，故无刑也。夫先王之禁，刺杀，断人之足，黥人之面，非求伤民也，以禁奸止过也。故禁奸止过，莫若重刑。刑重而必得，则民不敢试，故国无刑民。国无刑民，故曰：明刑不戮。”[2]根据《商君书》的记载，“严刑”主要体现在：其一，重刑轻罪。“行罚，重其轻者，轻者不至，重者不来，此谓以刑去刑，刑去事成；罪重刑轻，刑至事生，此谓以刑致刑，其国必削。”[3]其二，刑于将过。“刑加于罪所终，则奸不去；施赏于民所义，则过不止。刑不能去奸，而赏不能止过者，必乱。故王者刑用于将过，则大邪不生；赏施于告奸，则细过不失。”[4]其三，酷刑扩张。“夫先王之禁，刺杀、断人之足、黥人之面，非求伤民也，以禁奸止过也。”[5]其四，连坐被过分重视。连坐可以说是国家刑事政策追求绝对化的显著体现或者说不宽容的极端表达。《商君书·禁使》指出：“故治国之制，民不得避罪，如目不能以所见遁心。今乱国不然，恃多官众吏。吏虽众，同体一也。夫同体一者相不可。且夫利异而害不同者，先王所以为保也。故至治，夫妻、交友不能相为弃恶盖非，而不害于亲，民人不能相为隐。上与吏也，事合而利异者也。今夫驺、虞以相监，不可，事合而利同者也。若使马焉能言，则驺、虞无所逃其恶矣，利异也。利合而恶同者，父不能以问子，君不能以问臣。吏之与吏，利合而恶同也。夫事合而利异者，先王之所以为端也，民之蔽主，而不害于盖。贤者不能益，不肖者不能损，故遗贤去知，治之数也。”治国之道在于让民众无法隐瞒罪过，就像目之所见必了然于心一样。于是，在法网如凝脂之后，执法无孔不入就是一个重要追求。如何做到犯罪无可遁形呢？商鞅的结论竟是“民人不能相为隐”，必须通过刑罚打破利益堡垒，于是连坐制度成为一个重要选项。

这种不宽容的刑事法治很快作为独立的制度破产了。作为一种反思性的结果，宽容的理念被重拾，忠恕思想被复兴。

忠恕被奉为孔子仁学思想中一以贯之的理念，其不仅归纳了人与人之间相处的基本道德准则，更是阐明了社会关系处理的基本戒律。关于“忠恕”的

---

〔1〕《商君书·开塞》。

〔2〕《商君书·赏刑》。

〔3〕《商君书·靳令》。

〔4〕《商君书·开塞》。

〔5〕《商君书·赏刑》。

基本内涵，《论语 · 卫灵公》曾有记载："子贡问曰：'有一言而可以终身行之者乎？'子曰：'其恕乎！己所不欲，勿施于人。'"所谓"恕"，就是"己所不欲，勿施于人"。《论语 · 雍也》也表达了类似的内容："子贡曰：'如有博施于民而能济众，何如？可谓人乎？'子曰：'何事于仁！必也圣乎！尧舜其犹病诸！夫仁者，己欲立而立人，己欲达而达人。能近取譬，可谓仁之方也已。'"朱熹《论语集注》在对"忠恕"注释时指出："尽己之谓忠，推己之谓恕。"并且还引程子的话说："以己及物，仁也；推己及物，恕也。"也就是说，对于"忠恕"一词可以从以下几个方面进行理解：

其一，如果说"忠"是"尽己"，是对自我行为的一种约束，"恕"则是推己及物，是对于他人行为的包容。不仅如此，"博施于民而能济众"，说明这一原则不仅仅是处理人际关系的准则，还可以被引申为一种社会行为的准则。《中庸》在说明了常人之道后，又言及关系的互动性，即"所求乎子，以事父"。"吾欲子之孝我，吾亦以孝父。""所求乎臣，以事君。""所求乎弟，以事兄。""所求乎朋友，先施之。"这里包含了父子、兄弟、朋友、君臣之间的关系，此"君子之道四"都是从"忠恕"引申而来。

其二，《中庸》认为："忠恕违道不远，施诸己而不愿，亦乎施于人。"由此可见，"忠恕"是统一的，而"恕"亦可包含"忠"。也就是说，恕是一种人文理念，忠则表现为一种具体的处理方法。

其三，"己所不欲，勿施于人"的另外一个侧面可以理解为"则己所欲，必有当施于人"。亦可理解为"与人忠恕"。

其四，"忠恕"是仁学思想基本的、核心的宗旨，是"爱人"的体现。爱人与爱己是统一的，爱人是爱己的必然结论。例如，《论语 · 乡党》中记叙了这样一个故事："厩焚，子退朝，曰：'伤人乎？'不问马。"关注人的命运实际上就是关注自身的命运。

关于忠恕之道的意义，南宋陈淳在《北溪字义》（卷上 · 忠恕）中专门进行了分析："然恕道理甚大，在士人，只一门之内，应接无几，其所推者有限。就有位者而言，则所推者大，而所及者甚广。苟中天下而立，则所推者愈大。如吾欲以天下养其亲，却使天下之人父母冻饿，不得以遂其孝；吾欲长吾长、幼吾幼，却使天下之人兄弟妻子离散，不得以安其处；吾欲享四海之富，却使海内困穷无告者，不得以遂其生生之乐。如此便是全不推己，便是不恕。"忠恕的论定不再简单纠缠于人际关系之间，而是“就有位者而言”，从而道出了忠恕的实质：“圣人之忠便是诚，更不待尽。圣人之恕便只是仁，更不待推。”

仁爱与宽容之所以成为“有位者”“圣人”的道德义务，这并不难理解。因为只有掌握了权力、资源或者说处断权力的时候，才往往具有宽容的资格。所以，宽容既是前述的“禁欲主义的结果”，有时也被人认为是“奢侈品”。[1]

在忠恕思想的指引下，法治理念具有宽容的色彩，尤其是在法律伦理化之后，宽容的理念蹒跚起步，开始为权力所认可，而这一标准又因为与伦理结合，形成了拟人化权力思想中的道德定律（尽管也许并不是完全意义上的）。而后，作为权力的体现者，不论是基于外在职责和行为规范的束缚，还是心中道德律的指引，“衙斋卧听箫箫竹，疑是民间疾苦声”。[2]宽仁、慎刑作为法制实施的指导思想似乎成为一种必然。

慎刑来源于宽和、仁爱的思想，宽爱根植于伦理普适化。“四方有败，必先知之，此之谓民之父母矣。”蔡元培先生也指出：“一家之中，父为家长……以是而推之于宗族，若乡党，以及国家。君为民之父，臣民为君之子……”[3]权力者被定位为类似于家长的角色，在多数时候被国人引申为一种特权，但也未尝不可引申为一种天然的责任和义务。因为在多数时候，在伦理规范中，父母给予孩子更多的是爱和保护，而不是索取、特权和残暴。

如果说在法家那里，民众是羔羊，在儒家那里，大众就是子民，是社稷。这种观念在历代画策中体现得尤为明显。唐代张说的“文苑科策”就认为国家刑权力必须克制：其一，施政要术在于“因人以立法，乘时以设教，以义制事，以礼制心。”应该重视教化的作用，而不是通过苛政树立权威。其二，“政犹水火，刑譬阴阳，顷者三监乱常，有司既纠之以猛；於今四罪咸服，陛下宜济之以宽：明肆赦之渥恩，安万人之反侧，布深仁於罗鸟，收至察於泉鱼，岂不大哉！天下幸甚。”为政的精髓在于宽厚和仁义。其三，刑法的作用是有限的。“刑在必澄，不在必惨；政在必信，不在必苛。”用刑在于清明而不在于惨烈，施政重在信誉而不在于苛刻和残酷。其四，“典谟之政，参详适中；上庠之礼，大学之

〔1〕 参见[美]房龙：《宽容》，时峰译，西苑出版社2009年版，“后记：但是这个世界并不幸福”。

〔2〕 源自郑板桥《潍县署中画竹呈年伯包大中丞括》一诗。

〔3〕 蔡元培：《中国伦理学史》，东方出版社1996年版，第7页。

义，施用为切”。[1]显然年轻的张说完全就是儒家忠恕思想的追随者，而其对刑事政策内敛要求的解说无疑与宽容的内容异曲同工。

然而，随着后来儒家思想逐步被礼教化或者说儒家思想原教旨化，宽容的理念很多时候得不到真正贯彻。尤其是在社会对抗非常激烈的时期，人们则更是相信“只有成为战胜者才能成为人道主义者”。宽容的理念被束之高阁甚至被视为蔽履。

（二）西方宗教和司法领域宽容的步伐及其理论演进

在西方，对宽容与人道的理解走过了一段较为复杂的历程，而这在很多时候是与宗教宽容以及刑法宽容联系在一起的。“宽容被理解为一种态度或一种心境，它描述了某些潜在的价值。首先是反映16世纪、17世纪宗教宽容起源的价值，它纯粹是为和平而顺从地接受差异性。人类长年累月地相互残杀，但幸运的是人瘦马乏，不愿恋战，我们把这种心情称之为宽容。”[2]然而，无论是在东方世界，还是西方世界，教义或思想本身都不能给人带来一个充满宽容和友善的世界。尤其是本应强调爱和宽容的宗教在与政治结合之后往往都现实化为一种极度的不宽容。西方教会同样曾演化为超越世俗政权的力量，曾经成为非人道的暴力迫害的工具。

其中最为著名的表现是法国围绕《南特敕令》这一法令展开或诱发的斗争。南特敕令是法国国王亨利四世于1598年4月13日在布列塔尼的南特城颁布的一条敕令。该敕令也是世界上第一份有关宗教宽容的敕令，其根本目的在于平息天主教徒与胡格诺教徒之间的“宗教战争”。然而到了1685年，路易十四颁布《枫丹白露敕令》，废除南特敕令，宣布基督新教非法，胡格诺教徒开始遭到来自宗教、官方和民间的大肆迫害，不宽容的法制开始肆虐。塞缪尔·斯迈尔斯在《信仰的力量》一书中对其进行了多角度的记载和分析，其中最为典型的也是引发这一不宽容法制最终破产的一个案件是让·卡拉斯案。“法国朗葛多克地区的图鲁兹64岁的商人叫让·卡拉斯，他是个虔诚的新

〔1〕《全唐书》(卷二百二十四)。张说的思想如果放置于后世或者说平和的时期原也不足为奇。但是这样的答卷是在垂拱四年这样的岁月里，是武则天“大杀唐宗室，流其幼者于岭南”(《新唐书·则天皇后本纪》)的则天“革命”的严峻时期。张说在殿试中鼓吹“济之以宽”，主张大赦，尤其是抨击酷吏政策是需要勇气的。而武则天虽说认为其对策天下第一但未有甲科而评为二等可能具有作秀的成分，但确实显示了不拘一格的气魄。

〔2〕[美]迈克尔·沃尔泽：《论宽容》，袁建华译，上海人民出版社2000年版，第10页。

教徒，他一家除了一个儿子信奉天主教外都信奉新教。他的另一个儿子，由于生活不检点，加之遇到了钱财方面的问题，1761年10月13日晚，在门柱上悬梁自尽。这一事件，由于天主教徒的挑唆，人们心中激发起了对这个新教家庭强烈的愤怒。修道士们宣称是因为儿子意图皈依天主教而将他谋杀的，他们散布消息说，新教徒如果自己的子女有意改变信仰，他们习惯的做法就是将其处死，而他们在荒漠中举行的那些聚会，就是为了挑选一个人来执行这样的使命。此后，天主教徒们为自杀者举行了弥撒，还将他的尸体示众，并把棕榈树枝放在他的手心，给予死者殉道者的礼遇。”〔1〕最终让·卡拉斯被送上图鲁兹的法庭，狂热的法官大卫（后来真的变疯狂了，在疯人院中了却残生）对卡拉斯家人使用酷刑进行审讯，逼迫他们承认谋杀，尽管法庭并没有能够拿出证据证明且被告人拒绝认罪，但还是以8：5的投票结果判处卡拉斯车裂，图卢兹议会对判决也予以确认。同是1672年，还发生了另外一个类似案件：西尔旺是法国的胡格诺教徒，他的一个女儿自杀，天主教徒指控他为凶手。西尔旺被迫逃往瑞士，但图卢兹法院还是缺席判决他死刑。〔2〕

卡拉斯的遇害及其家人的不幸令伏尔泰感到震惊，尽管伏尔泰是一个无神论者，尽管其对胡格诺教派并无好感，但是一种不宽容的政策所导致的专横残暴和愚民后果却使他无法容忍。他四处奔走，不断给欧洲各国的君主们写信。最终在伏尔泰身边逐渐形成一股伸张正义的洪流，卡拉斯案由此也成为轰动全欧的重大事件。1766年春天，卡拉斯被执行死刑4年之后，特别法庭撤销了原判决。西尔旺则由于伏尔泰等人的奔走，最终被宣布无罪。卡拉斯案件只是大规模不宽容的一个缩影。法国在废除《南特敕令》后，“据信超过100万的法国人要么逃离路易十四的王国，要么被屠杀、监禁，或者就被送往他们想方设法从中逃跑的海船上服苦役”。〔3〕卡拉斯案件的推翻又是不宽容法制被推下圣坛的一个标志，在此之后，人们开始清算这种迫害。卡拉斯案件甚至成为法国大革命的一个诱因。“终于路易十六对他们颁发了宽容敕令，这距离路易十四废除南特敕令刚好100年了，然而这一举措被证明对国王来说是来得太

〔1〕[英]塞缪尔·斯迈尔斯：《信仰的力量》，北京图书馆出版社2000年版，第228页。

〔2〕参见[法]雷吉娜·佩尔努：《法国资产阶级史》（下册），康新文等译，上海译文出版社1991年版，第250页。

〔3〕[英]塞缪尔·斯迈尔斯：《信仰的力量》，北京图书馆出版社2000年版，第3页。

迟了，对法国来说则是来得太晚了，法国早已被路易十四及其耶稣会顾问的不宽容毁掉了。”[1]

卡拉斯之死是宗教不宽容的结果，宗教不宽容往往滑向司法不宽容的泥沼，表现为以审判权为核心的国家权力对待权利的一种不宽容，进而导致了不人道的后果。

如果说上述事件虽然最终落实为司法不宽容，但主要还是与宗教不宽容有关，那么近百年后的“德雷福斯事件”[2]则完全体现了司法不宽容和不人道。种族歧视和不宽容是政府非人道思想的极端体现。左拉认为：“对反犹太分子，我们决不能轻饶，巴拿马丑剧也在我们这里发生。可悲的德雷福斯案件就是他们的杰作……几年来，他们每天早晨向人民灌输，他们是一伙职业的下毒犯，而最冠冕堂皇的是他们假借道德和耶稣的名义，说是为了复仇，为了正义。”[3]

然而社会总是对宽容十分吝啬，宽容总是在付出沉重的代价之后才会迎来应有的尊重。“二战”结束之后，宽容再次得到了珍视。这就是相对主义法哲学所强调的尊重与包容。在此背景之中，宽容是从对立开始，以达成妥协为结束。如果没有对立就谈不上妥协。如果没有妥协就谈不上民主和宪治。美国宪法的诞生过程中，“参与立宪的利益（或利益集团）是多元的，立宪的过程必然是一个协商和妥协的过程，由此产生的宪法必然是一个多元利益相互妥协的产物”。[4]而在不宽容的社会，权力往往伴随着无处不在的刑罚阴影和国家刑罚权的不断扩张。

德国学者阿图尔·考夫曼非常注重宽容在法治过程中的意义，这同样是痛

---

〔1〕 [英]塞缪尔·斯迈尔斯：《信仰的力量》，北京图书馆出版社2000年版，第4页。

〔2〕 阿尔弗勒德·德雷福斯出身于阿尔萨斯一个犹太血统的纺织资本家家庭，任法国陆军总参谋部见习上尉军官。1894年12月，在没有确凿证据的情况下，军事法庭以间谍罪秘密判处德雷福斯无期徒刑，具有重大犯罪嫌疑的艾斯特拉齐反而被认定无罪。横蛮无理的判决，激起了知识界的愤怒。1898年1月13日，著名作家左拉在《震旦报》上，以《我控诉》的通栏标题，发表了致共和国总统的公开信。1898年7月，他也因为所谓的诽谤被判处1年监禁。1899年8~9月，军事法庭经过一个多月的辩论，仍然以5∶2票的多数肯定德雷福斯有罪，但迫于形势，改判为10年徒刑。判决引起了近20个国家的示威抗议。上任不到一年的卢贝总统只得宣布赦免德雷福斯。“这种特赦是痛心的，一想到本该得到正义，而给的只是怜悯，真叫人恼火透了。”参见[法]亨利·特罗亚：《正义作家左拉》，胡尧步译，世界知识出版社1999年版，第254页。1906年，最高法院不得不重审此案，宣判德雷福斯无罪。但制造冤案的真正罪犯，仍然逍遥法外，无一受到惩处。

〔3〕 转引自[法]亨利·特罗亚：《正义作家左拉》，胡尧步译，世界知识出版社1999年版，第254页。

〔4〕 王希：《原则与妥协：美国宪法的精神和实践》，北京大学出版社2000年版，第7页。

定思痛的结果。因为经历了纳粹暴政的冲击，其法哲学中充满了一种反思性，对相对主义的法哲学有深刻的阐释。对于具体的宽容问题，“从法政治上看，个人自我负责的自由方案是法律无涉之领域模式的支点。考夫曼从个体出发来思考国家和法律。他忧心地关注着国家干预权限的扩大和宽容的自由权的限制，诸如在刑事程序中干预基本权这一趋势。宽容是其晚期著述中的主要论题。考夫曼不仅教导着而且还实践着宽容，宽容不是在冷淡的放任允许意义上，而是在有意抉择意义上，承认其他科学的和世界观的权利。宽容也是这样一种认识的结果：一切人道价值处在暴政的危险之中，因为暴政被指责为具有专断性要求。最后，宽容是意识形态批评的结果，是对错误的自我确信进行开明的摧毁之结果”。宽容应当体现在具体的司法政策和司法活动中，主要体现为对于司法者自我确信进行的一种“开明摧毁”，因为“明确解说主观的和非理性决定因素的不可避免性，所以宽容尤其显得十分必要”。[1]

二、宽容是刑事法治中对权力的道德要求

（一）宽容是国家权力运作合乎道德的重要标准

只有宽容或容忍，自由才有充分生长的空间，可以说宽容是自由之母。美国思想家沃尔泽认为宽容涉及人的基本安全，他说：“宽容维护生命本身，因为迫害致死的事时时发生；他也维护共同生命，亦即我们生活的不同社区。宽容使得差异性存在，差异性使得宽容成为必要。”[2]章士钊在其论文《政本》中指出：“为政有本，本在何？曰在有容。何谓有容？曰不好同恶异。”[3]一项决策的制定必须包含一定的包容性，这是和谐政治的基本要求。只有在专制的状态下才必然诉诸“壹教”。[4]而且这样的壹教最终会与权力本身合拍。在古代中国，无论法家治国还是礼教社会，基本上都摆脱不了壹教的色彩。这样的法治就外化为一种对宽容的贬损。明清时期出现的“文字狱”现象实际上就是壹教不宽容思想的产物。康熙年间，先后发生过20多起文字狱，期间最为著名

〔1〕 [德]U·诺伊曼：《纪念考夫曼》，郑永流译，载中国民商法律网：http://www.civillaw.com.cn/article/default.asp? id=16194，最后访问日期：2005年2月8日。

〔2〕 [美]迈克尔·沃尔泽：《论宽容》，袁建华译，上海人民出版社2000年版，第2页。

〔3〕 转引自虞崇胜：《论政治文明的内在灵魂》，载《湖北行政学院学报》2003年第5期。

〔4〕 “壹教”是《商君书》中提出的法家强调思想专制的一个术语。

的是庄廷龙《明史》案。[1]雍正年间，有案可查的近20起。乾隆年间，文字狱更是多达100多起。在这些文字狱中，绝大多数并没有非常明显的反清意识，也没有传播反清思想。一些人只是抒发对现实境遇的不满，一些人只是表达对前朝的眷恋，更多的则是被穿凿附会，正如鲁迅在《且介亭杂文》中所说："大家向来的意见，总以为文字之祸是起于笑骂了清朝，然而，其实是不尽然的。有的是鲁莽；有的是发疯；有的是乡曲迂儒，真的不识忌讳；有的则是草野愚民，实在关心皇家……"文字狱是政治不宽容所派生的思想不宽容，是政治不宽容导致的司法不宽容。不宽容直接导致社会万马齐喑。虽然其直接表现为对一部分人的不宽容，但作为一种政治生态，必然表达为一种普遍的形式。从这个意义上说，权力的宽容绝不仅仅是一个手段怀柔的问题，而是一个统治的政治诉求。

政治诉诸宽容是否意味着对罪恶的放任呢？答案当然是否定的。宽容不是没有底线的或者说漫无边际的。宽容不是对罪恶的放任，宽容的敌人是不宽容所导致的罪恶。

（二）宽容是法权运作中的道德义务

鲁迅先生在1919年11月1日《新青年》第6卷第6号发表的《暴君的臣民》一文中描述了封建暴政与不宽容之间的关系。所谓宽容，首先的要求就是推己与推人，而封建暴政仅仅表现为对自己宽容。权力对他人的不宽容蔓延为整个社会的不宽容情绪。"只愿暴政暴在他人的头上，他却看着高兴，自己的本领只是'幸免'。"所以，愚昧导致不宽容，不宽容导致愚昧。反过来说就是，封建暴政必然体现为一种不宽容的制度，不宽容的结果就是导致思想被禁锢。

从历史发展来看，人类的发展是从蒙昧走向文明的过程，是一个从专制走向民主的过程，也是从不宽容走向宽容的过程。宗教改革、启蒙运动乃至资产阶级兴起都包含了为争取宽容而斗争的内容。我国的改革开放也是一个不断走向宽容的过程。法律的不断健全和完善更是一个逐步将宽容法定化的过程。

人类社会发展到今天，仍然在为建立一个宽容和谐的社会努力着。国际

---

〔1〕 该案发生于顺治十八年（1661）至康熙二年（1663）间。湖州人庄廷龙出钱购买了朱国祯未完成的《明史》稿，后召集名士，进行重新整理，增补了明末崇祯和南明的历史部分，命名为《明史纪略》。后因所增补内容涉及清朝统治的内容遭到举报，最终重辟70余人，凌迟18人，庄廷龙也被戳尸。

社会相继通过了《世界人权宣言》《公民权利和政治权利国际公约》《经济、社会、文化权利国际公约》《消除一切形式种族歧视国际公约》《防止及惩治灭绝种族罪公约》《消除对妇女一切形式歧视公约》《禁止酷刑和其他残忍、不人道或有辱人格的待遇或处罚公约》《消除基于宗教或信仰原因的一切形式的不宽容和歧视宣言》等，这些呼吁的提出和规则的制定，都体现了宽容精神。

联合国决定1995年为国际宽容年。1995年11月16日，联合国教科文组织通过了《宽容原则宣言》(以下简称《宣言》)，宣布每年11月16日为“国际宽容日”。《宣言》虽然不是法律，但可以认为是一种权力的道德宣示。

《宣言》首先对宽容的原因进行了申明：“对于目前直接针对民族、宗教和语言上属于少数群体者、难民、移徙工人、移民和社会中易受伤害群体的不宽容、暴力、恐怖主义、仇外情绪、挑衅性的民族主义、种族主义、反犹情绪、排斥、社会边缘化和歧视现象以及对于行使其言论自由权利的个人施加暴力并进行恐吓的行为的增多表示震惊，所有这些行为威胁到国家与国际和平与民主的巩固，对发展构成严重的障碍。”在《宣言》中，明确指出了宽容的基本意蕴：“宽容不仅是一种道德上的责任，也是一种政治和法律上的需要。宽容，这一可以促成和平的美德，有助于以和平文化取代战争文化。”宽容的义务是道德层面的，更应该是政治和法律层面的。

《宣言》还指出：“宽容不是让步、俯就或迁就。宽容首先是以积极的态度承认普遍的人权和他人的基本自由。在任何情况下都不可以宽容来证明侵犯这些基本价值是有道理的。宽容是个人、群体和国家所应采取的态度。”“宽容是一种确认人权、多元化包括多元文化、民主和法制的责任。它摒弃教条主义和专制主义并确认国际人权文件所提出的标准。”“宽容与尊重人权是一致的，它既不意味着宽容社会不公正行为也不意味着放弃或动摇人们各自持有的信仰。宽容是指人们可自由坚持自己的信仰，并宽容他人坚持自己的信仰。宽容是指接受事实，即人在相貌、处境、讲话、举止和价值观念上天生不同，但均有权利按其本来之方式和平生活。它也意味着人之观点不应强加于他人。”这里不仅对宽容的基本内涵进行了清晰说明，而且还明确对那些认为宽容就是纵容、就是迁就的观点进行了否定。因为这里所说的宽容是建立在承认人权和各自自由基础上的宽容。所谓的不宽容是针对人权和自由的一种侵犯行为而言的。这也印证了我们前面所说的那句话，宽容是自由之母。

最为重要的是,《宣言》指出了宽容的实现方式和途径,即将宽容与法律活动结合在一起。对此,《宣言》在第2.1条明确指出:“国家一级的宽容有赖于公正和无偏见的立法、执法和司法以及行政程序。它还要求使每个人在没有任何歧视情况下获得经济与社会生活的机会。排斥和社会边缘化可能导致失意、对抗和疯狂。”第2.2条规定:“为实现一个更加宽容的社会,各国应批准现有国际人权公约,并拟定必要的新的立法,以确保社会中所有群体和个人享有平等的待遇和机会。”

无论是《宣言》的形式上还是内容上,显然都将宽容作为一种道德义务束缚在国家权力之上。

(三)宽容是国家权力克服自身“致命的自负”的要求

随着人类认识能力的不断提高,社会的发展似乎经历了一个从自卑到自负的过程。从最初的自然崇拜、万物有灵、听命于自然,到逐步摆脱自然的束缚并希望征服自然,在知识扩张的同时,人类自负的膨胀也如影随形。正如哈耶克在《致命的自负》一书中认为的,自从启蒙时代以来,人类在自然科学和技术的运用上有了天翻地覆的变化,隐藏着一个巨大的潜在危险,即每个科学领域所取得的成就,都在对人类的自由不断形成一种威胁,这是因为它加强了人类在判断自己的理性控制能力上的一种幻觉,即他所说的“致命的自负”。在他看来,一切打算对整个社会实行计划的企图,不管它们是出于何种高尚的动机,都是建立在这种危险的知识自负上。因此和许多人的看法相反,“哈耶克一再声明,分歧并不是出于意识形态或价值选择的对立,而是由于事实判断上的不同——问题不在于计划经济所设定的目标在道德上是否可取,而是用它所倡导的办法能否达到这些目标”。[1]哈耶克这样的观点也为国家权力的有限性理解提出了一个新的解读方式。

从社会普遍认知来看,权力约束理论几近成为妇孺皆知的公理。作为权力的操控者,在使用权力的时候必然具有一种为自己谋利的冲动,所以权力的行使必须受到外在的制约,尤其是法律的制约。但是在哈耶克那里,则展现了一种不同的论述路径:“站在这一立场,我们不必再单纯以性恶论或‘权力导致腐败’之类的传统判断来解释限制权力的必要。我们不妨假设人性本善,由

---

〔1〕 [英]F.A.哈耶克:《致命的自负——社会主义的谬误》,冯克利译,中国社会科学出版社2000年版,“译者的话”。

此使限制权力的必要失去根据。”[1]但利他主义只能以某种有限的方式在一些小团体中有可能行得通，如果用强制手段把整个团体的行为限制在这种目标上，会使每个成员之间相互合作的努力受到破坏，因为“相互合作的团体的成员的大多数生产活动一旦起出个人知觉的范围，遵守天生的利他主义本能这种古老的冲动，就会实际阻碍更大范围的秩序的形成”。[2]也就是说，尽管行使权力的人动机十分高尚，但由于他无法掌握并根据变动不息的信息分别做出决定，因此他不能为目标的重要性等级制定出一个公认的统一尺度。所以，即使是一心为民造福的权力，也往往心有余力不足。所以，哈耶克认为：“一切道德体系都在教诲向别人行善……但问题在于如何做到这一点。光有良好的愿望是不够的。”[3]国家权力“如果严格地只去做那些对具体的他人明显有利的事情，并不足以形成扩展秩序，甚至与这种秩序相悖。市场的道德规则使我们惠及他人，不是因为我们愿意这样做，而是因为它让我们按照正好可以造成这种结果的方式采取行动。扩展秩序以一种单凭良好的愿望无法做到的方式，弥补了个人的无知，因而确实使我们的努力产生了利他主义的结果”。[4]

无论是权力为恶还是权力为善的理论，最终必然都是殊途同归，即国家权力必须受到限制，国家权力不具有可推定性。那么权力有限性的结论与政策宽容是什么样的关系呢？那种受目标统治的秩序与没有共同的具体目标的无数人所组成的开放社会，显然不是相容的。简单来说，就是“自负”和“宽容”此时是反义词。自负的决断必然蕴含着一种不信任和不宽容。必然是对其他知识的否定，只有以“用抽象规则代替共同的具体目标”，[5]尊重他人的自由，承认价值的多元化，才能使权力有效地运作下去。

在权力运作的领域，历史和现实也都证明了这种自负的结果与初衷并不相符。如果权力总是带有一种自负，无视宽容的义务，则即便是在立法和制定

〔1〕 [英]F.A.哈耶克：《致命的自负——社会主义的谬误》，冯克利译，中国社会科学出版社2000年版，“译者的话”。

〔2〕 [英]F.A.哈耶克：《致命的自负——社会主义的谬误》，冯克利译，中国社会科学出版社2000年版，“译者的话”。

〔3〕 [英]F.A.哈耶克：《致命的自负——社会主义的谬误》，冯克利译，中国社会科学出版社2000年版，“译者的话”。

〔4〕 [英]F.A.哈耶克：《致命的自负——社会主义的谬误》，冯克利译，中国社会科学出版社2000年版，“译者的话”。

〔5〕 [英]F.A.哈耶克：《致命的自负——社会主义的谬误》，冯克利译，中国社会科学出版社2000年版，“译者的话”。

政策的时候雄心万丈,结果也可能事倍功半。

三、刑事法治领域权力宽容的价值——司法与立法的互补

(一)司法宽容为法律规范的突破寻找合理性

刑事司法作为法律授权之后司法者权力实现的过程,人道主义已演变成为司法的基本价值和司法的道德性情。其之所以重要,主要在于:刑事法制是规范的,而现实发生的事件所体现的正义和公平却往往并非一目了然;刑事法制是稳定的,而现实的发展却是日新月异。因此,仅仅依靠法律的基本原则和规范往往并不能真正体现法治的精髓,有时刑事法制的过度适用甚至会导致法治走向公平和正义的反面。我们在反对刑事司法对刑事法制的积极突破的同时,也认为对刑事法制的消极突破在很多时候是十分必要的,这既是一个根本价值取向的问题,也是一个问题的两个方面。因为积极突破是对罪刑法定原则的一种违背,而消极突破则会体现刑法的一种博大胸怀,防止刑法的恣意非为。

所谓司法宽容就包含着这种消极突破,这主要表现在,首先,在司法者能够通过非刑事手段解决纠纷而不至于冲击社会基本的公平正义信念的时候,应当尽量不采用刑事制裁的方法解决问题,譬如轻微刑事案件的和解。其次,对于社会发展中新出现的现象应当本着罪刑法定原则的基本要求,尽量避免通过扩张解释,将行为犯罪化。或者说,在法条规定比较模糊同时又不违背体系性解释的前提下,可以做出有利于被告的扩张解释。再次,虽然刑法的基本规范并未变更,但是在现实中当该刑法规范已经倾向于否定或者其合理性开始松动的时候,对于该刑法规范的适用应当谨慎。最后,对于刑法中一些实定的但是明显的违反公正、侵犯人权或违背人道的规范,应该通过司法手段来加以控制适用,甚至可以不惜将其虚化。譬如,死刑的司法控制就忠实体现了这样的精神。再如,《刑法》第306条规定的辩护人、诉讼代理人毁灭证据、伪造证据、妨害作证罪在适用的时候,对于某些妨害作证的行为就应当做出合理的适用控制。

在当前谈及宽容乃至在谈及宽严相济刑事政策意义的时候,很多观点认为司法宽容的意义在于有助于化解社会矛盾,减少社会对抗。这实际上低估了宽容的意蕴,低估了宽严相济刑事政策中“宽”的一面的意义。

固然，在讲求宽容的时候，通常的动机或者相应的结果是社会矛盾的化解。但不可避免的问题是，刑法的适用时时刻刻至少面临着两对主要矛盾，即国家权力与被告人的权利维护之间的矛盾、被害人乃至整个社会情感与被告人的犯罪行为的可谴责性之间的矛盾。正是有这两对矛盾的存在，在一些刑罚裁量过程中宽容并不必然带来社会对抗的减少。国家权力与被告人的权利之间的矛盾决定了宽容的结果势必是对被告人及其犯罪行为的宽容，而对被告人及其犯罪行为的宽容，在涉及某些刑法规范或者某些特殊案件的时候，往往会激发社会矛盾，导致司法者、被告人、被害人和民众以及知识者之间盘根错节的对抗关系。

（二）宽容还能够促使立法与司法的和谐

宽容的真正意义在于：单纯依靠法制制约权力毕竟是有限的，因为法律本身是静止的，即使规范可以被制作得滴水不漏，但徒法不能以自行，法律只要由人来操作和执行，就存在曲解规范的可能性。正如王清峰女士的公开信中开头所说，死刑的标准乃至判决永远和裁决者个人的观念联系在一起。既然缺乏一种明确的标准，则无论是从平等的角度，还是从公正的角度来说，宽容必然成为司法诉求。

宽容有其独特的价值目标。尽管中西方公认的司法核心价值在于公正，但随着价值多元化、社会进步和法治发展，效率、权威等价值也已逐步得到认同。事实上，宽容的贡献恰恰在于进一步解决争议的合理分配问题，并蕴含着更加丰富、现实、高效、权威的公正。宽容追求的是全面公正性，这恰恰是其他法治价值所不能替代和表达的。

在刑事法治领域，刑法规范作为权利保障和社会公正的最后防线，最应体现社会的宽容，这也是一种最高程度的社会宽容。刑事法制的宽容能够为司法提供良好的法治效果，实现程序正义和实体正义的最佳结合。刑事司法宽容则能够克制国家司法权的内在冲动，从而保护国民不受不当的司法对待。在法治社会，犯罪行为一方面体现的是对国家刑法规范的违反，另一方面则是对社会行为规范的严重违背。由国家立法机关制定的刑法规范背后还体现着社会历史文化以及社会习俗、道德观念等秩序要求。因此，法律的评价在体现国家意志的同时也要反映特定社会文化价值、社会道德观念。以严格著称的现代罪刑法定原则并不禁止法官出于社会的可接受性、容许性来谨慎地适用刑法。无罪推定、疑罪从无、有利于被告原则则更直接地落实为对被告的宽容。

在道德领域，法治宽容构成和谐社会的普遍道德诉求。对于今天的社会而言，没有容忍就没有和谐。目前我国正处于社会转型时期，在这个阶段最容易滋生权力随意化的现象，最容易产生极端思想和错误行为方式，而司法宽容则有利于加大司法治理的道德力度。

在政治领域，刑法作为社会管理的重要工具，宽容可以作为维护国家长治久安的有力途径。刑事法治的宽容以化解社会矛盾为切入点，以司法公正为根基，以确保社会稳定为着力点，最大限度地增加当事人之间、当事人与国家之间关系的和谐，也进而促进整个社会关系之间的和谐，为社会的有序化提供伦理意义的司法保障。

当然，司法宽容的前提必须是宽容的合法性，即宽容不是漫无边际的，而是必须以合法为依据，宽容之难，难在司法宽容的合法性判断。在台湾地区关于死刑的争论中，虽然国、民两党主政者都支持废除死刑，也均透过法务部门要求法官减少死刑的判决；但2009年仍有12人因为罪行凶残遭判处极刑，这也一度使台湾地区未执行的死刑犯增加到44人。于是这里就产生了以下与宽容相关的几个问题：一是法官对于上述罪行判处死刑依据什么，这直接涉及法官是否以宽容之心对待犯罪或者说如何体现合法性。这一问题显然因为没有明确标准而没有明确结论。但是《联合报》的评论却是，“在“明知”当局政策不乐见死刑的情况下，仍有十多名法官艰难地写下死亡判决。这或许是凶手实在罪无可赦，法官欲免其一死亦‘于法无据’；但法制上仍存在死刑，则是使法官们无以回避而判处极刑的主要原因，这也是王清峰身为‘法务部长’必须面对的挑战”。[1]二是对于已经审判定谳的案件法务部门的负责人是否有拒绝签署的权力，这一职权的法律属性应当如何界定。

宽容之难还在于对法制本身属性的认识。但某规范本身属于恶法的时候，宽容的合法性限制就应当有例外的存在，“拉德布鲁赫公式”提出了以下三个原则：

第一，所有的实在法都应当体现法的安定性，不能够随意否定其效力；

第二，除了法的安定性之外，实在法还应当体现合目的性和正义；

〔1〕《死刑存废争议引发的思考》，载《联合报》2010年3月11日，“社论”。

第三，从正义角度来看，若实在法违反正义达到不能容忍的程度，它就失去了其之所以为法的“法性”，甚至可以看作是非法的法律。

在对待司法宽容的时候，这一公式尤其重要。首先，国家权力具有慎独的义务，刑法的安定性不应被随意突破。在具有正当性的法律中，宽容应受到合法性的限制。其次，在刑事案件的处理中，权力应当在裁量空间的范围之内寻找宽容的合法性，但是在一些不合理规范仍然对现实造成冲击的时候，宽容政策至少是通过消极性突破对不正当危险的挽救，这就是合目的性的校正。

四、司法政策的宽容性

宽严相济的刑事司法政策为我们提供了一个宽容的法治视角。

宽严相济本身并不是新的政策，甚至可以说是中国传统刑法思想中的重要内容。譬如，《左传》曾有这样的记载：“宽以济猛，猛以济宽，政是以和。”〔1〕在以后的历史发展中，这种思想不断地被发扬光大。但是置于具体社会历史现实中，当前的宽严相济刑事司法政策无疑具有新的内涵。其基本脉络是，1982年开始的“改法”严打政策——2001年开始的“依法”严打政策——2006年宽严相济的刑事政策。其发展脉络是比较清楚的。

从转变过程分析，作为一种校正，第一次转变体现了政策的自我克制，第二次转变则是从过去的从严政策向均衡政策的一种转向，甚至可以说其是刑事政策宽和化的回归。具体来说，宽严相济政策的主线不是当宽则宽，当严则严，更不是以严济宽，以严济宽实质与早先严打政策并无二致。宽严相济的核心就是以宽济严，从而宽容成为法治领域权力道德的自然之义。

这是一种比较典型的新的变化和解说。宽严相济刑事政策就是对刑法宽和化的回归。正是在这一前提下，类似于刑事和解等制度才具备了基本的理论前提。当然需要注意的是，在追求理解和适用政策的时候应当把握合法性的标准，对宽和化的内容和方式不应当作出随心所欲的理解，更不能为了宽和化而宽和化。

宽严相济的刑事司法政策是和谐社会这一价值目标的应有之义。刑法作为一种公法，尽管被赋予了预防的目的，但是不可否认，在当代法制框架之内，

〔1〕《左传·昭公二十年》。

其基本属性还是惩罚，这就意味着刑罚还是通过恶的方式来对待恶，以痛苦对待痛苦，本质上还是怨怨相报，纯粹的惩罚毕竟是有限的，其有时无助于建立一种新的和谐制度，反而可能产生新的仇恨和不稳定，只不过仇恨的目标不再确定，不稳定的因素不再直接而已。以宽济严着眼于社会关系的修复，意味着对于刑罚的一种调和。

宽和化的刑事司法政策主要通过刑法的解释展开。刑法适用解释必须在刑法文本可能的词义范围内进行，它在任何情况下均可达到词义界限的最宽点。所以，犯罪构成要件的表述往往比立法者所设想的适用范围要宽些，因此，刑法适用解释在进行必要的扩张解释的同时，亦得结合立法目的进行必要的限制解释。与扩张解释的结论一样，限制解释的结论既可能有利于被告人，也可能不利于被告人。但是在罪名设计不尽合理的情形下，在罪刑法定原则所隐含的有利于被告人的理念下，当一些概念不确定时，应当做出有利于被告人的解释。只有这样，才能够将罪名的不合理性限制在最低的限度，更何况这样的解释可以是从刑事可罚性的基本原理出发并从罪名的独特内容引申出来的。

当然，给予刑事法治下的罪犯以人道和宽容是困难的，但不能因此裹足不前。“如果我们敢于这样做，并且引证一个古代异教徒的高尚之语，那些坚持只有一条通往拯救的道路（也就是他们的那条道路）的帮派的不宽容首领就会马上向我们嚎叫起来，并投来石块和木棒，那些没有沿着他们的狭窄小路走的人注定要永远沦入地狱，因此便严厉镇压他们，来防止他们的怀疑影响别的人，使别的人也去试一试在‘唯一权威性的地图’上没有标出的路径。”“我承认这将是我们所接受的最困难的一场斗争，但是担当它的人将流芳百世。这场光荣斗争的幸存者将作为人类真正的慈善家而受到人们的欢呼——他们使人类解脱了多少代以来的偏见和自诩正确的优越感的束缚，这种偏见和优越感一旦加上怀疑和恐惧，会使最谦卑最温顺的人变成万物之中最残忍的畜生和宽容理想的不共戴天的敌人。”〔1〕

在中国的刑事法治中，一方面，宽容实际上正在被逐步接受，例如，终于写入“对审判的时候已满七十五周岁的人，不适用死刑”的规定终于被写入《刑

〔1〕 [美]房龙：《宽容》，袁建华译，上海人民出版社2000年版，“后记：但是这个世界并不幸福”。

法修正案（八）》，虽然拖了一条“以特别残忍手段致人死亡的除外”的尾巴，但这却印证了立法者为了宽容而煞费苦心。另一方面，大谈宽容似乎不合时宜，笔者的理解是，所谓不合时宜就是说太早或太迟。说太早，是因为重刑化的思维、司法能动性仍然充斥于政策运作的过程，宽容的理念似乎并不被待见。说太迟，是因为法治建设30多年了，司法宽容似乎早应该如约而至，但却仍如镜花水月。

第六章　违法相对性理论与刑法前置化的立法倾向*

违法相对性理论是日本学者前田雅英较早进行归纳的。其将主张前置法的违法性与刑事违法竞合的观点归纳为违法一元论；将主张违法性判断可以在两个领域相对独立判断的称为违法相对论。[1]此外，还可以归纳出一种观点，即违法独立性的理论——由于各个法域的目的与法律效果各不相同，导致该效果的“作为要件的违法性”的内容自然不同。[2]在笔者看来，刑事违法性判断的独立性这一点并不难以理解。因为刑法虽然作为保障法和最后法的存在，形式上具有违法的终极性特点或者说具有二次性特征，但实际上并非总是如此。在刑法中，许多犯罪本身就是“出礼而入刑”，并非“出法而入刑”，此时刑事违法的一次性特征是明显的。只是或者尤其是涉及行政犯的时候，两法衔接的问题凸显，当国家对秩序的保护向更多领域渗透的时候，衔接的问题会愈加突出。

也正是因为上述原因，在我国传统的刑法体系中违法相对性理论一直占据主流，刑法与前置法或者说其他法律的区别泾渭分明，但是随着刑法修正案对刑法的不断修正，立法的情绪

---

* 本部分内容刊载于本书作者发表的《违法相对性理论的崩溃——刑法前置化立法倾向的一种批评》一文，原载《政治与法律》2016年第3期。

〔1〕 [日]前田雅英：《可罰的違法性論の研究》，东京大学出版会1982年版，第339～341页。

〔2〕 参见[日]前田雅英：《法秩序の統一性と違法の相対性》，载《研修》第559号。转引自王昭武：《法秩序统一性视野下违法判断的相对性》，载《中外法学》2015年第1期。

化色彩越发明显，违法一元论的立法观念渐露端倪。

一、刑法违法相对性理论被突破的典型立法特征

1997年我国《刑法》颁布之后，逐步改变了以前单行刑法修法的方式而替代以修正案的方式，受到了来自学界的高度褒扬，改变了以前常见的“以法破法”以及司法适用无所适从的尴尬局面。但是随着修正的日益频繁尤其是晚近对刑法的修订，出现了突破违法相对性的倾向，立法前置化的倾向越发明显。主要表现在：

第一，预备行为实行化的立法。《中华人民共和国刑法修正案（九）》（以下简称《刑法修正案（九）》）在较大幅度上对刑法的内容进行了修改，并且出现了一些新的立法倾向，如预备行为实行化和帮助行为正犯化，其中最明显地表现在涉恐怖主义犯罪、利用网络实施的犯罪中。“特定的涉恐预备、帮助行为‘实行行为’化，更好地保护立法者认为需要重点考虑的重大法益。最为典型的就是将为实施恐怖活动进行策划或准备的行为规定为犯罪，从而在刑事立法领域贯彻‘法益保护前置’的理念，强化了法益保护前置的理念。”[1]根据《刑法修正案（九）》修订的第120条之二规定：“有下列情形之一的，处五年以下有期徒刑、拘役、管制或者剥夺政治权利，并处罚金；情节严重的，处五年以上有期徒刑，并处罚金或者没收财产：（1）为实施恐怖活动准备凶器、危险物品或者其他工具的；（2）组织恐怖活动培训或者积极参加恐怖活动培训的；（3）为实施恐怖活动与境外恐怖活动组织或者人员联络的；（4）为实施恐怖活动进行策划或者其他准备的。”上述部分规定具有明显的将预备行为实行化的色彩。问题在于，这种“法益保护前置”的结果带来了与前置法关系的纠缠不清。

2016年1月1日起施行的《中华人民共和国反恐怖主义法》（以下简称《反恐法》）第79条规定：“组织、策划、准备实施、实施恐怖活动，宣扬恐怖主义，煽动实施恐怖活动，非法持有宣扬恐怖主义的物品，强制他人在公共场所穿戴宣扬恐怖主义的服饰、标志，组织、领导、参加恐怖活动组织，为恐怖活动组织、恐怖活动人员、实施恐怖活动或者恐怖活动培训提供帮助的，依法追究刑事责任。”《刑法修正案（九）》出台在先，《反恐法》出台在后，而反恐又成为刑

---

〔1〕 赵秉志、杜邈：《刑法修正案（九）：法益保护前置织密反恐法网》，载《检察日报》2015年9月28日。

法的重要使命，无可否认刑法在打击恐怖主义活动中应当起到核心作用，《反恐法》的上述规定显然是照顾到了或者说配合了刑法的规定，《反恐法》通过明示的方式将上述内容直接提交到了刑事处罚的领域。问题在于，该法第80条随后规定："参与下列活动之一，情节轻微，尚不构成犯罪的，由公安机关处十日以上十五日以下拘留，可以并处一万元以下罚款：（一）宣扬恐怖主义、极端主义或者煽动实施恐怖活动、极端主义活动的；（二）制作、传播、非法持有宣扬恐怖主义、极端主义的物品的；（三）强制他人在公共场所穿戴宣扬恐怖主义、极端主义的服饰、标志的；（四）为宣扬恐怖主义、极端主义或者实施恐怖主义、极端主义活动提供信息、资金、物资、劳务、技术、场所等支持、协助、便利的。"从而规定了以"情节是否轻微"作为界定行政违法与刑事违法的标准。且不说这一标准是否与刑法的规定相冲突（刑法不认定为犯罪的要求是"情节显著轻微且危害不大的"），仅仅从以上两个条款的关系分析，就存在矛盾之处。根据第79条的规定，显然上述行为构成一种形式犯，即只要符合行为本身的方式就构成了犯罪，属于一种价值无涉，但是根据第80条的规定，其又属于一种价值关涉，行为的实质危险性程度又成为两法界分的标准。

再如，根据《刑法修正案（九）》修订的第287条之一的规定："利用信息网络实施下列行为之一，情节严重的，处三年以下有期徒刑或者拘役，并处或者单处罚金：（一）设立用于实施诈骗、传授犯罪方法、制作或者销售违禁物品、管制物品等违法犯罪活动的网站、通讯群组的；（二）发布有关制作或者销售毒品、枪支、淫秽物品等违禁物品、管制物品或者其他违法犯罪信息的；（三）为实施诈骗等违法犯罪活动发布信息的。"立法的基本思路显然是：出于"打早打小"的政策，将一些原本属于预备阶段的网络犯罪行为单独入罪处罚。最初的立法建议是，"为实施犯罪，设立网站、通讯群组或者为实施犯罪，在信息网络上发布销售违禁品、传授犯罪方法、诈骗财物等信息的，处三年以下有期徒刑或者拘役。构成第一款规定的犯罪的，依照第一款的规定处罚。"但是这一建议遭到了许多质疑。出于谨慎，立法机关从以下方面进行了修改："（1）增加'情节严重'的入罪条件限制。（2）明确对实施上述行为同时构成其他犯罪的，从一重罪处断。（3）建议通过列举的方式明确'为实施犯罪’的具体情形，以免适用中出现难以证明的情形。”[1]形成了最后立法的雏形。然而，这种所谓的限制和明确只是相对的，并不具有多少可操作性。反而是将司法解释如何具象化推向了两难的境地。问题的本质就在于预备行为本身导致的违法相对性的模糊。

第二，既遂形态的前置化导致法律竞合。在刑法的修订过程中，立法机关似乎特别注重对犯罪形态的关注，既遂标准提前的想法自然不会缺位。污染环境罪与生产销售假药罪就属此类，而且在修订后的司法过程中都出现了诸多的不协调，引发了诸多争论，也导致后来的司法适用进退维谷。这一点在生产销售假药罪中表现得格外引人注目。形态前置致使两法竞合，违法性一体化开始形成，刑法开始蚕食前置法。

《中华人民共和国刑法修正案（八）》（以下简称《刑法修正案（八）》）第23条将生产销售假药罪修改为：“生产、销售假药的，处三年以下有期徒刑或者拘役，并处罚金……”该修正除了对罚金的方式作出修改之外，最为显著的、实质性的变化在于取消了“足以严重危害人体健康”的内容。这一修订主要有两个方面的缘由：一是为了加大打击假药犯罪的力度，将既遂标准提前；二是危险状态在司法实践中认定起来比较困难。“《刑法修正案（八）》颁布之前，假药涉刑案件必须要满足‘足以严重危害人体健康’的条件。由于‘足以严重危害人体健康’难以认定，假药入刑一直是困扰药监、公安及检察机关的难题。”[2]

以上两个理由看起来不无道理。但是在后来的法律适用过程中掀起了巨大的波澜。司法实践中，司法实践普遍认为：“生产、销售假药罪1979年刑法规定为‘以营利为目的，制造、贩卖假药危害人民健康’，这是实害犯，在现实中给司法认定造成了困难；1997年刑法规定为‘生产、销售假药，足以严重危害人体健康’，这是典型的危险犯，在实践中许多不具有足以严重危害人体健康危险的犯罪逃遁于刑事法网之外给司法实践带来不便；《刑法修正案（八）》将生产、销售假药罪定为行为犯，即只要行为人着手实行符合生产、销售假药罪构成要件的行为，即构成既遂状态。从实害犯到危险犯再到行为犯，大大降

〔1〕 喻海松：《刑法的扩张——〈刑法修正案（九）〉及新近刑法立法解释司法适用解读》，人民法院出版社2015年版，第23页。

〔2〕 来扬：《制售假药没害人也入罪》，载《中国青年报》2012年5月4日，第7版。

低了入罪门槛，加大了对生产、销售假药犯罪活动的打击力度。”[1]“《刑法修正案（八）》的相关规定，将生产、销售假药罪由‘危险犯’变成了‘行为犯’。”[2]这样的规定以及这样的理解导致法律竞合出现了，工商管理部门与司法机关乃至司法机关内部对生产销售一些没有批准文号的药品的性质出现了激烈的分歧。检察机关不起诉的比例远远高于其他大多数犯罪，定罪的过程中也常常硝烟弥漫。

第三，行政民事违法行为进入刑法制裁的领域。在晚近的刑法修订过程中，刑法制裁开始进入民事领域和行政领域，违法一体化的倾向越来越明显。这样的归纳并非一种演绎的结果，事实上，立法机关非常直白地认可了这样立法方式。《关于〈中华人民共和国刑法修正案（八）（草案）〉的说明》明确指出：“对一些社会危害严重，人民群众反响强烈，原来由行政管理手段或者民事手段调整的违法行为，建议规定为犯罪。主要是醉酒驾车、飙车等危险驾驶的犯罪……”当然，还包括拒不支付劳动报酬罪、骗取贷款罪等，在这样的宗旨下，刑法的自主性被突破就成为习惯性的了。《刑法修正案（九）》又有了新的扩展，如扰乱法庭秩序罪等。当然最为典型的莫过于危险驾驶罪的扩容。修正案将从事校车业务或者旅客运输，严重超过额定乘员载客，或者严重超过规定时速行驶的写入刑法，直接将原来作为行政处罚的机动车“三超”（超载、超员、超速）中超员、超速入刑，机动车驾驶领域行政处罚的空间进一步被压缩，相对违法性理论的阵地加速陷落。

二、追求违法一元性的原因以及立法导致违法相对性判断的弱化

上述立法体例变化所导致的问题最终还是要回到刑事违法的可罚性的角度上认知。尽管对于违法的可罚性在大陆法系尤其是日本的刑法适用过程中出现过争论。但在我国刑法理论中，基于法域以及理论体系的语境，所谓的可罚性不是基于阶层论中违法性的关系而言的，而是针对违法相对性而言的，故在一般情形下，可罚性与行为的损害联系在一起。而在违法一元性的立法倾向下，刑法的适用又有“诸法合体”的架势。

---

〔1〕 方城县人民检察：《从〈刑法修正案八〉看生产、销售假药罪的理解与适用》，载http://www.fcjcy.gov.cn/wz_Show.asp? ArticleID=2133，最后访问日期：2012年9月22日。

〔2〕 来扬：《制售假药没害人也入罪》，载《中国青年报》2012年5月4日，第7版。

（一）预备犯的可罚性问题

一个行为被确定为犯罪至少需要行为对社会造成损害或者说行为有导致侵害发生的直接危险（冒犯）。这种侵害性原则蕴含着三个基本判断："（1）刑法唯一合法目的是保护具社会意义之利益（benigiuridici，即法益），而不是推行道德准则；（2）法院只有在其审理的特定案件中确信法益受到被告人的实际侵害，或者至少因被告人而处于危险之中时，才能适用为保护法益而制定的刑事规范；以及（3）在法院确信法益因被告人而处于危险中时，该危险的性质必须是'可以合理预计被告人的行为将造成直接侵害'。判断（2）及判断（3）均与《刑法典》第56条规定的犯罪未遂相关：'相称'要求是指被告人的行为必然会造成现实风险进而损害相关刑法规定所保护的法益。"〔1〕而预备行为中的准备工具（甚至包括为制造犯罪工具而进行准备）以及制造条件（如共谋、造意等），本身并不能造成损害。当存在冒犯的可能情态下，则会因对法益侵害的强烈行为被视为着手。因此，预备行为的刑事可罚性特征是不明显的。同时就形态而言，其是一种停止形态，尽管在刑法理论中将其表述为一种被迫停止，但其行为毫无疑问中断了。如果说自动型的终止一般不具有一般违法的可罚性问题，则被迫停止的预备一般不具有刑事的可罚性。现实的问题在于，个别预备行为实行化与预备行为普遍处罚原则如何协调？

在我国刑法中，理论上对所有的预备犯都应进行处罚，即普遍处罚原则。这主要体现为《刑法》第22条的规定。此外，也存在例外地将个别犯罪的预备行为作为非修正的犯罪构成的情形。如果将前者称为普通预备犯或形式预备犯，后者则可以被称为特殊预备犯或实质预备犯。后者从行为侵害性的标准上说，实质上与预备阶段的行为并无不同。两者之间存在实质重合，两种规定模式规定在同一体系中势必不兼容。即使形式预备犯表达为对各罪犯罪构成的修正，只是一种犯罪形态初步分析，但并不能否定不兼容：（1）对于刑事预备犯而言，如果预备阶段自动放弃犯罪，实践中一般认为缺乏刑事可罚性，但是作为实质预备犯，则已经构成犯罪既遂。（2）在实质预备犯的认定过程中，是否可以存在预备形态？如果可以存在预备形态，则实质预备犯与形式预备犯是一种什么样的关系？实质预备是否意味着与形式预备并不相矛盾？

---

〔1〕［意］弗朗西斯科·维加诺：《意大利反恐斗争与预备行为犯罪化——一项批判性反思》，吴沈括译，载《法学评论》2015年第5期。

(3)一个预备行为的实行化应该预示着与实质危害性正相关，但是从逻辑上说实行化的处罚结果并不必然比原本作为普通预备犯时的处罚更重。因为实质预备犯所涉的多是严重的犯罪行为，而对严重的犯罪行为的预备状态处罚的幅度是宽幅的，严重时可以只适用其中的从轻情节。譬如，按照诈骗罪的预备犯处理显然很可能比依照《刑法》第287条之一定罪要重得多(第287条之一对诈骗预备仅仅规定了3年以下有期徒刑)。

当然，对于形式预备犯的普遍设置在现实中不乏一些质疑的声音，有观点提出了以下几个方面的理由：(1)普遍处罚预备犯缺乏足够的法理正当性；(2)普遍处罚预备犯没有刑事政策上的必要性；(3)预备行为的起点捉摸不定，犯意形成、犯意表示与预备行为之间只存在概念逻辑上泾渭分明的界限，在具体个案的判断中，犯意形成、犯意表示与预备行为的界限，亦即预备行为起点的界定，根本就是一个无解的难题；(4)预备行为的终点难以界定；(5)预备行为不具有类型性和限定性。[1]

笔者赞同这一观点。预备行为因为其侵害性特征并不明显，所以其行为难以类型化。无论是准备工具的行为还是制造条件的行为表现得五花八门，有时与犯罪行为无论是从时间上还是空间上都相去甚远甚至遥不可及，如可能与实施犯罪间隔很久的踩点行为、为制造工具而准备工具的行为。同时，刑事预备犯的普遍设置尽管在教义学意义上具有主观违法性，但是在司法中表现得并不明显，也难以确定。由此，实践中对预备形态的处罚相对也比较克制。并非是因为“特别是结果无价值、行为无价值的不法论逐渐取代社会危害性理论的知识转型语境下，一般性地赋予预备犯以刑事可罚性并普遍处罚预备犯则陷入了严重的正当性危机”，而是因为“如果机械适用法条普遍处罚预备犯，亦从根本上违反了现代刑事政策对刑法辅助性法益保护的机能定位，使刑罚干预的触须过于前置，刑罚干预的范围不当地扩张，甚至可能使大量符合社会规范的日常生活行为都成了预备犯处罚的对象，这必将导致现代法治社会无法容忍的刑法极度泛化、膨胀”。[2]也就是说，如果处罚预备犯，将会导致

---

〔1〕 梁根林：《预备犯普遍处罚原则的困境与突围——〈刑法〉第22条的解读与重构》，载《中国法学》2011年第2期。

〔2〕 梁根林：《预备犯普遍处罚原则的困境与突围——〈刑法〉第22条的解读与重构》，载《中国法学》2011年第2期。

刑事处罚过于前置，从而导致违法一元性观念的大肆蔓延，导致前置法被虚置或被取代。

以此类推，作为一种实质预备犯体现的预备行为实行化，尽管是针对个别领域的行为而言的，但并没有实质性的不同，即同样都是一种前置，其充其量就是以牺牲刑法的协调性为代价彰显了立法者对个别罪域的一种态度而已。

当然，囿于立法的具体背景，我们并不反对极为个别的例外性的规定，但目前的立法中的例外理由并不充足。所以，即使赞成恐怖主义犯罪前置化的论点中，也提出了"适度犯罪化"的策略："刑法以犯罪和刑罚为主要内容，它无力解决社会的各种深层次冲突和矛盾，甚至很难说是一种'治本'的法律。这就要求我们对于恐怖主义、极端主义行为持有一种理性、谨慎的态度，'非犯罪化'和'过度犯罪化'都不可取，应当采取'适度犯罪化'的策略。具体包括：一是将严重危害社会行为犯罪化的同时，对可以通过行政措施调整的行为不以犯罪论处，保证刑法在安全与自由之间达成平衡，使刑法在维持社会秩序的同时，尽可能避免对公民日常生活造成负面影响；二是对处于预备阶段的恐怖行为或者其他一些危害并非十分严重的恐怖犯罪，积极推行'严而不厉'的处罚模式，严密刑事法网、强化刑事责任追究。"[1]尽管表述得比较委婉，但言外之意不言自明。

(二)危险犯向行为犯的过渡导致形式犯的滋生与罪状空洞化

经过立法的修订，传统危险犯缩减，从形式上似乎也只是一个处罚提前的问题，但从实际效果来看形成了两法竞合，进而导致实际处理中执法部门之间的龃龉，甚至极大程度上致使罪状空洞化。生产、销售假药罪修订后的实践纷扰就是绝佳的证明。

根据《刑法》第141条(生产销售假药罪)第2款之规定，"本条所称假药，是指依照《中华人民共和国药品管理法》的规定属于假药和按假药处理的药品、非药品"。由于该罪变成了"行为犯"，罪状中独立性的内容丧失，加之刑法自身对于假药认定独立性的放弃，整个刑法评价的独立性似乎荡然无存。"尽管《药品管理法》第74条仍然将制售假药行为划分为违法和犯罪两部分，但是《刑法》第141条将所有的制售假药行为均规定为犯罪。换言之，修改后

---

〔1〕 赵秉志、杜邈：《〈刑法修正案(九)〉：法益保护前置织密反恐法网》，载《检察日报》2015年9月28日。

的《刑法》第141条与《药品管理法》第74条相比较，虽然两者在行为类型的表述上完全相同，两者行为表现方式均为制售假药，但是前者的法律后果是单一的刑罚，而后者的法律后果则是刑罚和行政处罚两种，这就意味着制售假药罪与制售假药违法行为处于完全重合状态，制售假药的违法行为没有独立存在的空间。”[1]当然，也有观点匪夷所思地指出：对制售假药行为的行政罚并没有失去法律适用的空间，“行政机关可以在刑罚处罚前进行行政处罚，也可以在刑法处罚后给予行政处罚，对犯罪情节轻微、免于刑事处罚的，行政机关还可以独立适用行政处罚”。[2]

此解所产生的争议在“抗癌药代购第一人”一案[3]的处理过程中达到了白热化，造成了一边要定罪一边数百民众要面临死神敲门的境地。虽然最终司法机关通过“技术处理”实现了个案结果的公正，但回避了真正的争议。对此，笔者认为，立法可以修改为行为犯，但必须明确该罪还是一种实质犯而非形式犯，违法的相对性只能通过法律适用者通过解释来肯认。取消生产、销售假药罪罪状中“足以危害人体健康”只是意味着对结果危险的否定，并不意味着对行为实质危险的否定。立法修改应当防止从结果无价值→行为无价值→

---

〔1〕 刘晓莉、逄晓枫：《制售假药行为之行政处罚与刑罚适用研究》，载《中国刑事杂志》2012年第9期。

〔2〕 方尚庆：《对制售假药行为行政处罚的适用——基于〈刑法修正案八〉的思考》，载《中国卫生事业管理》2014年第12期。

〔3〕 被告人陆某身患白血病，依靠瑞士进口药“格列卫”维持病情。每盒药价格2万元左右，一年的药费就需要近30万元。2004年9月，陆勇通过他人从日本购买由印度生产的同类药品，价格每盒约为人民币4000元，服用效果与瑞士进口的“格列卫”相同。之后，陆某开始直接从印度购买抗癌药物，并通过QQ群等方式向病友推荐。随着病友间的传播，从印度购买该抗癌药品的国内白血病患者逐渐增多，药品价格逐渐降低，直至每盒为人民币200余元。后陆某涉嫌销售假药罪等被检察机关提起公诉。“陆某被抓后，493名病友联名为他求情，期望司法机关可以认定陆某无罪。患者在联名信里写道：‘进口格列卫费用昂贵，吃不起如同等死，印度仿制药的出现，才增加了活下去的勇气。’‘陆某是我们白血病患者的救命恩人，他的行为是善举，在他的努力下挽救了多少个家庭和病人，他未从中收取任何费用。’”于是一场守法的要求与求生的渴望之间的博弈开始了。在各方压力之下，2015年1月27日，沅江市人民检察院向沅江市人民法院撤回起诉。然而，不诉的理由却令人啼笑皆非——陆某不构成假药罪的理由不是因为药品不是假药，而是因为代购行为不属于销售行为。“在检察院提供的《对陆某决定不起诉的释法说理书》中，记者看到，沅江市检察院认为，全面系统分析此案的全部事实，陆某的行为是买方行为，并且是白血病患者群体购买药品整体行为中的组成行为，寻求的是印度赛诺公司抗癌药品的使用价值。陆勇有违反国家药品管理法的行为，如违反了药品管理法第三十九条第二款有关个人自用进口的药品，应按照国家规定办理进口手续的规定等，但陆某的行为因不是销售行为而不构成销售假药罪。”参见阮占江：《“抗癌药代购第一人”被不予起诉检方详解缘由》，载《法制日报》2015年2月28日。

形式犯的立场退却。从相对违法性理论来看，释法时对于实质危害性必须要加以考虑，因为前置法基于其管制范围以及处罚手段的特殊性，往往更注重违法的形式特征。刑事违法相对性判断的独立性决定了其必然不能回避实质危害。只有如此才能避免该罪沦为形式犯。生产、销售假药罪法益保护的绝对性决定了该罪的特异体质。只有如此，或可防止诸如生产、销售有实质性效果的药品轻易构成假药犯罪而非妨害市场管理秩序方面的犯罪，防止将致力于人的生命和健康维护的行为论定为犯罪行为，防止重刑轻罪。

（三）罪名成为一个堆积不满的黑洞

违法相对性理论的崩溃，刑事立法的前置，导致大量的不具有损害性的前提行为入罪。由于客观行为的结果属性本应是行政取缔，故客观行为确定性不够，罪名会演变成为一个填不满的黑洞。一方面不断地将一些新的同质性的行为拉入洞中，另一方面不知道随时又会出现什么方式的更新的同质性的行为。

危险驾驶入罪、修改的过程表现得最为突出。对危险驾驶罪的设立，其实一开始就有许多学者从刑法自主性的角度进行否定："从中国法律体系的大逻辑来看，中国的'刑事立法'呈现出典型的'二元化'的体系特征：把违法行为根据危害程度的轻重，分别划入了行政处罚与刑法两个领域，也就是说，只有违法行为达到了一定程度，才能引起国家刑罚权的发动，刑法惩治的是具有严重社会危害性的行为，刑法是社会防卫的最后一道防线，没有达到这一'严重的社会危害性'的限度的违法行为，适用《治安管理处罚法》等行政、民事法律法规进行制裁。""危险驾驶罪的增设，彻底打破了'违法'和'犯罪'的分水岭，或者说模糊了两者的界限，模糊了传统意义上的行政处罚与刑法的界限，将原本属于'违法'的行为人为地、强行提升为'犯罪'而遭受刑事制裁，或者说，以'大炮打苍蝇'的架势，将原本具有'不得已而为之'性质的、作为最后性制裁力量的刑事制裁和干预，挪用而进入。"〔1〕其实，不仅学者有类似的看法，民众一开始也发现了这个黑洞："我觉得如果这一法条真的获得通过，那将是中国法治进程中又一闹剧。我不反对刑法增设'危险驾驶罪'，但反对以如此粗糙的立法技术进行立法！醉酒驾驶定罪，那吸毒后驾驶呢？吸食精神

〔1〕于志刚：《刑法修正何时休》，载《法学》2011年第4期。

药品后驾驶呢？还有疲劳驾驶呢？他们的危害就比醉酒驾驶小？无证驾驶不是比醉酒驾驶危害更大？这些为什么都不定罪呢？不就是醉酒驾驶比吸食精神药品后驾驶比较常见一点吗？立法首先是要考虑公平，还是要考虑处罚？只考虑醉酒驾驶与飙车的惩罚，那别的危险驾驶行为呢？飙车是个法律概念吗？怎样才算飙车？是不是这个法条通过后又给了我们人民警察随意的定罪权？法律本来是用来保护公民权利及限制政府权力的，现在倒好，如果有急事超速了，以前最多罚款，现在倒要坐牢了！”〔1〕

网友的言辞固然不够文雅，但道理不粗俗。因为前置行为本身无法类型化，许多时候只能外化为一种模糊性的、否定性的结论，缺乏实质性的内容，即只要驾驶行为是“违规”的、不能“全神贯注”的或者并非“精力旺盛”的，都是危险行为。这样的结论如果放到刑法中显然是荒唐可笑又捉摸不定的，但这却是醉驾入刑相关行为入罪的合乎逻辑的结论。

现在似乎已经没有必要再去评价醉驾、飙车入罪是否合理，因为更为现实的问题就在眼前。2015年“两会”伊始，就有代表、委员建议将毒驾入刑，关于“开车玩手机”“高速公路倒车”等危险驾驶行为入罪的呼声也不绝于耳。对此，全国人大代表、全国人大法律委员会委员周光权教授解释说：“我同意将毒驾入刑，也曾向全国人大常委会法工委提出毒驾入刑的建议。毒驾入刑在立法上并无问题，真正的难点在执法环节。”然而这样的解答似乎并没有说服力，因为推动毒驾入罪最卖力的恰恰就是公安部门。“2014年年底，公安部曾向全国人大建议，推动毒驾入罪，加大打击力度。”对开车玩手机的现象，周光权教授还认为：“开车玩手机现象毕竟较为少见，大多数驾驶者对自身的生命安全还是重视的。与此类现象相比，高速公路上倒车的行为更为普遍，且危险性更大。”这样的观点同样似乎不够有说服力。换个角度来说，现在驾驶机动车超员、超速入罪了，但超载却没有入罪。“三超”（超员、超载、超速）是同样的性状，那么超载为什么没有入罪呢？笔者认为，原因不是超载现象太少，恰恰相反，而是太多，入罪可能导致大量的梦想“勤劳”致富的人沦为罪犯（从这个角度来说，因为毒驾数量少而反对毒驾入罪的观点似乎也不能成立）。更何况，开车玩手机的现象已经越来越常见，“较为少见”应是手机智能化之前的

〔1〕 六祖心境：《我反对刑法修正草案“危险驾驶罪”条文》，载天涯社区：http://bbs.tianya.cn/m/post-law-271932-1.shtml，最后访问日期：2015年1月1日。

事情了。总之，以发生频率作为入罪与否根本就是一个苍白的理由。

其实，放弃入罪选择内在的原因在于入罪太多势必导致危险驾驶罪的适用出现巨大的风险。即使醉驾比例大幅度降低的今天，如果各地真的严格执法、全面执法，新增罪犯的数量可想而知，遑论开车玩手机的行为。周光权教授在解答中虽轻描淡写但却一针见血地指出："醉驾入刑使得我国每年犯罪人数增加了4万左右。如果将多种危险驾驶行为全部入罪，会导致该罪犯罪圈再次扩大。一旦受到刑罚处罚，犯罪记录会影响公民的升学、就业等问题，甚至改变人的一生。"〔1〕这才是问题的本质。罪名的协调性、公平性要求全面入罪，但全面入罪的后果是无人身危险的罪犯数量激增且后患无穷，犯罪纯粹成为标签，这是任何一方都不愿意看到的，故只能采取一种选择性立法的手段来解决。一时权宜之计必然不讲逻辑，不讲逻辑的立法往往更容易遭遇到不讲逻辑的事件，而最终退缩或牺牲的只能是立法的原则。

早在醉驾入刑的时候，笔者就多次呼吁不要打开潘多拉的盒子，否则该罪名的扩容及争议将如影随形。因为驾驶行为本身就是一种高度危险行为，该罪名作为一种形式犯的特征是明显的，只要醉驾这一违规驾驶行为入罪了，则所有违规的驾驶行为入罪从原理的角度都没有任何障碍。危险驾驶将成为一个"无底洞"。不幸的是这么快被言中了。

此外，刑法修订中还存在刑罚介入民事违约或民事侵权的现象，而这同样是堂而皇之却又蛮横的。比如骗取贷款罪，关于刑法增设本罪的初衷，权威的解释对缘由和动机直言不讳："考虑到公安机关、人民银行等部门提出，实践中一些单位和个人骗取银行或其他金融机构的贷款，难以认定行为人主观上具有非法占有贷款的目的，致使这类案件的处理陷入两难境地，要么无罪，要么重刑（贷款诈骗罪）……客观上造成了此类案件的高发趋势，危害到金融安全。"〔2〕很明显，该罪被界定为以非法使用为目的。〔3〕将以使用为目界定为主观构成要件是对刑法体系性的突破（尽管刑法类似的规定不是没有，但却是极其个别的，且行为的方式和处分的独特性十分明显，而且还附加了许多限制，

---

〔1〕 张伯晋：《多种危险驾驶行为是否入罪引争议》，载《检察日报》2015年3月8日。

〔2〕 黄太云：《〈中华人民共和国刑法修正案（六）〉的理解与适用》，载《刑事审判参考》（总第51集），法律出版社2006年版，第83页。

〔3〕 参见黄太云：《〈刑法修正案（六）〉的理解与适用（下）》，载《人民检察》2008年第8期（上）。

如挪用公款罪等)，骗贷入罪完全是将刑罚作为一种国家命令来对待，否定了刑法自主性。只能说是立法者对金融机构的偏爱。这与刑法的平等适用原则背道而驰，与市场伦理南辕北辙。再如，恶意欠薪入刑被视为《刑法修正案(八)》注重保护民生的重要成果。如果说刑法曾经被附着了太多意义，在罪刑法定原则生效近20年之后，这一现象似乎并未发生根本性的改观，以至于民法学者这一次也看不下去了。梁慧星教授明确反对设立拒不支付劳动报酬罪："轻易采取刑法打击欠薪行为不妥，把老板判几年刑，工厂垮了，劳动者又会失去工作，无益于问题的解决，建议从民事立法的角度，加强保护劳动者的工资债权。"[1]这是立法再次违背刑法自主性的立法例。从多年的实践来看，该罪实际适用得非常少，甚至最高人民法院专门为该罪出台了上千字的司法解释来释明并且公布指导性案例来引导，但是结果不甚了了。立法的效果并不明显，恫吓性作用似乎更为重要。当恫吓成为刑法日常功能的时候，该条文没有多少合理性可言了。

三、刑事立法同样需要坚持合比例原则

"天下无数百年不弊之法，无穷极不变之法，无不除弊而能兴利之法，无不易简而能变通之法。"[2]中国正处在社会转型过程中，处在大变局中，法律随着社会的变革需要变革，但这并不意味法律可以朝令夕改，当前我国的刑法却平均不到两年就修订一次，而且每次修订的条文越来越多，从最初的不到10条到动辄50条以上(虽然间隔期限增长，但并不具有决定性的影响)，涉及的内容愈加广泛(从分则进入总则)。从修订的条文总量次来说共计170条，而1997年《刑法》共计才452个条文。修正案的条数就将近达到法典条文总数的1/3的规模。尽管对刑法的实质修改或许没这么多，但程度和频度幅度仍令人触目惊心(参加下表)。法治政策化的特征越来越明显。人们不禁要问刑法典怎么了？中国的社会现实怎么了？

---

〔1〕 何荣功:《社会治理"过度刑法化"的法哲学批判》，载《中外法学》2015年第2期。

〔2〕 魏源:《海国图志》。

修正案的颁布时间和条文数量统计表

修正案名称	颁布时间	条文数量
刑法修正案(未注明“一”)	1999.12	9
刑法修正案(二)	2001.8	1
刑法修正案(三)	2001.12	9
刑法修正案(四)	2002.12	9
刑法修正案(五)	2005.2	4
刑法修正案(六)	2006.6	21
刑法修正案(七)	2009.2	15
刑法修正案(八)	2011.2	50
刑法修正案(九)	2015.8	52
合计		170

笔者认为,某些修改固然有大势所趋的因素(如死刑的限制与减少,等等),但更多条文的修订尤其是增设并非如此。修法的内容越来越给人这样一种强烈的感觉:当一段时期内某个领域的社会问题比较突出的时候,当媒体纷纷予以关注、头版醒目的报道俯仰皆是的时候,当引起了社会广泛讨论乃至不安的时候,一些危害行为入刑的日子就不远了,危险驾驶罪的一再扩容就是一个典型立法例。

这种情绪化立法很大程度上导致了刑法自主性的削弱。法律的自主性一直是英美法系法学理论中争议比较广泛的问题。反对法律自主性的观点认为,法律知识缺乏自主性,尽管研究者追求因果性的科学论证手段,也尽量在避免以相关性(correlation)代替因果性(cau-sation),但在很多时候是不成功的。其往往基于政策的、政治、伦理需要而改变或者修正因果律。这一点在刑法客观归责理论中表达得具体而恰当。最为重要的是,法律不可能存在还原的特征,无法通过还原的方法论证其结论的合目的性。但笔者认为,即便如此,法律的自主完全可以在另外一个层面展开:法律与伦理、法律与事实存在区分,决定了法律知识的自主性(尽管这种自主是相对的,尽管不同规范之间存在关联)。即使不将法律视为一种纯粹科学或理论,而是将其作为非科学的自主知识系统,其自主性的教义、阐释和规范性的分析仍然是必要的。这种观念同样可以非常恰当地适用于对刑法自主性的理解。

在所有的法律中，刑罚的自主性特征最容易引起争议。因为刑法虽然属于部门法，但是作为最后保障的地位决定了其超越部门的意义，此时就会存在一个价值无涉和价值关涉的争讼。刑法是否可以超越林林总总的前置法而具有自主性，刑法的教义、解释以及规范性的分析应否具有独立的标准，就成为一个长久不衰的话题，尤其是刑法全面展开的时候。

刑事违法是否具有相对性判断就是争议的核心焦点之一。对此，除了基于法律体系多元化本身的实证之外，前述的损害原则也是论证刑事立法合理性的重要依据。不仅大陆法系的理论存在这样论证逻辑，英美法法哲学中同样也存在。在那里，对刑事立法的论证主要包括三种该理论：一是损害原则（冒犯原则），二是法律家长主义原则，三是法律道德主义原则。“任何有理性的学者都不否认损害原则的意义，但自由主义者则更属意尽可能就只以这一条原则设定全部界限，而否认其他原则为国家的干涉提供依据的效用。”〔1〕“对于任何防止某种社会的恶的刑法条文来说，要达到同样的目的而付出较小的代价，其实有很多替代手段。例如，控告则不是立即禁止有关行为，而是先授予法官宣布警告性禁制令或停止令，再由刑法惩罚作为这些命令的后盾……除了通过刑事法条以防止某种反社会行为之外，立法者也可以借助于非刑法的方法，通过吊销证照、撤销职业资格认证、否认合同效力、解除公职、停止政府津贴或财政资助、终止监护权等措施，使其丧失民事上的各种资格。”〔2〕

在这原则的支配下，随着时光的推移，实定法的内容也逐步发生转变，“如果说国外不存在违法与犯罪的界分，入罪完全定性而无定量因素，这个论断在“二战”前的刑法而言可能是正确的，但并不符合“二战”后的状况。在司法资源紧张，案多人少矛盾突出的当下，各国都不会将本可作为违法处理的行为纳入刑事追诉范围，无谓消耗司法资源”。〔3〕这一点在德国刑法“二战”后的立法演进中表现得尤为明显。

从刑法立法法益的角度分析也是一个比较有效的路径。关于刑法立法法益存在与否的态度可谓泾渭分明。罗克辛认为：“刑法的任务在于，使其公民

---

〔1〕 [美]乔尔·范伯格：《刑法的道德底限（第一卷）——对他人的侵犯》，商务印书馆2014年版，第14页。

〔2〕 [美]乔尔·范伯格：《刑法的道德底限（第一卷）——对他人的侵犯》，商务印书馆2014年版，第23页。

〔3〕 喻海松：《〈刑法修正案（九）〉及新进刑法立法解释合览》，载《徐刑聚焦》2015年第6期。

在由宪法所保障的基本权利获得维护的前提下，自由而和平地共同生活在一起。如果我们把这项任务归结为法益保护，那么法益指的就应当是所有的这些事实和目的设定，它们对于个人自由地发展自己，对于个人实现其基本权利，以及对于建立在该目标观念之上的国家制度发挥其作用来说，都是必不可少的。”为了防止同义反复，能够自我说服并说服他人，罗克辛甚至罗列了法益具体化的九条原则来证明立法法益存在的范围和意义。这些原则的核心内容包括：“恣意的、纯粹建立在意识形态之上的刑法条文，或者违反基本权利的刑法条文所保护的绝不是法益；不道德的或者值得谴责的举动本身，还不能作为认定成立法益侵害的根据；侵犯自身人格尊严的行为，并不属于法益侵害；只有在因为胁迫而产生了现实的恐惧时，我们才能认为，对感情的保护是对某种法益的保护；对他人有意识的自陷风险予以协助或者支持的行为，并没有侵犯（他人的）法益；在绝大多数情况下，象征性的刑法规范不具有法益保护的功能；禁忌并非法益；若保护的对象抽象得无法让人把握，则该对象也不能被看作是法益。”[1]这与英美刑法中（前述的意大利刑法中的理论也认同此点）归纳的“损害原则”（harm principle）、冒犯原则（offence principle）十分相似。

但这样的观点也遇到了挑战。雅各布斯等人就认为刑法保护的不是法益，而是规范的效力。魏根特则用合比例性原则去代替法益保护原则。笔者想要说明的是，对于罗克辛关于立法法益的辩解本身或许有争论，但是其所设定原则构成刑事违法相对性的判断基础，这一点应该是共识。从这个角度来说，魏根特的合比例性原则与法益保护原则也并没有实质性的区别，尤其是在论述刑事违法相对性的时候更是异曲同工。

合比例性原则最初是宪法中一个重要原则，主要包含以下内容，（1）适当性原则。国家所采取者必须是有助于达成目的的措施，又称“合目的性原则”。（2）必要性原则。如果有多种措施均可达成目的，国家应采取对人民侵害最小者，又称“侵害最小原则”“最小侵害原则”“最温和方式原则”“不可替代性原则”。（3）狭义比例原则。国家所采取的手段所造成人民基本权利的侵害和所欲达成之目的间应该有相当的平衡（两者不能显失均衡），亦即不能为了达成很小的目的而使人民蒙受过大的损失，又称“衡量性原则”。亦即，合

---

〔1〕［德］克劳斯·罗克辛：《对批判立法之法益概念的检视》，陈璇译，载《法学评论》2015年第1期。

法的手段和合法的目的之间存在的损害比例必须相当。狭义的比例原则也不是毫无标准，至少有三项重要的因素需要考虑："人性尊严不可侵犯的基本准则，公益的重要性，手段的适合性程度。"[1]合比例原则是行政法的重要原则。近几年来，我国刑法学界个别学者也开始关注比例原则在刑法学的作用。如有观点认为："比例原则对刑法的运用至关重要，因为它为评判刑法运用的正当与公平提供了一个客观标准，不仅在规范刑事立法和刑事司法方面发挥重要作用，而且对保护公民基本权更具重要意义。"[2]有观点认为："把比例原则作为罪刑关系配置的基本原则，刑事立法应该考虑刑法上的可罚的违法性，在刑法解释中强化合目的之法律解释方法。"[3]这些论证基本上从合比例原则与刑法学的谦抑原则、罪刑法定原则契合的基础上展开的，主旨在于强调合比例原则对刑法论域规制的意义。

合比例原则要求行为入刑的适当性。如果说权利与义务的对称关系主要表现在民事法中，则刑法更为注重权利与权力的关系，这就构成了刑事违法相对性的一个十分重要的背景性因素。"刑法没有贯彻一种特定的宗教或者意识形态这样的任务，刑法的任务应当是保护公民享有一种有保障的和平的共同生活，享有能够与这个目标相一致的最大限度的人身自由……因此，刑法的任务是保护法益。"[4]"一旦刑法释义学放弃以法益保护原则作为它的基础——作为限制立法者恣意的基础，并因而在诠释时作为最高准则的基础，刑法释义学即再也不能成为一门独立的科学。"[5]当前，法益说俨然成为主流，但是对法益的理解已经有较大的不同，这主要是基于对权力的警惕使然。行为的价值可以成为否定刑法规范适用正当性的依据，但不能成为规范适用合法性与否的依据。对于法益的内涵只能从法规范的特征本身来推究。由此，笔者认为，对法益的理解应当从两个层面来界定：作为犯罪构成的法益只能从刑法的具体规范来推导，作为立法目的法益则仍然是从刑法目的来演绎。宪法性法益

---

〔1〕 黄学贤：《行政法中的比例原则简论》，载《苏州大学学报》2001年第1期。

〔2〕 陈晓明：《刑法上比例原则应用之探讨》，载《法治研究》2012年第9期。

〔3〕 姜涛：《追寻理性的罪刑模式：把比例原则植入刑法理论》，载《法律科学》2013年第1期。

〔4〕 [德]许迺曼：《刑法不法之体系：以法益概念与被害人学作为总则体系与分则体系间的桥梁》，王玉全、钟豪峰译，载许玉秀、陈志辉编：《不移不惑献身法与正义许迺曼教授刑事法论文选集》，台北春风和煦学术基金2006年版，第204～205页。

〔5〕 [德]冈特·施特拉滕韦特：《刑法总论I——犯罪总论》，杨萌译，法律出版社2004年版，第27、28页。

的目标，既是刑事立法的一种要求，也对刑事违法性的判断具有指引作用。

在刑事立法过程中，合比例性原则可以为个别交往规则与社会普遍规则的区分设定坐标，也可以理解为前置法与刑法合理分配的坐标，可以成为评判刑事立法合理性的论证渊源，还可以为刑法中立法法益的存在提供一个基础性的法律效力事实。理由在于：其一，对于法益没有造成侵害的行为显然也不能上升为犯罪；其二，从合比例性原则出发，对不损害法益之举动加以处罚的做法不符合宪法的基本要求。宪法的基本法地位决定了不合比例的刑事立法规定应该尽可能地被限缩。当前刑法修正过程中违法一元性的倾向或多或少与这两个理由相悖。

四、对立法前置效果论的质疑：以危险驾驶罪为例展开

实践中不乏为违法一体化鼓吹和辩解的声音，其中一个通行的说辞可以被归结为效果论。效果论在许多罪名中并没有体现（因为效果本身不够明显），只是在危险驾驶罪的论证中表达得格外鲜明。由于该罪名启动立法伊始，就质疑不断，在双方相持不下的情形下，“疗效”似乎成为最好的证明自身正确的方法。根据公安部交管局的最新统计：“从2011年5月1日至2015年4月30日，全国共查处酒驾195.9万起，办理醉驾犯罪案件32.9万件，较法律实施前四年下降了51.2%。全国因酒驾、醉驾导致交通事故起数和死亡人数较法律实施前四年分别下降了35%和44.4%。”其中死亡人数的大幅度下降似乎是一个最有力的论证醉驾入罪取得良好效果的依据。

其实简单地以数字为理由是禁不起推敲的，主要原因来自以下几个方面，其一，一个效果的产生源于多方面因素的合力作用，一个因素在其中起到多大作用甚至是否起到作用需要一种复杂的数据和公式演算。譬如，执法的严格性是死亡的比例下降的一个非常重要的因素，这一点似乎就比入罪的因素更显得不容置疑。事实上，早在立法以前，一些地方因为严查并常抓不懈，酒驾数量已经下降了许多。即使入罪后，公安机关也认为（当然大家也认可）：“这一数据的实现，与交警部门对酒驾行为的严格执法密不可分。”“2011年醉驾入刑以来，我国公安机关平均每年出动警力2000余万人次，警车1200万辆次，每年实施监测超过1亿人次。”力度不可谓不大，所以效果不可谓不明显。其二，数字本身出现的矛盾也会导致证明力的下降。譬如，据公安部交管局统计

数据显示："在醉驾入刑的2006年至2011年间，我国每年有3500多人因为酒后驾驶肇事死亡。"[1]但是又有数据统计，"醉驾入刑"至今截至2014年)，因酒后驾驶导致交通事故3500余起，死亡1200余人，分别下降18.8%和37.7%。[2]也就是说，2011年以后平均每年死亡人数在400人左右，相对于以前的3500人左右，应该是下降了近90%，这与40%～50%的结论相去甚远。[3]其三，在具体的执法过程中，也呈现出另外一种场景(虽然范围比较小)。有记者对乌鲁木齐的最佳情况进行了调查发现："与去年5月1日醉驾入刑至12月的34起相比，略有下降趋势。现场查获的醉驾者减少，而醉驾事故却并未减少，自今年1月至5月，天山区交警大队共发生立案交通事故54起，其中36起为醉驾引发的事故，占该区立案事故总数的57.4%。"[4]其四，事实上，同样根据来自公安部的资料显示，"2008年全国道路交通事故死亡人数为73484人，同比2007年下降10%。相对于2003年曾高达十万余人更是有明显下降。2008年，因超速行驶、疲劳驾驶、酒后驾驶导致死亡的人数分别下降26.3%、25.6%和21%。这一数据至少可以给我们另外一面的启示，即伴随着风险的日益加大，交通肇事的犯罪态势并不是呈现出日益恶化的倾向，而是逐步下降。这让我们对犯罪化的尝试或者重刑化实践的现实必要性提出了疑问。"[5]也就是说，早在醉驾入刑以前，酒后驾驶导致死亡人数环比就下降了21%。若果真如此，数量的减少与入刑之间的关系就必须进行系统分析，而不是笼统地给出两个数字对比来证明所谓的效果。

五、结语

《易经》"爻辞"说："已日乃革之，征吉，无咎。"[6]这可以衍义为："六二柔顺中正而为文明之主，德可以有革也，有应于上，势足以有革也，然革终非可

---

〔1〕《醉驾之治：醉驾导致的死亡人数下降44.4%》，载http://money.163.com/15/0508/14/AP3P38R400253B0H.html，最后访问日期：2015年12月29日。

〔2〕蒋菱枫：《酒驾之"治"：法治中国之法治样本》，载《人民公安报》2014年10月20日。

〔3〕参见《醉驾之治：醉驾导致的死亡人数下降44.4%》，载http://money.163.com/15/0508/14/AP3P38R400253B0H.html，最后访问日期：2015年12月29日。

〔4〕彭芳、宁江海：《乌鲁木齐：醉驾被查的少了事故依然没减少》，载新疆网，最后访问日期：2015年12月29日。

〔5〕孙万怀：《交通违法行为不应过度犯罪化》，载《中国社会科学报》2009年8月18日。

〔6〕《周易·革·六二》。

轻议者，占者当从容相审，至已确然可革之日。然后革之，则其所行有更化之吉，而无纷更之咎矣。”[1]法律的变革必须服从于“德”“上”“势”等，不可轻举妄动。只有“从容相审”，才能有“更化之吉”。世上没有一成不变之法，但并不意味着法律要朝令夕改，更不意味着刑法身先士卒。中国法治化的进程就是一个祛除刑法工具化的过程，从这意义上说，慎刑的古训在当代同样具有深刻的意蕴，刑法前置化的立法倾向同样十分危险。

〔1〕 张尔岐:《周易说略》。

第七章　主观心态——“应知”认定的确定性标准*

一、“应知”界定标准的体系化过程及其问题所在

在认定一个行为是否构成犯罪的时候，行为人的主观心态往往成为分歧的重要内容。而主观方面的认定结果又往往体现了价值性因素的作用。而在以推定或推论为前提的条件下，政策的导向又会成为一种决定性的因素。“在适用推定的案件中，国家一改谦抑的风格，保持一种介入的姿态，这是基于特定案件中认定主观方面的困难以及特殊刑事政策的考量，自然需要一定的民权损失为代价。”[1]这一介入势必会带来一系列的问题。在我国的实体刑法中，这表达为一种从刑法文本的“明知”到“应知”的不断位移。

（一）“应知”逐步体系化的过程

回顾以往司法解释，我们可以发现司法实务中对“应知”的认识经历了单一化到体系化的逐步演变过程：

1.“应知”尚未独立化，而是作为认定“明知”的中间环节而附属存在

1992年12月11日“两高”发布的《关于办理盗窃刑事案件具体应用法律若干问题的解释》第8条规定，“只要证明被告人

---

* 本部分内容刊载于本书作者发表的《刑法中的“应知”的滥觞及标准限定》一文，原载《中国刑事法杂志》2015年第9期，由本书作者及其硕士研究生刘宁合作完成。

〔1〕 汪建成、何诗扬：《形式推定若干基本理论问题研讨》，载《法学》2008年第6期。

知道或者应当知道是犯罪所得的赃物而予以窝藏或者代为销售，就可以认定窝赃、销赃罪的‘明知’”。这是司法解释较早将知道与应当知道并列表述并用以阐述窝藏、销赃罪的“明知”的司法政策。

由此看来，此时司法解释对“应知”的认识尚且单一，仅将“应知”作为被证明的对象，是认定“明知”的中间环节，[1]而并未将“应知”独立出来，其并未单独规定认定“应知”的若干情形，也没有将刑事推定制度纳入认定“应知”的方法体系中。可以说，此时“应知”并不存在独立的体系，这种规范性表述尚缺乏可操作性，也没有真正认识到“应知”在认定行为人主观方面的独特价值，但其却为“应知”的体系化进程埋下伏笔。

2.单独设置可以认定“应知”的若干情形，明确“应知”是“明知”的下位概念

1998年最高人民法院、最高人民检察院、公安部、国家工商行政管理局发布的《关于依法查处盗窃、抢劫机动车案件的规定》第17条，第一次明确规定了“明知”是指知道或者应当知道，明确了“应知”作为“明知”的下位概念而存在。该司法解释还列举了可以视为应当知道的几种情形。这种表述模式在后来的司法解释中一直沿用，如2007年《办理毒品犯罪案件适用法律若干问题的意见》第2条关于毒品犯罪嫌疑人、被告人主观“明知”的认定问题，走私、贩卖、运输、非法持有毒品主观故意中的“明知”，是指行为人知道或者应当知道所实施的行为是走私、贩卖、运输、非法持有毒品行为。

此时，“应知”正式步入了体系化的进程，“应知”开始有了自己的独立体系。后来的诸多司法解释也相继将认定“应知”从认定“明知”中独立出来，单独设置可以认定“应知”的若干情形，使对于“应知”的认定更具可操作性。对于“应知”与“明知”的关系，明确“应知”是“明知”的下位概念，有学者认为“应知”是以不知为前提，[2]“应当知道”表明行为人客观不知，而“明知”表明行为人客观知悉；[3]也有学者认为，“应当知道”和“明知”是不同的概念，仅仅

---

〔1〕 笔者认为其混淆了“明知”与认定“明知”这两个概念，“明知”是行为人对自身行为和危害结果的一种主观认识，“明知”的主体为行为人本人；认定“明知”是他人对行为人主观认识状态的一种评价和判断，认定“明知”的主体为行为人以外的他人。

〔2〕 陈兴良教授在评论最高人民法院《关于行为人不“明知”是不满14周岁的幼女双方自愿发生性关系是否构成强奸罪问题的批复》中指出：“不能将应当知道解释为‘明知’的表现形式，应当知道就是不知，不知岂能是‘明知’。”参见陈兴良主编：《中国刑事司法解释检讨》，中国检察出版社2003年版，第144页。

〔3〕 参见张明楷：《如何理解和认定窝藏、销赃罪中的“明知”》，载《法学评论》1997年第2期。

由于规范性文件中的规定而赋予两者相同的法律效果。[1]笔者认为，刑法分则和司法解释中规定的“应知”或“应当知道”并不是指应当知道而不知道的过失心理，它的本质是被法定化了的“明知”。为了解决司法机关的证明困难，司法解释把应当知道包括在“明知”中，并且规定了认定“应知”的几种情形，只要行为人的行为符合情形之一，便可以认定其主观上是“明知”的，在应当知道这一术语中，人们实际上想要描述的是一种不同于确切知道的认识状态。而只有真正认识到“应知”的这一本质特征，才能正确把握“应知”的刑法学地位。

3.限定性条件逐步演变，推论正式逐步向推定过渡

值得一提的，鉴于“应知”语义的模糊性，一些解释开始设定了除斥的条件。这实际上暗含着认定标准和举证要求的一个巨大变化。譬如，2000年最高人民法院发布的《关于审理破坏森林资源刑事案件具体应用法律若干问题的解释》第10条在认定《刑法》第345条规定的“非法收购“明知”是盗伐、滥伐的林木”中的“应当知道”时增加了排除性条件，即“有证据证明确属被蒙骗的除外”，这是以往司法解释所不曾出现的，也从侧面反映出最高司法机关在解释应当知道时的谨慎态度，但此时并非推定中的除斥条件。而在上述2007年关于毒品犯罪的司法解释中也使用了“犯罪嫌疑人、被告人不能做出合理解释”的限制条件，这是从推论到推定限定的一个体系完善。[2]推论与推定在内在和外在上都存在较大的区别。其内在的区别体现在证明机制上的不同，而外在的区别体现在法律效果上的不同。[3]在上述两个限定性条件中，对于前者，这仍是一种推论的限定，其承担证明责任的主体依然为控方，并未给辩方提供一种可以推翻控方证据的机会，这种限制条件的主动权还是掌握在控方手里，因为刑事诉讼中的举证责任在控方而不在被告人一方。对于后者，其是一种推定的限定，作出合理解释的主体为辩方而非控方，这就为辩方提供了一次救济的机会，这种限定性条件的悄然改变，实际上是一种公权力的悄然让渡，更好地维护了犯罪人的利益，推定开始作为认定行为人“应知”的一种方法。不得不说的是，作出合理解释的难度要远远小于有证据证明确属被蒙骗，这实际上将刑法出罪的口

---

〔1〕 参见褚福民:《证明困难的解决模式——以毒品犯罪“明知”为例的分析》，载《当代法学》2010年第2期。

〔2〕 所谓推论，是指通过间接证据推理获得事实的结论，推论主要发生在间接证据进行证明的过程中，其是一种间接论证的方法。

〔3〕 参见龙宗智:《推定的界限及适用》，载《法学研究》2008年第1期。

袋撑得更大，暗含着一种对于认定“应知”边界扩张的谨慎态度。

4.基于保护某种秩序的政策，对于“应知”的认定范围趋向扩大

尽管除斥条件的改变使得司法者对“应知”边界的扩张持一种谨慎态度，但是总体而言，司法解释基于保护秩序的政策，对于“应知”的认定是不断趋向于扩大的。这在关于与幼女发生性行为的责任认定中表现得十分明显。2001年最高人民检察院发布的《关于构成嫖宿幼女罪主观上是否需要具备“明知”要件的解释》(以下简称《2001年解释》)规定了行为人知道被害人是或者可能是不满十四周岁幼女而嫖宿的，以嫖宿幼女罪追究刑事责任。而2013年最高人民法院、最高人民检察院、公安部、司法部关于《依法惩治性侵害未成年人犯罪的意见》(以下简称《2013年意见》)第19条规定，知道或者应当知道对方是不满14周岁的幼女，而实施奸淫等性侵害行为的，应当认定行为人“明知”对方是幼女；对于不满12周岁的被害人实施奸淫等性侵害行为的，应当认定行为人“明知”对方是幼女。

较之两者，《2001年解释》虽承认了嫖宿幼女罪需具备“明知”要件，但其将“明知”限定在“知道”这个层面，而未用“应当知道”术语。“明知”，作为一种主观要件要素，实属认识要素，而认识要素包含了认识所达到的程度和对认识内容的预判两个方面。所谓“认识所达到的程度”，是对认识本身的程度所划定的等级，包括知道和应当知道；所谓“对认识内容的预判”，是行为人对所认识的具体对象的发展历程的一种预判，包括是和可能是两种情形。综合看来，“明知”是幼女包括四种情形：知道是幼女、知道可能是幼女、应当知道是幼女、应当知道可能是幼女。由于《2001年解释》并未使用应当知道，那么根据该司法解释，嫖宿幼女罪中的“明知”仅为知道是幼女或知道可能是幼女这两种情形，而不包含应当知道是幼女和应当知道可能是幼女。

而《2013年意见》将对于幼女的“明知”扩大到“应知”，也即一旦行为人应当知道被害人是或者可能是幼女，同样可以认定行为人“明知”其是幼女。同时，该意见将幼女划为两个年龄档，知道或者应当知道对方是不满14周岁的幼女，而实施奸淫等性侵害行为的，应当认定行为人“明知”对方是幼女，对于不满12周岁的被害人实施奸淫等性侵害行为的，应当认定行为人“明知”对方是幼女。有学者认为，《2013年意见》对不满12周岁的幼女实行绝对保护原则，即只要与其发生性关系，就无须考虑行为人的主观心理状态，一律认定行

为人“明知”对方是幼女。[1]笔者不赞同此说法。故意犯罪是行为人认识因素和意志因素的统一，认识因素是意志因素的前提，意志因素则体现了行为人的决意，此处“明知”属于认识因素而非意志因素。对于存在特定犯罪对象的、刑法分则要求具备“明知”的犯罪，笔者认为其认识因素由两个部分构成：其一为对特定犯罪对象的“明知”，其二为对自己的行为对产生危害社会的后果的“明知”，前者为分则中的“明知”，后者为总则中的“明知”，前者是后者的前提，“在存在犯罪对象的故意犯罪中，行为人是通过对犯罪对象实施具体的行为，从而产生一定的危害结果。如果行为人对犯罪对象缺乏认知，就不可能对犯罪的危害结果存在认知。”[2]具体到强奸幼女中，行为人对自己的行为会产生危害社会的后果的“明知”，主要通过对幼女本身的“明知”来体现，只有其“明知”是幼女进而与其发生性关系，才会“明知”这种犯罪的危害后果，如果行为人确实不知道被害人是幼女，那么就不可能知道这种行为会导致危害社会的后果，也就不构成故意犯罪。因此我们可以有理由地说，在打击性侵幼女犯罪中，基于保护某种秩序的政策，对于“应知”的认定是不断趋向于扩大的。这种趋势也越来越体现在其他犯罪上，只是由于所保护的秩序的不同而表现不同而已，其扩大的趋势是明显的。

综合把握上述“应知”的演进历程，从最初作为被证明的对象而附属存在，到单独设置若干认定情形，再到除斥条件的增设与演变，“应知”逐步迈向体系化，这种体系化体现为“应知”与“明知”的关系进一步厘清、“应知”的认定情形不断完善、对于“应知”中的除斥条件的不断补充与完善、“应知”的认定方法由推论发展到推定的多元化格局等。这种体系化逐渐成熟并趋于制度化而被后继的司法解释所传承。

（二）逐步出现的问题症结所在

“应知”一词作为界定行为人主观心态的术语而存在，在评价行为人的主观可责难性方面起着重要作用。比较早的司法政策中提出“应知”概念的是1992年12月11日“两高”出台的《关于办理盗窃刑事案件具体应用法律若干问题的解释》，该解释首次提到了“明知”与“应知”的关系。理论界也逐步开始关注这一动态。近一段时期，关于“应知”的司法解释更是不断展现，也从

〔1〕 参见宪涯：《严厉打击性侵害，让法治彰显威力》，载《人民公安报》2013年10月31日。

〔2〕 刘宪权：《性侵未成年人犯罪的刑法规制》，载《青少年犯罪问题》2014年第1期。

侧面反映了“明知”到“应知”的不断位移。如2013年9月“两高”联合发布的《关于办理网络诽谤等刑事案件适用法律若干问题的解释》又一次详细阐述了“明知”，其再次将“应知”问题推向刑法学研究的风口浪尖。对“应知”的认定是一种“回溯性认识”，是一种事后性判断，其本身是一种无限接近真相的过程，这就给“应知”的认定蒙上了一层神秘的面纱，尽管辩护者往往认为不能排除合理怀疑，但是政策制定者或指控者则认为已经能够印证。

对于刑法中的“应知”，有学者从“犯罪故意中的认识”理论角度出发，并结合司法实践进行系统性阐述，强调“应知”也应当包含“可能知道”，论证了“可能知道”的存在可能性、刑法学意义、刑法学边界等，可谓完整地诠释了“应知”的内涵；〔1〕有学者从应当知道的法条实证解析、应当知道的立法根基、应当知道的证明逻辑等方面进行详细论述，并得出应当知道必须遵循刑事推定的基本规则，警惕应当知道的运用对于刑法边界的扩张趋势，认为必须在人权保障的前提下合理的限制其扩张的范围；〔2〕有学者立足于刑法分则语境中，将“明知”分为刑法总则中的“明知”、刑法分则中的“明知”和司法解释中的“明知”，并辨析了“应知”与确知、实知、或知、“明知”等相关概念，明确指出“应知”的难题在于规范层面的表述不统一〔3〕以及围绕着认定方面所产生的方方面面，该学者对上述问题解决路径的抉择问题提出了三种模式，分别为变更待证事实模式、刑事证据证明模式和刑事推定模式；〔4〕还有一些学者从刑法分则具体罪名出发，单独论证个罪中的“应知”认定。〔5〕总的来说，学者们对刑法中的“应知”的认识已经有了丰硕的理论成果。

但是，我们也要清醒地认识到对有些问题的讨论仍不是很充分，譬如学者们对“应知”逐步体系化的过程没有作出系统阐述。在认定“应知”的标准问题上，即以什么身份、什么角度、什么标准来衡量行为人“应知”时，仍莫衷一

---

〔1〕 参见于志刚：《犯罪故意中的认识理论新探》，载《法学研究》2008年第4期。

〔2〕 参见皮勇、黄琰：《论刑法中的“应当知道”——兼论刑法边界的扩张》，载《法学评论》2012年第1期。

〔3〕 笔者统计，应当知道的表述模式主要有：(1)“‘明知’，是指知道或者应当知道”型；(2)“可以视为应当知道”型；(3)“其他知道或者应当知道”型兜底性表述。

〔4〕 王林林：《刑法分则语境中“明知”的认定》，载《天津法学》2014年第1期。

〔5〕 这些论文的主要代表有刘宪权：《性侵未成年人犯罪的刑罚规制》，载《青少年犯罪问题》2014年第1期；周岸崇：《浅谈运输毒品犯罪中的主观“明知”的认定》，载《法学评论》2012年第1期；陈京春：《刑事诉讼视野下的生产、销售有毒、有害食品罪》，载《河南财经政法大学学报》2012年第2期。

是。司法解释也仅仅在个罪具体解释文本中分别描述认定“应知”的要求，其缺乏一种共通的理论学说。而对于法定犯领域中“应知”的认定也缺乏相应的研究，并未关注到法定犯中“应知”的认定不同于自然犯。同样地，在运用刑事推定认定行为人主观“应知”时，如何将其与间接证明这一认定方法相区分上，理论界也缺乏相应的研究，譬如在除斥条件的设置上，该限定性规定是间接证明的证据要求还是刑事推定特有的制度安排？刑事推定外的其他认定行为人“应知”的方法是否需要设置除斥条件？另外，在认定行为人“应知”的程度上，传统学说专注于“高度盖然性程度说”，但该学说符合“应知”的本质吗？

此外，基于体系性的考量，“应知”的认定模糊性不仅存在于刑事法内部，还存在于学科交叉的过程中。譬如2012年最高人民法院《关于审理侵害信息网络传播权民事纠纷案件适用法律若干问题的规定》的发布，就给“应知”的研究带来新的挑战。当刑事司法解释尚未对法定犯中具体罪名的“应知”作出详细规定，但民事司法解释已经对此问题作出高度而又精练的总结时，我们能否在具体罪名认定“应知”的过程中直接适用呢？此类法定犯主观相关要素的证明是否因为民刑划分不同而有所不同呢？〔1〕

笔者认为，现有的理论研究成果尚不足以为我们呈现“应知”的全部面貌，意欲了解动态变化下的“应知”，就需要动态的理论研究方向作为指引。

二、“应知”界定的基本标准及其个性功能发挥

所谓“应知”的认定标准，即认定主体以什么身份、站在什么角度、用什么样的标准来具体认定行为人主观上“应知”。一个不偏不倚的认定标准，能最大程度地反映行为人的主观方面，从而保护犯罪人的利益，进而体现罪刑法定主义精神，维护司法公正。确立基本的标准无疑是首当其冲的。

（一）“应知”的认定标准：一般理性人标准

我们知道，“明知”与“明知”的认定”是两个不同的概念。也就是说，“明知”的认识主体与认定主体有所不同。根据罪责自负原则，结合我国刑法分则及司法解释对“明知”的表述，可以看出“明知”的认识主体依然是行为人

〔1〕 参见孙万怀：《慎终如始的民刑推演——网络服务提供行为的传播性质》，载《政法论坛》2015年第1期。

本人，是行为人对犯罪构成事实的一种认识状况，“是一种以观念形态反映的即将在现实中发生的犯罪事实的预想，并非对已经发生的犯罪构成事实的认识”；[1]而“明知”的认定，是指行为人以外的人对行为人认识状况的一种规范评价，是事后综合了诸多案件事实对行为人的认识状况作出的司法认定，并非行为人的认识状况本身，其认定主体不是行为人。[2]由此得出，“应知”与“应知”的认定同样有区别。既然“应知”的认定是行为人以外的其他人对行为人主观是否具备“应知”的一种判定，那么这里的其他人到底是哪一种人？其站在什么样的角度、采取什么样的标准呢？难道仅仅是我们的司法工作人员完全凭借自己的办案经验、站在自己的角度来进行判定吗？我们认为，对于行为人主观是否“应知”的判定，绝不能完全仅凭借司法工作人员自己的思维和标准，此实践问题亟需理论研究的重大成果突破来引导，我们在此提出“一般理性人标准”。

关于理性人的概念最早可追溯至罗马法中关于过失的判断标准——“善良家父”标准，“故意和过失是抽象的和一般的，它们表现为不符合由理性人（善良家父）所应表现出的诚信和勤谨注意的客观标准”。[3]因此，罗马法中理性人概念的提出，是为了解决人们主观过失的判断标准是否足够客观这一难题。而一般理性人标准正式发轫于英美法系中的侵权法，是英国在1837年Vanghan v. Menlove一案中首次确立的，“所谓过失实际上就是从事了一个有理性的人在此种情况下不会从事的活动；或者不从事一个有理性的人在此种情况下会从事的活动。”[4]由此以后，一般理性人标准作为侵权法中评判侵权人主观是否过错的标准而被广泛应用，英美法系司法实践中据以确定行为人主观是否具备过错的标准不是法官的个人办案经验标准，而是一般理性人标准。

然而，罗马法和英美法系全都将理性人概念及一般理性人标准应用于民法领域，而未见诸刑法。那么这种民法理念是否可以引进到刑法实践中来呢？我们认为完全可以。因为无论是罗马法还是英美法系，都将这种理性的

---

〔1〕 于志刚：《犯罪故意中的认识理论新探》，载《法学研究》2008年第4期。

〔2〕 笔者认为“明知”是一种行为人的事前预想，而对于“明知”的认定是其他人的事后判断，这一点也可以由司法解释来印证，许多司法解释以范例式列举了许多可以认定“应知”的情形，这些情形都是认定主体判定的依据，而这些情形属于事后判定，并非“明知”那种事前预想。

〔3〕 [英]巴里·尼古拉斯：《罗马法概论》，黄风译，法律出版社2014年版，第163页。

〔4〕 张民安：《现代过错侵权责任制度研究》，中国政法大学出版社2002年版，第286页。

法律思维运用于判断行为人是否具有主观过失或者是否违反了注意义务上，其归根结底是在法官之外寻求一种独立的、客观的、公正的理性标准，它就像一把尺子一样，目的是确定社会公众的合理注意范围。而刑法中对"应知"的认定，同样是为了判断行为人是否具有主观过错，刑法是一种刚性法，其比民法更需要在法官之外寻求一种理性标准。将这种理性人标准引入刑法，不会出现人们担心的司法不公正现象，反而会更好地解决实践中认定犯罪主观方面的巨大难题，以一种近乎"四两拨千斤"的姿态从容应对复杂的刑事司法实践。正如学者所言，"理性人的标准是一个客观的标准，是法律在消灭了所有人在容貌、脾气、智力、教育等方面的差别而创造出的一个只具备社会中一般人所拥有的经验见识和逻辑推理能力的普通人的模型，因此个人在一些具体条件上与这个模型的差异通常不会被考虑进去"，[1]而这种一般理性人的秉性正是我们在认定"应知"时所需要的。譬如在与幼女发生性关系的案件中，不同案件的行为人可能因各种因素的差异而有所不同，其智力状况、人生阅历、对人和事物的预知预判能力等存在天然差异，所以他们在对于与其发生性关系的幼女是否"明知"的问题上必然也存在差异，如果我们对于不同的人采取不同的标准，那么势必会导致刑法在适用上的不平等，一些犯罪分子必将以自己认识能力有限，没有真正认识到与自己发生性关系的是幼女为借口而逃脱刑事处罚。如果我们在认定行为人是否"明知"是幼女时引用一般理性人标准，那么上述问题将迎刃而解。当一个法律拟制的标准化的、具备同一类型人的基本认识能力的人认为在同样情况、同样场合下应该能分辨出其是幼女时，法官就可以认定行为人"应知"其为幼女。最高人民法院、最高人民检察院、公安部、司法部于2013年10月24日发布了《关于依法惩治性侵害未成年人犯罪的意见》，其中第19条规定了对于已满12周岁不满14周岁的被害人，从其身体发育状况、言谈举止、衣着特征、生活作息规律等观察可能是幼女，而实施奸淫等性侵害行为的，应当认定行为人"明知"对方是幼女。笔者认为这就是一般理性人标准的体现。该意见提出如果从某些方面观察出可能是幼女，就能认定行为人"明知"，这里的"观察主体"应该是行为人以外的一般理性人，如果一般理性人在当时的环境下，能凭借某些方面观察出对方可能是幼女，那

〔1〕 王俊、陈霞：《英美侵权法中的理性人标准初探》，载《求实》2006年第2期。

么同样能认定行为人“明知”。

一种理论学说如果没有坚强的理论基础作为后盾，是经不起实践的考验的。那么用一般理性人标准认定“应知”的理论基础何在？我们认为，刑法不会因为个体的非法定差异而区别适用，它在确定这样一个理性人的时候已经消除了各种差异，换言之，行为人的个体因素并不是没有考虑进去，而是被法律平均化了。首先一般理性人标准是一种客观标准，它契合刑事司法平等和司法公正理念，最大限度地克服了主观标准的局限，提高了司法效率。其次，一般理性人标准是司法正义性的体现，正如美国法学家波斯纳所认为的，“正义的司法应该是“较少主观性、‘政治性’和捉摸不定，也不会根据法官个人的价值和他们的道德政策偏好”。〔1〕一般理性人标准抛却个别正义，取而代之的是社会一般正义，从而将正义的衡量度还给社会。这正是用一般理性人标准来认定“应知”的理论基础。

对“应知”的认定属于行为人之外的其他人对行为人行为时的主观态度的一种评价和判断，因此面对这样一种主观性、内隐性的主观要素，我们要坚持一般理性人标准，排除一切不必要的主观臆断和情感因素，做到不偏不倚，维护法律的公正。在认定主体看来，行为人只是一个做出危害社会行为、需受刑罚处罚的抽象的人，我们应该抛却非理性心理，如同情、嫉妒、仇恨、前科等，以特定案件的既定事实为出发点认定行为人的主观“明知”。当然，不同的案件中，行为人主观状态与其自身特征紧密相关，这里所讲述的抽象的人并非虚无的、不存在的人，而是具体案件下的行为人，只不过我们在认定行为人“应知”时应做到使行为人完全抽象于认定主体。因此，我们在认定行为人是否存在“明知”时也应结合具体案件事实，甚至需要结合行为人道德品行、教育程度等因素，而这恰恰是一种理性标准的体现，一般理性人标准在具体适用中，“必须根据当事人的特殊状况和当时的特定背景来对一般的标准进行修正，使之能与当事人之间形成恰当合理的可比性，以求得其行为可以在我们日趋多元的价值体系中得到一个真正公平的评价”。〔2〕譬如我国当前强奸罪的认定过程中，在其他证据不足尤其是被告人否认存在强奸故意的时候，司法机关往往过分依赖被害人的陈述，而主观的模糊性只是作为量刑从宽的考量性因素。

---

〔1〕［美］波斯纳：《法理学问题》，苏力译，中国政法大学出版社1994年版，第67页。
〔2〕王俊、陈霞：《英美侵权法中的理性人标准初探》，载《求实》2006年第2期。

有研究者在对北京东城区强奸案进行实证分析后发现，法院对被害人陈述的采纳率高达100%。[1]此时，在部分犯罪中借鉴美国的“强奸盾牌条款”[2]并结合全案分析犯罪人主观心态显然十分必要。

当然，以一般理性人标准来认定“应知”尚属理论层面，笔者深知这种一般理性人依然存在于法官的内心，其主观色彩不可能100%消除，而且实践中很难将该标准与被告人行为时所处环境完美结合来判定其主观心态，但这种制度的创新和理论的大胆突破所带来的困难远远小于它所要解决的困难。将这种民法经验移植到刑法中来是值得的。我们认为，一般理性人标准这一认定“应知”的理论学说如需上升到规范层面，部门法之间的实践经验如需完美移植，就必须以司法解释的形式将其固定下来，使其有据可依。对于那些具体罪名的“应知”的认定，我们可以逐步采取最高人民法院颁布指导性案例的形式，对具体认定过程和认定细节加以说明，探索一般理性人标准的大致轮廓，完成理论到实践的完美过渡。

（二）一般理性人标准的体系化理论拓展：个性功能发挥

理性人是基于法官内心的正义所产生的标准化的人，“理性人虽出自法官的拟制，但却是任何善良的人能够接受的裁判者，”[3]因为这样一个理性人所代表的是社会的一般正义，而不是法官的个人正义，所以才能被社会所接受。这里讨论的是一般情况下的一般理性人，其通常运用于认定那些自然犯罪中行为人主观上是否“应知”。然而，如果站在体系化的高度审视这种标准，我们认为有必要对之进行理论拓展，也即在特殊情况下，我们对理性人的要求也要有一定的变化，这种理性不是一成不变的。正如我国著名刑法学者储槐植呐喊的“要正视法定犯时代的到来”[4]那样，笔者认为法定犯就是这样一种“特殊情况”。法定犯是意大利犯罪学家加罗法洛最早提出的一种相对于自然

〔1〕 高鹏：《强奸罪证明方法实证分析研究》，中国政法大学2009年硕士学位论文。

〔2〕 强奸盾牌条款，是美国国会于1978年通过的一项法律条款，即《联邦证据规则》第412条。该条款规定，有关受害人过去性行为方面的名声或评价的证据，一律不予采纳，这主要是为了保证受害人的基本权利。该条款存在两个例外，其一是如果一个法律不合理的限制了某刑事被告人提出相关性无罪证据的能力，那么他对该被告人的适用是违宪的，这为刑事被告人保留了尽可能提出合法辩护意见的正当程序权利；其二是允许使用在侦查或审判过程中发现被告人不是该精液来源的证据，或者该被告人并没有造成控告人所受伤害的证据，这在一定程度上标明该被告人可以证明是其他人强奸了该控告人。

〔3〕 梅伟：《民法适用的理性人标准》，载《广州大学学报》（社会科学版）2006年第1期。

〔4〕 储槐植：《要正视法定犯时代的到来》，载《检察日报》2007年6月1日。

犯的犯罪类型，是指由于特定法律的规定才被认为是危害社会的犯罪行为。法定犯包括行政犯和经济犯。法定犯的立法进程势不可挡，其正在大量进入刑法典，它的犯罪特征表象、犯罪构成等方面都与传统的自然犯罪有着很大的不同。法定犯中行为人对自己行为的违法性认识和危害性认识必然不同于自然犯罪，譬如在对于幼女的“应知”与对于侵犯知识产权复制品的“应知”上，法官内心深处的理性人标准必然不同。因此，我们认为必要在法定犯领域对一般理性人标准进行理论拓展，以期在坚持其共性的基础上，同时注重个性功能的发挥。

我们认为，在法定犯领域对一般理性人标准进行理论拓展的必要性在于法定犯的超常性。法定犯的超常性建立在自然犯的常性之上。〔1〕自然犯的基础在于社会伦理规范，对于杀人、抢劫、强奸、盗窃等自然犯罪，行为人凭借常性就能认识到自己的行为是违反社会伦理道德的。而法定犯则不同，在罪刑法定主义的要求下，我们国家只有刑法与行政法的部门法之别，并无普通刑法与行政刑法之分，但法定犯的本质却在于其行政不法，其超出自然犯那种一般的社会伦理道德。有学者提出“法定犯除体现市民社会愿望道德的诉求外，更多体现了政治社会超过通常要求的要求”，该学者同时指出“对于典型的法定犯，普通民众的判断往往失去判断力，需要从超常性上进行进一步的分析”。〔2〕实际上，“对于金融犯罪、知识产权犯罪之类具有专业性的罪行规范的起草，普通民众无法知悉其‘内幕’，也就成为国家基于特定政治目的而进行的立法活动”〔3〕这种超常性虽然建立在一般理性人标准的基础上，但仍需拥有领域专业知识的行为标准作为补充。譬如销售侵权复制品罪中，其罪状表述为“‘明知’是《刑法》第217条规定的侵权复制品而进行销售的行为”，一般理性人根据一般的社会伦理道德很难判断行为人是否“明知”其销售的是侵权复制品，因为这需要一种更高层面的价值判断，在认定行为人是否“明知”是侵权复制品时，需要借鉴一定的知识产权专业知识。

再如生产、销售有毒、有害食品罪这一法定犯中的“明知”。其中很重要

〔1〕 有学者提出，所谓自然犯的常性，是指普通民众的常识、常理、常情；所谓法定犯的超常性，是指对于法定犯，行为人不能凭借普通民众的常识、常理、常性直接进行入罪的判断。

〔2〕 胡业勋、郑浩文：《自然犯与法定犯的区别：法定犯的超常性》，载《中国刑事法杂志》2013年第12期。

〔3〕 [日]西原春夫主编：《刑法的根基与哲学》，顾肖荣等译，法律出版社2004年版，第18～19页。

的问题就是行为人应该按照什么样的标准来认知有毒、有害食品。这其实关系到我们应该采取什么样的标准来认定行为人“明知”，也关系到一般理性人标准在法定犯领域进行理论拓展的大方向。我们国家对食品、药品等特殊行业，大多数属于行政许可和行政监管事项。而涉及该类特殊行业的犯罪即为法定犯，是出乎行政法而入刑法的一种犯罪，是出于行政管理的需要而设定的刑事犯罪。“行政犯罪是具有双重违法性的行为，这种双重违法性决定了其法律责任的双重属性即对行政犯罪既要追究行政责任又要追究刑事责任。”[1]虽然刑法条文并未规定何种剂量、何种程度方可称为“有毒、有害”，但是对于此问题，确有一套完善的行政管理体系和细化的行政鉴定标准。食品行业生产者和销售者是具有特定从业资格的人员，其事前必须满足特定行政许可要求方能从事此类业务，其事后还必须受到食品卫生行政管理机关的日常行政监督以及来自行业协会的内部监督。行为人本身对该类行业的普遍行业标准和行政标准必然知晓。具体到行为人对有毒、有害食品“应知”的认定，笔者认为此类特殊物质超出一般人认识范围以外，具有很强的专业性，不应采取单一的认定标准，而应参考具体行业标准和行政标准，并结合一般理性人标准。在判断“明知”时，既要有“结合买卖双方的交易价格、进货渠道、交易方式、交易地点、交易时间”等一般理性人标准，又要有“行为人对食品管理部门的规定的认识程度、特定时期内的相关禁止和安全预警”等行政标准，又要有“行为人入职年龄、行业经验、行业素质、行业职务”等行业标准。[2]对于此类特殊行业犯罪，因其关乎公众重大人身安全，故对其“明知”的认定标准理应高于其他自然犯罪。这种认定标准建立在一般理性人基础上，但是又高于该标准。

值得一提的是，我们在对一般理性人标准在法定犯领域的理论拓展过程中，必须注意到行为人“明知”的内容的正确界定对认定“明知”的标准的影响。换言之，确定法定犯中行为人“明知”的内容是违法性还是危害性，对于我们建立认定“明知”的标准是至关重要的。“明知”的内容是违法性认识与“明知”的内容是危害性认识相比，两者的认定标准必然不同。仍以销售有毒、

〔1〕 周佑勇、刘艳红：《行政刑法性质的科学定位》，载《法学评论》2002年第4期。

〔2〕 陈京春：《刑事诉讼视野下的生产、销售有毒、有害食品罪》，载《河南财经政法大学学报》2012年第2期。

有害食品罪为例，“两高”于2013年5月2日颁布的《关于办理危害食品安全刑事案件适用法律若干问题的解释》第9条的规定，[1]体现了严厉打击食品非法添加行为的决心，根据该解释相关条文规定，在男性保健食品中添加“伟哥”（西地那非）等，应以生产、销售有毒、有害食品罪定罪处罚。譬如2014年10月21日，湖南省岳阳市食品药品监督管理局通报了“4·10重大生产销售有毒、有害保健食品系列案”，行为人以“百草圣根”“百年肾丹”等保健食品的名义，实际却非法添加“伟哥”等化学成分，行为人销售的含有非法添加的“伟哥”的男性保健食品即构成了有毒、有害食品。而销售有毒、有害食品罪要求行为人对“食品中掺有有毒、有害的非食品原料”必须存在“明知”。这其中对“有毒、有害”的认知就关系到“明知”的认定标准。这里的“有毒、有害”是一种违法性认识还是危害性认识呢？如果是违法性认识，那么我们将一般理性人标准在该罪中拓展时，就应该是以对“有毒、有害”是否存在违法性认识的标准来认定行为人是否“明知”；如果是危害性认识，那么就应该是以对“有毒、有害”是否存在危害性认识的标准来认定行为人是否“明知”。此两者对认定主体的认定角度和认定标准的要求不尽相同。

我们认为，销售有毒、有害食品罪中的“明知”内容应该是一种违法性认识，而不是危害性认识。让我们来反向假设一下，如果“明知”的内容是一种危害性认识，那么可能造成这样一种局面：行为人在男性保健品种添加“伟哥”时不一定认识到这种行为可能存在危害性，反而会认为在男性保健品中添加“伟哥”是一种提升产品性能的方式，其心中必然质疑，在男性保健品中添加“伟哥”真的就对人的身体有害吗？由于其不存在“明知”是有毒、有害食品的主观前提，也就不构成犯罪，这与上述司法解释的规定完全相反，也与我国目前严厉打击食品安全犯罪的刑事政策不相符。实际上，“法定犯处罚的依据在于：行为人的行为成为刑罚制裁的依据是行为人不履行行政法上的义务，而行为的结果价值在于法益受到侵害。其并不必然或直接表现为社会危害。

〔1〕 该解释第9条规定：“在食品加工、销售、运输、贮存等过程中，掺入有毒、有害的非食品原料，或者使用有毒、有害的非食品原料加工食品的，依照刑法第一百四十四条的规定以生产、销售有毒、有害食品罪定罪处罚。在食用农产品种植、养殖、销售、运输、贮存等过程中，使用禁用农药、兽药等禁用物质或者其他有毒、有害物质的，适用前款的规定定罪处罚。在保健食品或者其他食品中非法添加国家禁用药物等有毒、有害物质的，适用第一款的规定定罪处罚。”

法定犯的成立不以社会危害性之成立与否作为标准,"[1]此处行政法的义务,就是指"伟哥"作为一种非食品添加原料,是不能作为食品原料添加在食品中的,如果违反了该义务,就是一种行政不法。此处,司法解释制定者将违法性认识的考量优先于危害性认识。当然,笔者不否认这种违法性是建立在危害性的基础上,因为任何犯罪都必须具备一定的社会危害性,根据《刑法》第14条对犯罪故意的规定,行为人必须对自己的行为会导致危害社会的结果存在"明知"。我们认为,在销售有毒、有害食品罪中,行为人"明知"的内容应该是一种违法性认识,而不是危害性认识,这样不仅更符合法定犯的本质,也使认定标准有所提高,与国家严厉打击食品安全犯罪的刑事政策相一致。法定犯的理性人标准理应是一种超常性理性标准,如果仅仅是认识到有毒、有害食品的危害性,那么会降低这种标准,缩小"明知"的范围,进而缩小对于食品安全犯罪的打击面。

三、"应知"的认定方法:刑事证明与刑事推定并举

前述已详细分析了"应知"在司法实务中逐步体系化的过程,在除斥条件的不断演变下,司法实务对于"应知"的认定方法也呈现多元化,刑事推定制度的引进使得对于"应知"的认定不再拘泥于过去那种单一的证明或者推论方式。对于"应知"的认定方法也趋于刑事证明与刑事推定并举。然而,对于"应知"的认定方法是一个复杂的问题,欲充分发挥"应知"的功能价值,推动其走向制度化、体系化,有必要对"应知"的认定方法作出一些厘清。

(一)推定不是证明,而是证明的替代方法

刑法学界将推定视为证明的一种方法的大有人在,甚至有学者主张"推定是认定事实的特殊方法,所谓认定事实的特殊方法也就是司法证明的特殊方法",[2]我们认为,推定不是证明,而是证明的替代方法。

刑事制度的存在理应有其独立的刑法空间,而不应仅是证明的附属。在实体法中,"应知"属于犯罪主观方面,对"应知"的准确认定关乎主客观相一致原则,关乎犯罪构成的认定,关乎罪刑法定主义原则。但是实体法要具体落实到保障人权、打击和预防犯罪,还要借助诉讼法,借助具体的诉讼实践中对

---

〔1〕 孙万怀:《法定犯拓展与刑法理论取代》,载《政治与法律》2008年第12期。

〔2〕 裴苍龄:《再论推定》,载《法学研究》2006年第3期。

于相关事实的证据证明。但是在诉讼法中，对于“应知”这一主观方面的认定非常困难，导致刑法的相关功能无法实现，还可能由其引发出新的犯罪，如刑讯逼供、伪造证据等。很多案件由于某些原因而被迫“消极销案”，公诉机关可能产生“规避责任”的心态。对于证明行为人心理状态的证据往往具有残留性、易消失性、直接证据来源有限性、主观臆断性等特点，证据证明规则必需“谁主张，谁举证”，认定犯罪的证明标准必须“事实清楚，证据充分”等。在既无直接证据证明又无间接证据证明行为人的主观方面中的“明知”时，我们应该适当引入一种新的方法，那就是推定。推定是证明的一种替代方法。在刑法日益成为风险控制工具的社会，决策者正越来越多地在刑事立法与司法中使用推定。

我们认为，推定制度也正是在无奈与可信赖的相互博弈中诞生。刑事推定在应当知道的应用，可以说是一种“不得不的无奈”，在“罪责自负”刑法精神的引导下，在某种刑事政策的考量下，在保护某种重大利益需求的鞭策下，推定理应有其存在的刑法空间。[1]美国学者华尔兹认为，“推定产生于下面这种思维，即根据对已知的基础事实的证明来推断出另一个未知的事实，因为常识和经验表明该已知的基础事实通常会与未知的事实并存”。[2]但是推定从其产生之日，就不可避免地具有滞后性，那么这种天然的滞后性能否排除推定自身合理性呢？笔者认为答案是否定的。

推定的原始力作用于已经被证明的基础事实，而结果力以一定的经验法则为载体作用于待证事实，这种作用力来源于事实，又超乎事实，是人类的思维逻辑和经验常识上升为一种法律规则或规范性的法理的结果，是一定规则引导下的一次惊险而又谨慎的司法操作。这种惊险在于其合理地转移了证明对象，先验性地假定基础事实和待证明事实之间的常态化联系和高概率性导向，这种谨慎来源于推定结论可能具有的或然性，因此推定都是允许反驳的，这也是国家公权力与个人私权利的一次博弈。正如学者论述的那样，“对刑事推定的规制，本质上属于对国家刑罚权的限制，只有在满足相应的实体与程序

---

〔1〕 参见王林林:《刑法分则语境中“明知”的认定》,载《天津法学》2014年第1期。

〔2〕 [美]乔恩·R.华尔兹主编:《刑事证据大全》,何家弘等译,中国人民公安大学出版社1993年版,第314页。

条件时，才允许适用有利于控方的刑事推定”。[1]所以笔者认为，推定在认定“应知”时是可以信赖的，推定制度的存在理应有其独立的刑法空间。

（二）有些司法解释列举情形不是推定，而是间接证据的证据要求

“应知”包括证明的“应知”和推定的“应知”，其中证明包括直接证据证明和间接证据证明。所谓直接证据证明，也即刑事证据能够直接证明行为人“应知”；所谓间接证据证明，也即刑事证据虽然不能直接证明行为人明“应知”，但其形成证据链，同样能够证明行为人“应知”。从特征方面上看，间接证据证明和推定具有一定的相似性，两者皆有一定的间接属性，并皆可“反驳”。但这种偶然的相似性掩盖不了两者本质上的差别，两者的终极区别在于制度构造不同。间接证明依然属于证明的一种方法，是认定“应知”时的首选规则，其经历的是“群事实——间接论证——要件事实”的过程，这里的“群事实”和“要件事实”具有趋同性，不存在截然的界限，[2]也即不存在“事实间隔”，间接论证借助诸多论证方法，如归纳、演绎、证伪、排除等，并不必然具备除斥性规定。而推定并无间接论证的过程，推定作为一种代替证明的方法，是认定“应知”的末位规则，推定的制度构造在于，基础事实和待证事实之间存在“事实间隔”，其对象并非直接针对待证的犯罪构成“要件事实”，而是与待证事实具有高度、常态化联系的“基础事实”，若“基础事实”达到一定证明标准要求，则直接认定“待证事实”存在，推定遵循的是“基础事实——待证事实”的模式。推定一旦不能良好实施，则无异于“事倍功半”，推定的风险不可小觑，99%的程序公正会极大地掩盖住1%的实体不公正，推定中必然存在限定性规定的制度成分。

不得不承认的是，在我国当前关于设定“应知”司法解释中，似乎并没有明确对两者的差别加以关注。所以，一些除斥性的规定也显得似是而非，这也不利于司法人员分别运用认定“应知”的各种方法。我们认为，司法解释中的除斥条件的设定往往并不能决定认定“应知”的方法是推定还是间接证明，不能看到司法解释中限定了除斥条件，就笼统地认为该认定方法就是推定，还需从

〔1〕 [美]乔恩·R.华尔兹主编：《刑事证据大全》，何家弘等译，中国人民公安大学出版社1993年版，第314页。

〔2〕 参见郭晶：《刑事推定的构造与“应当知道”的认定——以推定之逻辑构造为基础》，载《中国刑事杂志》2012年第8期。

理论上严格把握推定与间接证明的界限。对于有些司法解释列举的情形，其看似推定，实则为间接证明的指引性规范，是间接证据的证据要求，譬如，《全国部分法院审理毒品犯罪案件工作座谈会纪要》第10条中的许多情形实际上就不是一个推定的问题，其所确立是一种间接证明的指引性规范，所以在进行该解释的时候是有必要分而视之。例如，以蒙蔽手段逃避检查，并在其物品中查获毒品和采用高度隐蔽的方式携带、运输物品，从中查获毒品的，其根本不需要一个除斥性的规定，其属于间接证明，而不是推定，并不存在明显的“事实间隔”，也即此种情形与“行为人“应知”是毒品”这一事实可以理解为同一个事实。推定的约束力直接来源于法律规范，在推定中，基础事实对于待证事实的效力，是基础事实本身所不具有的，是法律赋予的，此时，待证事实已然被抽象出来，具体呈现在法官面前，若基础事实被证明，则待证事实在法律上被视为已经被证明，间接证明中的“群事实”本身对待证“要件事实”具有证明效力，这是“群事实”的自然属性而非法律赋予的。但是我们在用证据证明行为人是否采用高度隐蔽的方式携带、运输物品并从中查货毒品时，我们就是在证明行为人是否“明知”，其并不需要借用某种常态化联系来将两者联系起来！只是由于间接证据的证据要求，也即所有证据必须达到排除其他所有可能性，所以才设定“有证据证明确属被蒙骗的除外”，这实际上属于一种间接论证方法——排除。另外，推定并无间接论证的过程，推定所必需的除斥条件是为了否定基础事实和待证事实之间的常态化联系本身而设定的，其并不是出于某种证据要求，因此，“有证据证明确属被蒙骗的除外”也不能构成用推定的方法认定行为人“应知”是毒品的除斥条件。但司法解释却并未区别对待，而是针对间接证明和推定这两种认定方法，笼统地规定两者“共用”同一个限定条件。

所以，针对上述司法解释，我们认为存在两个值得注意的地方：第一，并不是所有列举情形都是推定，有些实则为一种间接证明；第二，上述司法解释中“有证据证明确属被蒙骗的除外”这一限定性规定并不合理，其并不能既作为间接证明的证据要求，有作为推定的除斥条件。而且，这两处对于我们理解和掌握其他司法解释中“应知”的认定方法时，同样有着重要的启发意义。

（三）推定必须要设定除斥条件，不是推定则不需要设定除斥条件

间接证明和推定都允许可反驳空间的存在，但两者的理论依据有所差异。间接证明中的可反驳，是基于间接论证过程的可怀疑性，辩方为对抗控方所进

行的反向举证，始终指向间接论证的合理性本身，而非各自的群事实和要件事实之间的联系本身，因为根据逻辑和经验进行间接论证的过程本身允许质疑的存在，由群事实组成的证据链间接论证要件事实的过程，实际上是法官自由心证的过程。所谓自由心证，是法官根据经验对证明能否证明某一事实做出法律允许范围内的自由评价，这种自由评价不受刑事立法或者司法解释的规制。[1]若辩方提出充分的证据证明这种间接论证过程值得怀疑，那么法官同样会依据自由心证，裁判这种间接论证过程不成立。但是，这种可反驳性并不需要单独地体现在除斥条件上，因为其本身已经被间接论证所包含了，譬如间接论证中的排除、证伪等方法。

反观推定，其可反驳性理论依据在于基础事实和待证事实的概率联系，由于推定过程本身并不包含间接论证的过程，一旦基础事实成就，直接认定待证事实成立，故推定的可反驳性针对的是两个事实之间的概率联系。概率联系并不等同于必然联系，词意之间的本质差异，也为行为人出罪张开了一个小小的口袋，推定的可反驳性理论依据存在于两者的绝对差。法律并未赋予基础事实和待证事实绝对相同的法律效果，只是先验地假定基础事实和待证事实之间存在某种高度关联，并将证据材料对基础事实的证明力的司法经验判断，上升为一种规范性表达，赋予其法律强制约束力，如果除斥条件不成就，则推定成立。推定毕竟是推定主体借助一定的先验规则和逻辑规则，将一定的基础事实演变为推定事实，其受推定主体个人专业素养因素影响大。经验可能不足，逻辑可能不严密，基础事实的选取可能不恰当，这些因素都会导致推定的结论并非绝对的正确。为了限制司法者滥用推定，防止推定结论出现根本性错误而造成冤假错案，有必要在推定中增加除斥条件，根本出发点还是在于保障被告人的刑事权利。

由此观之，不是推定就不需要除斥条件，推定必然要求某种除斥条件。笔者前述司法解释中认定行为人“应知”是毒品时所列举的诸多情形中，有些是推定，需要除斥条件，有些则是间接证明，不需要除斥条件。我们不赞同有些司法解释中将限定性条件笼统地约束着所有情形。我们认为应该把限定性条件分散到各个情形中去，对于那些属于推定的，应在所列情形之后紧接着增设

---

〔1〕 参见龙宗智:《推定的界限及适用》，载《法学研究》2008年第1期。

除斥条件，对于那些不属于推定而属于其他“应知”的认定方法的，应取消限定性条件。

四、“应知”的认定程度：排除合理怀疑

如前所述，刑法中的“明知”包括知道和应当知道，“应知”作为“明知”的下属概念而存在，是“明知”题中应有之义。而无论是刑法学界还是司法实务界，其对于“明知”的认识分歧的症结主要集中在对“应知”的认定上，尤其是“应知”的证明程度上，也即要达到什么程度才能确定行为人主观上具备“应知”？“应知”作为行为人的主观心理活动，除了依据被告人的口供外，我们很难通过证据进行证明，而且案件事实是业已发生的事实，即使我们通过推定认定了行为人在行为当时是“应知”的，这也只是法律事实，不一定百分百地与案件客观事实相吻合。那么对“应知”而言，采取怎样的证明程度才能最大限度接近行为人的真实内心呢？

实践的难题催促着我们尽快寻找一种合理的解决路径。鉴于此，“排除合理怀疑”标准[1]应然而生，并能够很好地解决上述症结：

1.基于同“高度盖然性说”的博弈

所谓“高度盖然性标准”，即在认定行为人主观上具备“应知”时，应达到一种使法官内心高度确信的程度，也即法官内心认为行为人具备“应知”的可能性很大。笔者认为，这种标准降低了“应知”的证明标准，间接扩大了“应知”的边界。高度盖然性标准的立足点在于行为人具备“应知”的可能性，而并没有关注到不可能性，这种立足点相对单一，有可能造成虽然尚且具备一定程度的不可能性，但只要可能性达到很大的程度，就认定行为人主观上具备“应知”，其带来的后果是“应知”边界的悄然扩张，而这种扩张的根源在于其忽略了不可能这一方面。高度盖然性标准错误地引导着司法人员努力寻找一

〔1〕 远观英美法系国家，其将证明标准的程度分为九等，其中第一等是绝对确定，但是由于认识能力的限制，认为这一标准无法达到，因此无论出于任何法律目的均无这样的要求；第二等即排除合理怀疑，为刑事案件作出定罪判决所要求。参见卞建林：《美国联邦刑事诉讼规则和证据规则》，中国政法大学出版社1995年版，第22页。近观我国，《中华人民共和国刑事诉讼法》（以下简称《刑事诉讼法》）第53条刑事证明标准中也有“排除合理怀疑”的规定。《刑事诉讼法》第53条规定：“证据确实、充分，应当符合以下条件：（一）定罪量刑的事实都有证据证明；（二）据以定案的证据均经法定程序查证属实；（三）综合全案证据，对所认定事实已排除合理怀疑”。

种将可能性具体量化的途径，让数字掩盖真相，让数字代替正义，这是一种功利性体现，是“唯效率论”结下的恶果，其最终损害了实体正义。

“排除合理怀疑”标准巧妙地避开了上述弊端。首先，排除合理怀疑标准的立足点呈二元化，其既关注“可能性”的一面，又关注“不可能性”的一面，只不过在实践操作过程中，两者有先后顺序，可能性在前，不可能性在后，兼顾可能性和不可能性两方面，在“应知”的边界可能扩张的时候及时地设置了一道坚固的篱笆。排除合理怀疑避免了高度盖然性标准那种固执的量化，打破“唯效率论”的束缚，司法可操作性极强，可谓兼顾正义与效率。排除合理怀疑也不可能做到百分百的确定无疑，案件事实作为一种过去的事实，作为一种“回溯性认识”，受各种条件的制约，我们所认定的法律事实都不可能必然正确，只能无限贴近客观事实。笔者认为，相对于高度盖然性标准，排除合理怀疑标准得出的法律事实更接近于客观事实。

2.基于对司法解释文本的分析

“明知”是我国刑事立法和司法中普遍运用的表述犯罪主观要素的术语。基于主观要素本身折射的证明困难和努力实现司法实践可操作性的双重考量，诸多司法解释在“明知”要素的内涵与认定方面不吝笔墨，特别针对“应知”，大多列举了可以认定“应知”的情形。笔者整合近年来相关司法解释文本时，发现绝大部分增加了认定“应知”的排除性条件，尽管各种表述略显不同，但都体现一种可反驳规则，如2000年《关于审理破坏森林资源刑事案件具体应用若干法律问题的解释》第10条中的“有证据证明确属被蒙骗的除外”，2002年《关于办理走私刑事案件适用法律若干问题的规定》第5条中“有证据证明确属被蒙骗的除外”，2007年《办理毒品犯罪案件适用法律若干问题的意见》第2条中的“有证据证明确属被蒙骗的除外”等。

笔者认为，以上可反驳规则的表述都体现着在认定“应知”时的“排除合理怀疑标准”的适用。这里的“合理”指的是我们在认定行为人“应知”时必须以规范性条文为依据、以法官合理的自由裁量为限度、以逻辑推理为引导，不可妄加猜测、主观臆断；这里的“怀疑”就是指行为人主观上存在“应知”，譬如，如果行为人在非法的木材交易场所或者销售单位收购木材，我们就可以合理“怀疑”行为人具备“非法收购“明知”是盗伐、滥伐的林木”中的“明知”；这里的“排除”是指无论是司法机关还是被告人，只要提供充分的证据推翻上述“合理怀疑”的结论，就不能认定行为人主观上“应知”，譬如，如果行为人因第一次从事木材收购业务，其确实不知此交易场所为非法木材交易场所，那么我们就应该排除其“主观上具备‘应知’”这种合理怀疑。

3.基于对特定刑事政策的响应

排除合理怀疑标准也与我国对特定时期、特定犯罪制定的特定刑事政策相一致。对犯罪构成要件（尤其是犯罪主观方面）的认定关乎犯罪成立与否，关乎行为人的切身利益，更关乎刑法的打击面。虽然如此，但我们同样不能忽视了刑事政策因素。综观刑事法律规范，《刑法》分则仅在第219条侵犯商业秘密罪中使用了“应知”，而司法解释中的“应知”通常规定在司法机关难以证明而该时期国家又重点打击的犯罪上，例如毒品犯罪、赃物犯罪、走私犯罪、知识产权犯罪等。此类案件往往数量多、隐蔽性强、认定难度大，“猎奇式”地考察最近十几年出台的司法解释，笔者发现此类犯罪也是最高司法机关重点关照的对象。[1]而频繁出台司法解释，正是因为此类犯罪的适用法律的具体实践问题在不断变化。

笔者认为，在认定行为人的主观“应知”时，推定的合理性并非仅仅在于基础事实和推定事实的常态联系，这其中也有一定的国家刑事政策因素在发挥作用，体现着设立者的刑事法律观念和一定时期内的价值选择。因此，在认定这些犯罪的主观“明知”（特别是“应知”）时采用排除合理怀疑标准，既可以缓解司法机关证明困难的局面，同时又兼顾国家的刑事政策，其正是司法认定“明知”的便宜性与刑事政策的最佳平衡点所在。

综上所述，笔者认为以排除合理怀疑标准来判断“应知”的证明程度是正当的，这无疑推动了“应知”的体系化和类型化进程，使“应知”的认定程度标准趋向统一。

五、针对“应知”的民事推定结论与刑事证明的确立

我国刑法并没有明文规定刑事推定，学者们也只是从相关的司法解释中归纳得出推定制度可以运用于刑事证明。但是推定制度却广泛存在于民事中，例如侵权责任法中的过错推定条款、合同法中关于合同变更的推定、婚姻

〔1〕 据笔者统计，从2000年到2012年，单涉及毒品犯罪的司法解释就有9个。

法解释(三)中关于亲子关系是否存在的推定等。[1]这样就产生一个问题:民法作为刑法的前置法,民事中推定所得出的合理结论能否用于刑事证明呢?联系本文主题,针对"应知"的认定会因为民刑划分不同而有所不同吗?对此持否定的态度的学者一般认为刑事证明的标准要高于民事证明,民事证明的标准是高度盖然性或者说排除合理怀疑,而刑事证明的标准是"犯罪事实清楚,证据确实充分"。可见,我国的刑事证明是唯一性的证明,而任何的民事推定都是一种"优势证明"。[2]但笔者认为,针对"应知"的民事推定结论可以直接适用于刑事证明中。笔者以"深度链接行为"为例试图阐述:

网络链接一般分为浅度链接和深度链接,浅度链接即对第三方网站首页或其他网页的链接,用户点击链接之后,即会脱离设链网站,进入被链接的网页。而深度链接则是对第三方网站中存储的文件的链接,用户点击链接之后,即可以在不脱离设链网站情况下,从第三方网站下载该文件,或在线打开来自第三方网站的文件,欣赏其中的作品。[3]"深度链接通常不是一对一的,而往往是A链接B、B链接C、C链接D……如此A的主观认识内容是很难根据著作权人的授权声明直接简单予以认定的。"[4]《信息网络传播权保护条例》第23条规定,网络服务提供者为服务对象提供搜索或者链接服务,在接到权利人的通知书后,根据本条例规定断开与侵权的作品、表演、录音录像制品的链接的,不承担赔偿责任;这也就是我们通常所说的"避风港规则"。条例同时规定,"明知"或者"应知"所链接的作品、表演、录音录像制品侵权的,应当承担共同侵权责任"。但是如何认定网络服务提供者"明知"或"应知"其所链接的对象是侵权的呢?2012年《最高人民法院关于审理侵害信息网络传播权民事纠纷案件适用法律若干问题的规定》(以下简称《2012年规定》)第9条的相关规定

〔1〕《中华人民共和国侵权责任法》第6条第2款规定,根据法律规定推定行为人有过错,行为人不能证明自己没有过错的,应当承担侵权责任;《中华人民共和国合同法》第78条规定,当事人对合同变更的内容约定不明确的,推定为未变更;《婚姻法解释(三)》第2条规定:夫妻一方向人民法院起诉请求确认亲子关系(不)存在,并已提供必要证据予以证明,另一方没有相反证据又拒绝做亲子鉴定的,人民法院可以推定请求确认亲子关系(不)存在一方的主张成立。

〔2〕参见陆燕:《论民事与刑事证明的相异之处》,载《江苏经济报》2004年8月24日。

〔3〕转引自林清红、周舟:《深度链接行为入罪应保持克制》,载《法学》2013年第9期。

〔4〕王冠:《深度链接行为入罪化问题的最终解决》,载《法学》2013年第9期。

给了我们明确的答案。[1]根据规定，如果网络服务提供者的行为符合这7种情形之一，便可推定其“明知”或“应知”所链接的作品、表演、录音录像制品是侵权的，行为人也因此构成共同侵权。随着互联网技术的发展，深度链接行为在现实生活中广泛存在。网络服务提供者擅自提供深度链接是一种典型的间接侵害信息网络传播权的行为。如“深圳迅雷案”，2007年6月，深圳迅雷因为链接了电影《伤城》被上海优度告到法院，并被判赔偿经济损失，这是全国首例因提供深度链接免费下载影视作品而引发的侵权案。[2]再如“杭州幻电科技有限公司侵权案”，杭州幻电科技有限公司弹屏视频网站在未经授权、也未支付报酬的情况下，提供电影《中国合伙人》的在线点播行为，上海市第一中级人民法院审结了这起著作权侵权纠纷案，终审维持了一审判决，判处杭州幻电科技有限公司赔偿中国电影股份有限公司北京电影营销策划分公司10万元[3]。由此可见，无论是规范层面，还是实践层面，民事法律中对侵害著作权中的信息网络传播权行为的主观“应知”的认定已经有了很成熟的运作模式。

但是，深度链接行为不仅仅是单纯的民事侵权行为，它也可以构成刑法中的侵犯知识产权犯罪，“在刑事与民事领域，某一行为可能同时构成刑事犯罪和民事不法。这种现象常常表现为侵犯人身权利、侵犯财产权利等”。[4]《刑法》第217条“侵犯著作权罪”要求以“违法所得数额较大或者有其他严重情节”为构成要件，并列举了4种行为方式，[5]如果行为人不具备“违法所得数额较大或者有其他严重情节”这一要件，那么行为人的行为就单纯是一种民事侵犯著作权的行为。可见侵犯著作权罪是一种“行为+数额或情节”模式。我

---

〔1〕 2012年《最高人民法院关于审理侵害信息网络传播权民事纠纷案件适用法律若干问题的规定》第9条规定：人民法院应当根据网络用户侵害信息网络传播权的具体事实是否明显，综合考虑以下因素，认定网络服务提供者是否构成“应知”：(一)基于网络服务提供者提供服务的性质、方式及其引发侵权的可能性大小，应当具备的管理信息的能力；(二)传播的作品、表演、录音录像制品的类型、知名度及侵权信息的明显程度；(三)网络服务提供者是否主动对作品、表演、录音录像制品进行了选择、编辑、修改、推荐等；(四)网络服务提供者是否积极采取了预防侵权的合理措施；(五)网络服务提供者是否设置便捷程序接收侵权通知并及时对侵权通知作出合理的反应；(六)网络服务提供者是否针对同一网络用户的重复侵权行为采取了相应的合理措施；(七)其他相关因素。

〔2〕 参见胡嫚：《全国首例深度链接侵权案二审落槌》，载《知识产权报》2011年12月19日。

〔3〕 参见王治国：《视频网站擅自提供深度链接构成侵权》，载《人民法院报》2014年11月18日。

〔4〕 于改之：《刑民分界论》，中国人民公安大学出版社2007年版，第328页。

〔5〕 未经著作权人许可，复制发行其文字作品、音乐、电影、电视、录像作品、计算机软件及其他作品；出版他人享有专有出版权的图书的；未经录音录像制作者许可，复制发行其制作的录音录像的；制作、出售假冒他人署名的美术作品的。

们在认定此处的“行为”时，完全遵照知识产权法中著作权侵权的认定方法，由于民法是刑法的前置法，深度链接行为要构成刑法中的侵犯著作权罪，必须以成立民事侵权为前提，如果连民事侵权都不能认定，那么何谈侵犯著作权罪呢？而对于认定民事侵犯信息网络传播权，其核心环节就是认定网络服务提供者是否构成“应知”，如果网络服务提供者不构成“应知”，那么就不构成民事侵犯信息网络传播权，进而不构成侵犯著作权罪。

因此，笔者认为对网络服务提供者主观“应知”的认定就成为侵犯著作权罪成立的一个依据。如上海市普陀区人民法院曾审理了一起通过网站管理后台链接获取影视作品的种子文件索引地址，并向用户提供并强制使用QVOD播放软件的案件。网站经营管理人张某用这种“深度链接”的方式为网站用户提供浏览观看影视作品达941部，张某因犯侵犯著作权罪，被上海市普陀区人民法院判处有期徒刑一年零三个月。本案中，上海市普陀区人民法院认为，被告人的网络服务提供行为，使公众可以在个人选定的时间和地点通过网站获得作品，符合信息网络传播行为的实质性要件，属于信息网络传播行为，因此符合《刑法》第217条侵犯著作权罪中第2款第1项规定的“发行”行为。那么对于行为人犯罪主观方面上面的认定呢？基于本案相关事实，行为人首先具备了营利目的，其次满足《2012年规定》第9条第3款“网络服务提供者是否主动对作品、表演、录音录像制品进行了选择、编辑、修改、推荐等”，主观上应当知道自己的行为是侵权行为，客观上也确属侵权行为，因其违法所得数额较大，所以构成侵犯著作权罪。本案中，法院针对“应知”的民事推定结论直接适用于侵犯著作权中认定行为人犯罪主观方面，这是有其深刻的理论依据的。侵犯著作权罪是一种典型的法定犯，法定犯的一些基本案件事实的认定通常来源于民事或者行政实践，这是法定犯本身性质所决定的，“法定犯发生在常态的社会活动中，所以它存在的领域非常广泛，因而行为的实际关系比较复杂，行为人的主观恶性较小，除了我们国家，对法定犯的处刑都比自然犯要轻，至少其他国家和地区的法定犯没有死刑，法定犯追究法律责任难度比较大，”[1]因此，对于法定犯的一些犯罪构成要素的证明，可以直接借用民事或者行政实践的长期成果，这无可厚非，毕竟法定犯的刑事司法实践远远少于前两

---

〔1〕 储槐植：《要正视法定犯时代的到来》，载《检察日报》2007年6月1日。

者，法定犯的核心问题在于社会危害性“量”的把握（即数额或者情节的法定配置），而不能过多关注行为“质”的改变。法定犯时代下，我们本来就应该坚持“刑法是最后一道防线”这一原则，充分引用民事或者行政实践的丰富成果，使法定犯更好地与其前置法相衔接。具体到类似侵犯著作权罪这种法定犯的“应知”认定上来，笔者认为，这种认定不会因为民刑划分不同而有所不同。

第八章　限制减刑适用标准的实质内涵与标准确定*

2011年5月1日起施行的《刑法修正案（八）》将第50条增加第2款“对被判处死刑缓期执行的累犯以及因故意杀人、强奸、抢劫、绑架、放火、爆炸、投放危险物质或者有组织的暴力性犯罪被判处死刑缓期执行的犯罪分子，人民法院根据犯罪情节等情况可以同时决定对其限制减刑”，这是我国首次对被判处死刑缓期执行的犯罪分子规定限制减刑，这一全新的制度引发了人们对其性质、理论基础的热烈探讨，最高人民法院出台的司法解释以及后来发布的两个指导性案例并没有明确死刑缓期执行限制减刑的实体适用标准，这就导致司法机关在涉及如何剥夺自由乃至是否判处死刑立即执行问题上的困惑。理论上对于限制减刑的性质、理论基础及其适用标准也没有统一的共识，理论所能为实践提供的指导模糊不清，客观上也导致了司法机关在裁决时缺乏理论支持，无形中导致对裁量权的限制不再明确，限制减刑成为一个随意性很强的刑法制度。

一、限制减刑在我国司法实践和理论界的认识莫衷一是

（一）限制减刑的适用标准在司法实践中认定不统一

是否适用限制减刑，由于缺乏细致的操作标准，在实际司法实践中，对同样的情节，往往具有不同的作用。也就是说，同

---

*　本部分内容刊载于本书作者发表的《限制减刑的性质、适用标准及其最终解决》一文，原载《法制及社会发展》2014年第4期，由本书作者及其硕士研究生耿国美合作完成。

一个案件，同样的事实和情节，不同的法院在决定是否适用限制减刑时，将同一情节作为死刑立即执行的标准或者作为死刑缓期执行的适用标准，出现了标准不一、认定不同的现象。同时，由于限制减刑适用标准不够细致，司法裁决过多地体现了权力个性化的色彩，无形中造成被告人处遇相去甚远，客观上造成对当事人的不公正对待。

（二）限制减刑的性质、理论基础在理论中存在争鸣

对限制减刑的性质、理论基础的理解，理论上百家争鸣，未形成统一观点。理论来源于实践，但其最终目的是指导实践，这就需要我们厘清理论上的模糊点，使司法工作人员有共同的认识平台，更快更好地向司法公平和正义迈进。死缓限制减刑的性质到底是什么？有学者认为死缓限制减刑制度是刑罚变更制度，其性质与一般的减刑制度无异；〔1〕有学者认为死缓限制减刑制度是对死缓被告人缓期期满减刑后实际执行刑期的提前预设，是《刑法修正案（八）》对死缓制度增加的一项全新的内容，尽管在实质内容上属于减刑问题，但其性质上应当属于死缓制度的范畴，也是死刑制度的组成部分，属于审判时的量刑问题；〔2〕也有学者认为死缓限制减刑是一种死刑立即执行和死缓（不限制减刑）之间的过渡刑罚，是一种死缓执行方式，属于刑罚裁量制度；〔3〕还有学者认为“限制减刑制度是为减少死刑适用而设立的一种制度，实际上在死刑立即执行与死刑缓期执行之间增加了一个裁量的层次，即除了死刑立即执行以外，限制减刑将死刑缓期执行分成了两种：一是没有附加限制减刑的死刑缓期执行，二是附加了限制减刑的死刑缓期执行，因此可将其称为死刑制度的一部分”。〔4〕

限制减刑设立的理论基础，专家们也各说各话。有学者主张限制减刑的设立初衷是“减少死刑，提高生刑”，〔5〕也有学者认为限制减刑是通过对无期徒刑或长期自由刑设定强制性的实际执行最低刑期作为死刑立即执行的替代

---

〔1〕 参见时延安：《论死缓犯限制减刑的程序问题——从对刑法第50条第2款的法理分析引入》，载《法学》2012年第5期。

〔2〕 参见刘德法：《论我国刑法中的限制减刑》，载《政法论丛》2012年第1期。

〔3〕 参见叶良芳、应玉倩：《死缓限制减刑的司法适用——最高人民法院第12号指导案例评析》，载《浙江社会科学》2013年第2期。

〔4〕 陈兴良：《死刑适用的司法控制——以首批刑事指导案例为视角》，载《法学》2013年第2期。

〔5〕 陈兴良：《死刑备忘录》，武汉大学出版社2006年版，第52页。

措施。[1]

对于限制减刑理论基础和性质的认定分析直接涉及如何解读该制度的问题，一些缺乏深入分析的结论必然也间接导致司法实践中限制减刑的适用缺乏说服力和坚定性。

二、限制减刑是保留死刑前提下控制和减少死刑适用的重要选择

随着《刑法修正案（八）》废止13个罪名的死刑，中国已然踏上了废止死刑的征途，而废止死刑是一个从死刑司法控制逐步向立法废止过渡的过程。因此在当前，减少或限制死刑适用成为立法者、司法者及专家学者之间的共识，限制减刑制度就是在这样的背景下出台并且适用的。

（一）保留死刑前提下选择死刑替代措施有很高的民意认同度

民意是民众针对某一具体的案件，所反映出来的态度，它体现的是民众的一种情感意象。“民重君轻”思想以及建设和谐社会的目标，要求我们在司法实践中不得不对民意持有高度的重视。

“善有善报，恶有恶报”“杀人偿命”，是我国民间自古以来最为普遍的、朴素的报应观念，人们心中早就已经种下了“以其人之道还治其人之身”的观念和意识，人们认为对那些违反法律规定、给社会造成严重危害后果且应受到惩罚的犯罪人，应当依法进行处罚，尤其重视死刑在惩罚和预防犯罪中的威慑作用。作为我国最为严厉的剥夺生命的刑罚，死刑不仅是当前社会转型过程中治理社会的手段，而且还是铲除害群之马，表明我国政府对人们生活安全、社会安定所肩负的重大责任和治理决心，是平民百姓的一颗定心丸。1995年中国社科院法学研究所与国家有关统计部门合作，就我国关于死刑的问题专门做了一次较大范围的问卷调查。调查结果显示：在接受调查的5006人中，有95%以上的人支持死刑；[2]2002年的一份抽样调查显示，88%以上的被调查者反对废除死刑；[3]2003年1月，新浪网评论死刑存废问题的帖子总数超过4600条。据不完全统计，其中约有75.8%主张坚决保留死刑，约有13.6%支

---

〔1〕 参见李希慧：《论死刑的替代措施》，载[美]杰罗姆·A.柯恩、赵秉志主编：《死刑司法控制论及其替代措施》，法律出版社2008年版，第269～276页。

〔2〕 参见胡云腾：《存与废——死刑基本理论研究》，中国检察出版社2000年版，第342～345页。

〔3〕 参见杨中旭：《中国死刑改革论证引人关注》，载《中国新闻周刊》2005年第4期。

持废除死刑，约有10.6%为中间派，认为死刑的存废必须视中国发展的情况而定；[1]2008年，教育部人文社会科学研究项目死刑观念的定量分析（以下简称教育部人文社会科学项目的调查）对北京、广东、河北、江西和甘肃五地无业人员、服刑人员、农民、学生、非国有单位工作人员和国有单位工作人员六类人群的调查显示，主张完全废除死刑的只有399人，占到被调查人数的10%，主张保留死刑的有3060人，占到被调查人数的90%。[2]由此可见，主流民意主张保留死刑，希望死刑这一最严厉的刑罚继续在其岗位上发挥惩罚和预防犯罪的作用。人们并不支持废除死刑，采取一步到位的死刑废除措施没有广泛的群众基础和深厚民意支持，如果激进地直接将死刑废除难免降低人们内心的安全感，从而出现社会秩序的骚动。但是，教育部人文社会科学项目的调查显示，当被问及如果用不可假释、减刑的无期徒刑来代替死刑，你是否能接受时，受访者中相当比例的人对死刑的态度发生了变化，在原先90%的支持保留死刑的人中，有38%转而支持取消死刑，使后者的百分比达到了62%。[3]通过以上的调研数据我们可以看到，民意对于直接废除死刑始终是绝大多数持否定态度，但是在利用不可假释、减刑的无期徒刑来代替死刑的问题上，却有很高的民意认同度。

我国面对废除死刑的国际潮流和不能直接废除死刑的两难困境，[4]在坚持“少杀、慎杀”政策基础之上，对那些罪该至死但又具有一定从宽情节的人判处死刑缓期执行并且限制减刑，既减少了死刑的适用，又维护了社会的安定，较高的民意认同度也表明对这样的案件不判处死刑立即执行也不至于因为“不杀不足以平民愤”而引起人心慌乱、民意沸腾的乱象。

（二）限制减刑契合了我国宽严相济的刑事政策

《左传》记载：“宽以济猛，猛以济宽，政是以和。”（《左传·昭公二十年》）这说明我国古代已经推行宽严相济的刑事政策，宽严相济是我国传统刑法思想中的重要内容。在当前的社会和法制环境之下，宽严相济政策的主线不是

---

〔1〕 参见曲新久：《推动废除死刑：刑法学者的责任》，载《法学》2003年第4期。

〔2〕 参见袁彬：《死刑民意及其内部冲突的调查与分析》，载《法学》2009年第1期。

〔3〕 欧贤才：《我国学术界与普通民众在死刑存废问题上的态度差异来源探析》，载《康定民族师范高等专科学校学报》2008年第6期。

〔4〕 参见姜涛：《强制型抑或诱致型：中国废除死刑的路向选择》，载《法制与社会发展》2008年第2期。

当宽则宽、当严则严，更不是以严济宽，以严济宽实质与早先严打政策并无二致。宽严相济的核心就是以宽济严，从而宽容成为法治领域权力道德的自然之义。宽严相济刑事政策就是对刑法宽和化的回归。当然需要注意的是，在追求理解和适用政策的时候应当把握合法性的标准，对宽和化的内容和方式不应当作出随心所欲的理解，更不能为了宽和化而宽和化。[1]

限制减刑遵循了我国刑法从严惩处的规定，对于像故意杀人、强奸、抢劫等严重的暴力性犯罪、有组织的暴力性犯罪，应当判处死刑立即执行的要依法判处死刑立即执行，有依法从重、加重情节的，应当依法从重、加重处罚。同时，对于那些主观恶性不大，人身危险性不高，犯罪手段不是特别残忍等具有从轻、减轻情形的行为人，依法可以作出从宽处理。也就是说，虽然行为人的犯罪行为造成了严重的危害后果，罪行极其严重，罪该判处死刑立即执行，但是由于其具有某些法定和酌定可以从宽的情形，在遵循法律规定前提下，本着刑法的人道主义以及限制和控制死刑适用的原则，对其判处死刑缓期2年执行并且限制减刑，回归刑法的宽和化、人道化，更好地保障人权，这就是限制减刑的以宽济严。由此，限制减刑与我国的宽严相济刑事政策相契合，该政策在死刑领域中的重要举措之一就是限制减刑，限制减刑限制和控制死刑的作用将在宽严相济刑事政策的贯彻和落实中有着举足轻重的地位。

2010年，最高人民法院出台《关于贯彻宽严相济刑事政策的若干意见》（以下简称2010年《意见》），以概括和列举并用的方式，明确规定了对罪行十分严重、社会危害性极大，依法应当判处重刑或死刑的，要坚决地判处重刑或死刑；对于社会危害大或者具有法定、酌定从重处罚情节，以及主观恶性深、人身危险性大的被告人，要依法从严惩处。同时也指出对情节较轻、社会危害性较小的犯罪，或者罪行虽然严重，但具有法定、酌定从宽处罚情节，以及主观恶性相对较小、人身危险性不大的被告人，可以依法从轻、减轻或者免除处罚；对于具有一定社会危害性，但情节显著轻微危害不大的行为，不作为犯罪处理；对于依法可不监禁的，尽量适用缓刑或者判处管制、单处罚金等非监禁刑。第22条规定："对于因恋爱、婚姻、家庭、邻里纠纷等民间矛盾激化引发的犯罪，因劳动纠纷、管理失当等原因引发、犯罪动机不属恶劣的犯罪，因被害

〔1〕 参见孙万怀：《刑事正义的宣谕——宽容》，载《环球法律评论》2012年第5期。

方过错或者基于义愤引发的或者具有防卫因素的突发性犯罪，应酌情从宽处罚。”可见限制减刑与宽严相济的刑事政策有相当的契合度，是审判实践中在死刑控制领域贯彻宽严相济刑事政策的主力。

（三）限制减刑的立法规定包含减少死刑立即执行的逻辑

如前所述，限制减刑制度究竟是刑罚裁量制度还是减刑制度，在理论界不无争议。从文字语言上说，立法规定使用的是“限制减刑”四个字，乍一看貌似是减刑制度。其实从逻辑上说，只不过其在表面上的文字语义中具有“减刑”两个字，因而容易将其直接等同于减刑制度而已。笔者认为，限制减刑制度规定的语义重心不是“减刑”，而是重点强调限制。理由在于：其一，众所周知所有的刑罚裁量最终都涉及刑罚的执行问题，但执行只能是裁量的实现方式，并不能代替裁量本身，同样最终被决定限制减刑只是一个结果，不能代替限制减刑行为本身。其二，《刑法》明确规定，人民法院是在判决死刑时，可以“同时决定对其限制减刑”。这里的“同时”二字决定了其不是刑罚执行过程中的制度，而是刑罚裁量时做出的，是一个刑罚裁量过程中的问题。其三，如果将其设定理解为一个减刑制度，则不附带限制减刑的死刑缓期执行裁决是否也应该是一个减刑制度？因为这意味着刑罚执行过程中不被限制减刑的犯罪分子当然可以享受减刑的处遇。显然这样的结论是怪异的。其四，从本质上来说，限制减刑更倾向于是一种惩罚制度而不是一种刑罚执行过程中的改造制度，而一般减刑与否的前提是视教育改造的效果而言的。

当然，即使将限制减刑视同为一个刑罚裁量制度，一般还是将其归类于死刑缓期执行制度之内，无论是司法实践者抑或是学者们普遍都认为限制减刑仅仅是在对罪犯判处死刑缓期执行的基础上限制缓刑考验期满之后对犯罪人的减刑次数和幅度。这在表面上似乎顺其自然，因为其“附随”于罪犯被判处死刑缓期执行的同时限制减刑。但从内在逻辑上分析，问题似乎没有那么简单。

1.如果我们将其界定为一个附随于死刑缓期执行的制度，限制减刑的意义也就仅仅在于延长罪犯的实际服刑期限，那么在实际上根本没有必要设置这种附带限制减刑的死刑缓期执行制度，而完全可以直接通过立法的规定，提高所有死刑缓期执行罪犯及其他自由刑罪犯的最低服刑年限，即可以实现通常所说的提高生刑的目标。如韩国于2010年通过刑法修正案，有期徒刑上限从15年增加至30年，加重处罚的调整为25年至50年；[1]此外，严格把握和控制假释、减刑等能够减少自由刑的实际服刑期限的制度，避免实际执行刑期“缩水”。

2.目前的立法规定实质上只是将限制减刑的适用限定在个别犯罪的范围之内，而且给了法官比较宽泛的自由选择权，这意味着除此规定之外的死刑缓期执行罪犯在刑罚执行过程中还是可以得到大幅度减刑待遇的，这意味着现有规定并没有解决所有被判处死刑缓期执行的罪犯因实际执行刑期过低而最终导致的“生刑过轻”的问题。譬如，对于因犯贪污罪而被判处死刑缓期执行的罪犯，其可以通过死刑缓期执行考验期结束之后的减刑大大缩短刑罚的实际执行期限，其实际最终的服刑期将远远低于20年或25年。所以，限制减刑的目的并不是完全旨在解决“生刑过轻”的问题。

3.继续结合法条的逻辑进行分析，限制减刑规定的适用对象主要是“故意杀人、强奸、抢劫、绑架、放火、爆炸、投放危险物质或者有组织的暴力性犯罪被判处死刑缓期执行的犯罪分子”，可以说这些犯罪分子实施的都是刑法规定中最为严重的犯罪，从表面上单独来看，这样的规定似乎不存在问题。但如果结合死刑缓期执行适用的对象——“应当判处死刑，且不是必须立即执行的犯罪分子”——进行分析，问题就出现了。既然限制减刑适用的对象是刑法中最为严重的犯罪，或者说是设置死刑的罪名中罪行最为严重的罪名，严重罪名规定下的严重犯罪行为原本就是刑法打击的重中之重，那么，多数场合下应该不存在判处死刑缓期执行的情形。如果一味坚持限制减刑是附随于死刑缓期执行制度的理论主张，限制减刑因其适用对象在大多数场合都不被判处死缓就自然而然失去了适用的前提。实际上，这一逻辑困惑正是司法机关在限制减刑制度方面莫衷一是的深层原因，导致司法实践出现了下级法院在死刑立即执行裁决不被核准时改判为死刑缓期执行且限制减刑的情形。

因此，对限制减刑必然的且比较周延的理解是，限制减刑是针对“死刑过重”而提出的刑罚裁量制度，其作用和目的是作为死刑立即执行的替代措施来控制和减少死刑的，并不是很多学者和司法工作人员所认为的限制减刑是

〔1〕 参见孙万怀：《刑法学基本原理的理论展拓》，北京大学出版社2011年版，第382页。

为了“提高生刑”。这一解释的结果是，限制减刑的适用对象是针对本应当判处死刑立即执行的犯罪分子，但是基于有特殊的从宽情节，而处以死刑缓期执行，同时为了避免与一般的死刑缓期执行等同混淆，而适用限制减刑。也就是说，限制减刑并不是附随于“死刑缓期执行”的制度之下，而是包含于“死刑立即执行”的制度之中。

（四）从刑法体系的协调性要求来加以佐证

根据法律用语不同，把我国刑法中的定罪量刑情节划分为“可以型情节”和“应当型情节”。应当型情节有：《刑法》第17条规定，“已满十四周岁不满十八周岁的人犯罪，应当从轻或者减轻处罚”；第24条规定，“对于中止犯，没有造成损害的，应当免除处罚；造成损害的，应当减轻处罚”；第27条规定，“对于从犯，应当从轻、减轻处罚或者免除处罚”；第29条规定，“教唆他人犯罪的，应当按照他在共同犯罪中所起的作用处罚。教唆不满十八周岁的人犯罪的，应当从重处罚”；第65条规定，“累犯应当从重处罚……”可以型情节有：《刑法》第19条规定，“又聋又哑的人或者盲人犯罪，可以从轻、减轻或者免除处罚”；第22条第2款规定，“对于预备犯，可以比照既遂犯从轻、减轻或者免除处罚”；第23条第2款规定，“对于未遂犯，可以比照既遂犯从轻或者减轻处罚”；第29条最后一款规定，“如果被教唆的人没有犯被教唆的罪，对于教唆犯，可以从轻或者减轻处罚”；第67条和第68条对自首和立功的从轻、减轻甚至是免除处罚的规定……通观《刑法》关于量刑情节的规定，我们不难看出，对于从轻、减轻甚至是免除处罚的情节既可以属于法定“应当型情节”，也可以属于法定“可以型情节”，而从重或者加重处罚的规定均属于法定的“应当型情节”。也就是说，我国《刑法》规定的“可以型情节”均是从轻、减轻情节，不能是从重或加重情节。如果对于严重的罪行使用“可以”一词来限定，则必然会使法官的自由裁量权无限度地扩大，不能公平地区别对待不同犯罪程度的犯罪人，那么，罪责刑相适应原则将沦为一句空话，没有任何实际指导意义，公平正义也就化为泡影。

限制减刑是一种“可以型”的规定，如果将其附随于死刑缓期执行制度之后，意味着限制减刑变成了一种从重的处罚方式。根据刑法理论和我国法律规定用语习惯及其内在原理而言，需要从重处罚的情节在法条规定中不应该使用“可以”二字。因为司法者对“从严”的适用具有酌定裁量权力，意味着可能导致对权利的侵犯，这与司法者的从宽裁量权是不同的，因为后者是“立法尚严，司法尚宽”这一原理的体现，并无不妥。而如果我们将限制减刑附随于死刑立即执行制度后面，则所有问题迎刃而解。限制减刑制度是作为死刑替代措施出现的，其本质就是对犯罪人进行从宽处罚，而我国的法律规定使用的“可以”二字也印证了其作为从宽处罚方法来减少和控制死刑适用的立法本意。接下来需要做的工作无非是在限制减刑制度赋予法官可以根据犯罪情节来行使较大刑罚自由裁量权的同时来界定和明确其适用标准而给自由裁量权框定一个合法合理范围的问题。

三、对限制减刑适用条件的界定

一般认为，犯罪情节是体现行为的客观危害性、行为人的主观恶性和人身危险性的主客观事实总和。体现行为客观危害性的情节主要有行为方式、行为导致的危害结果以及行为所引起的社会评价等客观事实；体现行为人主观恶性的情节主要有行为的犯罪动机以及犯罪目的等主观上的事实；体现行为人人身危险性的情节主要有行为人的日常行为表现和行为人犯罪后的认罪悔罪态度等主客观方面的事实。[1]限制减刑适用标准在界定时应全面考虑特定案件中体现行为的客观危害性后果、行为人的主观恶性和人身危险性大小等所有主客观事实。明确限制减刑的适用标准要严格遵守我国的刑法规定，根据司法工作者在实践中不断积累的审判经验，并且结合普通民众朴素的道德伦理情感和司法过程中体现出来的民意作出理智和正确的决定。同时，限制减刑契合我国现行提倡的宽严相济刑事政策的内涵和要求，其适用标准也应该贯彻宽严相济的刑事政策。因而从行为的客观危害性后果上考虑，行为人犯罪后果严重，罪该判处死刑，但具有法定和酌定的从轻情节，判处死刑立即执行处罚过重，但判处死刑缓期执行（不限制减刑）又处罚过轻，不能达到罪责刑相适应，那么可以考虑对其判处死刑缓期执行的同时限制减刑；从行为人的主观恶性上考虑，行为人是基于可宽恕的动机，比如有些行为人由于激愤或者长期受到家庭成员的虐待而实施了犯罪行为且罪该至死，此时可以考虑免其一死，对其限制减刑；从行为人的人身危险性上考虑，行

〔1〕 参见孙万怀、李春燕：《故意杀人罪“情节较轻”规范化标准的实证考察》，载《政治与法律》2012年第9期。

为人在犯罪发生后所表现出来的认罪和悔罪态度上分析可以得出其再犯可能性较小或者没有再犯可能性，这种情形也可以作为限制减刑适用标准的考虑因素。

标准是在科学、技术和实践经验基础上的总结，是衡量事物的准则，确立标准的目的是梳理和规范杂乱无章的现状，从而达到所希望达到的有序和统一。死刑是用国家强制力来剥夺犯罪人生命的惩罚方式，生命一经剥夺，便没有余地、不可挽救，我国一贯对死刑高度重视，实践中提倡“少杀、慎杀”的死刑政策。审判中遇到罪大恶极、罪行极其严重的犯罪人，判处死刑立即执行才能罚当其罪的，应当义无反顾地对其判处死刑并且立即执行，实现宽严相济刑事政策之“严”。对于什么样的情形属于可以不判处死刑立即执行而适用限制减刑，刑法乃至司法实践都应当明确和细化其标准。笔者认为，认定适用限制减刑的情形应该确立如下标准：(1)行为人具有法定可以从轻的情节，罪该至死但判处死刑立即执行处罚过重，判处死刑缓期执行(不限制减刑)又处罚过轻；(2)行为人实施犯罪的手段不是特别残忍；(3)行为人所针对的犯罪对象不是无辜的特殊群体；(4)行为人是基于可宽恕的动机实施了犯罪行为；(5)从行为人在犯罪发生后所表现出来的认罪和悔罪态度上分析可得出其再犯可能性较小或者没有再犯可能性；(6)从最终的法律适用效果上考虑，对行为人限制减刑可以达到法律效果和社会效果的有机统一。

第一，行为人必须具有法定可以从轻的情节，虽罪该至死，但是判处死刑立即执行刑罚过重，而判处死刑缓期执行(不限制减刑)又罚不当罪。我国的刑法分则所规定的法定刑都是以犯罪既遂作为标准，除了故意杀人罪的法定刑是由重到轻的排列次序之外，一般情况下都是先规定较轻的法定刑，然后根据分则规定的各种犯罪情节提高法定刑，所以，死刑是最高的法定刑，适用死刑的情形是适用其他法定刑的行为人罪行恶劣程度所不能比拟的。实践中同样是致一死一轻伤的严重后果，中院、高院考虑的角度不一样，就造成死刑立即执行、死刑缓期执行和死刑缓期执行且限制减刑的不同判决，这种没有法定从轻情节支撑的判决，有较大的任意性，体现了审判者的刑罚自由裁量权空间过大。是否适用死刑是人命关天的事情，文明社会的刑法人道主义精神要求司法者们在不选择死刑而是适用限制减刑的过程中要严格依靠法定情节的支撑，尤其是法定可以从轻的情节。1999年最高人民法院公布的《全国法院维护农村稳定刑事审判工作座谈会纪要》中指出，“被告人有法定从轻处罚情节的，一般不应判处死刑立即执行”，这说明我国的司法精神是以法定从轻情节作为选择量刑幅度和死刑执行方式的一个最基本的限制条件。限制减刑作为新的限制死刑的替代措施，其适用标准显然宜以法定从轻情节为基础和前提。

第二，行为人实施犯罪的手段不是特别残忍。犯罪手段是指行为人为实现犯罪目的实施危害行为时所采取的具体方式、方法，[1]它与行为人的个性心理特征、社会环境条件等密切相关。任何一个行为人犯罪目的的实现都是借助一定的犯罪手段，任何犯罪结果也是行为人通过犯罪手段得以实现。作为犯罪客观方面的内容，采取不同的犯罪手段，对社会的危害程度不同，从而反映出来的人身危险性也存在差异。我国《刑法修正案（八）》规定，审判时已满75周岁的老年人，不适用死刑，但以特别残忍手段致人死亡的除外。由此可见，我国对于手段恶劣的犯罪行为采取的依然是从严处罚的方式，即使是对于年满75周岁的老年人免死的情况，对于手段特别残忍的也不能例外。因此，在适用限制减刑时，也要慎重考虑行为人的犯罪手段是否残忍恶劣，如果行为人的犯罪手段残忍恶劣，表明行为人的客观危害性相对较大，因而不能将其纳入适用限制减刑的情形之列。有学者通过对“北大法宝司法案例数据库”收录的由最高人民法院复核或者审结的170余份死刑判决（时间跨度自1981年1月至2010年12月，包括判处死刑和死缓）的粗略统计，发现这170余份死刑判决中有20多份（超过10%）在“判决理由”部分明确指出了“犯罪手段残忍”或者“犯罪手段特别残忍”，并将其作为对被告人适用死刑立即执行的一个重要依据。[2]可见，司法实践中已经将犯罪手段恶劣残忍作为从重处罚的一个考虑因素，那么对于犯罪手段不是特别残忍的则作为酌情从轻处罚的考虑因素，可以归入适用限制减刑的考虑标准，因而犯罪手段特别残忍且罪该至死的行为人一般不可以适用限制减刑，应当判处死刑立即执行，除非其法定和酌定从宽情节可以抵消犯罪手段残忍这一情节带来的影响。在最高人民法院发布的12号指导案例中，李飞持铁锤袭击被害人的头部，被认定为犯罪手段特别残忍，笔者认为其从轻情节不足以抵消手段残忍带来的趋重处罚因素，并不支持对其

---

〔1〕 参见彭新林：《论犯罪手段与死刑的限制适用》，载《政治与法律》2011年第6期。

〔2〕 参见彭新林：《论犯罪手段与死刑的限制适用》，载《政治与法律》2011年第6期。

适用限制减刑。

第三，行为人所针对的犯罪对象不是无辜的特殊群体。特殊群体，是指公民中由于生理或体能原因，其权利和一切合法权益受到特殊保护与特殊对待的一部分人，包括妇女、未成年人、老年人、残疾人等。特殊群体由于生理或身体原因，需要我们给予更多的宽容和关爱。我国刑法中关于未满14周岁的人犯罪不负刑事责任、已满75周岁的老年人犯罪一般不判处死刑以及怀孕的妇女不判处死刑等规定均是对特殊群体的特殊保护。对这些原本属于需要特殊关爱的人实施犯罪——将其杀害、绑架等行为，引起的社会危害将更为巨大，反映了行为人具有更大的主观恶性，这不仅仅违背了道德自律和法律的规定，而且还是对人类心灵深处"仁之端"恻隐之心的极端挑战。同时《人民法院量刑意见（试行）》规定，对于犯罪对象为未成年人、老人、残疾人、孕妇等弱势人员的，可以增加基准刑的20%以下。可见，司法实践中已经形成了要对犯罪对象为弱势人员的行为人从重处罚的共识。因而，生活中出现的针对那些手无缚鸡之力的特殊群体的故意犯罪，造成严重后果且罪该至死的，不能对其从宽处罚，有必要判处死刑立即执行，以示严惩，再次重申法律对特殊群体的保护，引起广大民众的高度关注和借鉴。因而限制减刑适用标准之一是犯罪对象不是那些需要特殊保护的特殊群体。

第四，行为人是基于可宽恕的犯罪动机而实施犯罪行为。犯罪动机是指刺激、促使犯罪人实施犯罪行为的内心起因或思想活动，它回答犯罪人基于何种心理原因实施犯罪行为，故动机的作用是发动犯罪行为，说明行为人是在什么心理支配之下而实施犯罪行为。我国刑法并没有将犯罪动机纳入犯罪构成要件之中，但是犯罪动机可以作为酌定量刑情节在司法实践中予以适用。不同的犯罪动机，可以直接反映行为人的不同罪过程度，所以在量刑过程中必须考虑犯罪动机。[1]一般来说，可宽恕犯罪动机一般都是因为被害人存在过错或者是由于被害人激发矛盾而引起行为人的犯罪后果。通过案件起因和被害人过错可以对被告人人身危险性作出区分。《刑法》第238条规定"为索取债务非法扣押、拘禁他人的，依照前两款的规定处罚"，即为索取债务而非法扣押、拘禁他人的，按照非法拘禁罪定罪处罚。索取债务本质是索取财物，为索取财

〔1〕 参见孙万怀、李春燕：《故意杀人罪"情节较轻"规范化标准的实证考察》，载《政治与法律》2012年第9期。

物而扣押、拘禁他人符合绑架的行为特征，法律将原本属于绑架罪的行为拟制成非法拘禁罪，以降低债权人的刑事责任。之所以这样规定是因为债权人为了维护自己的合法权益而使用了不恰当的讨债方法，更关键的是债务人存在不及时归还欠款或者“赖账”等过错情形。古老的法律谚语说，“任何人不能因为他人的犯罪行为而受到刑罚”，那么任何人也不能因为他人的过错行为而加重法律对自己的刑罚。2010年《意见》第22条规定，“对于因恋爱、婚姻、家庭、邻里纠纷等民间矛盾激发引发的犯罪，因劳动纠纷、管理失当等原因引发、犯罪动机不属恶劣的犯罪”应当酌情从宽处罚，之所以这样规定，是强调该类案件的起因和被害人的过错因素，被告人的社会危害性和人身危险性比那些无端生事、被害人无过错的案件中的被告人要小。在双方当事人都具有过错从而引发恶性犯罪的案件中，被害人对自己的过错应当承担损失，不能将被害人的责任推到被告人的肩膀上。两个指导案例均考虑到民间矛盾激发，民间矛盾的双方一般都有过错，所以对被告人的刑罚可以适当减轻。因此，如果行为人基于可宽恕的动机实施犯罪行为，而导致后果严重且罪该至死时，在给予刑法评价时，应作为适用限制减刑的标准之一。

第五，从行为人在犯罪发生后所表现出来的认罪和悔罪态度上分析可以得出其再犯可能性较小或者没有再犯可能性。再犯可能性一般是指行为人的人身危险性，其最基本的含义是犯罪行为人再次实施犯罪的危险。〔1〕应受惩罚的是行为，而承担惩罚的是行为人。“应受惩罚的是行为”是指定罪对象只能是行为，其评价核心是社会危害性，刑事责任之所以能够产生，就在于行为的社会危害性达到了犯罪的程度。“承担惩罚的是行为人”是指适用刑罚的对象是犯罪人，犯罪人是刑罚的承担者，其评价的核心是人身危险性，适用刑罚的目的在于预防犯罪人再次犯罪。〔2〕犯罪人的人身危险性的大小，表明了犯罪人的改造的难易程度，因此，所谓所处刑罚与犯罪人的人身危险性大小相适应，实际上也就是要求与犯罪人改造的难易程度相适应。犯罪人的人身危险性大，就意味着改造起来比较困难，改造所需的时间就长，与之相适应，所处的刑罚也相应较重。反之，犯罪人的人身危险性小，也即意味着改造起来比较

---

〔1〕 参见曲新久：《刑法的精神与立场》，中国政法大学出版社2000年版，第205页。

〔2〕 参见曲新久：《试论刑法学的基本范畴》，载《法学研究》1991年第1期。

容易，改造所需的时间就短，与之相适应，所处的刑罚也相应较轻。[1]有学者说“每一个人都是潜在的犯罪人”，这说明我们每一个人都有人身危险性，并且人身危险性贯穿于整个人的日常生活中。每当犯罪发生，被告人的人身危险性也不仅体现在犯罪时，也体现在犯罪前、犯罪后以及服刑结束之后其生命历程的每一个时间段。在定罪量刑时主要考虑犯罪中和犯罪后的认罪悔罪态度所表现出来的再次犯罪的可能性。在王志才故意杀人案的判决中，[2]其认罪悔罪态度的描述是“归案后坦白悔罪，积极赔偿被害方经济损失，且平时表现较好”，归案后的认罪悔罪态度能充分地表现出被告人的人身危险性。因为归案，预示着归案之前的所作所为将要在此画上一个句号，虽然这个句号可能不是那么光彩；未来的判决，决定着自己以后的日子是在行刑场所被一枪毙命还是在监狱中银铛度日。当这尘世间的一切尘埃落定的那一刻，是人心里面最宁静、最适合也是最容易反思自己的时候。如果在这个对自己、对家人、对社会都具有深刻回忆和体会的时候，被告人仍然不能沉静反省，不能对切实的犯罪行为表示后悔，没有任何改过自新的信心和决心，那么，待到出狱之日，再犯罪的可能性大而有之。所以，在适用限制减刑时，也应当将行为人的人身危险性作为其中的标准之一。

第六，从最终的法律适用效果上考虑，对行为人不判处死刑立即执行而适用限制减刑可以达到法律效果和社会效果的有机统一。建设社会主义法治国家，构建社会主义和谐社会要求我们的司法实践要坚持法律效果和社会效果的有机统一。一般来讲，法律效果是指法律适用或者判决对社会生活所产生的影响和作用，要求法官在审理案件的时候既要坚持实体公正又要遵循程序公正的原则，法律效果的衡量主要看法律作用的结果能否达到法律的初衷和预期目标。社会效果是指通过法律适用，使法的本质特征得以体现，实现法的秩序、自由、正义、效益等基本价值的效果，从而使法律适用的结果得到社会公众的认同。[3]因此社会效果更多地包含社会和群众对人民法院工作的主观评价，更侧重于司法结果的实质正义，要求司法结果满足社会主流价值观和长远

---

〔1〕 参见周振想：《当代中国的罪与罚》，中国人民公安大学出版社1999年版，第197页。

〔2〕 参见《最高人民法院关于发布第一批指导性案例的通知》，载北大法宝：http://www.pkulaw.cn/fulltext_form.aspx？Db=chl&Gid=163998，最后访问日期：2013年10月3日。

〔3〕 参见阴建峰：《论法律效果与社会效果的统一——以贯彻宽严相济刑事政策为中心》，载《河南社会科学》2011年第2期。

发展利益，获得公众的情感尊重和认可，提高公众对法律和法律适用的认同。2010年《意见》的精神要义中就包含了在办理严重的杀害伤害等暴力性案件过程中，贯彻宽严相济刑事政策的同时应当注重法律效果和社会效果的统一。在严格依法办案，确保良好法律效果的同时，还应当充分考虑案件的处理是否有利于赢得人民群众的支持和社会稳定，是否有利于瓦解犯罪、化解矛盾，是否有利于罪犯的教育改造和回归社会，是否有利于减少社会对抗，促进社会和谐，争取更好的社会效果。[1]限制减刑所对应的都是犯罪行为极其恶劣的犯罪人，面对的大都是刑法保护的比较重要甚至有时就是最重要的法益，当案件中出现可以从轻的法定或者酌定从轻情节时，都必须慎重考虑，不仅对被告人依法定罪量刑、罚当其罪，还要认真对待被害人或其近亲属的态度和反应，努力在适用刑罚处罚的同时，化解双方当事人间的矛盾，真正实现“案结事了”，达到法律效果和社会效果的有机统一。综上所述，在审判实践中，只有案件同时具备6个条件才可以认定为符合限制减刑的标准，可以对被告人从宽处罚适用限制减刑。如果有案件只具备其中一个条件或者一个以上条件但是不完全具备6个条件的要求，则不可以轻易适用限制减刑。

四、限制减刑标准的实践运用

实践中出现的限制减刑案件，一般适用限制减刑的理由都是从重处罚的理由，比如重庆市第五中级人民法院审理的钟某春故意杀人案，[2]适用限制减刑的理由是，“钟某春所犯故意杀人罪情节恶劣，手段残忍，主观恶性较深，依照《刑法修正案（八）》的规定，依法对其限制减刑”。樊某清抢劫案、[3]刘某贵

〔1〕 最高人民法院刑三庭：《在审理故意杀人、伤害及黑社会性质组织犯罪案件中切实贯彻宽严相济刑事政策》，载《人民法院报》2010年4月14日。

〔2〕 《重庆宣判首例限制减刑案件》，载http://www.legaldaily.com.cn/dfjzz/content/2011-05/19/content_2667381.htm，最后访问日期：2013年10月3日。案情简介：2004年年初，18岁的钟某春与25岁的残疾人吴光恒均营运三轮摩托车业务。2013年4月，钟认为吴低价抢走乘客而心怀不满，决意报复，便携带铁水管骗乘吴的三轮车，后用铁水管朝吴头部猛击数下致吴倒地。钟唯恐吴醒后认出自己，继而持铁水管连续猛击吴头部，致吴颅脑损伤死亡。钟将吴尸体抛弃于路边荒坡乱石堆处后逃跑。2010年8月23日，钟在广东省被抓获。

〔3〕 《港城首例死缓罪犯限制减刑案判决》，载http://page.renren.com/600014521/channel-noteshow-733575397? id=733575397&pid=600014521&，最后访问日期：2013年10月3日。案情简介：2010年12月16日夜，被告人樊某清伙同被告人居某双及孙某庆（另案处理）至东海县石梁河镇前代邑村李献和家中实施盗窃。在盗窃过程中，樊某清被李献和发现，樊某清遂用木棍击打，致其严重颅脑损伤死亡。

故意杀人案，[1]甚至是最高人民法院的指导案例均以从重处罚情节为理由适用限制减刑。根据上文分析，限制减刑是对罪该致死的被告人给予从宽处罚的方式，从而减少实践中死刑的适用，在惩处罪犯、发挥刑法惩罚作用的同时也发挥其预防作用。那么实践中在运用限制减刑的时候也要根据行为人罪行的客观危害性、主观恶性行以及人身危险性等方面进行分析，只有同时具备上述6个条件的时候才可以对其限制减刑。实践中我们要在多个情节交叉时，注意情节的轻重以及影响，不可以一味地适用死刑立即执行，也不能一味地适用限制减刑，而要考虑行为人的主观恶性和人身危险性，对被告人进行适当的量刑。在王某才一案中，王某才因为与被害人赵某恋爱关系不能进一步发展，面临分手而绝望，激愤之下实施杀人行为。后王某才欲服农药自杀未遂，被公安机关抓获归案。综观整个案件，我们可以看出，该案件是由于民间婚恋矛盾激发的犯罪，造成一人死亡的严重后果，但其平时表现较好，归案后如实供述自己罪行，并与其亲属积极赔偿，表现出了良好的认罪和悔罪态度，人身危险性小，再犯可能性小。虽然没有与被害人亲属达成赔偿协议，但是从轻情节足以抵消从重情节的作用和影响，判处死刑缓期执行且适用限制减刑能罚当其罪，发挥刑法的惩罚和预防作用的同时达到法律效果和社会效果的统一。

五、结语

限制减刑是我国有力的死刑替代执行措施，是“附随”于死刑立即执行之下的一个制度，在不能直接从立法上废除死刑的大时代背景下，它可以很好地控制和限制死刑的适用及滥用，切实贯彻我国“少杀、慎杀”的死刑政策和以“以宽济严”为核心的宽严相济的刑事政策，但是并不意味着刑法允许在实体上对同一犯罪情节作出重复的评价，也不意味着法律允许审判工作人员任意适用限制减刑。限制减刑适用时必须要明确其标准，在罪刑法定和罪刑相适应原则的指导下，全面考虑行为的社会危害、行为人的主观恶性和人身危险性等各方面的因素，着重考虑其从轻情节在所有情节中的作用。明确的标准有

---

〔1〕《梧州市中级法院作出首例“限制减刑”判决》，载http://news.gxnews.com.cn/staticpages/20121010/newgx5074e14c-6199532.shtml，最后访问日期：2013年10月3日。案情简介：2012年2月，刘某贵与同村村民陈某发生争执，遂持锄头击打陈某，致陈某严重颅脑损伤并机械性窒息死亡。随后，刘某贵逃离现场，但自行拨打110报警投案，并如实供述其杀害被害人的犯罪事实。

利于防止司法擅断和随意性，从而减少和杜绝司法随意性带来的消解法律权威性和严肃性的消极后果。法律的生命力就在于适用，只有广大法官在不断的审判实践中适用限制减刑制度，才能不断发现问题，并逐步解决问题、完善该制度，将其作用发挥到极致。由于限制减刑使得适用者和未适用者的刑罚悬殊较大，如果误解限制减刑设立的初衷，缺失统一明确和细化的适用标准，出现同案不同判的情形则在所难免，利用司法来化解社会矛盾、构建社会主义和谐社会的作用也将大打折扣。

第九章　公共安全刑事政策运作的合法性要求*

社会转型是传统社会向现代社会的变迁。随着计划经济体制向市场经济体制转轨，我国已进入社会高速转型期。在这个变革时期，传统与现代因素激烈碰撞，形成不安定因素，公共安全问题不断凸显，涉及公共安全的犯罪也随之呈现出新的态势。面对这些态势，刑事政策也做出了相应的调整。综观我国当前刑事领域，无论在立法层面还是司法层面，刑事政策对公共安全犯罪的防控，更多体现的是从重从严的一面，犯罪化和重刑化的倾向明显。在宽严相济刑事政策的确立下，我们应对刑事政策的制定和运用进行必要限制，坚持合法性原则，理性看待个案影响，同时体现"宽"的一面。

一、社会转型与公共安全、刑事政策的关系

（一）社会转型时期公共安全问题的凸显

"社会转型"（social transformation）是一个社会学概念，来源于西方发展社会学理论和现代化理论。西方社会学家以此概念来描述社会结构具有进化意义的转变。按照我国社会学家与社会研究人员普遍认同的观点：社会转型是社会生活和组织模式不断从传统走向现代、走向更加现代化和更新现代的变迁过

---

* 本部分内容刊载于本书作者发表的《论公共安全刑事政策的合法性》一文，原载《政治与法律》2011年第9期，由本书作者及其硕士研究生邱灵、侯婉颖合作完成。

程。[1]在此意义上，我们所谈论的“社会转型”和“社会现代化”是一致的。

社会转型既是一种渐进性的社会发展过程，又是一种整体性的社会发展过程，传统因素与现代因素在此转型过程中此消彼长。处于转型期的转型社会是一种异质性社会，即是传统因素与现代因素杂然并存、共同作用的社会。[2]社会转型时期，这种新旧因素的对立共存普遍存在于社会结构、社会运行机制、价值观念体系的转变中，从而影响着社会发展的方方面面。因而，处在当前转型时期的中国社会的基本特征体现为：社会阶层的分化和利益结构的重组；传统权威的流失和社会权力的转移；社会体制的变迁和社会发展方向的变化；社会群体之间、个体之间、不同社会力量之间的竞争和冲突加剧；信仰的危机和价值观的多元化；社会心理焦虑和迷惘。[3]矛盾的不断积累加之当前又是处在高速转型时期，使这些矛盾更易于激化，从而演变成形形色色的不安定因素。这些不安定因素的积聚，如果得不到有效的化解与遏制，将危及人们的生命、财产权利及公共利益和秩序，而直接衍变成公共安全问题。

公共安全，在概念上对应着国家安全与个人安全，其范围涉及公民生命、公民权利、公共财产和公共秩序等方面。在性质上，公共安全不同于国家安全（具有高度的政治性），而是体现在与人们息息相关的日常生活中；在范围上，公共安全又区别于个人安全，两者尽管在对象上都涉及公民生命、财产和权利，但是个人安全侧重在私人领域内的安全问题，而公共安全关注的是公共领域内的安全问题。当前社会下，公共安全问题的产生，既有自然的因素，也有人为的因素以及社会的因素，主要涉及自然灾害、安全事故、公共卫生事件以及社会突发事件四大方面。

社会转型时期的转型社会，是一种传统因素与现代因素共同作用的异质性社会，社会形态既不是纯粹传统的，也不是纯粹现代的，而是一种混合形态的社会。在这种形态的社会中，传统的不安全因素继续存在，现代的不安全因素逐渐显现，传统与现代的矛盾激化形成新的不安全因素，同时威胁着社会的公共安全。随着全球化的不断加深与中国社会转型的不断加快，传统因素与

---

〔1〕 参见郑杭生：《改革开放三十年：社会发展理论和社会转型理论》，载《中国社会科学》2009年第2期。

〔2〕 参见刘祖云：《社会转型期的异质性探讨》，载《学习论坛》2007年第1期。

〔3〕 参见林默彪：《社会转型与转型社会的基本特征》，载《社会主义研究》2004年第6期。

现代因素的冲突碰撞愈加频繁和激烈，公共安全受到严峻的挑战。用时下热议的说法，正处于高速转型期的中国社会，已经进入了“高风险社会”。当代德国著名社会学家乌尔里希·贝克首次提出了“风险社会”的概念，并区分了三类风险：前工业社会的风险、工业社会早期的风险和工业社会晚期的风险，具体对应着自然灾害风险、职业事故风险及大规模生态、核、化学和基因风险。[1]当前的中国社会，历时性的风险类型共时态地存在，处在一个风险共生的阶段，公共安全面对着多方面的威胁与考验。一方面，传统类型的风险，如地震、雪灾、非典、禽流感等自然事故不断侵害着人们的生命、财产安全；另一方面，现代化过程中涌现出的社会风险日益显著，奶粉事件、矿难事故、重大交通事故、社会突发事件，无不为公共安全问题敲响警钟。此外，从局部意义上来看，由于社会转型进度的不平衡，一些地区也面临着科技进步所带来的新型社会风险，环境污染、生态平衡、公共信息安全等也成为当前中国社会不得不关注的公共安全问题。总之，中国当前所处的社会转型时期，是一个公共安全问题不断凸显的时期，社会转型的继续进行在不同层面上决定着公共安全问题的发生。

宏观上，中国社会转型的整体内容与发展方向，根本上决定着公共安全问题产生的范围与程度。从传统社会转型为现代社会，工业化与城市化的不断发展，创造巨大财富的同时也为公共安全埋下了隐患。公共安全问题涉及的领域不断扩展，已经延伸到生产、生活、环境、生态、技术、信息等社会生活的各个领域。

微观上，或者说社会转型的具体层面，中国社会转型也就是计划经济向市场经济转轨。[2]上文也已论及，现阶段中国社会的转型，起始于以经济建设为中心的确立，并是以经济体制的转型为主导的，这也决定了经济因素是公共安全问题产生的主导因素。而经济体制的转变所诱导的不安定因素又是多方面的：其一，从计划经济体制向市场经济体制转变的过程中，国家宏观调控机制弱化，市场调控机制增强。而市场调节的自主性与法律性，在转型初期规范未健全的状态下，导致社会出现失范的现象，社会控制力减弱，不安全因素滋生。其二，经济体制的转变，国家的基本经济制度也随之调整，公有制为主体多种

---

〔1〕 参见郑杭生、洪大用：《中国转型期的社会安全隐患与对策》，载《中国人民大学学报》2004年第2期。

〔2〕 参见闫钟：《社会转型期的城市公共安全分析》，载《山西大学学报》2009年第5期。

所有制经济共同发展，不同的经济成分同时存在。国有企业在经济体制转变以及私营企业外资企业的冲击下，地位大大削弱。而私营企业却在经济体制转变未彻底，外资企业享受政策待遇的不利状况下，处处受限。不同利益主体冲突加剧，为追逐各自利益，将风险转嫁于公众。其三，在经济体制转变的过程中，利益结构的重组，导致阶层分化明显，贫富差距悬殊，形成弱势群体的心理落差与心态失衡。他们在这种失势状态下，会产生一种极度的不安全感，并认为这是由社会不公对待所导致的，因而在对立情绪的失控中往往会选择过激处理方式，而其所针对的又通常是公共安全。

（二）社会转型与刑事政策的调整

1983年8月，鉴于社会治安的严峻形势，党中央作出了《关于严厉打击刑事犯罪活动的决定》，明确将七类犯罪作为重点打击对象，强调对于这些刑事犯罪应该依法"从重从快"惩处。随后全国人大常委会通过了《关于严惩严重危害社会治安的犯罪分子的决定》和《关于迅速审判严重危害社会治安犯罪分子的程序的决定》，以此为指针，全国各地展开了声势浩大的严厉打击刑事犯罪活动的斗争，在以后的近20年中，我国的刑事政策始终以"严打"为惩治刑事犯罪行为的基线，结合不断演化的犯罪态势，有针对性地对各类犯罪行为进行惩治和预防。有学者认为，1983年以来我国实行的严打刑事政策并不是偶然的，它是随着社会转型时期出现的大规模犯罪浪潮的一种反应。[1]这说明，社会的转型必然引起刑事政策的调整，这种调整的发生体现在两方面：

第一，随着社会的转型，刑事政策自觉地调整，这也是社会转型对刑事政策的直接影响。

这方面，以意识形态的影响最为显著。[2]意识形态，是指系统地、自觉地、直接地反映社会经济形态和政治制度的思想体系，是社会意识诸形式中构成观念上层建筑的部分。在社会形态转型时期，往往伴随着意识形态之间的磨合、摩擦和转型，在此期间意识形态领域的斗争可能直接外化为一种刑事政策的主要内容，从而在刑事领域的各个方面产生作用，有时甚至直接和制度本身产生冲突，并且会不断尝试冲破制度的束缚和规制。以我国当代刑法为例。1979年刑法的打击锋芒之一就是反革命行为。由此一些犯罪由于具备了"反

---

〔1〕 参见陈兴良主编：《宽严相济的刑事政策》，中国人民大学出版社2007年版，第5~6页。

〔2〕 参见刘仁文：《形势政策初步》，中国人民公安大学出版社2004年版，第108页。

革命为目的”，尽管其行为方式与普通犯罪相比并无明显区别，但行为性质显然更为严重，意识形态的因素得到凸显。[1]而1997年刑法将“反革命罪”修改为“危害国家安全罪”。尽管具有技术层面的要求，但更体现出社会转型时期意识形态的转变，导致了刑事政策的调整。

另外，社会转型期经济因素的转变直接决定着刑事政策的调整。马克思主义理论认为，经济基础决定上层建筑。我国从计划经济转走向市场经济，体制发生了转变，相应的基本经济制度、分配制度也随之发生改变，经济基础处于转型时期。面对经济基础的转变，作为上层建筑组成部分的刑事政策，在一定程度上会体现出不适应，从而自觉地做出相应的调整。最明显的例子是，在计划体制时期，刑事法律制度侧重于保护经济活动的计划性和稳定性，因此投机倒把、倒卖计划证之类犯罪是打击重点。但在市场经济条件下，这样的法律制度显然是不相协调的。符合社会经济发展的行为却属于一种违法的行为，如何看待法律的标准？在法律给定的情况下，刑事政策必须给予说明，在法律标准的确定性方面作出取舍。

社会转型时期其他因素的变化也对刑事政策的调整产生了重要的影响。从法律文化上讲，传统法律文化具有独立性与强大性的特点。而随着社会形势的全方位转变，现代法律文化不断经历着重塑。在这一过程中，新的文化元素与理念不断对传统文化进行冲击。而重塑的过程，是一个丝毫不逊于建构法律的事情，而这恰恰与政策密切相关。从国际环境上讲，我国的社会转型是国际格局变革大背景下的一部分。因此，国际交往的新动向，国际关系的新发展，国际理念的新潮流，都对我国刑事政策的调整形成重大的动因。

第二，社会转型引起犯罪状况的变化，决定刑事政策的必要应对，这是社会转型对刑事政策的间接影响。

尽管当前学者对刑事政策概念的定义是见仁见智、各有千秋，但是对于刑事政策的目的是打击犯罪、预防犯罪，并且主要目的是预防犯罪，形成了共识。[2]刑事政策是犯罪现象产生与变化时的必要反应与应对。就形式而言，刑

---

〔1〕 譬如，聚众劫狱或者组织越狱，组织、利用会道门、封建迷信，劫持航空器，制造、抢夺、盗窃枪支、弹药，上述这些行为显然性质上属于普通犯罪，但是由于特殊的意识形态因素，在1979年刑法中被作为反革命罪来处理，典型地反映了意识形态对于立法政策的影响。

〔2〕 参见严励：《中国刑事政策的建构理性》，中国政法大学出版社2010年版，第 6~7页。

事政策通过制定打击和预防犯罪的方式遏制犯罪。不同的历史时期、不同的社会形态下，根据犯罪情况的不同，对刑事政策的导向性也会有不同。社会转型时期的刑事政策调整可能体现为：其一，社会转型带来的非传统因素具备社会危害性时，刑事政策进行犯罪化、刑罚化的调整；其二，社会转型导致犯罪状况严重时，刑事政策趋向于重刑化、严厉化的调整；其三，社会转型导致犯罪状况缓解时，刑事政策趋向于轻刑化、宽和化的调整。此之所谓："刑罚世轻世重，惟齐非齐，有伦有要。"〔1〕当然，上述情况并非绝对，但是社会转型引起的犯罪状况的变化，导致刑事政策的调整却是必然。回顾我国改革开放以来的三次"严打"，正是结合了社会转型过程中，不断演化的犯罪态势，有针对性地对各类犯罪行为进行的惩治和预防。之后，随着社会转型的深入，社会建设进入新的阶段，犯罪产生新的特点。针对这些新特点和由此展现的新态势，我国不断对"严打"政策进行了反思与调整，逐步确立了宽严相济的刑事政策。

（三）刑事政策关于公共安全的防控理念

如果说打击犯罪、预防犯罪是刑事政策制定和运用的现实目的，那么在防控犯罪过程中，政策背后所体现的决策者的某种动机或某种需要，便是刑事政策的价值目的。价值是客体在与主体需要的互动关系中产生的有用性，那么所谓刑事政策的价值，也就是其对于满足决策主体需要而言的有用性。"刑法是基于国家维护其所建立的社会秩序的意志而制定的国家的意志，专门选择了那些有必要用刑罚制裁加以保护的法益。侵害或者威胁这种法益的行为就是犯罪，是科处刑罚的根据，刑法具有保护国家所关切的重大法益的机能。"〔2〕尽管站在基本刑事政策与具体刑事政策的不同层面上，刑事政策与刑事法律的相互关系上存在一定的不同，但就精神内涵两者必然是一致的。所以，刑事政策的价值选择，形式上也会体现为决策者选择认为对自己有用的法益进行保护，并对侵犯该法益的犯罪行为进行惩治和预防。法益可分为国家法益、社会法益与个人法益。社会法益是社会共同体全体成员共同拥有的超越个人利益的法益。〔3〕就公共安全的性质而言，多数人的财产、生命权利以及公共利益和公共秩序通常直接体现为一种社会利益。并且，由于公共安全是个人安全

〔1〕《尚书·吕刑》。
〔2〕转引自[日]木村龟二：《刑法学词典》，上海翻译出版公司1993年版，第9～10页。
〔3〕参见梁根林：《刑事政策：立场与范畴》，法律出版社2005年版，第105、235页。

的有机结合，具有范围性和不特定性，当犯罪行为指向公共安全时，其造成的社会危害性往往比一般犯罪行为来得更为严重。所以，刑事政策的决策者在关乎公共安全问题的防控中，会给予更多的关注。

公共安全是个人安全的有机结合，两者存在紧密的联系，个人安全是公共安全的前提和基础，而公共安全又是个人安全的升华与保障。在刑事政策价值视野下，公共安全体现为社会性需要的满足，而个人安全体现为个体性需要的满足。刑事政策对以社会秩序为核心的社会利益进行保护的价值，是刑事政策的秩序价值；刑事政策对以个体自由为核心的个体权利进行保障的价值，是刑事政策的自由价值。[1]为保护社会秩序，必然会对个人自由的范围加以限制；为保护个人自由，又不得不面临其任意性对社会秩序的威胁。秩序与自由存在紧张关系，而决策者在制定、运用刑事政策的过程中，如何进行价值的权衡与选择，也就决定了刑事政策的防控理念。事实上，不同的时期、不同的社会背景下乃至不同的社会形势下，刑事政策关于公共安全的防控理念也存在不同。

就我们国家的传统社会而言，受儒家文化影响，整个社会结构是以宗法制为基础建立起来的，并且以礼作为维持整个社会秩序的规范体系。因而，保持整个社会的稳定有序，是古代社会统治者最大的政治要求。而所谓“出礼入刑”，刑罚是作为保障礼的实现而采用的相应惩罚措施。古代社会的刑事政策自然也以社会秩序为最高的法律价值，相应地对人权的保障就被极大地忽略了。所以古代的刑事政策在对于社会安全的防控中，主要体现为刑罚的残酷性、功利性、以刑去刑，而缺乏对人权的尊重。

而在改革开放以前，我国的法治理念尚未确立，对于犯罪的打击与预防主要依靠的是政策依据而非法律依据。而政策作为国家权力的直接体现，出于权力的属性，其对于公共安全的问题的关注，自然也是以秩序的维护为主。由于实行计划经济，我国不仅在经济领域实行严格的行政控制，而且在社会生活领域，都实行国家权力无处不在的控制。这种国家权力的严格控制所形成的社会秩序，具有绝对性和压制性。在这种强有力的国家控制下，犯罪丧失了其生存的社会土壤。但是，这种低犯罪率与高安全感的获得，在一定程度上是以

〔1〕 参见侯宏林：《刑事政策的价值分析》，中国政法大学出版社2005年版，第102、154页。

牺牲个人的权利与自由为代价的。[1]

随着我国进入社会高速转型期，传统法制理念也向着现代法治理念开始转变，法律至上的权威逐步确立。相应地，原本由刑事政策占据的打击、预防犯罪的主导作用不仅让位于刑事法律，其本身的制定与运用也必须进入法律的框架内。而我国的刑事法律在这个转型时期，顺应法律国际化的趋势，也在不断向前发展，1996年修订的《刑事诉讼法》与1997年修订的《刑法》，分别作出了一些重大规定，如死刑复核权统一由最高人民法院行使，废除类推制度，确立罪刑法定原则，确立无罪推定原则等，刑事法律对人权的保障日益重视。刑事法律的工具性色彩被弱化，人权保障功能不断深入人心。并且，刑事法律对人权的保障不只是关注已进入刑事诉讼程序的犯罪嫌疑人、刑事被告人、犯罪人的人权保障，"刑法的人权保障的更深层次的含义在于对全体公民的个人权利的保障。正是在此意义上，刑法不仅是犯人的大宪章，更是公民自由的大宪章"。[2]因而，现代刑法惩罚犯罪来维护社会秩序、保护法益，必须以尊重个人自由和基本人权为前提，实现两者的统一，才能保证其自身的正当性。这与现代社会防卫思想也是一致的，社会防卫思想从保护人类、保护人的基本权利自由的社会人道主义立场出发，强调保护社会的同时，也强调保护个人，它所寻求的是既能保护社会又能保护个人的刑事政策。[3]所以，处于社会高速转型期的中国，面对不断凸显的公共安全问题，如何在法律框架内制定有效的刑事政策，需要对社会秩序与个人自由进行价值的选择与平衡，来调整和确立新形势下刑事政策关于公共安全问题的防控理念。在制定、运用刑事政策打击和预防公共安全犯罪的同时，既最大限度地发挥刑事政策的导向和调节功能，又对其采取必要的限制，实现公共安全与个人安全的和谐统一。

二、新形势下公共安全问题的刑事对策与思路

（一）公共安全问题在刑事领域内呈现新特点

社会转型时期，公共安全面临的多方面威胁与挑战，带来了诸多的问题。这些问题往往多维度地呈现在不同领域中。而综观这些问题，其中所带有的

〔1〕 参见陈兴良主编：《宽严相济的刑事政策》，中国人民大学出版社2007年版，第5~6页。
〔2〕 参见陈兴良：《刑法的价值构造》，中国人民大学出版社1998年版，第142页。
〔3〕 参见卢建平：《刑事政策与刑法》，中国人民公安大学出版社2004年版，第115页。

明显的社会因素，是这一时期讨论公共安全问题不可回避的视角，体现在刑事领域内也有其新的特点。

第一，公共安全问题的产生原因复杂。

任何事物的产生与发展均有其独特的原因和条件。转型社会中，公共安全问题的不断产生，是政治、经济、文化、自然、社会等多方面因素共同作用的结果。[1]

从传统因素来看，公共安全问题往往与政治弊端的暴露密不可分。以当下中国为例，政治体制的改革产生的震动，政府职能转换的不到位等问题都会促使社会控制力弱化和社会问题的滋生，从而引发各种公共安全问题。同时，国外势力，特别是跨国恐怖组织与其他犯罪组织的干预，也对我国公共安全产生冲击。

如前所述，经济因素是当前公共安全问题产生的主导因素。现阶段，由于经济体制的转轨，分配方式的不断调控，诸经济主体之间的利益冲突加剧。其中，收入差距拉大导致的社会心理失衡和利益冲突带来的矛盾，往往随着一些社会治安问题的产生。

从意识形态领域分析，文化因素、民族宗教因素等都成为公共安全问题产生的深层原因。处于转型时期的中国，多样化社会形态的并存、传统与现代风险的并存的现状，都将导致价值的冲突与异化思想的产生。同时，传统封建思想的复燃与极端民族主义的挑衅又将社会的不安全度提升。

从地理环境分析，自然因素在一定条件下也会引发公共安全问题。特别是近年来，随着地球进入活跃期和人们对自然环境破坏的双重冲击，雪灾、地震等重大灾难的不断发生，从另一方面挑战着政府的能力和社会的安全。

而狭义的社会因素，特别是社会治安与调控，对公共安全的影响在社会转型时期表现得更为明显。

第二，公共安全问题的表现形式多样。

就整个社会概括而言，当前我国公共安全问题表现形式颇为丰富，例如：自然灾害频发；公共卫生问题突出；安全生产形势严峻；社会冲突与群体性事件愈演愈烈；新型公共安全事故不断涌现等。

---

〔1〕 参见林雄弟：《公共安全问题及其化解途径》，载《江苏警官学院学报》2007年第2期。

在刑事领域内，公共安全问题也有丰富的表现。具体主要体现在以下方面：

安全生产。安全生产的含义非常丰富，不仅指生产过程中的安全，还包括所生产产品的安全。随着矿难事故、食品药品事故、大型工程建筑事故、火灾事故、踩踏事故的频频报道，安全生产问题成为公众关心的重要问题。这些事故的层出不穷甚至愈演愈烈，体现了监管者的失职与管理水平的低下。而相关法律解释的诞生与案件的宣判则分别从立法与司法角度表明实践中对此类案件的关切态度。

公共交通安全。公共交通与普通民众息息相关。近年来，我国交通肇事犯罪呈多发态势。特别是随着媒体对孙伟铭案、张明宝案等案件的报道力度加大，《刑法修正案（八）草案》对醉酒驾车问题的特别关注，公共交通安全问题的讨论呈不断扩大化的趋势。

人身财产安全。随着风险社会的到来，社会治安局势不断变化，刑事案件总量持续保持高位运行。犯罪的暴力化、有组织化和国际化程度日趋严重，并出现了一批具有黑社会性质的犯罪集团，严重地威胁着公民的人身财产安全。

环境安全与风险。自改革开放以来，我国的社会发展主要是由经济发展带动的，在发展过程中一度忽视了环境的保护。而近年来的无锡太湖蓝藻污染、哈尔滨停水事件、厦门PX事件等，均是环境以种种极端的方式展开的报复。而这些事件的反复发生，让我们不得不关注当下的环境安全与风险问题。〔1〕

第三，公共安全问题的社会危害性高。

公共安全，是任何一个社会存在和发展的必要条件，它对全社会成员的生存与生活质量具有重要意义。〔2〕没有良好的公共安全，将影响社会的稳定与发展，影响人们的生存与生活。因此，从刑事领域来说，危害公共安全的犯罪具有严重的社会危害性。

危害公共安全类的犯罪规定在《刑法》分则各章节中。其中，《刑法》分则第二章是对此类犯罪规定最为集中的章节。由于我国《刑法》分则按照客体对犯罪进行分类，并按照危害程度对各类犯罪进行排序。因此，危害公共安全

〔1〕 参见游伟、赵运锋：《公共安全视域下的刑法对策思考》，载《法治论丛》第23卷第5期。

〔2〕 参见张曦、李益明：《刑法与公共安全的认知演进》，载《中共四川省委省级机关党校学报》2009年第3期。

罪作为《刑法》分则的第二章，从立法体例上表明了国家态度，即此类犯罪是危险性最大、最为严重的一类普通刑事犯罪，危险性仅次于危害国家安全罪。而由于危害公共安全类犯罪针对的是不特定多数人的人身安全和重大公私财产安全，其社会危害性主要表现在以下几个方面：

危害人身安全。生命权是公民的首要权利，而公共安全问题严重地影响着公民的生命权与健康权。以事故类公共安全为例。以2011年为时间节点，全国每年发生各类事故100多万起，死亡人数13万人以上，平均每天发生7.2起一次死亡3～9人的重大事故，每周发生2.5起一次死亡10人以上的特大事故，每月发生1.2起死亡30人以上的特别重大事故。〔1〕这些事故中，有相当一部分是由于责任人员的失职，构成了责任事故类犯罪。

危害财产安全。《刑法》分则中，若干条文明确将公共安全的内容表述为"重伤、死亡或者公私财产遭受重大损失"。大多数危害公共安全犯罪在使公私财产遭受重大损失的同时，也往往对公众的生命、身体造成了侵害。但是需要明确的是，单纯的财产损失不能构成此类犯罪，构成危害公共安全犯罪的财产损失至少要有危害人身安全的危险性。〔2〕

造成其他不利的社会影响。就一般意义而言，公共安全问题影响经济发展，不仅影响经济增长，而且影响经济结构；公共安全问题影响政府的公信力，容易造成政府信用缺失，并造成不利的国际影响；公共安全问题影响社会公众，容易造成民众的恐慌心理与社会信用缺失。〔3〕而作为严重的危害公共安全的犯罪，除了造成以上不利社会影响，还严重影响法治的进步。

第四，对公共安全问题的处理受关注度高，且社会关注呈不理性态势。

放眼周边各类媒体，无论是传统的报纸、杂志、电视，还是新兴的网络，往往将有关公共安全问题、公共安全类犯罪的报道放在显著的位置。媒体报道的广泛性与民众关注的高度性往往是相辅相成的。一方面，媒体的广泛报道反映了民众对此类问题的关注程度高；另一方面，各类报道又加深了民众的关注程度。同时，随着依法治国的推进和法律体系的不断完备，法治观念越来

〔1〕 参见郭济：《中央和大城市政府应急机制建设》，中国人民大学出版社2005年版，第28页。

〔2〕 参见胡东飞：《论刑法意义上的"公共安全"》，载《中国刑事法杂志》2007年第2期。

〔3〕 参见林雄弟：《公共安全问题的发展趋势与应对策略》，载《铁道警官高等专科学校学报》2008年第1期。

越深入人心。越来越多的民众开始从法律的角度分析公共安全问题，并以他们掌握的法律方式解决公共安全问题，化解公共威胁。如在厦门PX项目事件中，在城市环境安全面临重大威胁的情况下，我们看到了以下反应：2007年3月，105名全国政协委员建议该项目迁址；6月，数千名厦门市民以散步的形式上街游行，表达了反对厦门建设化工项目的意愿。最终，在2007年12月，福建省政府决定将这一项目迁址。[1]这一事件充分表明公众对公共安全问题关注的加强与公众参与程度的扩大化。

从刑事视野分析，如前所述，危害公共安全犯罪有严重的社会危害性。一类犯罪的严重社会危害性往往是其获得广泛关注的天然属性。同时，由于其高发性和对民众的生命健康、财产安全的直接影响性，危害公共安全类犯罪又在关注度上占据了民众心理的独特优势——引发民众的高敏感性。换言之，此类犯罪离群众近且高发，它便成为对公众日常生产生活威胁最大的一类犯罪，民众心理上越来越认为此类犯罪与他们的生活息息相关。

然而，在社会关注与民众参与之中，我们看到了诸多不理性因素。2009年8月18日，《中国青年报》社会调查中心通过民意中国网、3G门户网对酒后驾车处罚力度进行了调查，调查显示，81.3%的人认为“过轻”，只有11.1%的人认为“合适”，1.2%的人认为“过重”，6.4%的人表示“不清楚”处罚的规定。[2]这个调研从一个侧面反映了民众的不冷静与重刑的社会心理。究其原因，从历史维度讲，几千年来的重刑思想深入人心，刑罚崇拜思想仍难根除；从民族心理上讲，中国人缺乏宽容、容忍的精神，而社会转型又进一步导致民众容忍度的降低；从刑事政策角度讲，政策化倾向加深与严打政策的影响仍难根除。因此，政府应当倡导民众对公共安全事件的理性关注，如果政府在此引导不力，容易造成民众的过度参与和极端倾向。

(二)公共安全刑事立法调控的趋“严”倾向明显

处于转型期的中国社会自身存在一些重要缺陷，如多重风险[3]共生，社会自身保障安全具有脆弱性，社会应对风险的思维具有极化倾向等。这些缺陷

---

〔1〕 参见“厦门XP项目事件”，载百度百科：http://baike.baidu.com/view/3114002.htm，最后访问日期：2010年12月17日。

〔2〕 转引自《81.3%的人认为目前对酒后驾车处罚力度过轻》，载人民网：http://society.people.com.cn/GB/41158/9876977.html，最后访问日期：2010年12月17日。

〔3〕 这里所指的“风险”主要指不安全因素。

在弱化转型期风险控制的效果的同时，放大了各种风险对社会安全的威胁。甚至可以说，转型社会缺陷本身即是重要的风险源之一。[1]针对社会转型自身带来的公共安全风险和诸多公共安全问题，我国相关法律法规不断从立法上作出应对。而刑法，作为社会防控的最后的屏障，对公共安全的防护具有先天的应然性和不可替代性。因此，刑事领域内的相关立法引人关注。

刑事立法是刑事法治的前提。而从刑事政策的角度分析，刑事立法政策包括定罪政策和量刑政策。前者主要涉及犯罪圈的划定、犯罪化与非犯罪化等问题，后者主要关涉制刑目的、体系、配型量以及非刑罚化等问题。[2]

就定罪刑事政策而言，随着社会转型的加速，刑法以不断入罪的方式加强对公共安全犯罪的调控，划定的犯罪圈不断扩大。

刑事政策对定罪的影响，主要体现在划定一个犯罪圈。而这个犯罪圈的划定，受多方面因素的影响。针对1979年刑法施行中的诸多问题，根据新的社会形势，在“严打”刑事政策的指引下，我们制定了1997年刑法。在1997年刑法中，一方面，体现了对于人权保护的趋势；另一方面，又因其按照国家法益——社会法益——个人法益的梯度进行权益保护，显示了浓厚的国家本位思想。就公共安全类犯罪而言，在立法上主要集中规定在《刑法》分则第二章规定的危害公共安全罪各个具体犯罪规定，并在《刑法》分则其他章节对其他罪名作出规定。1997年刑法中，《刑法》分则的第二章共规定了42个罪名，涵盖了一般意义，也即狭义的公共安全犯罪的全部内容。概括来说可以分为以下几类：以危险方法危害公共安全类犯罪；破坏公用工具、设施危害公共安全的犯罪；实施恐怖、危险活动危害公共安全的犯罪；违反枪支、弹药、爆炸物、危险物质管理规定危害公共安全的犯罪；造成重大责任事故危害公共安全的犯罪。[3]《刑法》分则其他章节的规定主要包括第三章第一节的生产销售伪劣商品类犯罪中的相关内容，第六章第五节的危害公共卫生罪、第六节的破坏环境资源保护罪的相关内容。此外，从广义上讲，由于公共安全内涵的丰富性和转型社会的多元性，刑法对公共安全的防控亦体现在其他方面，包括：《刑法》分

---

〔1〕 参见郑杭生、洪大用：《中国转型期的社会安全隐患与对策》，载《中国人民大学学报》2004年第2期。

〔2〕 参见卢建平主编：《中国刑事政策研究综述》，中国检察出版社2009年版，第98页。

〔3〕 参见刘宪权主编：《刑法学》(第二版)，上海人民出版社2008年版，第413～414页。

则第三章规定的扰乱市场秩序类犯罪；第四章规定的对民族问题防控的煽动民族仇恨、民族歧视罪，对治安问题防控的组织未成年人进行违法治安管理活动罪；第五章规定的聚众哄抢罪；第六章规定的其他严重妨害社会管理秩序，影响社会和谐的犯罪，如黑社会组织与黑社会性质的系列犯罪。这些规定与《刑法》分则第二章的狭义危害公共安全犯罪一起，构成了我国《刑法》对公共安全问题防控的较为完整的体系。

随着社会形势的变化和刑事政策的调整，刑法对于公共安全的防控不断完善。1997年之后，《刑法》以修正案的形式对公共安全的相关犯罪进行规定与补充，并通过一系列司法解释对相关罪名进行细化。2001年通过的《刑法修正案（三）》，是在投毒类公共安全事件频发和"9·11"事件之后国际国内反恐形势日益严重的背景下诞生的。因此，该部修正案主要针对"危险物质"和恐怖主义犯罪进行修订与补充。围绕前者，该部修正案对一系列罪名进行了调整或扩充。例如，投毒罪改为投放危险物质罪；相应地，过失投毒罪被改为过失投放危险物质罪；非法买卖、运输核材料罪改为非法制造、买卖、运输、储存危险物质罪；盗窃、抢夺枪支、弹药、爆炸物、危险物质罪和抢劫枪支、弹药、爆炸物、危险物质罪的罪名中增加"危险物质"。而围绕后者，扩大对恐怖主义犯罪和其他犯罪的规制范围，主要是增设资助恐怖活动罪。随着各类矿难事故的报道，责任事故类犯罪数量的增多，《刑法修正案（六）》扩充了危害生产安全、危及公众安全类犯罪的调整范围。具体包括：对重大责任事故罪、重大劳动安全事故罪的构成要件或法定刑进行调整；增设三个罪名，即强令违章冒险作业罪，大型群众性活动重大安全事故罪和不报、谎报安全事故罪。[1]通过这些调整与完善，刑法扩大了危害公共安全犯罪的对象，使法网更加严密。《刑法修正案（八）》这一痕迹更为明显，危险驾驶入罪，拒不支付劳动报酬入罪，开始动摇我国的二元立法体系。"生产、销售假药罪"从原来的具体危险犯改为行为犯（抑或抽象危险犯）等，也体现出对危害公共安全从严惩治的思路。

就量刑政策而言，刑法以不断加刑的方式调控公共安全犯罪，量刑力度不断加深。譬如，1997年《刑法》颁行之后，在历次修订过程中，"严"的趋势仍

---

〔1〕 参见张曦、李益明：《刑法与公共安全的认知演进》，载《中共四川省委省级机关党校学报》2009年第3期。

不断彰显。如《刑法修正案（三）》和《刑法修正案（六）》不仅扩大了对恐怖主义犯罪和生产安全类犯罪的规制范围，也提升了对其处罚力度。表现在：提高组织、领导、参加恐怖组织罪法定最高刑；在对重大责任事故罪、强令违章冒险作业罪、重大劳动安全事故罪法定刑的调整和认定过程中，不断提高量刑幅度。以强令违章冒险作业罪为例，《刑法修正案（六）》将其量刑幅度从之前的"三年以下有期徒刑或者拘役"和"三年以上七年以下有期徒刑"，调整为"五年以下有期徒刑或者拘役"和"五年以上有期徒刑"。这虽然与生产责任类犯罪频发引发的社会问题有一定关系，但作为过失类犯罪的此罪，最高刑期从7年上升为15年，重刑化烙印明显。

（三）公共安全的刑事司法防控呈扩大化趋势

1.司法解释对公共安全犯罪的扩大防控

1997年刑法颁布至今，最高人民法院、最高人民检察院共颁布了涉及公共安全的司法解释13个，全国人大常委会颁布立法解释一个。这些法律解释均是在一定的社会背景下产生的，反映了一定的社会诉求。以最高人民法院、最高人民检察院颁布了《关于办理妨害预防、控制突发传染病疫情等灾害的刑事案件具体应用法律若干问题的解释》为例，这部司法解释是针对2003年突发的"非典"疫情，并结合当时公共安全的实际情况颁布的。它在第1条中明确了故意传播突发病病原体，危害公共安全的按照以危险方法危害公共安全罪处罚，更多的是倾向于刑法的威慑力。这些法律解释包含的内容还涉及破坏电力设备，破坏电信设备，破坏易燃易爆设备，制造、买卖、运输枪支、弹药、爆炸物及化学品，交通肇事，环境污染，黑社会性质的犯罪等内容。这些均是针对不同的犯罪现象和社会状况制定的。而犯罪现象正是由于社会转型显现出不同的特质，展现出量与质以及分布形式上的变化态势，社会状况的变化更是转型社会的必然产物。

反观这些法律解释，从内容来看，反映了入罪化的趋势。这些法律解释从不同方面对公共安全问题进行界定，概括起来主要包括概念界定、入罪标准明晰、量刑幅度分类、相关竞合问题分析等内容。而在对这些问题的界定中，最高人民法院与最高人民检察院较多地采纳扩张解释的方法。再以《关于办理妨害预防、控制突发传染病疫情等灾害的刑事案件具体应用法律若干问题的解释》的第1条为例，它规定，"故意传播突发传染病病原体，危害公共安全的，依照刑法第一百一十四条、一百一十五条第一款的规定，按照以危险方法危害公共安全罪定罪处罚”。这一规定虽然属于实质解释，但是所反映的“以危险方法危害公共安全罪”内涵与外延，有脱离基本规范的嫌疑。

在法定量刑情节提升的同时，酌定量刑情节，特别是从轻情节却往往被疏忽。这种疏忽不仅体现在立法上关于从轻的司法解释有限且要求严格，也体现在司法实践中的较少利用。比如在环境污染事故与食品卫生事故中，刑法文本明确规定的从重情节本来有限，因此，司法主体应在个案裁判中对一些需酌情考虑的情节予以重视。但司法实践中，往往以从严惩处该类行为和预防潜在犯罪人再犯为目的，从法定量刑情节与酌定量刑情节两个层面入手，对一些危害社会公共安全的犯罪适用较重刑罚，在判决中选择较重刑罚。[1]

2.司法适用对公共安全的扩大理解

关于危害公共安全的各犯罪的各种判决与司法应对措施引发了广泛的关注。以“以危险方法危害公共安全罪”为例。“孙伟铭醉酒驾车案件”“三鹿奶粉案件”“平顶山矿难”“冯福东偷窨井盖”等不同性质的案件最终却都以这一罪判决，这一现象引起了我们的思考。以危险方法危害公共安全罪规定于《刑法》分则第二章第114条和第115条，从立法本意分析，其是对这两条其他罪名的兜底性规定，而非全部危害公共安全罪的兜底性规定。它针对的是放火、爆炸、决水、投放危险物质之外的，与其主观恶意、客观行为与结果相当的危险犯罪，是狭义危害公共安全犯罪中最为严重的犯罪的一种。然而实践中，从交通肇事到生产非食品原料，从车辆“碰瓷”到偷窨井盖，诸法院通过一系列的判决将这一罪名的触角伸至公民个人权利领域、社会管理秩序领域及其他领域。以危险方法危害公共安全罪在司法过程中逐步成为一个“口袋罪”。

之所以产生这一现象，当然与罪名中“其他”二字造成的概念模糊密不可分，但最主要的因素还是对刑法基本理论没有厘清。首先，在客观方面，对危险犯性质的理解错误。《刑法》分则第114、115条规定的行为均为危险犯。即只要行为人的行为足以危害公共安全的，就构成这类犯罪。然而，在对“危险”二字的理解上，司法实践中却常常有一种误区，即认为危险犯中的危险是对行为客体的危险，因此，在一些“碰瓷”案件中，检察机关表示，“犯罪嫌疑

〔1〕 参见游伟、赵运锋：《公共安全视域下的刑法对策思考》，载《法治论丛》第23卷第5期。

人多次在交通要道上故意撞击被害人车辆，造成交通事故的假象，事实上很可能使被害人的车辆失控，危及其他不特定的多数人的人身或财产安全。这种以危险方法危害公共安全的‘碰瓷’行为，也是司法机关严厉打击的违法犯罪行为”。[1]即检察机关认为，“碰瓷”行为可能造成危害人身财产安全的结果。然而，当我们回归行为本身来分析，“碰瓷”行为之所以构成犯罪在于其欺诈性，构成诈骗罪，诈骗罪的客体是财产权。因此，应该认识到：危险犯之“危险”不应该是对行为客体的危险而应是对犯罪客体的危险。[2]

其次，在主观方面，对刑法中故意犯罪的“故意”内容理解不清。刑法中的“故意”与“过失”，针对的是危害结果，而非危害行为。以危险方法危害公共安全罪与《刑法》分则第114、115条规定的其他犯罪一样，是对造成不特定多数人人身、财产重大损失的结果持“希望或放任”的态度。然而，司法实践中，却往往将“故意”的内容理解为对危害行为的发生持不否定的态度。这种基本理论的错误指引便导致将偷窨井盖这一明显的盗窃行为认定为以危险方法危害公共安全行为。

最后，没有厘清客观和主观的关系，即没有明晰危险性与加害性的关系。以“孙伟铭醉酒驾车案件”和其他交通肇事类案件为例，此类交通肇事案件，从结果来看，与“以危险方法危害公共安全罪”有相似性，即都具有极大的“危险性”。然而，一方面，如前所述，二者的“危险”内容并不相同；另一方面，前者却是过失犯罪，后者为故意犯罪。因此，主观方面上，前罪中行为人没有“加害性”，后罪中的行为人却有明显的“加害性”。前行为是过失，后行为中却有明显的故意，且一般为直接故意。司法实践中，往往只看到二者在“危险性”上的相似性，却忽视了在“加害性”上的区别。

在具体的案件中，往往因为以上三种理解误区并存，导致了误以“以危险方法危害公共安全罪”认定的案例层出。

就罪名适用的角度而言，除以危险方法危害公共安全类犯罪外，以其他故意类犯罪罪名判决的案件也不断涌现。如以黑社会性质组织类犯罪，和食品药品安全类犯罪认定的案件也时有发生。这类犯罪的重刑化的趋势不仅反映

〔1〕 徐蕾蕾、陆华、郭剑烽：《两个月“碰瓷”80余次获利8万，6人团伙涉嫌以危险方法危害公共安全罪被批捕》，载《新民晚报》2009年11月25日。

〔2〕 参见李洁：《行为犯与危险犯之界限探析》，载《阴山学刊》第17卷第6期。

在入罪门槛不断降低甚至错误认定上，而且反映在对其量刑不断加重上。这种不断“严格化”与“严厉化”的趋势，同时得到了最高人民法院的《审理黑社会性质组织犯罪等贯彻宽严相济》等指导文件的支持与肯定。

故意类犯罪罪名适用的扩大化必然伴随着过失类犯罪在行为认定上的不断“故意化”。这是一个问题的两个方面，统一在司法实践的诸层面。即对一类行为的错误认定导致了某些罪名的扩大，而罪名界定的失误又导致行为不断被错误认定，最终导致行为与罪名的双向错误认定并存的局面。譬如，交通事故类犯罪、生产安全类犯罪、环境事故类犯罪等传统过失犯罪行为，司法实践都不断地以一些故意犯罪的罪名将其判决，并以司法解释或其他形式将其确定。

在对诸多案例分析之后，我们发现，由于转型社会中公共安全犯罪的高敏感度，司法防控过程中很难做到审判独立，无论是定罪还是量刑过程中，都受到了政策和社会舆论的影响。

一方面，对公共安全问题的司法处理过程中渗透了浓厚的政策性。就刑法而言，在多大范围、多大程度上保护公共区安全，涉及我国当前社会发展中的刑法定位与刑事政策问题。我国刑事政策历来政策化倾向明显，这一趋势在“严打”刑事政策时期表现明显。在“宽严相济”刑事政策成为主流的历史背景下，这一症候仍然没有被根治。因此，我们可以看到，在公共安全类具体案件中，法律的规范性至上往往被规范的政策至上所取代。就具体案件而言，有权机关的态度往往成为案件结果的决定因素。在对“孙伟铭醉酒驾车案件”“三鹿奶粉案件”“平顶山矿难”“厦门PX化工案件”的判决或处理过程中，亦可以发现浓厚的政策倾向。

另一方面，舆论的不理性导向作用影响。由于转型社会面临的公共安全挑战是复杂多样的，且转型社会的国家能力本来就弱，公民社会往往自觉地成为维护社会稳定、重建公共安全秩序的主力军。[1]但是，由于公民对公共安全参与的过度与不理性并存，往往造成不利的舆论导向，影响司法。就前文所述的诸多案例而言，我们发现，公共安全类犯罪总是围绕着普通人的感觉、舆论的导向发动。如果仅仅从社会效果来加以考虑，实际上就是在追求刑罚与行

---

〔1〕 参见朱武雄:《转型社会的公共安全治理——从公民社会的维度分析》，载《东北大学学报》(社会科学版)第12卷第5期。

为客观社会危害性的平衡。这往往会忽视与主观恶性的对应，会忽视刑法的确定性，不仅使刑法的客观化成为一种奢望，同时，罪刑法定原则会在社会危害性的考量中处于被冷落的位置。

三、刑事政策制定运用过程中的必要限制

（一）刑事政策对公共安全的防控必须严格遵循合法性原则

现代社会是法治社会，法律的权威成为最高标准，刑事法律也不再是刑事政策的“奴婢”，转而成为刑事政策的制定与运用过程中的必要限制。

现代法治社会下，刑事政策的制定与运用必须严格遵循合法性原则，在预防和控制犯罪的过程中，必须受到法律的约束。如果说犯罪状况的发生与变化是刑事政策制定与运用的事实根据，那么要求其必须在法律框架内发挥作用则是刑事政策的法理根据。“现代社会的法治原则始终是现代刑事政策产生和发展的法理依据。这就要求刑事政策从创制到实施都必须严格依照法律进行，脱离了法律制约的刑事政策不仅会和刑事政策本身的价值背道而驰，而且会出现危险的倾向。刑事政策必须是和法律的价值取向同一。”〔1〕另外，由于刑事法律作为一种普遍性、类型化、相对化的规范，总是为刑事政策这一工具性、功利性、特殊性策略提供了发挥的空间，这是由法律的空缺结构直接决定的。可以这样理解，法律的给定（主要是刑事法律的给定），为刑事政策提供了施展的平台，也为其划定了不可逾越的边界与检验的标准。

问题也随之而来，在刑事政策制定和运用过程中，如何判断其是否具备合法性。对此，我们先将视线转回当前关于公共安全犯罪的司法实践，关注一下现实案例的处理情况：

2009年8月14日，盐城市盐都区人民法院对盐城“2.20”特大水污染事件主犯、原盐城市标新化工有限公司董事长胡文标作出一审判决：被告人胡文标犯投放毒害性物质罪，判处有期徒刑10年；同时撤销2005年因虚开增值税专用发票被判刑2年、缓刑3年的决定，决定执行有期徒刑11年。该案事实为：盐城标新化工有限公司董事长胡文标、生产厂长兼车间主任丁胜，“明知”废水不能外排，将含有有毒有害物质的废水排入五支河，污染市区两个自来水取水

〔1〕 黄京平、李翔：《刑事政策概念的结构分析——兼评刑事政策法治化》，载赵秉志主编：《刑事政策专题讨论》，中国人民公安大学出版社2005年版。

口，致使市区20万居民饮用水停止66小时40分。

2010年11月16日，平顶山市中级人民法院一审宣判，以危险方法危害公共安全罪和伪造事业单位印章罪并罚，判处李新军死刑，缓期2年执行，剥夺政治权利终身。以危险方法危害公共安全罪分别判处韩二军死刑，缓期2年执行，剥夺政治权利终身；侯民无期徒刑，剥夺政治权利终身；邓树军有期徒刑15年，剥夺政治权利5年。12月1日，河南省高级人民法院在平顶山市依法进行二审公开宣判，维持原判。该案事实为：新华四矿原矿长李新军等四人在煤矿处于长期技改和停工整改期间，"明知"该矿属于煤与瓦斯突出矿井，存在重大安全隐患，不仅不采取措施消除隐患，反而为应对监管部门的瓦斯监控，多次要求瓦斯检查员确保瓦斯超标时瓦斯传感器不报警；只是检查员将井下瓦斯传感器传输线拔脱或置于风筒新鲜风流处，使其丧失预警防护功能；指使他人填写虚假瓦斯数据报告表，有意逃避监管，隐瞒重大安全隐患；并擅自开采已组煤层，以罚款相威胁，违规强令大批工人下井采煤，最终导致矿难发生。

相关媒体在报道上述案件时采用的标题分别是《我国首次以投毒罪判处污染环境者 对胡文标执行有期徒刑11年》[1]《我国首以危害公共安全罪判处事故矿长"平顶山矿难"案4名矿长中两人获死刑》，[2]这是因为原本一直以过失犯罪追究刑事责任的犯罪行为一下子转变为危害公共安全犯罪定罪量刑，不得不引起关注。联想到近年来，偷窨井盖、加油站点烟、醉酒驾车等案件的处理情况，可以明显感受到司法实践中面对涉及公众利益的犯罪行为时，刑事政策从重从严的导向性。当犯罪行为指向不特定人生命、财产权利或者公共利益、公共秩序而危及公共安全时，基于其严重的社会危害性，制定运用相应的刑事政策进行重点防控无可厚非。但是像上述案例中本该由相应罪名进行定罪量刑，却在刑事政策的调整下转而改为公共安全犯罪，显然是有违合法性原则的。由此，我们应当进一步总结出，刑事政策在贯彻合法性原则时，必须符合的基本要求：

---

〔1〕《我国首次以投毒罪判处污染环境者 对胡文标执行有期徒刑11年》，载新华网：http://news.xinhuanet.com/politics/2009-08/18/content_11900921.htm，最后访问日期：2010年12月17日。

〔2〕《我国首以危害公共安全罪判处事故矿长 "平顶山矿难"案4名矿长中两人获死刑》，载中国普法网：http://www.legalinfo.gov.cn/index/content/2010-11/17/content_2354571.htm?node=7863，最后访问日期：2010年12月17日。

其一，刑事法律规范的坚守，刑事政策的制定与应用必须严格建立在法律规范基础之上。刑事政策必须在刑事法律的框架内，那么就以上两个案例而言，刑事政策的导向，无非只是体现在重大责任事故罪、重大环境污染事故罪等过失犯罪与危害公共安全的故意犯罪之间的选择适用上，其本身并未对既有的法律规范有所突破。事实上，“刑事法律是刑事政策的藩篱”，对于这句话我们不能只停留在平面的理解上，刑事政策的制定和运用既要遵循法律规范本身，同时应当坚决遵守法律规范本身具有的基本规范性。上述两个案例之所以能够认定为危害公共安全的故意犯罪，而不是相关的过失犯罪，刑事政策导向的直接作用点就在于将主观要件中的“间接故意”和“过失”进行替换。根据刑法本身的基本规范性，“间接故意”与“过失”的根本区别在于犯罪行为人对危害结果发生的态度上，过失犯罪对危害结果的发生持否定态度，而间接故意犯罪对危害结果的发生未必是肯定态度，但至少是不否定态度，这是《刑法》第14条中所规定的“放任”的应有之义，也是判断犯罪行为主观罪过的法律标准。上述案例中，不管犯罪行为人是出于何种目的实施了危害公共安全的行为，但是其对危害结果的产生所持的否定态度还是有迹可循的，基于危害结果的严重性，刑事政策的导向在其中起到了明显的作用。这种不该有的作用，正是刑事政策对既有刑事法律基本规范性的突破，有违合法性原则。

其二，刑事法律原则的坚持，刑事政策的制定和运用必须与刑事法律原则保持一致性。如果说，刑事政策对刑事法律规范的坚守是合法性原则的前提与基础，那么对刑事法律原则的坚持则是其内涵与实质。毫无疑问，在各种刑事法律的基本原则中，罪刑法定原则是现代刑事政策实践的不可动摇的基石。刑事政策的运用往往涉及国民的自由、财产乃至生命等的生杀予夺的重大利益，因而需要特别考虑对人性尊严的尊重和基本人权的保护。法治社会下，制定运用刑事政策的价值目标，不仅仅是单纯功利性地追求预防犯罪，而更需要兼顾到它的合理性。只有在罪刑法定支配下的刑事政策，才能真正符合其对功利性的追求同时符合社会公正和合理的要求，从而最佳地实现刑事政策的追求。如果刑事政策不受罪刑法定这一体现国家与国民关系合理性的根本原则的制约，则必然蕴含着破坏法治、侵犯人权的巨大危险。[1]所以，现代法治理念下，制定、运用防控公共安全犯罪的刑事政策，必须以贯彻罪刑法定原则为根本前提。除此之外，现代刑事法律中的罪刑均衡原则、无罪推定原则、谦抑性原则、正当性原则、教育改善原则等一系列体现人本主义精神的基本原则，也是在制定刑事政策过程中必须始终坚持的。

（二）宽严相济刑事政策在公共安全防控过程中必须体现"宽"的一面

"宽严相济"是我国当前的基本刑事政策，是我国根据社会高速转型期总体形势下的犯罪态势，所作出的一种反犯罪的策略选择。正确理解宽严相济刑事政策的基本理念，合理把握其对于防控公共安全犯罪过程中的指导作用，有利于刑事政策功能的充分发挥，也是保护社会与保障人权相统一的必然要求。

对"宽严相济"的刑事政策的理解，首先应当明确什么是"宽"，什么是"严"，什么是"相济"。宽严相济之"宽"应该是来自惩办与宽大相结合的"宽大"，其确切含义应当是轻缓。刑罚的轻缓可以分为两种情形：一是该轻而轻，二是该重而轻。宽严相济之"严"是指严格或者严厉，主要包括两方面的含义：一是法网严密，二是刑法严苛。而所谓"相济"则是指"宽"与"严"应当相互补充、相互协调及相互结合。

根据最高人民法院2010年2月8日发布《关于贯彻宽严相济刑事政策的若干意见》（以下简称《意见》）对宽严相济刑事政策的总体要求是，"要正确把握宽与严的关系，切实做到宽严并用。既要注意克服重刑主义思想影响，防止片面从严，也要避免受轻刑化思想影响，一味从宽"。而对于涉及公共安全问题的犯罪行为，《意见》则强调："要作为严惩的重点，依法从重处罚"，"尤其对于极端仇视国家和社会，以不特定人为侵害对象，所犯罪行特别严重的犯罪分子，该重判的要坚决依法重判，该判处死刑的要坚决依法判处死刑"。

结合《意见》与司法实践情况，在面对涉及公共安全问题的犯罪行为时，我们的政策导向强调的是从重从严，乃至"坚决依法判处死刑"。破坏公共安全的犯罪，社会危害性严重、影响恶劣，一旦发生便会给个人、社会、国家造成巨大的损失。于是，对于公共安全犯罪我们似乎始终难觅"宽严相济"中"宽"

---

〔1〕 参见梁根林：《刑事政策：立场与范畴》，法律出版社2005年版，第105、235页。

的因素。这样的情况不得不引起我们的重视和思考，是否一旦犯罪行为指向不特定人的生命、财产权利，指向公共利益、公共秩序，犯罪行为人就罪无可恕，必须重罚？如果是这样，那么在公共安全的防控过程中，宽严相济的刑事政策岂不走向了单极？这显然与现代刑事政策的发展趋势是南辕北辙的，也有违宽严相济刑事政策的基本理念。那么，对于破坏公共安全的犯罪行为，我们在对其重点打击、预防控制的过程中，如何合理把握宽严相济的刑事政策的作用，并为其注入宽宥因素，从而起到必要限制？

从实行宽严相济的刑事政策的初衷来看，在宽与严的具体关系上，我们更应当倾向于宽是基础，严是补充。原因在于：第一，我国将基本的刑事政策调整为宽严相济的刑事政策，从客观上来看，这是由我国当前处于社会高速转型期的事实所决定的。考虑到“我国已经进入改革的关键时期，经济体制深刻变革，社会结构深刻变动，利益格局深刻调整，思想观念深刻变化”这一影响犯罪态势最主要原因和犯罪的阶段性特征，刑事政策的制定和运用更应该趋向于全面审视惩罚手段在犯罪控制中的地位，将犯罪控制自觉地纳入对相关社会事务的管理之中。在此意义上，宽严相济刑事政策集中体现了在构建和谐社会的过程中，应努力化解矛盾的本质要求，而不是侧重于制裁。第二，宽严相济刑事政策的提出也是对“严打”政策的反思与修正。30多年的司法实践已经证明：重刑主义所追求的遏制和减少犯罪的预期并没有实现。“严打”刑事政策的高压下，犯罪现象依旧符合规律地呈现出变化态势。一味“从重、从快”的政策思路，不能有效实现防控犯罪的目的，转变刑事政策的理念就成为必要之举。并且，对于宽严相济的认识，尽管包含着依法当严则严的内容，但在旨趣上具有在强调保持刑罚适用宽严适度或宽严结合的前提下，更注重罪刑认定和刑罚处罚的轻缓一面，以此再尽量抑制刑罚权的滥用，矫正惩治犯罪因一味强调从重、从快处罚而忽视对犯罪人从宽处理可能性的同时，使刑罚的教育感化功能得以充分发挥。[1]

从“惩办与宽大相结合”“严打”到“宽严相济”，随着社会的快速转型，刑事政策从“严”字当头调整为“宽”字当头。应该说，这绝不是决策者的无意为之，而是刑事法治理念转变的重要体现，是重刑思想不断缓解、人本思想日

〔1〕 参见张远煌：《论宽严相济刑事政策的关系特征》，载卢建平主编：《刑事政策评论》（第1卷），中国方正出版社2006年版。

益兴起的并行过程。我国刑事法律的发展趋势，不再只侧重于社会秩序的维护，也开始更多地关注个人的切身利益。人道主义作为一种道义上的立场，成为刑事法治发展的必然诉求。无论在什么时候，刑罚的人道性都是刑法的命脉，刑法的宽容性既是公正本身的要求，又是防止过分严厉和残酷的有效手段。如果说，合法性原则是硬性的规定，那么人道主义原则和宽容原则是柔性的劝导，都对刑事政策的制定和运用进行必要的限制。所以说，社会转型时期下“宽严相济”的刑事政策，应当是以“宽”为基本理念，体现人道主义思想的基本政策。

在此前提下，我们再回过头来看《意见》中“极端仇视国家和社会，以不特定人为侵害对象，所犯罪行特别严重的犯罪分子”，对于其所实施的危害公共安全的犯罪行为，我们的评价视野似乎仅停留于危害行为“罪行十分严重”“社会危害极大”以及犯罪人“主观恶性深”“人身危险性大”，除此之外便无所关注。必须承认，在危害公共安全的犯罪中，对危害结果的强烈憎恶及对犯罪人的强烈谴责，让公众不免产生从重从严处罚的愿望。由此，在要求体现法律效果与社会效果相统一的前提下，宽严相济的刑事政策走向一极，其对公共安全的防控作用走向一端。笔者认为，对于当前公共安全犯罪的发生原因，我们不能只看到犯罪人的主观恶性，同时应当关注到社会转型所带来的社会因素，正处于社会高速转型期的中国社会，社会因素对公共安全犯罪的产生作用尤为突出，计划经济向市场经济转型，社会结构变动，利益格局重组，导致贫富差距悬殊，一部分社会成员在此冲击下成为弱势群体。在这种失衡与焦虑的心态下，社会成员的安全感大大降低。而公共安全是建立在个人安全集合的基础之上的，当个人安全得不到保证时，公共安全自然也就岌岌可危。反思一系列杀害儿童的恶性事件，当面对指向弱者的犯罪行为时，我们会对犯罪人的不人道义愤填膺，但对于同样身为社会弱势群体的犯罪人，我们是否也应该带着人道的眼光呢？站在人道主义的立场，来看待公共安全犯罪产生的社会因素与个人因素，个人因素固然需要谴责，但社会因素是否就此得以开脱，答案显然是否定的。正如李斯特所言，任何一个具体犯罪的产生均由两个方面的因素共同使然，一个是犯罪人的个人因素，另一个是犯罪人的外界的、社会的尤其是经济的因素。犯罪的产生以及犯罪对于犯罪人的意义随着这两个因素的变化而变化，并且外界因素是主要诱因，个人的因素是重要的诱因。[1]由此，面对此类恶性的公共安全犯罪，社会同样需要自责，那么对于犯罪人的惩罚也就应该留有了一丝宽容的余地。所以，即便是对于具有严重社会危害性的公共安全犯罪，宽严相济的刑事政策也不能一味地从重从严，而应当有所限制，在“宽”的一面有所体现。

---

〔1〕 参见[德]李斯特：《德国刑法教科书》，徐久生译，法律出版社2006年版，第16页。

第十章 刑事和解的合法性要求与程序协调*

美国当代著名法理学者朗·富勒在其建构的“法的内在道德”理论中着重论述了法律的程序性价值，提出了其著名的合法性八项原则。其中第五项原则是“不矛盾。如果法律自相矛盾，人们将无所适从”。富勒认为，矛盾分为两种一部法律的内部矛盾和不同的法律之间的矛盾。此外，还要考虑“这一问题周遭的整个制度环境——无论是法律的、道德的、政治的、经济的还是社会的。”〔1〕从而，法律的协调性成为法律规范是否正当的一个重要标杆。在《刑事诉讼法》修改的时候，法律体系的协调性也应成为一个重要的规范正当性依据。笔者认为，这种协调性既包括刑诉法内部规范的协调性，同时更包括法律之间的协调性要求。其中刑事实体法与刑事程序法规范之间的协调性要求显得尤为直接。如果新确立的刑事规范出现了不协调，则会给司法适用以及规范的效力本身带来许多问题。

从《刑事诉讼法修正案草案》（以下简称《修正案草案》）文本来看，刑事和解制度作为一项专章规约的新的法律制度，在建构和谐社会语境下，无疑将成为一大亮点。事实上这也是对司法实践过程中刑事和解遍地开花的一种法律追认，也会使这项制度于法有据。

---

* 本部分内容刊载于本书作者发表的《以实体与程序协调性为视角看刑事和解举措入法》，原载《法学》2011年第12期；《死刑案件可以并需要和解吗》，原载《中国法学》2010年第1期。虽然《刑事诉讼法》已经修订，且有所变化，但从应然性角度来说，作者仍然坚持本书观点。

〔1〕 [美]富勒：《法律的道德性》，郑戈译，商务印书馆2005年版，第83页。

但是承认一项制度本身的合理性、现实性的同时，[1]并不意味着毫无保留地全盘接受拟定的具体规范，从《修正案草案》现有的规定来看，尽管经过了数度讨论和推敲，但仍然存在众多的与刑法规范本身失调的问题。

一、如何界定刑事和解的案件范围

（一）从罪名的设定看刑事和解的范围

各种犯罪无非是针对两种社会关系——社会秩序或公民权利的破坏。比如，走私犯罪侵犯了国家的海关监管秩序，过失致人死亡罪侵犯了他人的生命权。前一类犯罪表现为犯罪行为直接与国家制度的对抗，因此往往缺乏和解的基础。也正因如此，在司法实践试点刑事案件和解举措的时候，一般都将范围局限在《刑法》分则第4章、第5章的人身权、财产权的罪名。这一实践成果显然也为《修正案草案》第274条所继承。但《修正案草案》第274条还增加了一项内容——“除渎职犯罪以外的可能判处七年以下有期徒刑刑罚的过失犯罪案件”，于是问题便产生了。刑法中的过失犯罪主要存在于危害公共安全罪、侵犯公民人身权利罪和渎职犯罪三个领域。渎职犯罪往往对公共财产造成重大损失，是一种国家机关的公务活动领域发生的犯罪，刑事和解无疑缺乏现实基础和公众认同，故将渎职罪排除并无异议。但将其他所有过失犯罪类型包含在内似有不妥，因为刑法中的过失犯罪集中于“危害公共安全犯罪”一章，如失火、爆炸、过失投放危险物质罪等。公共安全包括不特定多数人的人身财产安全，允许和解存在势必导致一些理论和现实操作的问题。首先，公共安全并不一定和个人人身、财产权联系在一起，还可能是对公共财产的损害，甚至可能导致整个社会安全体系的崩溃，此时和解的被害人的选定就面临着现实问题。其次，在许多时候，危害公共安全即使存在实然的被害人，但由于

〔1〕 其实刑事和解制度自试点以来，就随着对合理性与现实性的激烈争议，不仅有来自理论的，还有来自舆论的。在此次立法过程中，立法机关内部争议也十分突出。全国人大常委会有委员对这个制度表示认可，甚至还进一步建议把允许和解的年限条件由年扩大至年。更多的委员则表示异议。如有委员认为“刑事和解问题，总觉得有花钱买平安的感觉。民事可以和解，刑事是否要这样规定，影响不影响刑事司法的严肃性、权威性，建议再作研究”。有委员认为“实践中确有这样的情况，公诉案件中的加害人花一些钱，被害人不再告了，侦查机关就不移送起诉了，但实际上这种做法是严重的违法行为，而这次要用刑事诉讼法给予其合法化，我认为不合适”。还有委员认为“当事人和解就可以从宽处罚，这与刑法基本立法原则相违背，有损国家法律的威信。因此，我认为需要考虑一下这个问题”。参见殷泌、王逸吟：《关注刑诉法修正案草案刑事和解不能成花钱抵罪》，载《光明日报》2011年8月26日。

犯罪分子行为导致的结果是对公共安全的损害，二者之间并不能等同，如果只要获取了某些被害人的谅解，就可以从宽处理，无疑是对公共安全保障的一种漠视。最后，现实中大量的危害公共安全犯罪发生后，政府基于职责以及社会稳定的需要，经济补偿以及恢复社会原状往往很快得到实现，是否需要进一步和解就成为问题。当一个行为构成犯罪并进行处罚时，不考量对犯罪客体的侵犯程度而是依据某些特定结果来和解进而从宽处理或不起诉，未免给人舍本逐末之感。

虽然刑罚是一种最严厉的惩罚手段，但是刑罚幅度往往有非常大的区间，刑种的设置既有不需关押的管制刑，同时又存在剥夺生命的死刑。从罪刑均衡原则的角度来解释，因为犯罪类型在现实中可以划分为轻罪和重罪，犯罪客体也存在轻重差别。具体到一个侵犯公民基本权利的犯罪，同样存在犯罪对社会秩序的侵犯问题，只不过在刑法设定时没有将其作为犯罪客体加以对待而已。犯罪行为不仅直接表现为对被害人利益的损害，同时对社会正常秩序构成侵害，并且对社会秩序造成的危害程度，往往被作为一个酌定情节在量刑的时候加以考量。被害人的态度实际上与犯罪行为最终刑罚的轻重没有直接关系。在重罪案件中，“如果允许被害方与被告方的交易，看起来似乎维护了被害方的利益，实际上是以牺牲整个公平信念为代价的，是以牺牲法律的尊严和权威为代价，其最终的结果是法律可以被任意解释。因此，如果允许这种和解成立，或许从某一点上看，可能还有一定合理性从面的角度来看，公平则荡然无存”。[1]这一问题在刑事诉讼法修改论证的过程中已经得到重视。譬如，早在刑事诉讼法再修改课题成果——《中华人民共和国刑事诉讼法修改专家建议稿》中，曾明确将刑事和解作为我国刑事诉讼法的一项原则予以规定。这条有可能确立刑事和解法律地位的建议，具体内容为“犯罪嫌疑人、被告人与被害人及其近亲属达成和解的，人民法院、人民检察院和公安机关可以考虑当事人的和解意愿，并根据案件情况依法不追究犯罪嫌疑人刑事责任，对被告人从轻、减轻或者免除处罚”。《修正案草案》则发生了显著变化。刑事和解不再作为一项原则性的内容，这意味着取消了其制度的统领意义同时，明确将重罪如死刑、无期徒刑乃至3年以上故意犯罪的案

〔1〕 孙万怀：《死刑案件可以并常要和解吗？》，载《中国法学》2010年第1期。

件排除出和解的范围，这是对一些地区司法实践的纠偏，体现了相对较为稳妥的立法思路。

（二）从刑期期限设定看刑事和解的范围

《修正案草案》是征集意见的范本，如果我们简单从理论、立法的原意、动因进行分析显然是隔靴搔痒，立足于条文规范和完善似乎更富有现实意义。然则对"除渎职犯罪以外的可能判处七年以下有期徒刑刑罚的过失犯罪案件"可以和解的规定，除了从罪名范围进行分析之外，以"七年有期徒刑"为期限是否合理呢？从法律体系协调性的角度来说，答案是否定的。"有过无大，刑故无小"，由古至今这是刑事立法的一项基本准则，我国当代刑法也同样如此。在尚存个死刑罪名且无期徒刑林立的我国刑罚体系中，对过失犯罪的刑罚设置显然已经给予了很大的宽宥空间。以最典型的过失致人死亡罪以及失火罪、过失爆炸罪、过失以危险方法危害公共安全罪为例，《刑法》规定的最高法定刑均为7年有期徒刑。在危害公共安全责任事故的11个罪名中，也只有交通肇事罪以及工程重大安全责任事故罪最高法定刑超过了7年。《刑法修正案六》增设的大型群众性活动重大安全事故罪的最高法定刑也是7年有期徒刑，从而维护了刑法典的过失犯罪刑罚体系的协调性。由此可见，一旦我们将"除渎职犯罪以外的可能判处七年以下有期徒刑刑罚的过失犯罪案件"纳入和解的范围，可以说除渎职犯罪之外的过失犯罪多被囊括进去。固然说，过失犯罪主观恶性较小，被告人又真诚悔罪之后，和解是有价值的。但如前所述，对过失犯罪的主观恶性较小问题，刑事立法已通过配备轻刑充分体现，如果再可以和解，势必引发一个新问题，对于故意犯罪可能被判处3年以上7年以下有期徒刑的，如果被告人同样真诚悔罪，被害人同样真诚谅解，不能和解的原因在于故意犯罪的恶性已经通过较重的法定刑的方式加以评判了，从而没有结余的恶性，如同过失犯罪已经通过较轻的法定刑评判了，也没有结余的恶性。

二、刑罚期限应当以法定刑为标杆还是以宣告刑为标杆

《修正案草案》在设定刑事和解的刑罚范围的时候，使用了"可能判处三年以下有期徒刑""除渎职犯罪以外的可能判处七年以下有期徒刑刑罚的过失犯罪案件"的表述方式，也就是说，决定是否允许犯罪人与被害人之间达成和

解，必须以“可能判处”罪犯的一定宣告刑为依据。这一规定模式十分值得商榷。从实际效果来说，这样的规定可能为司法官员是否允许和解提供了擅断的空间。

第一，宣告刑是在确定犯罪基准刑的基础上综合了犯罪行为以及犯罪行为人的各种情节之后作出的实际判决结果。在刑事和解成立以前，不存在一个实际的宣告刑，而只是一个结合具体案情估量的处罚，即“可能”判处的结果，这种估量是不全面的、易变的。从逻辑角度推演，根据最高人民法院《量刑指导意见》，宣告刑的设定是在确立一定法定刑幅度基础上选择一个基准点，再根据情节做加减法。而刑事和解制度介入，则是在设定一个具体刑期之后，再作减法。这就将刑事和解作为一个独立的情节游离于刑法量刑情节之外，违背了法律体系协调性的原理，因而显得比较怪异。

第二，根据《修正案草案》的设定，公安机关、检察机关、审判机关都可以决定和解，并制作和解协议书。公安机关、检察机关可以提出从宽的建议，检察机关也可以作出不起诉的决定。这就产生了一个问题，在审查起诉阶段乃至侦查阶段，司法机关就需要分析犯罪分子的罪行是否可能被判处3年以下有期徒刑或7年以下有期徒刑，否则不存在和解的余地。当一个犯罪没有各种特殊情节时，由于刑罚的刑格多数有年的界分，此时确定和解的刑罚期限似乎并不困难。但当犯罪分子具有法定情节且是刑法中的得减情节时，确立刑期标准就没那么简单了。

第三，在制度设定之后，司法官员因为被授予了执法的权力，因此成为刑事司法中的主导性力量。在和解制度的适用过程中，一旦以可能的宣告刑为评判依据，势必赋予司法官员较强的主观性判断。参考《刑法》规定，势必会出现两种情形，其一，在一些犯罪中，法定刑往往以3年作为刑格。譬如，根据《刑法》第234条的规定，犯故意伤害罪的，处3年以下有期徒刑，致人重伤的，处3年以上有期徒刑。由于以3年作为量刑幅度的界点，如果罪犯没有减轻情节，则和解标准相对比较容易把握。因为《刑法》给出的标准已经非常明确，法官的权力被科减。其二，在一些犯罪中，司法官员的权力被扩大。以非国家工作人员受贿罪为例，根据《刑法》规定，非国家工作人员受贿数额较大的，处5年以下有期徒刑。在过失犯罪中，以工程重大安全事故罪为例，其法定刑刑格也是以5年为界分，此时是否宣告刑应当在3年以下或者7年以下是不确定的，案件和解的标准就缺少了法定刑幅度的制约，司法官员的权力主观性则会增强。

第四，从《刑法》的规定来看，涉及以刑罚期限作为标准的制度主要有以下几种情形，一是设定处罚标准或比较刑罚轻重的时候，多以法定刑的最高或最低为基本的幅度标准。譬如，在追诉时效中，《刑法》第87条规定，法定最高刑不满5年有期徒刑的，经过5年。在涉及刑法溯及力比较“法定刑较轻”的时候，司法解释也有类似规定“法定刑较轻，是指法定最高刑较轻。如果法定最高刑相同的，则指法定最低刑较轻”，〔1〕再如，《刑法》明确规定，中华人民共和国公民在国外犯法定最高刑3年以下之罪的，可以不予管辖。也就是说，均选择了法定刑而不是“可能”的宣告刑。二是有些规定没有直接以法定刑作为标准，但实质并无区别。如根据《刑法》第65条的规定，一般累犯的构成必须前罪被判有期徒刑以上刑罚，在5年之内“再犯应当被判有期徒刑以上刑罚之罪的”。这里虽然没有选取一个具体法定刑幅度作为标准，但“有期徒刑”这样的表述相对于最高或最低法定刑的表述，从明确性角度来说毫不逊色。这样规定的合理性在于对一个罪犯的处罚具备了同一的法律标准，无论是以刑格最高或最低为基础，还是以刑种为基础，都属于明显的法定刑幅度的范畴而对于法定刑幅度的选择标准，刑法又规定了一定的限制性条件。有的非常明确，譬如抢劫罪八种情节加重或结果加重的情形一些标准虽比较空泛，但基本上通过司法解释的方式加以细化。以“可能宣告刑”为标准则导致刑事和解缺失了实体方面的标准限制，以现实具体犯罪的宣告刑设定期限为标准可能为司法权力的滥用开拓空间。

三、刑事和解从宽处罚的规定属于刑法量刑情节还是属于程序的范围

从宽处罚情节由于涉及对实体结果的改变，所以毫无疑问应当是实体法意义上的量刑情节。但是又因为其涉及和解协议的达成问题以及协议书的制作问题，需要经过复杂的程序限定，所以又属于一个刑事诉讼的程序问题。因此，若将刑事和解制度立法化，程序方面的合理设置是必需的。但现在的问题是，刑事实体法没有明确规定达成刑事和解可以从宽的法定情节，更没有规定

---

〔1〕 1997年12月31日最高人民法院《关于适用刑法第十二条的几个问题的解释》。

哪些犯罪达成刑事和解可以从宽。在目前的司法实践中，达成和解协议至多也是作为一个酌定情节来加以考虑。于是问题就产生了，程序法是否存在设定实体结果轻重的权力？是否可以将刑法中的酌定情节固定为刑事司法中的一个法定情节？结合刑事和解制度与他国刑事诉讼法规定来看，程序法至多只是规定了刑事和解的程序和程序性结果，实体结果并不是程序法考察的范围。如1993年修订的《法国刑事诉讼法典》规定，“共和国检察官如果认为进行调解可以保证被害人受到的损失得到赔偿，可以终止因犯罪造成的扰乱，有助于罪犯重返社会，在其就公诉作出以前，并征得各方当事人同意，可以决定实行和解”。只是规定了检察机关的权限行使，这是一个程序的问题，并无实体性的从宽处罚的结论。德国的刑事和解制度设计则更是遵循了法律权限的界分要求，在程序法角度仅仅规定检察官免于追诉以及法官中止诉讼程序权力，刑法则规定了“刑期不超过1年的案件和附加刑为360单位日罚金的案件，如果达成和解协议的，以减轻或免除加害人的刑罚”。

笔者认为，正是程序和实体存在休戚相关的关系，所以更有必要厘清程序法和实体法的权限。从逻辑上说，如果程序不正义，则实体正义荡然无存，在中国，对程序的正当性追求更是刑事法治中面临的最重要的也是最棘手的议题。反过来说，实体法对实体内容没有作出明确规定时，程序法率先出击，也是一种立法程序的不正当。当实体法没有出现一个新的制度的时候，新的程序就是无本之木。为了建构某种程序跨越法域构建实体制度，势必造成关系的协调被打破。从程序解释论出发，这种打破方式即使产生实体效果是好的，也是得不偿失的。此为其一。

其二，即使程序法中规定实体结果是一种迫不得已的选择，即使可以从法律拟制的角度论证其特定的合理性，即使可以法制转型的特殊阶段来容忍超常规的立法方式，但我们还是要牢记法律体系之间的协调性要求，程序法中带有实体性的制度应当与刑法的基本原则、基本制度相协调。这里需要说明几个问题，首先，《修正案草案》对于刑事和解给出了两个答案——“作出不起诉的决定”和“依法对被告人从宽处罚”。前者是带有实体性的程序性规定，后者则是典型的实体性规定。即使《刑法》认可了这一实体性的规定，体系协调问题仍然亟待解决。譬如，《刑法》规定量刑情节有从轻处罚、从重处罚、减轻处罚和免除处罚四类。为了归纳方便，理论中将法定情节归纳为“从宽情节”

和“从严情节”。也就是说,《刑法》规定没有独立的“从宽”情节。然而作为刑事和解结果的“依法对被告人从宽处罚”的“从宽”应作何理解?是等同于刑法中的从轻情节还是从宽情节?如果是后者,无疑把刑事和解制度抬高到了至上的地位,是一种刑事司法不能承受之重。其次,一旦刑事和解对罪犯可以从宽处罚,则刑事和解必须纳入刑法的量刑情节,由刑法予以追认,否则会导致刑罚量刑情节体系和适用的紊乱。因为在刑法的量刑情节中,认罪、悔罪已经作为量刑情节加以体现,《刑法修正案(八)》更是明确将如实供述罪行作为一种法定从轻情节。在确定可能宣告刑之后再因为和解而从宽,实际上是将和解作为悔罪表现从量刑情节中独立出来,容易导致重复评价。针对同一罪行不可能存在数个悔罪情节,在和解制度下却可能出现两个悔罪情节,即作为刑法法定情节的悔罪情节与被害人无关和作为和解情节的悔罪情节征得被害人的谅解。这就回到了刑事和解制度合理性的基础问题—被害人的谅解多大程度上可以影响量刑。[1]

刑事和解永远回避不了一个话题——“以钱抵刑”。《修正案草案》虽然提出了方式的多样性——既包括向被害人赔偿损失也包括赔礼道歉等方式,但是不可否认,赔偿损失毕竟是和解达成的最常见的情形。但也正是因为“以钱抵刑”有众所周知的弊端,所以我们在制度设定的时候一定要慎之又慎,仔细比较利弊得失。尽量发挥“以钱抵刑”的效益而避免“以钱抵刑”的消极后果,所以笔者的观点是,刑事案件和解制度有存在的价值,但是必须是限定在侵犯个体利益的轻微刑事案件中。轻微刑事案件的标准应当以“法定最高刑3年以下”为宜,这种幅度本身已经说明犯罪的性质和程度,而无须区分故意犯罪还是过失犯罪。此外对于未成年人犯罪可以适当有所放宽,以贯彻“教育、感化、挽救”未成年人的刑事政策。在实体法没有明确规定的情形下,刑事和解只适合作为一个酌定从轻情节在法定刑的幅度内设定为一个刑种,实质上是以减轻情节来加以认定的,从而维护实体与程序的平衡。一旦刑法作出了实体性的规定,减轻乃至免除情节入法才显得顺理成章。

〔1〕 对于刑事和解制度基础上的不合理性,参见梁根林:《死刑案件被刑事和解的十大证伪》,载《法学》2010年第4期。

四、死刑案件的刑事和解问题

对于重罪和解，各种理论观点也是五花八门。有观点认为，刑事和解会导致与罪刑法定的基本原则相冲突，使罪与刑的关系不相适应，而是罪与刑关系的变形。“刑事和解制度试图在刑法制度之外探讨有回旋余地的纠纷解决机制，在一定程度上消解了刑法的命令性、工具性，软化了刑法的强制性。”有观点则认为，人民内部矛盾引发的轻微刑事案件可以刑事和解，而那些反映对抗性矛盾的严重暴力犯罪则不能搞和解。有些观点认为，和解具有普适性。“刑事和解制度是大势所趋，以后要逐渐适用于3年以上的案件。”有些观点则仅仅将死刑案件排除在和解之外：“无论是重罪还是轻罪，只要不是非杀不可的就可以适用。”〔1〕

不仅如此，在一些学者的积极推动下，刑事和解立法正有从一般呼吁向操作层面迈进的迹象。在刑事诉讼法再修改课题成果《中华人民共和国刑事诉讼法修改专家建议稿》第20条中，就明确将刑事和解作为我国刑事诉讼法的一项原则予以规定。这条有可能改变刑事和解法律地位的建议，具体内容为：“犯罪嫌疑人、被告人与被害人及其近亲属达成和解的，人民法院、人民检察院和公安机关可以考虑当事人的和解意愿，并根据案件情况依法不追究犯罪嫌疑人刑事责任，对被告人从轻、减轻或者免除处罚。”

刑事和解制度是否能够推进到死刑案件或者被害人死亡案件的领域，这实际上是一个不容回避的问题。因为一方面，轻微刑事案件的和解制度已经成为一种现实，即使有所偏差，其对刑事正义的冲击也并不强烈，且还得以通过各种方式来弥补和熨平。而另一方面，重罪和解的问题不厘清，贸然推行刑事和解的全面化，可能导致刑事正义受到较大损害，甚至引发社会的动荡，负面后果难以消弭。

（一）刑事和解是有边际的，不应将生命作为砝码

欲分析死刑案件是否能够和解，首先必须把握刑事和解的基本特征。只有对于和解本质特征以及内在价值界定清楚之后，才能分析死刑案件是否符合和解的要求，能否进行和解。

---

〔1〕 以上各种观点参见韩永：《刑事和解渐入佳境？》，载《中国新闻周刊》2007年7月30日。

刑事和解合理性的理论基石在于：

1.刑事司法过程中的和解主要表现为国家公权力与被告方刑事权利之间的和谐化

在刑事司法过程中，个人与权力的对抗是主要矛盾，甚至在特定情况之下，表现为“孤立的个人反对统治关系的斗争”，在传统的司法体制和司法理念中，这一特征十分明显，但是在“代议制和公司制的时代”，在现代司法体制和司法理念中，鉴于对权力推定的警示，国家公权力与个人之间的和解获得了一种平衡。这种平衡来自对司法权的局限性的认识，主要表现为：其一，无论是求刑权还是量刑权，均带有认识的有限性，所以不可能希冀准确无误地对所有的犯罪模型再完全复制，在对犯罪的追诉中必然面临着失败或出错的风险；其二，现代权力“无往不在枷锁之中”，如果一味沉浸在追求真实的幻象，最终必将无法摆脱公正与效率的二律背反。在这对二律背反中，国家权力一直被期待主持正义的同时，又面临着手段的局限性，因此必不可免地存在与权力治下的对象合作的可能性。正义、公正的追求如同经济学中的“帕累托境界”一样。“帕累托境界”的前提是完美的制度支撑，但这个社会是一个稀缺社会，因此均衡、平衡成为一种基本要求。正义、公正同样需要完美的制度支撑，遗憾的是人本身的局限性决定了其只是一种追求的理想境界。

“当规范使得各种社会生活利益的冲突要求有一恰当的平衡时，这些制度就是正义的。”[1]这里的正义实际上是对矫正正义的一种矫正。这种矫正是建立在这样的前提下：权力本身存在对正义的理解，而这种理解是人的理解，因此无法保证这些理解的正确性，即使这些理解是正确的，也无法保证权力的行使不出现偏差和局限。这种偏差在刑事法领域表现为对于事实和法律适用的错误，这种局限表现为发现犯罪的能力不足或对待犯罪的无能为力。因此公正对效率的妥协便具备了生存的空间。刑法规定了罪刑法定原则、罪刑相适应原则和平等适用原则，但是刑法中诸如自首等许多规范不是三大原则所够解释的。现代刑法乃至刑事法律还浸润着其他的丰富的现代刑事理念精神，包括权力平衡的理念和人道主义的理念等。二者都是权力与权利之间相互妥协的结果。这种妥协在刑法中表现为自首、立功、时效、赦免等制度，表现为

〔1〕［美］约翰·罗尔斯：《正义论》，何怀宏译，中国社会科学出版社1988年版，第3页。

对于特定对象不适用死刑等。在刑事程序法中表现为辩诉交易、污点证人制度、简易程序等制度，表现为一系列的人道主义措施。上述各种制度从形式上来看具有很大差异，甚至属于不同性质的法律，但是它们具有一个共同的特点，即其中无不闪现着现代法的和解精神。在现代刑事法治领域，冲突已经不再主要表现为被告人与被害人之间的对立，而是表现为权力和权利之间的斗法。和解同样表现的不是被告人承担的责任与被害人之间利益的等同，而是司法权力如何对待犯罪嫌疑人，二者在追求矫正正义的平台上如何达成妥协。冲突的双方通过让步达成协议，是由证实犯罪的某种不确定性和危险性决定的。双方由于无法确切地预见自身期望结果的发生，而且清楚地知道那个与所期望的结果相反的结果意味着付出最为沉重的代价，这就为他们各自向对方作出让步以换取较低期望值的实现提供了条件，当然这种结果是在矫正正义允许的范围之内，是在双方认可的范围之内。

2.在国家的制度框架下，国家公权力与被害人当事人权利关系之间的和谐化

合理界定权力范围的同时，对于传统刑事法惩罚性宗旨的扬弃，除了表现为权力与权利之间的直接关系和谐化同时，还表现为在国家制度的框架之下，公权力与当事人权利关系之间的和谐化。近年来，世界各国普遍开始关注被害人的生态，强化被害人在刑事司法中的地位。寻求对于被害人的救助和补偿，可以说这十分有助于社会关系的修复和社会的和谐。

在传统的刑事司法体制中，刑事被害人已经在国家刑事法系统中失去了独立性，只是作为纯粹的被害方而存在，国家如何对待犯罪分子已经和刑事被害人没有实质的关联。国家在对待犯罪中拥有完全的主导性，被害人被害后的一切事情由国家解决。从某种意义上说，犯罪行为开始被认为不仅仅是甚至不是对被害人个人的侵害，而是对国家、社会秩序和公共利益的危险或危害，国家俨然成为任何犯罪的主要受害者，起诉活动顺其自然地成为代表国家提起公诉而不是代表被害人提起公诉。量刑活动也不是以被害人为依据或考察的主要标准，而是对于社会的危害程度，对于社会的危害大小成为主要的考察依据。刑罚的执行活动更是以受刑人的回归社会可能性为标尺。这导致刑事司法权力难以摆脱政治化和个性化。

美国有这样一句法谚：“刑事公正就是对罪犯的公正”（criminal justice is

justice for criminal)。公正的标准虽然包括被害人和社会两方面,但是犯罪人的权利与待遇随着社会文明程度的提高而越来越高,这并不意味着必然导致被害人的权益被漠视,相反二者之间是可以相互包容和相互协调的。对待被告人的公正从一定意义上说与对待被害人的公正联系在一起,因为这种包容和协调恰好体现了国家权力推定范围的自我制约,而这种制约的结果是更加强调被告人与被害人关系的和谐化。犯罪并不必然构成对社会利益造成需要动用公权力追诉的地步,有时当事人之间的和解更有助于社会关系的修复。联合国《为罪行和滥用权力行为受害者取得公理的基本原则宣言》第4条规定,对待罪行受害者时应给予同情并尊重他们的尊严。这说明了同情和尊重并尊重刑事被害人的迫切性,说明了人道主义的必然性。任意剥夺或限制被告人权益固然是法治水平低下的体现,对刑事被害人的权益的保护水平同样是法治水平的风向标。忽视、漠视刑事被害人权益,即使加强了对于被告人权益的保障,仍然是一种残缺的法治,二者是刑事法治文明道路上的双轨。“国家在刑事司法中所扮演的角色决不应是矛盾的激化者和悲剧的制造者,如果能用调解解决,就不要用暴力解决,能息事宁人,就不要去挑开伤疤;能皆大欢喜就不要两败俱伤。”[1]和解就是通过在公权力的框架之下,寻求一种各方都能接受的结果,这种结果应体现犯罪人和被害人之间一定的意志,并且互相获得了一定的满足,从而恢复被破坏的社会关系与秩序。

上述两种和谐化的结果就是——被害人与犯罪人之间的关系的和谐化——刑事和解。也就是说,国家权力与个人权利之间的和谐化是本质,而被害人与犯罪人的和谐化是一种延伸。因此,重罪刑事案件的刑事和解制度有以下一些实质性的内容:(1)和解的目的双重性,和解是在国家权力主导下进行的,其既考虑到对被害人的扶助更考虑到犯罪人的复归。正是这样的原因,和解制度被普遍归纳为一种恢复性司法,即“采用恢复性程序并寻求实现恢复性结果的任何方案”。[2]通过调解、调和、会商和共同确定责任的方式同受害人、罪犯以及其他相关人员共同参与解决由犯罪造成的问题的程序。其旨在

---

〔1〕 刘仁文:《恢复性司法面对面化解矛盾》,载《检察日报》2003年7月23日。

〔2〕 2002年4月16日至25日在奥地利维也纳举行的联合国预防犯罪和刑事司法委员会第十一届会议上《关于在刑事事项中采用恢复性司法方案的基本原则》受到了广泛关注。这项决议草案最先由加拿大提出,后有奥地利、比利时、荷兰、秘鲁等10个国家加入提案国的行列。最后形成的这项决议草案对于把握国际刑事法发展的动态或趋势不无意义。

满足当事方的个别和共同需要及履行其责任并实现受害人和罪犯重新融入社会的补偿、归还、社区服务等对策和方案，是恢复正常的社会关系和社会秩序的方案。但是，无论哪一种目的，都必须以坚守法律和社会主流的公平观为基础。(2)和解确立的理论基础主要就是基于两个方面：其一，国家惩罚的无效果性；其二，社会关系可以被修复。我们说惩罚和社会关系的修复在一些场合下具有因果关系。但是在一些场合下这种关系不够明显，甚至会妨害关系的修复。社会关系的修复是现代刑事法效果的重要指标。(3)刑事和解作为一种权利与权力之间和解的一种实践，其必然逻辑就是和解本身的自愿性。《关于在刑事事项中采用恢复性司法方案的基本原则》中规定："不应以不公平的手段强迫或诱使受害人或罪犯参加恢复性程序或接受恢复性结果。"任意的环境和自由的意志成为恢复性司法的基本要求。因为只有在意志真实的前提下，权力的主导作用才无须充分发挥，因为只有在意志真实的前提下，社会关系修复方案的实施才是真实的，才具有效果。(4)被告人与被害人之间关系的和谐不是和解制度应有之义，只是一种例外和延伸。虽然形式上是被害人与被告人平等的关系，但实质上还是国家司法权和诉讼参与人的关系；和解得以实现必须是建立在社会公平信念没有受到严重挑战的时候或者不至于动摇根基的时候，也即不能牺牲公平和公正换取所谓的和解。法律正义是刑事案件和解制度得以存在的基础，更是和解的边界。(5)和解是被害人与犯罪人之间的和解。由于犯罪人侵犯的客体是人身权利，则人身权利的不可让渡性决定了作为被害人的家属可以成为补偿的收益者，但是不具有和犯罪人和解的权利。尤其是以被害人的生命为代价的时候。

据此，鉴于和解的上述意义，笔者认为，在考虑死刑案件和解的可行性的时候，至少可以在以下几个方面进行证伪：

首先，关系的和谐化并不是一种权利无休止的容忍，毕竟公权力的边界需要维护，恢复性司法也是在公权力的框架下进行的，否则犯罪可能演变为一种私人之间的关系，这并非是现代司法的特征，也并非公权力所愿意看到的，也违背了权力不可推定性的初衷，违反了权力约定的原理。

犯罪无非侵犯了两个关系：一是社会秩序，二是公民的基本权利。所谓对公民权利的侵犯，也就是说，犯罪行为往往针对被害人这一社会个体，而故意杀人行为，无论其最终触犯的罪名性质有何不同，对生命权的侵犯是毫无疑问的，但是同时，犯罪行为又表现为所谓的对社会秩序或者说法益的侵犯，这是从面上来说的。犯罪行为固然是对于被害人个体的损害，但同时也是对法律的伤害，从更为广义的角度说，还构成对整个社会关系、公平信念的破坏。也就是说，我们在考量正义实现的时候，不仅要靠个别正义的实现，还要考虑到普遍正义实现。这一普遍正义至少包括法律的形式正义和社会的实质正义。还是以死刑案件为例，死刑的判决绝不仅仅是为了简单复仇，而是为了体现一种报应正义，维护社会这种公平的基本信念，尤其是在立法仍然大量规定死刑、社会仍然较高程度地赞同死刑的社会中。死刑在刑法公正体系中作用仍然是举足轻重的。如果允许被害方与被告方的交易，看起来似乎维护了被害方的利益，实际上是以牺牲整个公平信念为代价的，是以牺牲法律的尊严和权威为代价，其最终的结果是法律可以被任意解释。死刑的标准不再建立在客观的危害和主观危险的基础之上，而是建立在被害人谅解的基础之上，法律的公平便失去了标准，司法权界也会不着边际。同时，这样的和解结果还会导致社会实质正义标准的丧失。

其次，更为敏感的问题是，在涉及故意杀人案件和解的时候，这一交易的主体一方实际上由被害人家属代替，而不像轻罪案件和解的双方是被告人与被害人本人，这是两种和解的实质区别。在被害人已经死亡的前提下，和解的可能是否存在，被害人的家属是否有权利作为和解的一方显然十分值得思考；被害人家属毕竟只是一种间接受害者，而不是被害人。这种受害多数体现为心灵的创伤和经济的困难。于是出现了三个方面的问题：(1)如果被害人家属充满了人道和宽容的情怀，在没有任何物质回报的前提下谅解了被告，则这种实质的和解是否能够帮助被告人最终逃脱失去生命的命运？(2)如果被害人死亡导致被害人家属生活困难，而被告人愿意进行赔偿，这实际上形成了一种物质与生命的交易。问题是如果被告人无力赔偿时该怎么办？(3)补偿真的能够抚平心灵创伤吗？生活的困难可以通过物质帮助加以解决，但是心灵的创伤恐怕只有通过时间来治愈。这与物质帮助没有直接关系，甚至一定程度上物质回报的取得会使受害人家属更加伤深痛切。对被害人家庭来说，追求正义或者说复仇重要还是获取经济补偿重要呢？毫无疑问，从心灵角度来说，复仇当然优先于经济利益。只不过困顿环境中的被害人家属为了生存而答应了和解，这不应被指责，但丝毫不能让我们得出结论——被害人家属对罪犯的痛恨缓解了。(4)如果说和解是司法机关主导之下的，则是否准予和解的标准依据在哪里？如何处理权力的态度与被害人或者其家属之间态度的矛盾？

更为重要的也是更为难以让人接受的是，在现有死刑案件和解案例中，一般都为一种物质和生命之间的交换，或者说都和物质的补偿联系在一起，因此我们很难说被害人的生命不是和解天平上的砝码。刑事和解的实质就是对被害人的安抚。提高了被害人的诉讼地位，从而在传统的公共利益——被告人利益模式中增加了被害人利益的考虑，使现代刑事诉讼开始追求公共利益、被告人利益与被害人利益的三方平衡。而在故意杀人之案件和解中，被害人因为犯罪而死亡，和解的基础就不存在了，所谓的和解也就失去了基点和支点。譬如，被害人诉讼地位的提高变成了一种空谈，生命失去了，意志也就烟消云散，精神损害的弥补也成为空谈。安抚被害人自然不需要实现也无法实现。此时的社会不是修复的问题，是社会关系已经消亡了。

被害人家属能否代表被害人呢？在一定程度上这应该是毋庸置疑的。对于财产权利，家属存在代位问题，存在流转接受的可能，也正因如此，刑事附带民事诉讼的获益家属继承自当没有问题，但生命是独立的，不存在代位拥有的问题。按照刑法中被害人允诺行为的基本原理，即使被害人同意让渡的生命，他人也无权处理。更何况生命被剥夺的情形下，即便是家属也没有权利去认可亲属生命的被剥夺。而和解说白了就是这样一种最终的认可。家属的谅解充其量只是一种感情的宽容，与和解无关。

以上这些问题都是和解制度无法解决的。当然，我们可以说，财产补偿只是刑事和解的一种体现方式，但是在现有的判解中，几乎都是通过经济补偿的方式出现的，强调其他和解方式来为这种和解进行开脱，不是一种实事求是唯物主义观的态度。

(二)控制死刑无须用和解来做注脚

不可否认，司法者之所以在这一领域推行和解制度，与当前的死刑制度改革具有莫大的关系。这首先还是要从死刑这一基本制度的现状谈开。

死刑是不合理的，从长远来看是要废除的，但是在当前的中国现实条件下尚不能废止死刑，这似乎已经成为广为接受的结论。如陈兴良教授所言："从应然性上来说，我是一个死刑废止论者；从实然性上来说，我是一个死刑存置论者。确切地说，是一个死刑限制论者。”[1]笔者认为，这在逻辑上是一个悖论，是知识者心理矛盾的结论。[2]死刑的不合理性决定了中国要走向逐步废止死刑的道路。在当前的社会环境下，死刑的司法控制成为一个现实的可选性的步骤。其实，在没有废止死刑的国家，控制死刑适用也是广为接受的做法。“除中国以外，可以视为世界大国的还有美国、日本和印度三国，而这三国都很注重依靠司法机关来控制和减少死刑的适用。印度虽然在法律上保留死刑，但印度的最高法院一直坚持死刑只能在‘极少数中的少数案件中适用。由于最高法院采取的这一严格控制死刑的立场，印度在1975年后只在很少案件中适用过死刑，在1995年后仅在个别案件中执行过死刑。这使得印度成为世界上保留死刑的国家中实际使用死刑次数最少的国家。日本在法律上对犯有故意杀人和叛国罪行的人保留死刑。据报道，日本在1946年至1993年共判处766人死刑，其中608人被执行。但近年来日本也逐步加强了对死刑的司法控制。在2004年到2005年，日本的司法部长甚至一度决定不再签署死刑执行令。目前，印度和日本两国被判处死刑等候执行的人数分别仅为数十人而已。美国与日本和印度不同，是在司法实践中较多适用死刑的国家，现在等待被执行的死刑犯高达三千余名。可以说，就死刑问题而言，中美两国是国际社会关注的最主要的对象。从学术研究的前景来看，美国将成为中国研究外国死刑问题的主要信息来源国之一，而它在通过司法控制死刑方面的丰富经验也很值得研究和汲取。”[3]

中国似乎正在走向这一道路。“2008年6月底，最高人民法院透露，在今年1～6月，最高人民法院推翻了15%由各地报请核准的死刑判决。这一消息被BBC等国际媒体广为报道，引起广泛关注。”[4]

据此，一些观点在论证死刑案件和解制度的合理性与可行性的时候，自然也是以控制死刑的目的来加以佐证。“在我们的死刑量刑还没有摆脱罪行决定论的情况下，刑事和解可以作为‘不必立即执行’的根据，大量适用死刑缓期执行，以大幅度地减少死刑的实际适用。死刑案件刑事和解的适用有利于

---

〔1〕 陈兴良：《死刑存废之应然和实然》，载《法学》2003年第4期。

〔2〕 具体论述可参考孙万怀：《废止死刑：死刑不合理性的必然逻辑》，载《中国社会科学》（英文版）2009年第2期。

〔3〕 杨诚：《死刑司法控制的美国模式之研究与借鉴》，载《政治与法律》2008年第11期。

〔4〕 杨诚：《死刑司法控制的美国模式之研究与借鉴》，载《政治与法律》2008年第11期。

严中有宽、以宽济严，有利于宽严相济刑事政策的具体贯彻。在理论界，死刑案件的刑事和解得到了越来越有力的支持。”[1]有人甚至认为我国最高人民法院可以出台司法解释规定：“死刑案件中，如果被告人的犯罪行为得到了被害人或者被害遗属的真诚宽恕的，可以从轻或减轻处罚。法院应当引导、帮助被害人或者被害人遗属与被告人或者其亲属就民事赔偿问题进行协商并达成和解。法院鼓励被告人以主动、积极的履行赔偿义务的行为和真诚的悔罪态度换取被害方的宽恕。”[2]

在具体的判例说明中，这样的观点也被接受。“被告人故意杀人犯罪情节严重，社会危害性极大，又系累犯，本应对其适用死刑立即执行。但被告人真诚悔罪，其家属积极代为赔偿被害人家属经济损失，安抚被害人家属的悲伤情绪，由此获得了被害人家属的谅解并达成了和解协议。二审对其改判死缓，这既合理地减少了死刑的适用，又起到了最大限度地弥补被害人家庭损失的作用，取得了良好的法律效果与社会效果。”[3]“刑事和解在特定范围的死刑案件中的适用除了能达到化解当事人双方的矛盾，减少社会对立面，维持社会和谐稳定的社会效果外，其另一重要价值便是逐渐扩大民众对传统观念中的死刑案件作非死刑处理的接受度，实现‘保留死刑，严格控制死刑适用’的目标。”[4]

通过以上引证，可以发现，所谓死刑案件得以和解的初衷无非是两个方面：一是取得了被害人或者被害人家属的宽恕，和解可以成为缓解社会尖锐矛盾冲突的有效手段；二是可以减少死刑的适用。笔者认为，第一个问题在前文已经廓清，即死刑案件和解从个案来看可以缓解被害人与罪犯之间的矛盾。但就整体角度而言，不存在缓解社会矛盾的问题，不仅如此，反而可能会激化社会的矛盾引起社会公平信念的紊乱。实际上，即使就具体个案而言，也很难说是缓解了矛盾，至多不过是缓解了被害人及其家属的物质困难。对于第二个问题，则更是无稽之谈。死刑应该受到司法控制这一点应该是没有问题的。

---

〔1〕 陈京春：《刑事和解与死刑的适用》，载《人民司法》2008年第5期。

〔2〕 杜文俊、任志中：《被害人的宽恕与死刑适用——以恢复性司法模式为借鉴》，载《社会科学》2005年第12期。

〔3〕 聂昭伟：《刑事和解对死刑是否适用》，载《人民法院报》2007年10月12日。

〔4〕 朱文超：《死刑案件中“积极引导刑事和解”的适用及其限制条件》，载《审判前沿观察》（2008年第2辑），上海人民出版社2008年版。

但是并不需要也不应该通过和解的方式来实现。法律树立了一种权威，司法则是通过忠实执行来巩固和体现这一权威。因为被害人的谅解而不予判处死刑或死刑立即执行只会导致法律或者死刑的严肃性和规范性受到巨大的损害。根据罪刑法定原则，是否应该判处死刑只能由法律明确规定为依据；根据罪刑相适应的原则，罪犯是否应该被判处死刑只能根据其已然之罪和未然之罪来加以衡量，和解或者被害人的原谅既与已然之罪无关，也与未然之罪关联不大；根据平等适用刑法的原则，我们追求的不仅仅是个案的正义和公正，而应该是一种普遍的公正。不能以实体正义牺牲形式正义。更不能因为死刑的不合理性而寻找违背法律基本原则的一些理由作为避免适用死刑的遁词。

是否在否认死刑案件和解的正当性之后，死刑的司法控制就不能实现了，答案当然是否定的。这是因为：

1. 法律的生命不在于逻辑而在于经验，对于生命的看法同样如此

对于生命的体验是一个十分个性化的价值体现。尤其是对于死刑来说，在法律的许多场合有明确规定但并不具有一种绝对性的时候，这种信念性的力量可能就产生作用了。对于内心中坚决否定死刑的裁决者来说，毫无疑问会选择放弃死刑。对于一个坚决捍卫死刑的裁决者来说则可能坚决捍卫死刑。对于一个对死刑心存顾虑的裁决者来说，则会思忖再三，找出尽量不使用死刑的依据，找出案件中的无法说服内心的怀疑，尽管这种怀疑有时没有充足甚至是不可能有充足的证据印证。[1]如果抛开了个人的好恶和个性的偏执，或者说充分实现了司法者的独立性，则法官对于死刑态度的普适性价值应该是十分明显的。首先要有济世之心。医生的济世之心是针对病人的切肤之痛而言的，司法的济世之心是针对心灵的扭曲而言的，无论何时，作为司法者都必须放弃为了惩罚而惩罚的思路，应该以矫正罪错为出发点。其次要有悲悯之心。即使最为严重的犯罪我们也能找到社会的过错、环境的过错，任何一个犯罪的形成都是各种非常态的环境压迫的结果。所谓死刑，就是将所有的过错

---

〔1〕 最高人民法院时任院长肖扬2007年6月8日表示："从今年1月1日最高法院统一行使死刑核准权至今，从全国法院来看，死刑核准权回收工作进展顺利，体现了惩罚犯罪与保障人权并重的司法理念，体现了'事实清楚，证据确实、充分'的定案标准，对于死刑案件必须做到疑者不杀。"（载《华西都市报》2007年6月10日）。实践中，怀疑可能区分为多种程度，而且还与具体人的具体态度联系在一起，还与具体人对于公正信念的理解联系在一起。合理怀疑是一种怀疑，心存疑虑也是一种怀疑，甚至对证据的排除都可说是怀疑的结果。

堆积到犯罪人一个人的身上，这是一种不宽容的体现。

2.死刑法定刑的相对确定为司法控制预留了空间

我国《刑法》第48条明确规定，死刑只适用于罪行极其严重的犯罪分子。在司法控制方面，最高司法机关也明确指出："我国现在还不能废除死刑，但应逐步减少适用。"[1]这些都为死刑的司法控制指明了方向，而死刑在刑法中多数场合下作为相对确定的法定刑的存在则提供了这种可能性。

一般的看法认为，我国刑法规定量刑档次和量刑情节过于宽泛、概括和简约。我们对涉及死刑方面的规定大致概括，无外乎以下几种：(1)情节模糊，死刑绝对确定；(2)情节明确，死刑绝对确定；(3)情节明确，死刑相对确定；(4)情节明确，死刑相对模糊。

就规定本身而言，现行刑法典对于死刑的规定相对有所细化。但是根本的模式没有改变。从以上罗列我们可以看到，刑法中有的条文是绝对确定的法定刑，如满足了"致使被绑架人死亡"或者"杀害被绑架人"条件的，在法定刑的意义上(并非宣告刑)司法者必须判处死刑，没有任何考虑的余地。而在危害国家安全罪一章，涉及死刑适用部分，看似绝对确定的法定刑，但是由于其适用条件——"对国家和人民危害特别严重、情节特别恶劣的"——十分模糊，司法者有选择的余地，所以实际上是极不确定的。其他的死刑适用种类，都是相对确定的法定刑，尽管表述方法有所差异，但是对于死刑的适用都不是绝对的，都不是不可选择的，所以司法活动的灵活性得到实现。

法定刑确定性问题的实质是对司法者权力的确定，相对确定法定刑的目的就是为司法预留裁决的空间。当然这也导致因量刑情节的弹性和模糊性而发生量刑档次适用上的错位，导致量刑的畸轻畸重就难以避免。

我们认为：只要死刑存在，司法实践中的"畸轻畸重"永远是一个重要的话题。这是因为：其一，除非是机器，否则永远存在结果上的轻重失衡。只不过对于轻刑而言，引起的回应平淡。其二，死刑的问题实在是过于敏感，人命关天，使用标准的不尽统一自然会成为一个重要的话题。譬如，在贪污罪等以数额为标准之一罪名中，数额的大小往往轻易成为考量妥当与否的依据。其三，绝对法定刑的弊端在一般的刑法中不会引起过多的关注，甚至因为表面公

〔1〕 2007年3月9日最高人民法院、最高人民检察院、公安部、司法部《关于进一步严格依法办案，确保办理死刑案件的质量的意见》。

平而成为一种理想，但是过于确定将会显得十分僵化，无论是立法者还是司法者乃至社会民众都难以容忍。其四，死刑的严重性也在考量情节的科学性。

当然上述问题是否可以被尽量加以避免呢？最高人民法院已经注意到并正在进行这样的尝试。譬如，近年来在涉及民间矛盾激化的故意杀人〔1〕以及毒品犯罪〔2〕领域，已经设定了一些标准试图减少死刑适用，这些标准虽然无法精确化，但是其出发点和效果无疑是好的，也应当是一个死刑量刑的发展趋势和方向。所以，宽泛的刑幅和量刑情节为司法留出了适用死刑的巨大空间，为死刑的司法实践提供了一个平台，在立法成为既成事实的情况之下，司法实践控制死刑的适用产生了合法的依据。大家可以设想一下，如果我们的刑法中，死刑还大量存在，并且都是绝对确定的法定刑，现实的情形可能会十分糟糕。我们总是希冀通过法律的精确性来限制法官的权力，首先，这是不可能的；其次，防止死刑适用不公正的出路不是标准的绝对化，而是严格程序的制约、防止权力的干涉、法官内心的好生之德。

在规定死刑适用标准的时候，各种情节永远不会那么具体和清楚，这实际上已经划拨出了一片区域，留给法官去控制死刑适用，显然没有必要再给予一片和解的土地，让法官去耕耘，何况耕耘的结果最终还是要落实为量刑情节。当然，控制死刑的适用并不意味着取消死刑的适用。既然立法存设死刑，我们就不能任意解释法律，更不能创设法律之外的制度来否定死刑的适用。因为现时，死刑还是报应正义的体现，还有利于昭示公平的价值观，还被认为是遏

---

〔1〕 1999年10月27日《全国法院维护农村稳定刑事审判工作座谈会纪要》指出："对故意杀人犯罪是否判处死刑，不仅要看是否造成了被害人死亡结果，还要综合考虑案件的全部情况。对于因婚姻家庭、邻里纠纷等民间矛盾激化引发的故意杀人犯罪，适用死刑一定要十分慎重，应当与发生在社会上的严重危害社会治安的其他故意杀人犯罪案件有所区别。对于被害人一方有明显过错或对矛盾激化负有直接责任，或者被告人有法定从轻处罚情节的，一般不应判处死刑立即执行。"

〔2〕 2009年6月，最高人民法院深入总结毒品犯罪案件的审判经验，逐步统一死刑裁判标准，其中包括5种可判处死刑立即执行的具体情形：具有毒品犯罪集团首要分子、武装掩护毒品犯罪、暴力抗拒检查、拘留或者逮捕、参与有组织的国际贩毒活动等严重情节的；毒品数量达到实际掌握的死刑数量标准，并具有毒品再犯、累犯，利用、教唆未成年人走私、贩卖、运输、制造毒品，或者向未成年人出售毒品等法定从重处罚情节的；毒品数量达到实际掌握的死刑数量标准，并具有多次走私、贩卖、运输、制造毒品，向多人贩毒，在毒品犯罪中诱使、容留多人吸毒，在戒毒监管场所贩毒，国家工作人员利用职务便利实施毒品犯罪，或者职业犯、惯犯、主犯等情节的；毒品数量达到实际掌握的死刑数量标准，并具有其他从重处罚情节的；毒品数量超过实际掌握的死刑数量标准，且没有法定、酌定从轻处罚情节的。参见杨维汉：《最高法院统一毒品犯罪死刑标准，5种情形可判处死刑立即执行》，载《新华每日电讯》2009年6月26日，第7版。

制犯罪的最为有效的手段。

崇尚法律并不迷信法律是当今时代应该具备的态度。自然发明给人带来了物质的解放，法律的发明和改革给人们带来了社会的存续和发展，建立在中国社会现存基础上的法律，尚没有废除死刑，而法律又以稳定性为其特征。这就意味着不可能朝令夕改，这就意味着死刑仍然是法律应有之义。

现实有可能走在法制前面，相应的法律文化也可能走在法制的前面。坚守死刑抑或是控制死刑，无论是立法还是司法都可以实现适用的和谐统一，这是一个深邃的而极其宏大的命题，根本不需要刑事和解这一规则来做注脚。

在死刑仍然是立法现实的情况之下，在朴素的报应正义观仍然在法律中被弘扬的时期，我们所做的只能是在法律的框架内追求和谐，而不是率性地通过违背法律基本精神方式去否定。通过以毒攻毒的方式去彰显勇气，从这个意义上说，和解制度也不应来做注脚。

（三）重罪和解的形成实质上是国家对责任的推卸

传统观点认为，死刑存在的一个重要的合理性理由就是满足了被害人或者被害人家属的复仇要求，抚平了因被害而产生的愤怒。但是在和解论者看来，死刑只能给被害方带来一定的情感满足，却无法真正抚平他们已受到的伤害，只有获得了被告人主动补偿，谅解才得以达成。而暗含的逻辑自然是，如果被告人不能获取从轻处罚，那么拒绝补偿自然成为其合理选择。所以，作为经济人的被告人，自然将生命与金钱联系在一起，而作为经济人的被害人或者被害人家属，自然也将金钱与谅解联系在一起，和解变成了一场博弈。

姑且不论将被害人作为纯粹的经济人来加以看待是否合理，在刑事和解的逻辑当中，实质上假定了两个前提：一是被害人或者被害人家属应该得到经济补偿；二是由于被害人受到被告人的伤害，所以其补偿的来源应该来自被告人。

在以上两个前提中，被害人或者被害人家属得到补偿这是没有问题的。问题在于补偿的来源应该来自何方。

从当今各国的刑事立法与司法实践来看，对于暴力犯罪被害人进行国家救助成为一种趋势。以德国为例，德国于1976年颁布了《暴力犯罪被害人补偿法》（OEG，该法先后于1984年12月、2000年12月和2006年6月修订），这是世界上较早建立的刑事被害人国家补偿的方式。该法将国家补偿的对象分为两类：一类是因故意犯罪而遭受了人身伤害的刑事被害人；另一类是死亡被害人的遗属。也就是说，国家补偿分为被害人给付和遗属给付。被害人给付包括：医疗及康复给付、替代性津贴、生活保障给付等。遗属给付包括三种：(1)寡妇抚恤金，可获得基础年金和全额衡平年金。遗属补偿金的基本抚恤金和全额均衡抚恤金大致为因伤残丧失工作能力的被害人补偿金的60%。给予的补偿金金额取决于配偶所获得的收入。(2)孤儿抚恤金，可获得疾病治疗补贴，额外战争被害人津贴，领取至满18周岁为止，特殊情况下可领取至27岁。被害人的遗孤年满18岁之前，或者接受学校教育或者职业教育时年满27岁之前，可以获得遗孤补偿金。无行为能力的遗孤只要不能自立，就可以一直获得补偿金。(3)父母抚恤金。因伤死亡的被害人父母的收入没有超过一定额度，并且他们无劳动能力或者因其他迫切的原因无法从事合理的报酬的工作或者年满60岁的，有权获得父母补偿金。补偿方式分为实物补偿和现金补偿两类。实物补偿包括康复和治疗等，由政府直接支付给已经先行支付的保险公司。现金补偿包括工作补助金、丧葬费用和年金等。实物补偿由联邦政府负担全部经费。现金补偿由联邦负责40%，各州负担60%。实物补偿和现金补偿相加，联邦大致负担补偿总金额的27%，各州负担73%。[1]

除德国以外，其他一些国家和地区也确立了较为明确的国家补偿制度。日本在1980年(昭和55年)颁布的《犯罪被害人等给付金支给法》第1条即指出，该法是国家对因危害生命身体之犯罪行为而意外死亡人者的家属或受重伤害的受害人给予金钱之援助。韩国在1987年颁布的《犯罪被害人救助法》第1条亦明确规定立法的目的是救助因暴力犯罪而受重伤害的人或致死者的家属。我国台湾地区“犯罪被害人保护法”第1条也规定：“为保护因犯罪行为被害而死亡者之遗属或受重伤害者，以保障人民权益，促进社会安全，特制定本法。”

在域内司法实践中，1999年，乌鲁木齐市政府部门曾对乌鲁木齐爆炸案受害人或其近亲属予以经济补助，2001年，石家庄市政府曾对“靳如超爆炸案”中该市棉纺厂受害人及遇难家属发放补助。但这些救助很大程度上是出于稳

〔1〕 参见李扬：《构建被害人补偿制度之我见——以德国补偿制度为范本的借鉴》，载《福建法学》2008年第3期。

定的需要，与和解制度、给害人救助制度的价值基础和出发点不完全一致。[1]据统计，“自2001年以来，我国每年刑事犯罪立案均在400万起以上，破案率均为40%～50%，除了那些经济条件相对较好的受害人外，每年可能至少有上百万被害人因为得不到加害人的赔偿而身陷绝境”。[2]当然，这一状况也引起了官方的关注。最高人民法院在部署2007年的工作报告将“研究建立刑事被害人国家救助制度”作为一项重要工作提了出来。最高人民检察院则于2006年向全国人大提交了关于被害人救助的议案。构建我国的被害人国家补偿制度随后也成为近年来法学界热议的话题之一。

死刑案件和解的实践，形为和解，实为国家救助制度没有建立之前一种迫不得已的措施。也就是说，是国家没有承担责任的时候，将救助的责任转嫁到了刑事被告人的身上。这是不合理的。试想，如果现在建立起了行之有效的国家补偿制度，重罪和解还有生存的土壤吗？因为那时，谅解与补偿彻底失去了联系，自然与死刑彻底失去了联系。

那么为什么说补偿是国家的责任？对于被害人的救助是国家的义务和责任？其原因表达为以下几种理论：一是社会契约论。该理论认为，国家补偿是对社会契约的遵守。在社会关系中，市民有向国家缴纳税收的义务，而国家则有向市民提供服务和保障市民安全的责任。当犯罪发生时，在被害人没有过错的情况之下，意味着政府没有维持好社会治安，没能够完全遵守诺言，从而导致犯罪发生。这时政府就有责任采取措施，使受到犯罪侵害的市民尽量恢复到犯罪发生前的状态。二是社会福利论。即国家对被害人的补偿是社会增进人民福利的一项重要任务。社会福利是由社会成员共同创造的。某些社会成员遭受损害时，国家应运用社会福利机制予以救济。由于犯罪的发生，无辜的被害人受到了侵害，这时政府就有责任将一些社会福利措施适用于犯罪被害人身上。国家补偿就是作为一种福利手段实施的。这些福利手段和其他

---

〔1〕 2006年国务院《国家自然灾害应急预案》的“预案启动条件”部分规定了事故灾难、公共卫生事件、社会安全事件等大规模侵权事件均可启动国家救助机制，对“自然灾害”救助进行了扩大解释。《突发事件应对法》第61条第2款也规定：“受突发事件影响地区的人民政府应当……指定救助、补偿、抚慰、体恤、安置等善后工作计划并组织实施……”这些规定虽然不属犯罪领域，与被害人国家救助制度存在一定的重合，被害人也有可能得到补偿。但这种救助与被害人国家救助的无论是基础、目的还是范围、方式都存在较大差别。

〔2〕 参见赵晓秋：《国家救助无法解决所有问题》，载《法律与生活》2007年第2期。

的社会福利措施是一致的。三是社会保险论。即国家对被害人的补偿是一种附加的社会保险，国家补偿是广义的社会保险的种类之一。所有的公共福利保险项目，目的是维持人民日常生活的稳定和安全，避免陷入危险。这是一种国家为主导的强制保险。其资金来源于市民的税收。各种社会保险的目的都是使人民能够应付威胁其生活稳定和安全的意外事故。犯罪作为一种危险行为，侵害的是社会上不特定成员的利益，所有的纳税人应对此共同承担风险。四是诉讼参与论。即对被害人的国家补偿，目的在于吸引被害人参与刑事司法制度。由于被害人参与诉讼会给自己带来一定的经济成本，所以不愿与司法当局接触。然而国家补偿可以减轻被害人因为犯罪所造成的经济损失。维持被害人收益平衡。鼓励被害人参与司法，增强与司法机关的合作，有利于破案和准确定罪量刑。[1]

各种理论林林总总，其实无论是哪一种学说，无非都是在谈国家归责的问题。笔者认为，国家刑罚权实质上就是一种代位惩罚权。其基本原理在于，国家禁止私力复仇以后，被害人失去了复仇或直接从侵害人身上得到补偿的权利，而由国家代为行使惩罚权。私人之间的和解被禁止，被害人成为纯粹意义上的被害人。国家拥有了权力，相应地也产生了补偿被害方的义务。何况在犯罪中，国家也是有过错的，即国家应当保护公民免受犯罪的侵害而没有尽到保护义务，故国家应当为此承担责任。国家刑罚权是一种代位惩罚权，国家对于被害人的救助是一种代位补偿的责任。

需要说明的是，我国目前方兴未艾的被害人救助尝试与上述的国家补偿法律还存在一定的差异。主要表现在：其一，我国的救助主要是针对“救急优先于救穷”。其二，救助的目的很大程度上是基于社会稳定的需要。其三，并没有将救助制度专门针对暴力性的重罪名。在这样的前提下，重罪案件的刑事和解问题才被提及。其四，救助尝试还缺少法律支撑，甚至与法律充满矛盾。

但无论如何，国家救助的尝试都是值得嘉许的，这是国家权力部门开始正视自身责任的体现，也是对发展趋势的认同。这与死刑案件和解制度有根本的区别。死刑案件刑事和解观念的形成与救助制度的根基相矛盾，恰恰回避

---

〔1〕 参见房保国：《被害人的刑事程序保护》，法律出版社2007年版，第361~362页。

了国家的责任，而将国家的责任转化为犯罪人与被害人之间的经济博弈。

在西方国家被害人补偿的法律中，为什么主要是针对暴力犯罪等重罪进行补偿呢？其根本目的就在于强调重罪案件的不可和解性，通过强调国家责任，避免被害人和犯罪人之间可能形成的一种新的博弈。这样做至少是为了达到以下效果：其一，正义不会被收买。如果允许被害人与被告人之间和解并据此对被害人的量刑产生重大影响，可能会产生个案的正义，但是就整体角度而言，正义变得难以捉摸。因为和解的可能性、和解的原因以及和解的程度本身在不同的案件中千差万别。如果无法达到普遍的正义，则反过来说，个案的正义实际上就是不正义，就是加上了金钱的砝码，正义也就被收买了。国家救助的实现则避免了被害人与犯罪人之间出现这种正义被交易的可能性，被害人的谅解可以成为一个量刑时参考的要素，但不能以牺牲正义为代价。其二，国家救助之后被害人的谅解才更显得真实。被害人或者被害人家属获得国家补偿，其既可能提高了司法参与的积极性，也可能原谅了犯罪人。这些不是建立在获取了犯罪人的经济补偿的交易之上的，不是被害人在期待经济利益和实际受害之间权衡的结果，而是一种发自肺腑的原谅，是相对客观地对待犯罪，这种和解才是一种彻底的和解。这才是对于“在一个实质上也关注被害人及其亲属利益的有序而公正的刑事程序中兑现他们的赔罪需求，有助于获得法和平并抑制要求以死刑的形式进行毁灭性报复的破坏性愿望”[1]的准确解读。

---

〔1〕 [德]海因茨·舍许：《死刑的被害人学视角》，樊文译，载陈兴良主编：《刑事法评论》(第21卷)，北京大学出版社2007年版，第158页。

第十一章　法定化视野下买卖毒害性化学品的对象性质*

《中华人民共和国刑法修正案（三）》（以下简称《刑法修正案（三）》）在《刑法》第125条增设非法买卖危险物质罪时，并未对危险物质的范围作出明确界定。2003年9月4日，最高人民法院、最高人民检察院联合发布的《关于办理非法制造、买卖、运输、储存毒鼠强等禁用剧毒化学品刑事案件具体应用法律若干问题的解释》（以下简称《解释》）、2008年6月25日最高人民检察院、公安部《关于公安机关管辖的刑事案件立案追诉标准的规定（一）》（以下简称《追诉标准》）的出台不仅没有加以明确和规范，反而进一步引发了对非禁用剧毒化学品是否属于危险物质的争论。在刑事追诉和定罪量刑过程中，控辩双方的对立也变得十分明确和尖锐。笔者虽赞同《解释》属于一个列举式的解释，但并不意味着承认对危险物质的范围仅作文理理解，刑法的特质决定了毒害性物质中的化学品应当局限在“禁用剧毒化学品”为宜。该罪不属于抽象危险犯，应该忠实遵循协调性、科学性的原则来理解《刑法》《解释》以及《追诉标准》的关系和适用。

一、司法实践的现状及问题的提出

危险化学品是指具有毒害、腐蚀、爆炸、燃烧、助燃等性质，

---

* 本部分内容刊载于本书作者发表的《买卖毒害性化学品的对象性质——以刑法解释的协调性原则为视角》一文，原载《法学杂志》2013年第1期。

对人体、设施、环境具有危害的剧毒化学品和其他化学品。[1]所谓剧毒化学品，是指具有非常剧烈毒性危害的化学品，包括人工合成的化学品及其混合物（含农药）和天然毒素。[2]我国1997年《刑法》并没有对涉及剧毒化学品的行为作出全面的规定，只是在责任事故犯罪（即危险物品肇事罪）以及投毒罪（后被修改为投放危险物质罪）中有所涉及。2001年12月29日通过的《刑法修正案（三）》第5条将《刑法》第125条第2款修改为："非法制造、买卖、运输、储存毒害性、放射性、传染病病原体等物质，危害公共安全的，依照前款的规定处罚。"将原来的犯罪对象由"核材料"修改为"毒害性、放射性、传染病病原体"等物质，从而将经营毒害性物质的相关行为明确入罪。

这样的修正显然体现了刑法进一步的规范化和系统化，也是时代发展过程中抵制犯罪的必然要求。但是这并不意味着所有问题都会迎刃而解。对经营危险物质的刑事追究制度形成了，但显然徒法不足以自行，尤其是在危险化学品领域，管理混乱状况并没有得到根治。这主要是表现为以下的对立：一方面，大量相应的管理规则如雨后春笋，层出不穷。不仅有国务院制定的《危险化学品安全管理条例》及其实施细则，还包括各个地方汗牛充栋的地方性法规和文件；[3]另一方面，危险化学品的流通和使用没有得到有效管理。危险化学品违法、违规的买卖大量存在。在生产领域，"部分危险化学品从业单位受工艺落后、设备简陋陈旧、本质安全水平低，中小企业基础薄弱等多种因素影响，危险化学品较大、重大生产安全事故时有发生，安全生产形势严峻，安全监管工作任务十分繁重"。[4]在流通领域，剧毒化学品的买卖几乎处于脱管状态。"要买剧毒药品，一个电话即可送货上门。全国政协委员、华东理工大学教授

〔1〕 参见2003年2月24日国家安全生产监督管理局局务会议审议通过、2003年3月3日公布的《危险化学品名录》（2002）。

〔2〕 参见国家安全生产监督管理局、公安部、国家环境保护总局、卫生部、国家质量监督检验检疫总局、铁道部、交通部、中国民用航空总局联合公布的《剧毒化学品目录》（2010）。

〔3〕 如2001年《陕西省化学危险品安全管理规定》、2000年《上海市化学危险物品生产安全监督管理办法》、1998年《浙江省化学危险物品安全管理办法》。此外，还有大量的指导性文件付诸实施。譬如，为进一步贯彻落实国务院《危险化学品安全管理条例》和国务院安委办《关于进一步加强危险化学品安全生产工作的指导意见》精神，湖南省安委会出台了《关于进一步加强危险化学品安全生产工作的指导意见》（湘安[2010]8号），江西省人民政府办公厅出台了《关于切实加强危险化学品安全生产工作的意见》（赣府厅发[2010]3号），广东省安委会出台了《广东省安全生产监督管理局关于全省危险化学品安全专项督查情况的通报》（粤安监[2007]518号）。

〔4〕 国家安全监管总局监管三司、中国化学品安全协会编：《国内外危险化学品典型事故案例分析》，中国劳动社会保障出版社2009年版，"前言"。

蓝闽波撰写提案指出，目前任何人都可以在网上直接购买剧毒药品或通过电话向上门推销的公司订购剧毒药品，剧毒品运输过程也没有得到有效监管，甚至还存在普通快递送剧毒品上门的情况。"[1]

于是，在风险管理失灵的前提下，刑罚的大旗又被祭起，谋求通过刑罚的威慑和惩罚效果来遏制上述行为成为一种选择。然而，这一将管理成本追加到刑罚成本之上的思路虽然成为一种现象，但并不意味着在现实中没有遭到抵抗。其结果是罪名的适用每每出现分歧，关于案件定性的冲突变得尖锐和直接，尤其是非禁用剧毒化学品是否属于非法买卖危险物质罪的"毒害性物质"，经常成为案件的争论焦点。

例如，2007年3月，被告人王某因养虾需要用"毒鱼丸"清理虾塘，打听到被告人刘某有"毒鱼丸"出卖，便将刘某的电话号码告诉被告人陈某，由陈某与刘某联系购买该化学品。之后，刘某以1950元的价格将一桶装1300余粒的"毒鱼丸"送至王某、陈某夫妇俩经营的药店。同年 3 月，王某以每粒1.6元的价格将其中100粒部分出卖给其妹夫王某刚，部分用于其与王某刚合作的鱼塘的消毒清理。同年6月，陈以2. 5元的价格将1 粒出售给文昌市某中学学生翁某。翁某把买来的"毒鱼丸"用于其强奸犯罪，造成被害人陈某死亡的严重后果。经法医鉴定：被送检的"毒鱼丸"中均检出氰化钠成分，被害人陈某的胃液中检出氰化物成分，属于中毒后大脑水肿、充血而死亡。[2]

在上述案件审结之后，办案法官在解析判由时做出了这样的解释："我们在认定某一物质是否属于毒害性物质时，不可能有一个十全十美的对照表，而只能就物质是否具备毒害性这一特性来进行判断，且我们不应对毒害性物质进行任何主观限制。"[3]也就是说只要"明知"物品含有毒害性化学品成分而进行买卖即构罪。这种看法显然暗合了许多判决的思路，但这并不意味着司法机关之间或内部看法就是铁板一块。

在夏某、程某误将氯化钡当作工业盐冒充食用盐销售一案中，公诉机关与

---

〔1〕 蒋玲：《剧毒化学品竟网上买卖 委员呼吁有关部门强化监管》，载《联合时报》2010年2月3日。

〔2〕 海南省海南中级人民法院《陈某等非法买卖危险物质案刑事裁定书》(2008)海南刑终字第20号。

〔3〕 彭志新：《毒害性物质之确定——海南中院判决陈春霞等非法买卖危险物质案》，载《人民法院报》2008年 6月13日。

审判机关的意见就截然相反。该案的基本案情如下：2008年1月30日，江西省万年县某铸造有限公司搬迁后，未使用完的两包工业盐（总计100公斤）和半包氯化钡（约25公斤）仍放置在热处理车间，无人看管，也未采取必要的安全措施。门卫夏某看见其中一袋包装上标明“工业盐，禁止食用”字样后，误认为全部是工业盐。2月1日13时，夏某为折抵100元账款将两包工业盐和半包氯化钡拉到程某的杂货店。程某将半袋氯化钡当作工业盐全部销售给前来买食盐的村民，致使1人死亡、1人轻伤。对于该案的性质，万年县人民检察院提起公诉的罪名是销售有害食品罪，而法院最终认定被告人构成非法买卖危险物质罪。〔1〕

笔者曾参与过上海市某基层司法机关的相关案件咨询会，其基本案由如下：罗某于2009年1月注册成立某化工有限公司并担任法定代表人。为了招揽顾客，罗某建立了公司网站，在“明知”本公司未取得剧毒化学品经营许可证的情况下，根据顾客需求非法从外地购入剧毒化学品后再行转卖获利。其间，罗某未审查客户有无购买剧毒化学品的资质，先后将迭氮钠、亚硝酸钠、三氯氧磷、氯甲酸乙酯、丙烯腈等剧毒化学品以普通快递的方式销售给有关高校、医院、公司等多家单位。经查，罗某销售的迭氮钠等化学品均被列入公安部等8部委公布的《剧毒化学品目录》，其毒性与“两高”2003年公布《解释》中所列的毒鼠强等5类化学品的毒性基本相当。在司法机关内部乃至专家讨论时观点都针锋相对，分歧存在于多方面，但根本上还在于对“毒害性物质”范围的界定。

作为辩护人，在参与买卖非禁用剧毒化学品案件辩护时，最常见的辩护理

〔1〕 该案的裁判理由认为：“本案涉及的氯化钡是限用剧毒化学品，实验和使用情况均表明，其具有相当大的毒害性和危险性，加之国家已将其纳入《剧毒化学品管理目录》B级无机剧毒物质，故氯化钡应认定为毒害性物质，属于刑法意义上的危险物质。”该案的特殊之处在于“两被告人主观上有过错，客观上实施了误将氯化钡当作工业盐非法买卖”。参见徐迎风：《销售有毒、有害食品罪与非法买卖危险物质罪之辨析》，载http://www. chinacourt. org/index. shtml，最后访问日期：2012 年1月15日。在随后谈及认识错误对犯罪是否存在影响的时候，判案法官则辩白：工业用盐也属于毒害性物质，因为“工业盐的主要成分是亚硝酸钠和氯化钠。易溶于水和液氨中，微溶于甲醇、乙醇、乙醚，吸湿性强，用于织物染色的媒染剂；丝绸、亚麻的漂白剂；金属热处理剂；钢材缓蚀剂；氰化物中毒的解毒剂，实验室分析试剂，在肉类制品加工中用作发色剂、防微生物剂，防腐剂。本身有毒、有害”，“被告人违反国家对危险物质的管理规定，‘明知’工业用盐系危险物质严禁食用，食用后会对人体健康造成危害结果，仍将工业用盐当作食用盐非法买卖，放任危害结果的发生，危害了公共安全”。其结论是，因为工业用盐与氯化钡均属于毒害性物质，所以认识错误不影响定罪。参见鲁强、徐迎风：《误将氯化钡当作工业盐冒充食用盐销售行为之定性》，载http://www. chinacourt. org/index. shtml，最后访问日期：2012年1月15日。

由就是直截了当地认为：非禁用的有毒或剧毒化学品不应构成该罪的犯罪对象。这种观点显然与现实许多判决的思路截然相反。在他们看来，在罪刑法定原则下，毒害性物质的范围应当被严格限制，对刑法术语的理解不应仅仅局限在文理层面上。譬如，在福建省南平市延平区人民检察院起诉的甘某非法买卖、运输、储存危险物质案中，[1]辩护人就指出硫酸二甲脂不是非法制造、买卖、运输、储存危险物质罪的犯罪对象。因为"《刑法》第125条第2款规定的'毒害性'物质，是指国家明令禁止的'禁用剧毒化学品'，而不是'剧毒化学品'"。[2]再如，在邹某义非法买卖危险物质一案中，辩护人认为："氰化钠是剧毒物品，但不是非法制造、买卖、运输、储存危险物质罪的犯罪对象。"[3]在蔡某非法买卖氰化钠一案中，辩护人也持完全相同的观点。[4]而这些辩护意见一般并不为判决或裁定所采纳。司法仍然在依照其惯性在转动，尽管非法买卖有毒化学品的现象并没有因此得到扭转。

毒害性化学品的范围在适用中之所以存在诸多争论，当然不完全是基于利益的需要而产生，其涉及如何解释刑法规范的问题，更涉及刑法、司法解释以及追诉标准的协调性理解的问题，因此非常有必要从刑法协调性的角度进行廓清。需要说明的是，该罪发生和争论最常见的场合是买卖领域，所以本章主要是从买卖危险化学品的行为展开论述。

二、买卖剧毒化学品的犯罪是否为危险犯

在罗某案的研讨过程中，有专家就认为，本罪是抽象危险犯。因该罪条文的具体表述并不像刑法中的许多罪状的表述模式——定性和定量相结合的方式。该罪罪状的表述中并没有"情节严重"的限制。所以只要物质具有毒害性，就构成本罪的对象。实践中的处理思路也往往与抽象危险犯相吻合。譬如，2009年2月底，山东泰安新泰法院审结的王某等人非法买卖剧毒

---

〔1〕 参见福建省南平市延平区人民检察院《甘某非法买卖、运输、储存危险物质案起诉书》[延检刑诉（2006）51号]。

〔2〕 胡雄善：《甘某非法买卖、运输、储存危险物质案辩护词》，载福建亚轩律师事务所网站：http://www.hxsls.com/Artide/ShowArticle.asp?Arcide ID=949，最后访问日期：2011年12月23日。

〔3〕 王晓晖：《邹国义非法买卖危险物质一案法律意见书》，载百度文库：http://wwenku.baidu.com/view/20fab3bd960590c69ec376d2.htlm，最后访问日期：2011年12月23日。

〔4〕 参见深圳市宝安区人民法院《蔡某非法买卖氰化钠案判决书》[（2010）深宝法刑初字第1966号]。

化学品氰化钠案中，被告人之一的吴某自2007年起从被告人解某处购进 2.5 吨氰化钠用于电镀厂生产电镀产品，而该企业并未取得购买剧毒化学品的准购证，属违法购买使用。吴某被判处有期徒刑，并对其非法所得及违禁品予以没收。[1]在上述案件中，被告人吴某购买剧毒化学品是供生产电镀产品使用，属于生产经营行为，并没有将剧毒化学品用于非法用途或流通出去。购买与出售不同，其没有流通的故意，实际上也没有产生危害社会的后果，但最终仍然被定罪。这样的结果显然与抽象危险犯的结论异曲同工，因为在抽象危险犯理论中，只要刑法将行为上升为犯罪，则无论其具体行为是否存在实际的害恶。

笔者认为，将该行为认定为抽象危险犯十分武断，理由如下：

1.抽象危险犯的概念自产生以来就一直争议不断，[2]甚至对于抽象危险犯的概念都根本无法正面说清，只好倾向于用一种全称否定判断的方式表达，即当行为构成犯罪时既不需要实害性的结果也不需要具体的危险的，就是抽象危险犯。[3]然而，我们知道，用全称否定判断来确定一个概念，在一般情形下会发生定义错误。当我们证明A是B的时候，通过指称A不是C或者A不是D在一般情形下是不清晰的。用这样一个模糊不清的理论来解决我国刑法的问题不具有说服力，毕竟法律体系存在诸多差异。

2.抽象危险犯是一个有害的概念，尤其是在追求罪刑法定与罪刑均衡的中国刑法中更是如此。抽象危险犯理论违背了刑法是对害恶惩罚的基本原理，

---

〔1〕 载《压根没有许可证就敢贩卖剧毒品》，载《齐鲁晚报》2009 年3月9日。

〔2〕 如大谷实教授认为："将在社会一般观念上认为具有侵害法益危险的行为类型化之后所规定的犯罪，就是抽象危险犯。"[日]大谷实：《刑法总论》，黎宏译，法律出版社2003年版，第95页。德国学者罗克辛（Roxin）认为："抽象危险犯罪，是指一种典型的危险的举止行为被作为犯罪而处于刑罚之下，不需要在具体案件中出现一种危险的结果。"参见[德]克劳斯·罗克辛：《德国刑法学总论》（第1卷），王世洲译，法律出版社 2005 年版，第 278 页。也就是说，抽象危险犯本身并没有一个清晰的标准，作为抽象危险犯是否具有侵犯法益的危险，只是从"一般观念""典型的危险的举止"上而言的，而且还是将一般观念"类型化"的结果。一些德国学者如 霍恩（Horn）则从排除的角度来论定抽象危险犯："行为可能既未引起实害，亦未引起法益的具体危险或者法益的实害与具体危险，均非构成要件要素。"转引自林东茂：《危险犯的法律性质》，载《台大法学论丛》（24卷）1994年第1期。

〔3〕 譬如，德国学者如霍思则从排除的角度来论定抽象危险犯："行为可能既未引起实害，亦未引起法益的具体危险或者法益的实害与具体危险，均非构成要件要素。"转引自林东茂：《危险犯的法律性质》，载《台大法学论丛》（第24卷）1994年第1期。我国台湾学者王皇玉等人也持此看法。具体观点可参见王皇玉：《刑法与社会规制——台湾刑事制裁新旧思维的冲突与转变》，元照出版公司2009 年版，第184页。

如在上述吴某购买剧毒化学品一案中，被告人的行为动机没有任何的危害性，因为其购买化学品是为了生产使用，实际上并没有产生害恶。并且被告人在使用过程中，也履行了妥善保管的义务。在缺少害恶的情况下，此类的单纯购买行为是不应受到刑法惩罚的。将风险存在的可能性作为定罪的依据只会导致刑罚权的泛滥。并不是套上了抽象危险犯的外衣，那些惩罚行为就无可指责了。[1]

3.就非法买卖危险物质罪而言，将其作为抽象危险犯也不符合法条本身设定的条件。根据《刑法》第125条第2款的规定，非法买卖危险物质罪的罪状明确要求出现“危害公共安全”的结果，只有对公共安全产生危害的时候才构成该罪。反推之，必然存在非法买卖危险物质却并没有对公共安全造成损害的情形。这样的结论显然与抽象危险犯的结论迥然相异，因为抽象危险犯是不考量现实危害乃至具体危险的。

4.从刑法分则中对危害公共安全罪的设定来看，基于罪刑关系协调性，将投放危险物质罪作为抽象危险犯来认定也是不合适的。（1）投放危险物质等以危险方法危害公共安全犯罪作为刑法中的具体危险犯是达成共识的，当投放剧毒化学品的行为满足具体危险才能满足基本犯罪构成要件的时候，却断定连具体危险都没有的买卖剧毒化学品的行为构成犯罪显然是本末倒置。其结果是无法自圆其说——在法定刑设置相同的前提下，投放行为尚且需要考量具体危险，买卖行为却可直接定罪。（2）非法买卖危险物质罪通过刑法修正的方式规定在《刑法》第125条第2款。从一个条文内部协调性的角度来理解，也可以看出一些端倪。第1款与第2款的区别仅仅表现为两个方面：一是对象不同，前者为枪支、弹药、爆炸物，后者为包括毒害性物质在内的危险物质；二是前者没有规定行为必须要达到“危害公共安全”的标准，后者则明确规定行为必须达到“危害公共安全”的标准。言下之意就是，非法买卖危险物质的行为尤其是非禁用化学品并不必然就危害公共安全，而买卖枪支、弹药、爆炸物的则直接被拟制为对公共安全的一种侵犯。（3）枪支、弹药、爆炸物的买卖等

〔1〕 醉驾入罪过程以及适用过程中的争议已经说明了抽象危险犯在中国刑法中“水土不服”。

行为尚且需要情节、数量的要求，[1]买卖危险物质罪当然也需要数量、情节的要求（这实际上已经为《解释》所认可）。在入罪需要情节、数量的情形下，已经很难说明这是抽象危险犯了。

贝哲认为，在刑法中存在大量的行为犯，并且不以发生严重后果为要件。对行为犯进行惩罚的基础在于其行为本身的害恶性或者附加了一定的情节作为构罪的要件。譬如强奸行为本身就说明了其刑法的可罚性因素而无须通过其他的情节来确罪。但是对买卖行为本身而言，并不能直接被证明其本身的害恶，尤其是国家又不禁止某种交易行为的时候，此时必须通过设定各种情节来加以补正来完善行为的害恶特征，所以许多行为犯都是一种情节犯或者说是一种修正的行为犯。

行为的严重社会危害性（或者说对法益的侵犯）是犯罪行为的本质特征。而行为的存在只是入罪的必要条件而不是充分条件。判断行为的严重性程度不仅仅要对行为本身进行分析，还要结合刑法的具体规定来加以印证。立法者也注意到危险物质的买卖行为本身并不是危害公共安全的行为而是一种交易或经营行为，只有达到“危害公共安全”的时候才能构成犯罪。据此我们可以做相反推断，也就是说，如果立法者认为所有非法买卖、运输、储存危险物质的行为都危及了公共安全，就完全没有必要在该条文中加上此特别描述。否则就犯了语义叠加、内容重复的错误。当某种对人体有一定毒害性的化学品被国家允许买卖并且存在于市场的时候，非法买卖主要表现为非法经营的特征，其对公共安全的危害并不存在或者说是潜在的，譬如，现实案件中的许多买受者都是基于科研和生产需要。而《解释》也正是基于这样的考虑，对类似行为的刑事责任追究进行了限制。限制虽然不彻底，但却印证了立法的原意——单纯的买卖行为并不是危害公共安全的行为。尤其是存在于市场的前提下，对公共安全的侵犯更不明显。

三、“毒害性物质”刑法意蕴的协调解释

《刑法修正案（三）》增设了非法制造、买卖、运输、储存危险物质罪，将毒

〔1〕 譬如，在2009 年11月16日最高人民法院修改后的《关于审理非法制造、买卖、运输枪支、弹药、爆炸物的刑事案件具体应用法律若干问题的解释》中，就再次分门别类确认了入罪的数额以及其他各种情节。

害性物质作为该罪的犯罪对象。尽管这是《刑法》的第一次规定，但有渊源可以追溯。在我国刑法中长期存在投毒罪这一罪名，其客观方面就表现为投放毒物的行为。所谓“毒物”，是指含有毒质的有机物或者无机物，如通常所说的砒霜、敌敌畏、1059剧毒农药等。长期的使用过程中并没有出现多大争议。单就内容来说，非法买卖危险物质罪中“毒害性物质”与其似乎并无本质区别。进入买卖领域争议之所以陡增，是出于以下方面的原因：投毒罪是刑法中一个典型的具体危险犯，对危险状态的“明知”成为其犯罪的必备要件。如果是过失的心态，则构成过失投毒罪；如果没有罪过，则可能构成意外事件。所以其评判标准比较明确，即对危险状态的界定以及主观心态的界定成为重要的依据。但是非法买卖危险物质罪因为并没有规定为危险犯，而是一种行为犯，没有一个危险状态可以度量，更不存在对生命健康的危险状态乃至危险结果的故意或过失的标准（充其量只是对毒害性物质存在或流通的“明知”，而这危害的认定并无多大意义），结合罪刑的均衡性要求，[1]这一概念就有可能不再以日常生活的概念来加以解释，而要依据刑法的特殊功能和价值进行特定解释。如果毒害性物质的范围不明确，就会导致在罪名认定过程中，莫衷一是，导致在司法实践中各执一词，导致轻罪重罚。即使最终一个案件判决生效了，也并不能得到信服。

刑法中所说的公共安全，是指不特定人的生命健康与重大的公私财产安全。落实到这里的毒害性化学品，协调性的理解（刑法中称为体系性解释）成为一种有效的方法论。具体来说可从以下方面释明：

1.此处毒害性化学品的毒害性是仅仅针对人身的还是既包括人身也包括财产如动物等？从逻辑上来说，既然公共安全包括人身安全和财产安全，当然毒害性的指向既包括人也包括财产——人所豢养的动物。然而，如果一种有毒化学品对动物（主要是小动物，如鼠类）有害但对人体无害或害处不明显，是否属于这里的毒害性物质？笔者认为，这里的毒害性化学品应当以对人体有害为标准。其根本原因则在于本罪是一种行为犯，行为犯的特征决定了其往往是针对一种可能产生严重害恶的行为。作为一种买卖行为，其本身的害恶特征不明显——只是一种交易或流通行为，不像投毒行为本身就显示出对

〔1〕 该罪的法定刑与投放危险物质罪等危险方法危害公共安全罪完全相同。

公共安全的威胁，更不像杀人行为本身就体现了对他人生命权的直接损害。买卖毒害性化学品的害恶主要还是通过对象的毒害性来作为表征。当对人体的危害不存在或者说十分轻微的时候，又因为行为不具有直接加害性，则其作为行为犯的理由就不充足了。

2.对人体的毒害性程度的认定。在现实中，对人体的毒害性是一个十分广义的概念。许多物质对人体的毒害性是存在的，但却被广泛使用于生产和生活中。如甲醛、苯、甲苯和二甲苯。[1]则如何理解本罪所要求的“毒害性”？

这一问题，不仅在买卖有毒化学品的案件中会遇到，在其他罪名中也并不罕见，比附考量也因此会显得有说服力。譬如，在“三鹿奶粉事件”中，虽然司法裁判认为，在牛奶制品中添加三聚氰胺是生产对人体有毒、有害的非食品原料，且奶粉导致婴儿肾结石引发死亡和伤害。但从法律角度分析这样的结论还需要仔细的阐释，因为有毒、有害的作用并不等同，前者往往导致化学性损伤，后者则往往导致物理性损伤。三聚氰胺作为一种化学品，像甲醛等化学品一样被用在木材、塑料、涂料、造纸等行业作为阻燃剂、减水剂、甲醛清洁剂等。但其对人的伤害却不是化学性的，对人体的毒性并不明显。在“三鹿奶粉事件”中，被害人身体受到伤害的根本原因不是因为三聚氰胺有毒，而是“由于它与人体内的钙元素结合而形成结石存留于肾中，由此导致婴幼儿出现肾结石，进一步出现肾积水、肾功能衰竭等症状以致死亡”。[2]“因此，本系列案中的三聚氰胺不属于有毒物质，即使是三聚氰胺经过多次化学反应形成的肾结石本身也没有毒性，它只是在人体内造成堵塞后导致泌尿系统病变进而危害健康，所以三聚氰胺是有害物质。相应地，含有三聚氰胺的婴幼儿奶粉也不

---

〔1〕 居室装修中所使用的涂料、油漆、黏合剂中就包含着对人体有害的成分。其中主要是甲醛、苯、甲苯和二甲苯。“甲醛对人体健康的影响主要表现在刺激眼睛和呼吸道，造成肺功能、肝功能、免疫功能异常。经常吸入少量甲醛能引起慢性中毒，出现粘膜充血、皮肤刺激症、过敏性皮炎、指甲角化等症状。国外报道其浓度在 0.12mg/m3 以上儿童易发生气喘。甲醛被国际癌症研究机构（IARC1995）确定为可疑致癌物。”“苯被国际癌症研究机构确认为有毒致癌物质。人吸入或经皮肤吸收一定量苯会引起中毒，严重时会对人体造血系统、神经系统造成损伤。甲苯和二甲苯对神经系统损伤比苯强，长期接触有引起膀胱癌的可能。”参见傅德慧、葛金良：《涂料胶粘剂中有害物质的毒害性与预防对策》，载http: / /info. coatings. hc 360. com /2011 /11 /210819416609. shtml，最后访问日期：2011年12月29日。

〔2〕 Ogasawara H, Imaida K, Ishiwata H, et al, Urinarybladder Carcinogenesis Induced by Melamine in F344 Malerats: Cor-relation Between Carcinogenicity and Urolith Formation. *Carcinogenesis*, 1995, 16(11): 2773—2777.转引自卢有学：《“三鹿奶粉”系列案定性探疑》，载《西南政法大学学报》2009年第5期。

是有毒食品而是有害食品。"[1]

当然，我们并不否认这样的行为构成生产销售有毒、有害食品罪，因为虽然三聚氰胺对人体的"有毒"性不明显，但是对人体的"有害"性却不容置疑，行为仍然符合该罪的犯罪对象构成要件。但是在买卖化学品的行为中，因为其不存在以结果乃至危险为前提，且不是掺入食品中的，其害不够明显，如何认定就成一个问题。此时的毒害性物质究竟指的是有毒性物质还是既包括有毒性物质也包括有害性物质。归结到语义上就是说毒害性物质一词中的"毒害"，仅仅指的是有毒性的物质，还是既包括有毒性物质也包括有害性物质，即"毒害性"是一个词，还是一个词组——"毒+害"？

首先，这是一个语义学上的问题。一个概念到底是一个单词还是一个词组（或短语）的争议在我国刑法理论中屡见不鲜。最为著名的是对《刑法》第263条规定的抢劫罪加重情形中"冒充军警抢劫"的认识分歧。因为其与毒害一词的词性极其类似，此处略加赘述。对于"冒充"一词，在日常生活使用时并无多大分歧——以假充真。但是这样的解读在现实中针对真正的军警抢劫面临着无法作为加重情节处理的困境。于是张明楷教授从实质解释论的立场出发，认为应当将"冒充"理解为并列短语，并将其解释为假冒和充当两个行为。此时，充当并不以假冒为前提，这样军警人员的抢劫行为就很自然地被解释到"冒充军警人员抢劫"中去了，就实现所谓的罪刑相适应。[2]在理解"毒害"一词时同样面临着作为单词的"以毒害人"的单意内涵或作为并列短语"毒人""害人"的多意内涵的选择。

无论是"毒害"还是"冒充"，都首先是字面解释的问题。从语法解构来看，如果如张明楷教授所认为的这些词语是一个词组（短语），则刑法中规范的确定性就会产生混乱。如果"冒充""毒害"等词是一个词组，则"冒""毒"本身的含义是多项的，"充""害"的语义则更为宽广。这违背了并列词组的基本要求。因为在并列词组中，构成词组的每个词语的意义都是确定的，如"美丽大方"等。

要想确定概念必须是将二者作为互相联系的方式来进行理解，才能确立其具体的内容，即"毒害"应当理解为"用有毒的东西残害"。"冒充"应当理

---

〔1〕 卢有学：《"三鹿奶粉"系列案定性探疑》，载《西南政法大学学报》2009年第5期。

〔2〕 参见张明楷：《刑法学》，法律出版社2007年版，第717页。

解为“用假冒的方式充当”。而这样的理解显然已经不是并列词组(短语)的意思了。

无论词还是词组,都是可以独立适用的有意义的语言单位,只不过词是最小的,无法从音义结合的角度进行再分解。譬如,“粉”和“刷”都是有独立意义的词。但“粉刷”只能是一个词而不是一个词组。因为被拆分之后,“粉”与“刷”所具有的独立意思不能在语句的某个位置上自由地替换出现,同样的道理,无论是“毒害”还是“冒充”,在被拆分之后在相应的刑法条文中因必须被再衍义而无法自由地替换出现,故其不能够是一个词组。如果将“毒害”作为一个词组,则会导致买卖有害性化学品成为本罪的基本方式,本罪的指向可能被无限延展,因为在这个世界上可能很少有东西对人体无害。如果将“冒充”作为一个词组,将假军警与真军警等量齐观,本身就是一个十分荒诞的逻辑命题。其还会导致一系列法律适用困境,如国家工作人员可以构成招摇撞骗罪,军人可以构成冒充军人招摇撞骗罪。再如,刑法中的“盗窃”就是一个词,尽管每个字都有独立的意思,但如果作为词组,作为并列关系,就会出现很大的问题。因为“盗”的含义既可以包括窃取,更包括强行夺取的行为,这就违背了词语内容确定性的要求,导致盗窃罪失去了自身的特性。

上述单词的形成还与表述习惯有关。在当代汉语中,动词的使用习惯往往是不以单字的方式出现,而是通过搭配的方式出现。使用双音词,但并不因为是双音词中的每个字有独立的相关的意思就被认为是词组。刑法中还有诸多的类似词语,如“骗购”“伪造”“逃离”“嫖宿”等,如果作为词组理解,混乱必将替代协调。

其次,这是一个解释学上的问题。笔者认为,刑法的概念在许多时候应有其特定内涵,但刑法的解释不能漫无边际,刑法体系的协调性是必须要遵守的。持实质解释论立场的学者实际上也并没有完全否定语法,并没有醉心于语法的新解,因为其不过是基于目的性解释的需要寻找的一种变通。在他们看来,司法制裁的周延要求大于词语本身的逻辑周延要求,目的性可以替代协调性(或体系性)。这是司法犯罪化观念给出的答案,因为无论是“毒害”还是“冒充”,在他们看来所导致的后果都具有同质性。因为毒害性化学品对人体都会产生同样的伤害(充其量不同的毒性只是体现为一种量变),因为军警本人进行抢劫同样会导致被害人基于对军警的恐惧而交付财物。

这是一种功利的解释观，是一种专注于个案罪刑均衡的理论。法律中对条文的解释包括多种解释方式，文理解释是一种基础的方法，但因为其只是基于日常生活或者说语法角度做出的理解，刑法具有特殊的规范性要求和目的性要求，所以有时不能直接作为一种唯一的解释方法。加之有时字面本身并不具有确定性，要求体系性解释和目的性解释的补充。但是目的性解释必须具有一定原则，笔者认为，保护社会利益并非是刑法的唯一价值，必须充分重视保障人权的价值，重视刑法的协调性。在刑法规定比较模糊而行为不具有同质性的时候，必须做出有利于被告的选择，不能仅仅因为后果类似而做出同等理解。只有在法律规定模糊而行为手段和法益侵害均具有同质性的时候，在符合协调性要求的前提下，才能够做出等同的解释。

四、《解释》的审慎决定了对非禁用剧毒化学品的刑法适用限制

《解释》第6条明确规定："本解释所称'毒鼠强等禁用剧毒化学品'，是指国家明令禁止的毒鼠强、氟乙酰胺、氟乙酸钠、毒鼠硅、甘氟。"也就是说，国家明令禁止的"禁用剧毒化学品"，属于《刑法》第125条第2款规定的"毒害性"物质。但是问题在于《刑法》第125条规定的毒害性化学品是否仅仅局限于以上5类？如何看待《解释》的规定？

一种观点认为，《解释》规定的范围不合理。禁用化学品的范围并不是只有5类。《剧毒化学品目录》(2002)中共计列举了335种剧毒化学品，[1]"《解释》列举的禁用剧毒化学品却只有2003 年7月18日农业部、国家安全生产监督管理局等9个部门发出《关于清查收缴毒鼠强等禁用剧毒杀鼠剂的通告》中列举的毒鼠强、氟乙酰氨、氟乙酸钠、毒鼠硅、甘氟等5种禁用剧毒杀鼠剂。将禁用剧毒化学品的范围限定为毒鼠强、氟乙酰氨、氟乙酸钠、毒鼠硅、甘氟5种剧毒化学品显然与实际被有关技术规范确认的剧毒化学品的范围不相符合"。[2]

---

〔1〕 国家安全生产监督管理局、公安部、国家环境保护总局、卫生部、国家质量监督检验检疫总局、铁道部、交通部、中国民用航空总局联合公布的《剧毒化学品目录》(2010)仍然沿用了这一标准，仍然为335种剧毒化学品。

〔2〕 付晓畅:《浅谈〈关于办理非法制造、买卖、运输、储存毒鼠强等禁用剧毒化学品刑事案件具体应用法律若干问题的解释〉存在的不足》，载中国法律信息网:http://article.chinalawinfo.com，最后访问日期:2011年12月28日。

也就是说,《解释》制定的依据存在严重的失当。

另一种观点认为,《解释》是一个专项的、封闭型的司法解释,只是特定时期为了打击特定犯罪而针对特定领域作出的解释,不是对概念的全称说明。具体理由可以归结为以下几个方面,其一是表述不同。《解释》采用的是“禁用剧毒化学品”,而《刑法》规定的则是毒害性物质。其二是毒害性物质的范围要远远超出化学性的毒害物质。如生物性有毒物质、微生物类有毒物质等。其三是《解释》是为了配合剧毒杀鼠剂专项整治行动而对该罪名进行的有针对性的解释,只是一种列举性的规定。[1]上述观点中除了第三个理由与第一种观点一致之外,前两个理由都没切中肯綮,因为没有人否定禁用剧毒化学品与毒害性物质不是一回事,也没有否定毒害性物质的范围要广,但司法解释是针对有毒化学品作出的解释,实践中的争论是围绕着哪些有毒化学品属于毒害性物质展开的。争论的焦点在于作为毒害性物质的化学品仅仅是指5类禁用剧毒化学品,还是禁止的剧毒化学品,抑或是所有的有毒害性的化学品。

还有一种观点则比较直截了当。他们认为,构成毒害性物质的化学品就是《解释》所明确的5类禁用剧毒化学品。因为《解释》只是特定场合对特定领域的明示缺乏说服力。现实面临的问题是除了上述5类化学品之外,司法解释对其他化学品根本没有解释,如何定罪就成为问题。并且,许多毒害性化学品无论是毒性还是实际危害发生都远远低于5类化学品。要定罪必须设定更高的追究标准,而不能简单地比照现有的《解释》。上述案件的辩护人基本上也都持类似看法。

我们还是先看看实践中最高司法机关的理解。直接参与起草《解释》的最高人民法院研究室的相关同志在《〈关于办理非法制造、买卖、运输、储存毒鼠强等禁用剧毒化学品刑事案件具体应用法律若干问题的解释〉的理解与适用》一文中,对司法解释的背景以及如何理解毒害性物质与有毒化学品之间的关系进行了说明:“在起草过程中,有关部门建议把所有335种剧毒化学品、至少34种在不同情况下禁止使用的剧毒化学品囊括进来,《解释》初稿也曾考虑了这种意见。但是,由于剧毒化学品之间毒性差别很大,成人致死量有的不到

---

〔1〕 参见彭志新:《毒害性物质之确定——海南中院判决陈春霞等非法买卖危险物质案》,载《人民法院报》2008 年 6 月13 日。

1毫克，有的高至3克，所以很难对其制定一个统一的定罪量刑标准。而本《解释》列举的'禁用剧毒化学品，只有5种，其毒性大体相当，非法制造、买卖、运输、储存这些剧毒化学品行为的社会危害性也相当，对其制定统一的定罪量刑标准在司法实践中可行性较强。同时，实践中常见、多发的这类案件，绝大多数涉及的也是这5种剧毒化学品，涉及其他剧毒化学品的很少，司法实践迫切需要解决的也是涉及这5种剧毒化学品案件的定罪量刑标准问题。因此，本《解释》将'禁用剧毒化学品'的范围限定为毒鼠强、氟乙酰氨、氟乙酸钠、毒鼠硅、甘氟等5种剧毒化学品。"[1]

应该说这样解释是比较慎重的，其弦外之音就是刑法的罪刑协调性不要被轻易破坏，即从完整意义上来说，纳入范围必须符合三个标准：一是禁用性，二是毒性相当，三是比较常见。所以，有一点在当时是共识性的——并非所有的有毒化学品都应被纳入范围。从现实意义上考虑，主要是因为毒性难以评估或难以设定统一标准，司法解释放弃了入罪的打算。制作司法解释是肯认了其他有毒化学品不是不应当有标准，且又不能与上述类化学品等同，但却未确定"定罪量刑标准"，这意味着最高司法机关实际上放弃了对其他对象的管制。

从已有的司法实践来看，司法裁决中虽然存在对毒害性物质范围扩大的倾向和结果，但这并不是说所有的判决都遵循了这样的思路。2005 年7月14日，浙江省高级人民法院《关于非法制造、买卖、运输、储存液氯如何定罪处罚的请示》（浙高法[2005]163号）做出的答复指出："《中华人民共和国刑法》第一百二十五条第二款规定的非法制造、买卖、运输危险物质罪总的毒害性物质应为禁用毒害品。液氯虽列入了《剧毒化学品目录》（2002年版），但非国家明令禁止使用的剧毒化学品，故非法制造、买卖、运输、储存液氯不适用刑法第一百二十五条第二款，如果违反有关管理规定，在生产、储存、运输、使用液氯过程中发生重大事故，可按刑法第一百三十六条规定以危险物品肇事罪定罪处罚。"浙江省高级人民法院这份指导性文件的出台，具有与《解释》出台相类似的原因。2003年11月3日，浙江省温州市平阳县发生了一起液氯爆炸事故，造成 2人死亡，100多人中毒，其中6人重度中毒，大量家禽、牲畜死亡、大片田

---

〔1〕 熊选国、任卫华主编：《刑法罪名适用指南——危害公共安全罪》，中国人民公安大学出版社2007年版，第 171 页。

野的蔬菜等农作物沽黄；2004年5月8日上午，浙江省温州市龙港镇一废品收购点发生液氯泄漏事件，4000多名群众被迫大转移，并造成了重大经济损失。原因类似，结果也相同。“液氯”虽然排在《剧毒化学品目录》(2002)序列中的第84号，但浙江省高级人民法院十分谨慎，明确否定依照买卖行为定罪，强调通过责任事故的方式追究责任。可以说是对《解释》的一种补足，是对刑法协调性的遵循。

从理论角度来说，对司法解释的适用范围应当如何厘定似乎是本案的症结，但实际上并不是本质问题。司法解释虽然是对条文具体适用所作的说明，但显然并非都仅仅局限在对条文内涵的全称释义，也就是说，有的司法解释是针对《刑法》条文的具体含义所作的说明，是典型的文理解释；有些则是对刑法的基本概念基于现实的需要所进行的补充，即文理解释的内容。这种基本模式说明了司法解释并非都是对概念的解释。所以那种认为《解释》就是对化学性“毒害性物质”的内涵进行全面解读的观点是经不起推敲的。在不同的社会背景下，在不同的政策指导下，对刑法条文的理解必然因具有时代性而呈现出修正基本文意的特征，更不用说是为了配合刑事政策需要，针对某一个领域的犯罪进行重点惩治，该《解释》即属此类。[1]那种将化学性的毒害物质仅仅局限于毒鼠强等5类的观点没有任何理论基础和立法合理性。

但这是否意味着就像上述一些观点所认为的——只要有毒的化学品都是本罪的犯罪对象呢？是否意味着“毒害性物质”的范围就可以不被限制了呢？答案同样是否定的。从实然角度来说，笔者认为买卖5类之外的其他剧毒化学品不应入罪，因为缺乏规则依据；从应然角度来说，将对象设定为禁用剧毒化学品应相对比较合理，因为这既考虑了有利于被告的原则，同时又是基于行为同质性和法益同质性考量的结果。具体来说，毒害性的化学品范围包括：2003年6月24日国家安全生产监督管理局、公安部等8个部门联合发布的《剧毒化学品目录》(2002)中的10种“国家明令禁止使用的剧毒化学品”、5种“国家明令禁止使用的农药”和17种“在蔬菜、水果、茶叶和中草药材上不得使用

---

〔1〕 2002 年，南京汤山特大毒鼠强中毒案造成42人死亡，2003 年又传出52人死于毒鼠强。随后，农业部、公安部等九部委联合发布《关于清查收缴毒鼠强等禁用剧毒杀鼠剂的通告》，最高人民法院、最高人民检察院发布《解释》配合专项治理活动。

的农药”。2003 年7月18日农业部、国家安全生产监督管理局等9个部门发出《关于清查收缴毒鼠强等禁用剧毒杀鼠剂的通告》列举了毒鼠强、氟乙酰氨、氟乙酸钠、毒鼠硅、甘氟5种“禁用剧毒杀鼠剂”，这5种“禁用剧毒杀鼠剂”与前述5种“国家明令禁止使用的农药”有3种相同，上述这些农药、杀鼠剂等均属于在不同情况下禁止使用的剧毒化学品，共计有34种。

五、《追诉标准》因背离协调性原则而失去了规范意义

在笔者参与的关于非法买卖非禁用剧毒化学品的案件讨论中，还有观点从《追诉标准》第2条〔1〕的相关规定中寻找构罪的理由。他们认为，虽然《追诉标准》第2条第3项对非法制造、买卖、运输、储存毒鼠强、氟乙酰胺、氟乙酰钠、毒鼠硅、甘氟5类禁用剧毒化学品的数量进行了明示（这实际是对《解释》的重示），但买卖其他剧毒化学品的行为如果导致了前6项的后果，同样可以构罪。甚至认为，即使行为人买卖非禁用化学品的行为不符合前6项的规定，但因为第7项是兜底性的条款，只要后果具有同质性就同样可以构罪。在上述诸如罗某等非法买卖非禁用剧毒化学品案件中，其存在多次买卖的行为或者是向不特定多数人出卖，属于第7项“其他危害公共安全的情形”。

对于讨论中产生的此类争论，笔者认为有必要追根溯源进行研讨：

1.根据其发布时的说明，最高人民检察院、公安部的《追诉标准》只是“对公安机关经济犯罪侦查部门管辖的刑事案件立案追诉标准做出了规定，现印发给你们，请遵照执行。各级公安机关应当依照此规定立案侦查，各级检察机关应当依照此规定审查批捕、审查起诉。各地在执行中遇到的问题，请及时分别报最高人民检察院和公安部”。对其进行解读，可以发现其有以下一些特征，其一，制定目的的部门业务性特征。其明确规定只是在立案侦查、批捕、审查起诉过程中适用的标准，不能延伸至审判阶段，并不具有终局性质，对审

---

〔1〕 2008 年6月25日最高人民检察院、公安部《追诉标准》第2条规定：“非法制造、买卖、运输、储存毒害性、放射性、传染病病原体等物质，危害公共安全，涉嫌下列情形之一的，应予立案追诉：（一）造成人员重伤或者死亡的；（二）造成直接经济损失十万元以上的；（三）非法制造、买卖、运输、储存毒鼠强、氟乙酰胺、氟乙酰钠、毒鼠硅、甘氟原粉、原液、制剂五十克以上，或者饵料二千克以上的；（四）造成急性中毒、放射性疾病或者造成传染病流行、暴发的；（五）造成严重环境污染的；（六）造成毒害性、放射性、传染病病原体等危险物质丢失、被盗、被抢或者被他人利用进行违法犯罪活动的；（七）其他危害公共安全的情形。”

判显然不具有强制力，更无法对抗司法解释。也就是说，其制定的目的在于：公安机关、检察机关在办案过程中针对法律规定的模糊性，为了统一标准，做到有据可依，同时减少公安机关与检察机关之间出现的标准不一。因此，适用性被最为看重。其二，缺乏司法解释应有的稳定性。作为一种追诉标准，其标准的设定只能是在司法解释所没有延伸到的地方，往往带有应时性。也正因如此，在最高人民检察院、公安部数次出台追诉标准时明确指出："各地在执行中遇到的问题，请及时分别报最高人民检察院和公安部。"言下之意，这种标准的设定并没有经过全面合理的论证，运用过程更像是一个试错的过程。换句话说就是从形式上看具有随时修改的可能性。当然这里所说的缺乏稳定性并不是贬义的，因为刑事追诉只是一种求刑活动，这一特征决定了其出发点有时是偏移的而不是居中的，是阶段性的而不是终极性的。

追诉标准的制定者也深谙此理，也发现其可能存在与刑法、司法解释的不协调，所以提出了一系列的原则：合法性原则、协调性原则、科学性原则以及适用性原则。[1]明确指出，"一是与现行相关司法解释相协调，对于现行的司法解释已明确的相关犯罪的定罪量刑标准，原则上都以该规定的起刑点作为立案追诉标准。二是与有关行政经济法律、法规规定相协调"。[2]然而，《追诉标准》的功能决定了原则并非总能得到贯彻。司法解释明确的量刑标准，也只是被"原则上"作为立案追诉的标准。言下之意，本应该是完全遵循的变成了选择性遵循——在特定情形下可以灵活变通。更何况遵循本身与"协调"无关。

2.真正的协调之处应当是《刑法》不明、《解释》没有延伸到的地方。然而此时，适用性原则往往倾向于超越协调性和科学性原则。就非法买卖剧毒化学品的《追诉标准》与《解释》的对比分析，可以发现，二者之间存在诸多的不协调。遑论《解释》是针对毒鼠强等5类物质，单就行为类型而言，《解释》仅仅规定了买卖等行为达到一定数量（原料等50克或饵料2千克）、造成一定伤亡或造成一定公私财产损失等3种定罪类型，但《追诉标准》却规定了7种类型。

〔1〕《最高人民检察院、公安部有关部门负责人就〈立案追诉标准（二）〉答记者问 完善立案追诉标准依法打击经济犯罪》，载《人民公安报》2010年5月18日。

〔2〕《最高人民检察院、公安部有关部门负责人就〈立案追诉标准（二）〉答记者问 完善立案追诉标准依法打击经济犯罪》，载《人民公安报》2010年5月18日。

当然，人们可以说《追诉标准》是针对所有危险物质而并非仅仅是针对剧毒化学品。但是至少落足于剧毒化学品这一领域时，二者是不协调的。或许人们还可以说，《追诉标准》更为完善，弥补了《解释》的不足，但这并不足以成为抗衡司法解释的理由，更不是无视协调性的理由，何况事实也并非如此。

3.《追诉标准》第3项关于买卖毒鼠强等5类物质的规定与《解释》是重合的，则其他6项中的规定是否可以适用于买卖其他剧毒化学品的行为？这也是以上案件中所争论的一个焦点。对此，笔者认为，显然不能包含进去。这既涉及条文设定的科学性原则问题，又涉及如何定罪的问题。《追诉标准》设定的一些内容本身就违背了科学性，与刑法规定不尽协调。《追诉标准》7项规定中有5项出现了“造成”的表述。“造成”可以分为买卖行为人本人造成和出卖、保管过程中他人造成。前者直接依照相关犯罪处理即可，无需赘述。后者导致的后果则不是买卖行为本身所直接导致，如果依照买卖行为定罪，则实际上处罚的是后果，形式上处罚的却是买卖。上述“毒鱼丸”一案就是适例。被告人王某、陈某夫妇购买“毒鱼丸”之后，王某以每粒1.6元的价格将100粒“毒鱼丸”部分出卖给王某刚。陈某则以 2.5元的价格将1粒“毒鱼丸”出售给翁某，后被用于强奸犯罪并导致被害人中毒身亡。陈某固然具有帮助购买行为，属于“非法买卖”中购买行为，但显然王某刚同样购买了多粒“毒鱼丸”却没有定罪，唐某同样帮助联系却没有定罪，所以“造成”他人死亡这一情节对于陈某的定罪应该具有决定性的作用。这种“造成”的认定完全违背了刑法中的因果关系，完全是一种被抛弃的未加修正的条件说的运用结果，纯粹是一种反推的客观归罪，已经大大违背了主客观相一致的刑法基本原理。依照这样的逻辑，在整个销售因果链中，1粒“毒鱼丸”的流转过程如同“击鼓传花”，但结果是不一样的：当鼓槌落下时，所有的经手人都无法豁免责任。这实在匪夷所思，如同“一个馒头引发的血案”。

更为让人感到不解的是，《追诉标准》第6项规定，“造成毒害性、放射性、传染病病原体等危险物质丢失、被盗、被抢的”，无论是否出现了危害后果，均予以追诉。其不仅取消了《解释》的数额要求，也无视《解释》的后果要求。将追诉面进一步放大。而且导致新的不确定性——“丢失”如何理解？“被盗”与“丢失”什么关系？“被骗的”是否应当追诉？

4.更为模糊的是，《追诉标准》在罗列6项追诉情形之后，意犹未尽，设置了一个兜底条款——“（七）其他危害公共安全的情形”。也正是这一条款无限扩大了追诉范围，彻底导致协调性原则的丧失。在上述罗某案件中，被告人罗某的行为很难从第1~6项中找到追诉依据。但是第7项的规定为定罪带来了转机。司法机关认为，行为人罗某将剧毒化学品贩卖到高校、医院，有相当大的危险性。并且此危险性具有与《追诉标准》第1~6项规定相当程度的危险性。罗某行为具有相当大危险性的理由在于：第一，罗某是对不特定的人进行销售；第二，罗某所销售的化学品的毒性与《解释》规定的5类禁用剧毒化学品的毒性相当，销售的量也大大超过50克。这样的论断再次体现了一种游走于《解释》与《追诉标准》之间的功利观：在选定数额标准时，因为《解释》只是确认了毒鼠强等5类禁用剧毒化学品，因而找不到依据，于是指出《解释》只是一种列举而不是全部，肯认参照《解释》的标准。但《解释》却对其他化学品没有规定，于是转而寻求《追诉标准》，《追诉标准》的模糊性以及第7项的兜底条款为其提供了可利用的空间。规则就这样被征服，结果同质性的面纱也都不顾及了。

六、买卖非禁止剧毒化学品一般属于刑法中的非法经营行为

刑法条文的协调性理解是合理界定一个条文或者一个规范适用范围的重要依据。买卖限制适用的毒害性化学品实质上是一种未经国家有关部门批准所实施的非法经营行为。也正是因为这样的原因，在罗某一案的追诉过程中，司法机关最初就有依照非法经营罪处理的思路，只不过买卖的化学品数额最终尚未达到非法经营罪的追诉标准而作罢。

两种买卖行为之间通常确实存在竞合的关系。[1]非法买卖化学品是指未经国家有关部门批准经营；非法经营罪则是违反国家规定进行经营，本质并没有差别。譬如，在上述山东新泰发生的非法买卖氰化钠一案中，审判机关就没有从公共安全的角度展开论述，而是从销售资格的角度说理：“氰化钠属剧毒化学品，国家对该类产品的生产、买卖、运输实施许可证制度，即生产、买卖、运输此类物质必须持有有关部门开具的许可证；未经许可，不得从事化学危险物

〔1〕 当然，并不否定在个别情形下并不存在竞合关系。譬如单纯的购买行为不是非法经营行为，私下的偶尔的出卖也不是非法经营行为。但问题在于，笔者认为这些行为本身并没有必要被上升为犯罪。

品的生产、买卖、运输。三被告人违反国家法律规定，在未取得许可的情况下，非法买卖剧毒化学品氰化钠。”然而，最终三被告被确定的还是非法买卖危险物质罪。[1]二者的不同也是明显的。前者是危害公共安全犯罪，且法条明确要求必须达到“危害公共安全”的标准，后者是破坏社会主义市场经济秩序犯罪，是一种市场经营行为。这从逻辑上可以得出两个方面的结论：

其一，非法买卖危险物质罪的行为并没有侵犯市场而是侵犯了公共安全。非法经营罪指向的标的物为国家允许流通的，并且存在市场和市场需求，但销售方并无该标的物法定销售资格。非法买卖危险物质是指交易的标的物是国家禁止的物品，销售方有无资质在所不论。从《刑法》第225条来看，非法经营行为的表现方式多为食盐、烟草、证券、期货、保险、电信专营权等的经营。不能简单因为标的物具有一定的有害性就认定为非法买卖危险物质罪。否则将导致市场经济秩序犯罪的消解，导致刑法规范的确定消失。

其二，在买卖行为与经营行为存在行为和场合竞合之时，因为破坏社会主义市场经济与危害公共安全只能是前后两个不能同时兼容的客体，而不像爆炸罪与故意杀人罪的客体可以同时兼容一样。在构成对市场的侵犯时，如果没有新的行为发生，纯粹的买卖行为并不能构成对公共安全的侵犯。至于行为人将化学品售出后，购买人用于自杀或杀人，要求出售人承担危害公共安全的刑事责任如果不是出于对刑法理论和规范的误读，则是基于社会效果考量的结果，属于一种客观归罪行为。

---

〔1〕 当然，这样可以确定购买氰化钠从事生产电镀产品的被告人解某的刑事责任。如果对整个行为依照非法经营罪定罪，则无法追究解某的刑事责任。

第十二章　法定化视野下生产、销售假药行为的违法相对性

由于犯罪对象极其特殊，生产、销售假药罪实际上成为刑法中一个非常特殊的罪名。因为药品的功能在于治病救人，在于存续乃至挽救生命。所以当“假药”具有治疗效果的时候，其与犯罪的害恶是天然对立的。然而由于刑事立法的不断变更以及司法工作人员未能深究法律的基本精神和原则，导致出现了以陆勇案为标志性事件的大量为满足生存或健康需要而被定罪的案例。同时，由于司法工作人员缺乏一种明确的价值立场，缺乏一种创造性释法的勇气，导致最佳纠正机会的丧失，导致本质类似的行为继续被定罪，导致形成另外一种方式的“安提戈涅之怨”——法律的遵循与生存需要满足之间的挣扎。此时迫切需要理论为实践提供一种有效的方法论去摆脱困境，而理论却从未予以足够的关注，在舆论沸腾的时候无动于衷。

一、法典中“足以严重危害人体健康”的规定被取消所引发的窘境

《刑法修正案（八）》第23条对生产、销售假药罪进行了修改，最为显著的、实质性的变化在于取消了“足以严重危害人体健康”的内容。刑法的修改带来了观念上的一系列变化。随后的司法实践中，一般只要生产、销售被认定为假药的，大家普遍认为无须再考虑生产、销售的危险状态的问题。例如，有检察机关认为：“从实害犯到危险犯再到行为犯，大大降低了入罪门

槛，加大了对生产、销售假药犯罪活动的打击力度。”[1]“《刑法修正案（八）》的相关规定，将生产、销售假药罪由‘危险犯’变成了‘行为犯’。”[2]危险状态的认定不再成为桎梏司法实践的因素。

对于定罪便利化的欣喜还没有来得及深昧，问题接踵而至——行政罚与刑罚居然重合了。由于《刑法》第141条（生产、销售假药罪）第2款之规定明确地将假药的认定以行政法为依据，加之该罪变成了“行为犯”，罪状中独立性的内容丧失，刑法自身对于假药认定独立性的放弃，整个刑法评价的独立性似乎荡然无存，刑罚与行政罚被混为一谈。譬如，2009年11月18日，被告人李某在自己位于东莞市南城荣某药店销售一款名为“万艾可·枸橼酸西地那非片”（生产厂家为辉瑞制药有限公司，规格为100mg × 1片）的药品。该店共购进该药6盒，销售2盒。该市食品药品监督管理局与大连市食品药品监管局联系后证实，大连辉瑞制药有限公司从未生产过该批号的“万艾可·枸橼酸西地那非片”。市第一人民法院最终判决李某犯销售假药罪，判处有期徒刑8个月。“市食药局表示，类似涉案数量如此少但获刑的案例在东莞并没有先例，这主要是因为《刑法修正案（八）》去年2月25日正式通过后，给了销售假药的违法犯罪行为得到严惩的依据。”[3]在这样的理解面前，行政罚已经形同虚设。实践中，司法官员也发现了这一问题。他们认为：“尽管《药品管理法》第74条仍然将制售假药行为划分为违法和犯罪两部分，但是《刑法》第141条将所有的制售假药行为均规定为犯罪。换言之，修改后的《刑法》第141条与《药品管理法》第74条相比较，虽然两者在行为类型的表述上完全相同，两者行为表现方式均为制售假药，但是前者的法律后果是单一的刑罚，而后者的法律后果则是刑罚和行政处罚两种，这就意味着制售假药罪与制售假药违法行为处于完全重合状态，制售假药的违法行为没有独立存在的空间。”[4]当然，也有观点匪夷所思地指出：对制售假药行为的行政罚并没有失去法律适用的空间，“行政机关可以在刑罚处罚前进行行政处罚，也可以在刑法处罚后给

---

〔1〕 方城县人民检察：《从〈刑法修正案八〉看生产、销售假药罪的理解与适用》，载http://www.fcjcy.gov.cn/wz_Show.asp? ArticleID=2133。

〔2〕 来扬：《制售假药没害人也入罪》，载《中国青年报》2012年5月4日，第7版。

〔3〕 佚名：《东莞：药店销售两盒假药负责人判刑八月》，载《东莞时报》2012年5月17日，第A16版。

〔4〕 刘晓莉、逄晓枫《制售假药行为之行政处罚与刑罚适用研究》，载《中国刑事杂志》2012年第9期。

予行政处罚，对犯罪情节轻微、免于刑事处罚的，行政机关还可以独立适用行政处罚”。[1]

当然，司法实务中也不乏一些相对较为谨慎的思考：“刑法直接采用药品管理法对药品的定义混淆了行政违法与刑事犯罪社会危害性不同的本质区别，刑法上药品含义的宽泛造成了刑法权威的弱化和打击不力的后果，与其如此，还不如缩小范围，重其所重，轻其所轻，坚持做到有罪必罚，反而更能取得较好的效果。本着尊重立法的原则，可以考虑在刑事司法实践中严格假药的判断标准，重点突出对严重制售假药行为的打击。”[2]上述的理解实际上是司法实务对立法的反刍，但是从法益乃至政策的角度来进行思考，而不是从解释的论证结构上进行逻辑分析，客观上缺乏充足的说服力，在没有政策明示的情形下，过分依赖于政策反而容易导致认定的飘忽不定。

在这样的纠结中，司法实践陷入了困顿。“《刑法修正案（八）》施行以来，该直辖市（上海市——笔者注）检察机关批捕、起诉数量激增。2011年5月至2012年4月，共批准逮捕33件42人；提起公诉29件71人。2012年5月至2013年4月，共批准逮捕39件41人；提起公诉291件349人。同时，公安机关、检察机关在是否构成犯罪方面存在巨大分歧，不起诉率大大增加。两年来，该市检察机关共受理公安机关移送审查起诉案件1069件1269人，仅对其中320件420人提起公诉。如某区检察机关曾经单月受理公安机关移送审查起诉115件147人，审查后对其中97件121人退回补充侦查或直接作不起诉处理。”[3]如此高比例的补充侦查和直接不起诉本身已经说明了很多的问题。

---

〔1〕 方尚庆：《对制售假药行为行政处罚的适用——基于〈刑法修正案八〉的思考》，载《中国卫生事业管理》2014年第12期。

〔2〕 许美：《生产、销售假药罪刑法适用调查分析》，载《人民检察》2013年第17期。

〔3〕 许美：《生产、销售假药罪刑法适用调查分析》，载《人民检察》2013年第17期。

“抗癌药代购第一人”案[1]将法律修改引发的困惑上升为一场守法的要求与求生的渴望之间的博弈。在各方压力之下该案最终被撤诉。然而，不诉的理由却令人啼笑皆非——陆某不构成假药罪的理由不是因为药品不是假药，而是因为代购行为不属于销售行为。《对陆某决定不起诉的释法说理书》认为：“陆某的行为是买方行为，并且是白血病患者群体购买药品整体行为中的组成行为，寻求的是印度赛诺公司抗癌药品的使用价值。陆某有违反国家药品管理法的行为，如违反了《药品管理法》第三十九条第二款有关个人自用进口的药品，应按照国家规定办理进口手续的规定等，但陆某的行为因不是销售行为而不构成销售假药罪。”[2]

法律公正和生存要求之间的冲突看似弥合了，但这只不过是生命压力下司法的一种“屈服”。在俯拾皆是的案例中，结果并非总是如此。笔者曾经参与研讨了数个类似案件，其中最有名的莫过于张某华销售假药案，该案被最高人民法院作为典型案例予以发布：“2011年5月至7月间，张某华从他人处购得‘人血白蛋白’及‘人免疫球蛋白’后，销售‘人血白蛋白’2瓶，销售‘人免疫球蛋白’5瓶。2011年8月9日，公安机关从张某华处查获尚未销售的‘人血白蛋白’6瓶、‘人免疫球蛋白’35瓶。经鉴定，上述‘人血白蛋白’、‘人免疫球蛋

〔1〕 被告人陆某患有白血病，依靠长期服用瑞士进口药“格列卫”维持病情的稳定。但是在国内市场上，“格列卫”的价格长期稳定在每盒2万元，一个患者一年的药费就近30万元。2004年9月，陆某在他人处了解到印度生产的同类药品每盒价格仅仅为4000元，服用后发现与瑞士的“格列卫”药效基本一致。于是，陆某开始直接从印度购进该药并通过多种方式向病人推荐。随着帮助购买的病人增多，购买成本日益下降，病人最终只需要200余元就能买到一盒。案发后，陆某涉嫌销售假药罪等被检察机关提起公诉。但是随即情况开始变得复杂起来，因为陆某提供给的药品都是救命药，停药的后果不堪设想。许多病友为陆勇求情。理由很简单：“进口格列卫费用昂贵，吃不起如同等死，印度仿制药的出现，才增加了活下去的勇气。”“陆某是我们白血病患者的救命恩人，他的行为是善举，在他的努力下挽救了多少个家庭和病人，他未从中收取任何费用。”

〔2〕 阮占江：《“抗癌药代购第一人”被不予起诉 检方详解缘由》，载《法制日报》2015年2月28日，第8版。

白'均系假药。被告最终被确定为销售假药罪。"[1]

由于对假药进行了形式化的理解，犯罪的领域被极度扩张。囿于篇幅仅举以下两例进行说明：

案例一：贺某家住平舆县庙湾乡庙湾村，家里祖传用红花、当归、川草乌等48味中草药制作膏药、药丸，主要治疗风湿性关节炎、骨质增生、肩周炎、腰间盘突出等疾病。2014年4月，贺某从平舆县老家来鹤壁市鹤山区鹤壁集镇销售膏药、药丸。5月8日，鹤壁市食品药品监督管理局鹤山分局执法人员在鹤壁集镇鹤山街中段执法巡查时，发现贺某正在销售膏药、药丸，执法人员当场收缴已配置好的膏药135贴，正在配置的糊状膏药一碗，已配置好的大药丸63粒、小药丸144包。7月10日，鹤壁市鹤山区检察院通过"两法衔接信息平台"发现该案未移交公安机关处理，通过审查行政执法卷宗，该院认为贺某在未取得《药品生产许可证》的情况下制售药品，违反了特定的程序性规定，破坏了国家药品监管制度，其行为已涉嫌生产、销售假药罪。[2]

案例二：周某某系一家乡镇卫生院的医生，2003年9月办理退休手续后，在家里给别人看病。他之所以有名气，是因为他的药是祖传秘方，凡来看病的，周某某都会配出一种塑料袋包装的药粉。2015年10月底的一天，市场监管局开发区分局执法人员对周某某的诊所进行检查，在其坐诊房间南端窗户下，发现红色塑料袋装着两大包药粉，既无生产厂家也没有药品批号。周某某称，这就是他用祖传秘方配制的"气管炎特效药"。周某某交代，他的"气管炎特效药"是十来种治疗咳嗽的西药和中药的混合物，根据比例研磨成粉，装在自封的袋里，配上一张自己写的说明书，卖给病人。经查，周某某没有《医疗机构

---

〔1〕 该案属于最高人民法院和最高人民检察院发布的4起典型案例之一。笔者曾参加过司法机关的研讨，当时发表的看法是，其一，前者主要是基于对药品的监管而设定的范围，而刑法设定此罪不仅针对市场经济秩序，更指向对人身安全潜在的危害性。其二，前者设定的处罚标准比较轻，主要是取消资格和罚款两种方式，这与药品管理的职责是相协调的。但是刑法对此规定为严格刑事责任，如果只是从形式上认定为假药，显然是不合适的，必须依情节轻重处以刑罚。其三，从刑法规定本身来看，刑法显然更注重其潜在危害性。虽然《刑法修正案（八）》删除了销售假药罪中"足以严重危害人体健康"的表述，降低了该罪的入罪门槛，但加重情形中明确规定了"对人体健康造成严重危害或者有其他严重情节的""致人死亡或者有其他特别严重情节的"，显然这是从实质角度量刑的。从协调性和一致性的角度出发反推，即便不足以具备具体危害性，但假药本身对人体是有危险性，司法解释对此也予以认可。具体可参见杨赞、江学：《销售假药行为的认定须从三方面入手》，载《检察日报》2015年6月11日，第3版。

〔2〕 参见赵宝仓、张蕾：《"自制膏药"是假药 法律不认"祖传秘方"》，载《检察日报》2014年9月3日，第8版。

制剂许可证》和《药品生产许可证》，涉嫌生产、销售假药罪。11月21日，周某某被立案侦查。23日，周某某涉嫌生产、销售假药罪，被市公安局批准取保候审。[1]

对于这些案件，司法机关之所以立案，理由完全与前述关于行为犯的理解雷同："刑事鹤山区检察院侦监科科长秦海霞解释说，按照2011年5月1日起施行的《刑法修正案（八）》的规定，只要行为人实施了生产、销售假药的行为即构成犯罪，而不要求其生产、销售假药的行为造成了严重危害人体健康的现实后果。按照《中华人民共和国药品管理法》的规定，必须批准而未经批准生产、进口，或者依照必须检验而未经检验即销售的；使用依照本法必须取得批准文号而未取得批准文号的原料药生产的，均按假药论处。"[2]

所有这些案件归结到一点就是，没有获得批准文号的且对人体健康或生命有正面作用的药品是否属于刑法意义的假药？而这又具体表达为以下几个方面的问题：(1)危险结果的取消是否意味着对行为实质危害性的否定？(2)如何看待刑事违法的相对性？(3)如何看待法的稳定性与法定目的性的关系。这些问题也是本章所着力诠释的问题。

二、危险结果的否定是否意味着对行为实质危害性的否定

根据以上归纳，取消生产、销售假药罪的"足以危害人体健康"意味着对危险犯的否定，这似乎成为共识。但是如果仔细分析我们会发现，司法共识的形成远远早于立法。

(一)第一步：理论与实务从结果无价值向行为无价值的立场退却

在大陆法系的刑法理论中，危险犯从一开始就是针对实害性的结果进行早期处罚的一种立法设置。"在具体危险犯的场合，刑法之防卫线向前移置，在侵害结果出现前即给予处罚，是考虑该行为对法益侵害之危险性相当高，如不予以处罚，恐将造成更大损害，因而在实害尚未发生前即给予截堵处罚，并进而维护社会秩序及国家安全、人民之生命及财产等法益将因而受到更周全

[1] 参见郭钧衡：《祖传秘方竟是假药 退休医生惹上麻烦》，载《东阳日报》2015年11月30日。

[2] 赵宝仓、张蕾：《"自制膏药"是假药 法律不认"祖传秘方"》，载《检察日报》2014年9月3日，第8版。

的保障。”[1]长期以来，我国刑法基本理论认为，所谓危险犯，是指以一定的危险状态出现作为既遂标准的一种犯罪形态。司法实践中往往考虑到一些行为不具有危险的时候实际的刑事违法性特征不够明显，故将危险状态的出现作为犯罪成立与否的标准，这是实践中的便宜性处理的结果。生产、销售假药罪的适用概莫能外。

但是所有的问题在于，如果危险犯是明确地以法定的方式来加以规定的，则似乎与行为犯之间的区别可能会比较明显，但刑法中只有几个罪名明确规定了危险的状态，于是这里就面临着至少两个方面的问题，一是是否只有规定“足以”导致某种后果的才是危险犯？答案显然是否定的，因为大家普遍认为的危险犯显然远远超出了上述范围，如放火罪、爆炸罪等并没有明示危险状态。二是如何认定所谓的“足以”导致某种后果的发生？其中所涉的危险实质是什么一种危险？

这些不明确或者说不确定也导致在认定生产、销售假药罪的过程中出现了较多的分歧。最初的观点是从纯粹的危险犯理论角度出发的，认为从假药在生产、流通中所处的阶段上看，如果行为人所生产的假药已经出厂并投放市场，或销售的假药已为消费者所购买，就可能危及人体健康。如果所生产、销售的假药尚在加工制作中，还未形成成品，或虽已制作完毕，仍存放在车间、仓库，还未投放于市场的，都不可能对人体健康构成实际威胁，因而不构成本罪。[2]如果行为人生产、销售的虽然是假药，但不足以危害人体健康，不能构成犯罪。[3]这显然是损害原则在刑法观念上的表达方式之一。“无论是合同法的正确政策为何，损害原则作为刑法道德界限的指引并不要求为非损害性的不法行为承担刑事责任。更明显的是，损害原则不能令人信服地支持刑法禁止那些尽管造成损害却没有侵犯任何权利的行为。”[4]对此，本章将在相关内容中展开论述。

只要规定了“足以”的就将其作为危险犯加以对待，这是刑法基本理论的通说，但是近些年来，上述说法开始受到一些学者的质疑。譬如，有观点认为：

---

〔1〕 张红艳：《欧陆刑法中的抽象危险犯及其启示》，载《河北法学》2009年第9期。

〔2〕 参见黄京平：《破坏市场经济秩序罪研究》，中国人民大学出版社1999年版，第127页。

〔3〕 参见周道鸾：《中国刑法分则适用新论》，人民法院出版社1997年版，第139页。

〔4〕 [美]乔尔·范伯格：《刑法的道德界限（第一卷）——对他人的损害》，方泉译，商务印书馆2014年版，第36页。

"'足以'并非具体危险犯或者危险犯的标志，而是对行为性质或者程度的要求，行为具有或者说达到'足以'程度的，才成立犯罪，否则不成立犯罪，而与是否形成了具体性危险或者危险的判断无关；生产了假药、只要对象具有'足以'的性质，就构成生产假药罪。"〔1〕以上观点对"足以"一词进行了另外一种解释，即"足以"不再表现为一种对于法益的侵犯程度，而是表现为一种行为的程度。或者说"足以"一词所要表达的不再是一种空间性的阶段，而是表现为一种行为的实质性内容。相应地，在生产、销售假药罪中表达为以下的观点："只要行为人生产了能够危害人体健康的假药，不论这些假药是否卖出、患者是否已经使用，或者行为人只要销售了能够危害人体健康的假药，无论患者是否已经使用或者是否实际造成了损害，都构成本罪。"〔2〕

就现实而言，司法实践对"足以"一词的认识也经历了一个从结果危险向行为危险过渡的过程，只不过其是基于整齐化、便宜化的动机而已。这在《关于办理生产、销售伪劣商品刑事案件具体应用法律若干问题的解释》(法释〔2001〕10号)中体现得十分明显。其中的几项对"足以"的界定〔3〕显然都是从药物本身的实质违法性的角度来加以考察。无论是药品中含有超标的有毒物质，还是药品缺乏急救的必需有效成分，都会对人体造成直接的或间接的损害。或许我们可以说这是对"足以"一词的泛化的理解，但毫无疑问，这样的解释实际上已经否定了危险犯作为结果危险性标准的存在。因为这种行为的实质性危害一开始就存在了，这样的行为一开始就是无价值的。

(二)第二步：司法解释对行为无价值观的抛弃

如果说对行为无价值的认可还有一定的现实合理性的依据，后来的司法解释甚至连对行为无价值的要求也抛弃了，司法解释逐步将其贬为一种形式犯。

2009年5月13日，最高人民法院、最高人民检察院《关于办理生产、销售

〔1〕 杜文俊、陈洪兵：《质疑"足以"系具体危险犯或危险犯标志之通说》，载《中国刑事法杂志》2012年第2期。

〔2〕 鲜铁可：《新刑法中的危险犯》，中国检察出版社1998年版，第233页。

〔3〕 该解释第3条规定："经省级以上药品监督管理部门设置或者确定的药品检验机构鉴定，生产、销售的假药具有下列情形之一的，应认定为第141条规定的'足以严重危害人体健康'：(1)含有超标准的有毒有害物质的；(2)不含所标明的有效成份，可能贻误诊治的；(3)所标明的适应症或者功能主治超出规定范围，可能造成贻误诊治的；(4)缺乏所标明的急救必需的有效成份的。"

假药、劣药刑事案件具体应用法律若干问题的解释》(法释〔2009〕9号)关于入罪的规定[1]不仅将足以危害人体健康的标准大大虚化，在一些具体领域，对行为实质危害性的要求也轻而易举地摒弃。对于该司法解释，最高人民检察院时任副检察长朱孝清大检察官给出的说法是，其一，增加了“不应含有有毒有害物质而含有”的情况。其二，增加了4项标准，并且认为：“这几项都属于社会危害性比较严重，群众反映强烈，司法实践需要解决的情形。”其三，删除了“不含所标明的有效成份，可能贻误诊治的”的规定。理由在于：“某一个药品不含有所标明的有效成分，是认定该药品是否为假药的条件。‘可能贻误诊治’，从司法实践来看，要界定、要认定是比较困难的，可操作性比较差，所以这次把这一项删除了。”[2]实质危害性的要求再一次臣服于标准便利性的要求。甚或可以说，这一司法解释为后来的刑法取消“足以”一词打开了方便之门，并对后来规定的理解提供了错误的坐标。

如果从逻辑角度分析，显然这一新规定的内容既不周延也不协调。其在形式犯与实质犯之间左右摇摆，飘忽不定，导致该解释第3条定罪标准缺乏均衡：

第一，第1项的增加确实弥补了前一个司法解释的缺陷，但也进一步加深了对实质犯的确认。直接添加有毒有害物质比之前的“含有的有毒有害物质超过国家标准”显然更具有实质的危害性，药品的毒性本身更为明显。

第二，将“以孕产妇、婴幼儿、儿童或者危重病人为主要使用对象的”作为“足以”一词的标准本身就是十分情绪化的。即使我们不从结果无价值的角度来理解，也不从行为无价值的角度理解，而是将其仅仅作为一种形式犯意义上的解读，假药对人身的危害也似乎与对象没有直接关联性。当然，如果我们非要寻找合理性，也并不是毫无依据，因为这里的对象多与健康受到危害的紧迫性密切关联，尤其是针对危重病人和孕妇更为如此，但是问题在于，一旦认可

〔1〕 该解释规定：“生产、销售的假药具有下列情形之一的，应当认定为第141条规定的‘足以严重危害人体健康’：(1)依照国家药品标准不应含有有毒有害物质而含有，或者含有的有毒有害物质超过国家药品标准规定的；(2)属于麻醉药品、精神药品、医疗用毒性药品、放射性药品、避孕药品、血液制品或者疫苗的；(3)以孕产妇、婴幼儿、儿童或者危重病人为主要使用对象的；(4)属于注射剂药品、急救药品的；(5)没有或者伪造药品生产许可证或者批准文号，且属于处方药的；(6)其他足以严重危害人体健康的情形。”

〔2〕 国务院新闻办公室：《国新办就假药、劣药刑事案件应用法律情况举行发布会》(2009年5月26日)。

这种合理性，这似乎又与结果的无价值结合在一起了。因为这里的危险很可能是一种具体危险，不经意之间概念又回到了原初，这是解释者本身所不愿意看到的。

第三，最为关键的问题是，第2、3、4项与第1项、第5项十分不兼容。是否构成假药无非只有两个分类：一是实质标准，即药对人体之作用；二是形式标准，即对假药的明确限定。而第2、3、4项在二者的夹缝中确立了新的标准，于是问题出现了，诸多完全不具有同质性的内容尤其是不具有同质性结果的行为被归纳到了一个"足以"之下，概念变成了任人打扮的"小姑娘"。其所产生的不确定性也是显而易见的——一种药品符合了形式标准，但又不属于第2、3、4项内容的，是否就可以不确定为犯罪了。如果不能定罪，似乎意味着司法解释还是采取了一种实质性的标准。

诚如上述大检察官所称，司法解释出台的一个重要因素是解决界定的困难，但是，如果不考虑公平、公正，只是为了操作方便，则权利就成为被轻视甚至被无视的对象，更何况在假药犯罪中，现实显然并没有将第2、3、4、5项尤其是第5项作为一种例外来加以断定。

在当时的刑法中，生产、销售假药罪作为一种危险犯是一种客观实在，理论争论充其量无非是对危险的具体性或危险的客观性的偏好。[1]然而，上述司法解释除了第1项还要求客观的危险外，其他的规定已经将生产、销售假药罪贴上了形式犯的标签。

（三）司法解释的观念形式化促进了对立法的形式化解读

随着刑法修正案的修改，"足以"一词消失，导致上述的司法解释实际上失去了独特意义。于是，在传承的前提下，司法解释开始寻找新的视角。2014年9月22日，最高人民法院、最高人民检察院《关于办理危害药品安全刑事案件

〔1〕 对此，一些论述将客观危险性的观点认定为行为无价值伦，将认同具体危险性的观点结果无价值论。笔者认为这是一种误读。这实际上还是将行为犯与危险犯等序的评定结果。即使没有具体危险的出现，客观危险的结果也是自在的。实际上，危险的属性才具有本质的意义。即危险是一种行为的属性，还是一种结果的属性？两者分别构成行为无价值与结果无价值的认同。按照行为无价值论者的立场，危险应该是行为的属性（危险性），因此判断应当以行为时即事前为标准。

适用法律若干问题的解释》第1条[1]将原有的一些内容更改为从重处罚的条件，不再纠缠于假药危险的纷争，原有的某些规定也被作为从重处罚的标准。尽管逻辑上似乎更为通顺，但基本犯罪的形式性特征愈加明显。

这充其量只是解决了假药的具体危险问题，而并没有解决假药的客观危险性的问题。一经立法修改就急急忙忙地排斥假药客观危险的要求似乎只不过是一种对自身规范性的印证，因此只需要着重界定从重情节就够了，而不需要去界定假药。

然而，通过仔细分析会发现，成功地将某些原有的危险升格为"从重情节"并不能否定假药的客观危险要求。恰恰相反，我们甚至可以做出反向理解：其一，之所以对某些行为从重处罚，从罪刑均衡性角度考量当然是与犯罪的危害相一致的。而这种从重并不是否定成罪时药品的实质性危害，而是因为特定对象的缘故。其二，将原有的定罪情节作为量刑情节，恰恰说明将原来的成罪标准作为从重处罚的标准，所以成罪标准似乎也应该相应后移。从销售不合标准的药→销售具有客观危险的药→特定对象、场合的从重情节三者之间显然是一脉相承的。如果将不合标准作为成罪的依据，则会导致客观危险性无地自容，导致定罪缺少一种有序性。其三，如果否定药品的客观危害性，从重情节失去了存在的意义。譬如，在上述的针对危重病人等紧急状态下，适用有效但不合规的药恰恰可能导致违法性的阻却，不仅不能作为从重情节，反而会失去基本的违法性依据。其四，从相应的法定刑来看，与修正前的刑法一样，对人体健康造成了实害的，被作为加重情节。[2]而这些结果恰恰是以药品本身的客观危害为前提，因此，与此相对应，可以反推出基本情节需要药品本身客观危害性的存在为依据。否则将无法存在上述结果加重的情形。其五，对于药品客观危害性的判断在最新的司法解释中还可以找到一些间接

〔1〕 该解释第1条规定："生产、销售假药，具有下列情形之一的，应当酌情从重处罚：（一）生产、销售的假药以孕产妇、婴幼儿、儿童或者危重病人为主要使用对象的；（二）生产、销售的假药属于麻醉药品、精神药品、医疗用毒性药品、放射性药品、避孕药品、血液制品、疫苗的；（三）生产、销售的假药属于注射剂药品、急救药品的；（四）医疗机构、医疗机构工作人员生产、销售假药的；（五）在自然灾害、事故灾难、公共卫生事件、社会安全事件等突发事件期间，生产、销售用于应对突发事件的假药的；（六）两年内曾因危害药品安全违法犯罪活动受过行政处罚或者刑事处罚的；（七）其他应当酌情从重处罚的情形。"

〔2〕 对此，相关司法解释明确规定："生产、销售假药，具有下列情形之一的，应当认定为第141条规定的'对人体健康造成严重危害'：(1)造成轻伤或者重伤的；(2)造成轻度残疾或者中度残疾的；(3)造成器官组织损伤导致一般功能障碍或者严重功能障碍的；(4)其他对人体健康造成严重危害的情形。"

的支持性理由。如该解释第14条规定："是否属于刑法第一百四十一条、第一百四十二条规定的'假药'、'劣药'难以确定的，司法机关可以根据地市级以上药品监督管理部门出具的认定意见等相关材料进行认定。必要时，可以委托省级以上药品监督管理部门设置或者确定的药品检验机构进行检验。"鉴定往往是针对药品的实质危害性而言的，包括是否存在有毒有害成分等，否则似乎没有多少需要鉴定的空间。是否"批准"、是否取得"文号"显然与鉴定无关。

综上所述，笔者认为，修订后的生产、销售假药罪，虽然取消了"足以危害人体健康"的规定，但只是对于一种既遂标准的否定，并不足以得出取消假药的实质危害的结论。司法解释一方面基于功利性和便宜性的考虑，力图弱化对假药的实质性要求，但是又纠结于这种要求的不合理性因素，而采取了一种遮遮掩掩的态度。因此，尽管适用标准明确了，但是标准却是混乱的并且是有限的，大量的案例实际上在解释的范围之外，笔者的结论是，对于假药的判断应当坚持危险客观性的观点。所谓假药必须首先是一种医学标准的判断，要必须先在成分、效用的方面确定有害于身体健康或无助于人体健康。同时，这种医学标准的判断可以做适当的延伸，如药品无助于人体健康进而可能延误病情的情形。

三、相对违法性理论成为行为危险性判断的支点

如果说生产、销售假药罪司法解释的便宜性动机是一种客观的外在的促使罪名形式化的因素，那么后来的立法规定则成为促使人们加深形式化理解的内在因素。于是考量刑事违法的相对性就成为解决问题的重要支点。

（一）刑事违法相对性的基础：实质危害性的独立存在

生产、销售假药罪的认定涉及一个刑法与前置法如何衔接的问题。一般来说，行政法相对于刑法规定往往具有前置性的特征，这在生产、销售假药罪的法秩序序列中格外明显，属于罕见的刑法明示规定概念依据前置法规定的情形。正是这一明示导致了司法适用的困局，也为理论与实践的"懒惰"提供了庇护。

对于明示条款如何理解，首先是刑事违法性判断是否具有相对性的问题。而这又涉及刑法中行为实质危害性的判断。对此笔者认为，从相对违法性理论来看，刑法中的实质危害性在定罪时必须要考虑（只不过有时在个别领域被

明确限定而已，如危险驾驶罪等），因为前置法基于其管制范围以及处罚手段的特点，往往更注重违法的形式性。刑事违法相对性判断的独立性决定了其必然不能回避实质危害性，实质危害性成为违法性判断独立性于前置法独立性的重要依据。就生产、销售假药罪而言，即使形式上符合了前置法的假药的范围，但当其却缺乏实质违法的时候，至少作为该罪认定是不合适的。其实刑法早就包含着对危害性的认可。《刑法》第13条“但书”就是一个有力的证明。这一“但书”的规定方式为：“情节显著轻微”+“危害不大”。但是显然，二者不是并列关系更不是选择关系。在实际的司法判断中，因为“情节显著轻微”已经超出了法律能够判断的范围，为确定实质危害性的评估要求提供了有力依据。而“危害不大”成为一个出罪的理由，有效反映了法律之外的社会需求，或者说使法律精神得到贯彻，此时危害性的意义开始体现。最高人民法院、最高人民检察院《关于办理危害药品安全刑事案件适用法律若干问题的解释》第11条规定：“销售少量根据民间传统配方私自加工的药品，或者销售少量未经批准进口的国外、境外药品，没有造成他人伤害后果或者延误诊治，情节显著轻微危害不大的，不认为是犯罪。”在一个关于假药犯罪的司法解释中专门对“但书”条款进行了重申，显然并不是巧合或偶然。

（二）一元违法论所导致的问题

但是理论中也存在完全否定实质危害性的观点。有论者认为，在司法实践中，一种行为构成犯罪，实际上就是这种行为已经超越了他法而进入刑法之中，进而触犯了刑法的规定，因此任何犯罪行为具有两次性违法的特征。“不能简单地直接从刑法中寻找依据，而是应当首先从能否构成犯罪的这些刑法规定赖于建立的其他前置性法律当中去寻找。”[1]笔者认为，二次违法是一个抽象的概念，二次违法性理论也是一个缺乏定式的理论，因为缺乏定式，其本身的合理性就不无疑问。在犯罪尤其是法定犯中，因为严重违背前置法进而可能进入刑法的领域是不言自明的，但不能就此归结为前置法的决定性因素。笔者认为，二次违法论本质上是一元违法论的一种表现方式。

前置法只是刑法适用过程中的参酌性因素，一次违法与二次违法之间并不具有完全正相关的关系。同时，前置法所设定的体系、责任承担方式以及思

〔1〕 杨兴培：《犯罪的二次性违法理论探究》，载《社会转型时期的刑事法理论》，法律出版社2004年版，第417页。

维模式与刑法存在一系列本质性的差别，注定了二次违法并不必然依赖于一次违法，一次违法性在刑事认定中并不具有决定性，而民事规则的解释不能构成一种前置法的要素。尤其是当前置法的解释出现错误的时候，刑法更不能一错再错。

由于一元违法论对实质危害性标准的抛弃，导致实践中出现一系列问题，这在生产、销售假药罪中表现得尤为突出：

一是两法衔接演变成了两法重合。如何确定责任出现了激烈争议。由于《药品管理法》与刑法假药犯罪的规定被理解为重合，所以司法机关在确定责任的时候，似乎只能直接进入刑事视野，但在处罚的时候往往基于公平的考量对犯罪网开一面。“生产、销售假药罪的最高刑为死刑，属于重罪，这在该罪的刑罚适用上应当有所体现。但实际情况并非如此，经对该直辖市已判决案件的统计，所判刑罚绝大部分为一年以下有期徒刑或拘役，甚至适用缓刑。在罚金刑适用方面，被告人一般都被处以1000元至2000元左右的罚金。”“若所有生产、销售假药的违法行为监管都走刑事司法程序，一方面，针对目前我国生产、销售假药违法行为仍在一定范围内广泛存在的现实情况，将大大增加司法机关的诉讼工作量，给本来就十分紧张的诉讼资源带来更大负担；另一方面，如果生产、销售假药违法行为不分情节一律入刑，最后必然流于形式反而有损法律的权威。”〔1〕于是，《刑法》第13条“但书”的规定成为最后的救济手段，通过“但书”条款做出变通处理，一些观点甚至对此进行了细化。〔2〕这实际上还是从药品本身的实质危害性出发所得出的结论，回到了违法相对性的路数上。

二是导致刑法的认定标准被虚置化。违法性一体化的结果并非是一个简单的法律之间竞合的问题，而且涉及实践中的适用标准竞合的问题。如果说违法一体化还比较抽象，那么具体适用标准的具体竞合导致刑法的适用彻底

---

〔1〕 许美：《生产、销售假药罪刑法适用调查分析》，载《人民检察》2013年第17期。

〔2〕 例如，一种看法认为：“假药生产人（单位）具备一定的生产能力，例如拥有较为专业的生产、包装设备或雇佣三人以上从事制假活动；生产或者销售的假药用于抗险救灾、战争、重大疫情等特殊时期；生产或者销售的假药应用于孕产妇、婴幼儿、重症患者、急症患者等弱势人群；生产或者销售的假药种类为麻醉药品、精神类药品、放射性药品等国家明令限制流通的药品；生产或者销售的假药存在严重危及人体健康、生命的致害成分。只要假药之生产或者销售行为满足上述程度标准，行为本身就意味着不是‘犯罪情节轻微’；如果假药之生产或者销售行为未能满足上述程度标准，就意味着行为本身就是‘犯罪情节轻微’，只能独立适用行政处罚。”参见刘晓莉、逄晓枫：《制售假药行为之行政处罚与刑罚适用研究》，载《中国刑事杂志》2012年第9期。

沦为附庸，这一点在交通肇事罪的认定中曾有深刻教训。交通肇事罪本身的立法规定并没有问题，但是后来的司法解释中将结果与责任并重。这可能主要是考虑到交通事故的发生往往与多方存在过错关系，并重考察有助于解决刑法中的因果关系问题或者说归责的解决。但问题在于司法实践中简单地将事故责任取代了因果关系乃至否定了客观行为要件的确定性，导致缺乏基础行为事实的情形都可以定罪。笔者就参与讨论过一个典型的但并没有被公开披露的案件。某甲夜间行车，路遇红灯而停下。数秒之后，被害人某乙驾驶摩托车在甲车后方与甲车相撞，导致某乙及后座的同伴1死1伤。后某甲驾车逃逸。经鉴定某乙发生事故时处于醉酒状态。最终基于多方面的原因某甲被认定构成交通肇事罪，基本理由就在于"满足"了司法解释的规定——1人死亡并承担主要责任。而设定责任的依据就是根据交通事故处理中的有关规定——"交通事故后逃逸的承担事故的主要责任"。这样的认定看似符合司法解释的规定，但从刑法角度来看是不可接受的。因为某甲在当时驻车状态，并没有实施任何行为，更不符合行为人违背交通运输管理法规"因而"发生交通事故的法律规定，也就说没有行为，更不存在行为与结果之间的因果关系，当然不能构成犯罪。即使从客观归属角度来看也难以入罪。刑事责任与事故责任尽管有一定的关联，但根本就不是一回事。刑事规范的内容要建立在刑法语言与符号体系之上而不是行政法上。就生产、销售假药罪而言，由于坚持一元违法论的思想指导，司法机关对于假药的认定事实上只能放弃刑事独立性判断，导致许多实质有助于维护健康乃至生命的行为被确定为犯罪，这与以行政责任替代刑事责任属于异曲同工。

（三）相对违法性及其合理性所在

其实，一元违法论的观点并非是一种新的观点。很早以前，日本学者前田雅英就对其中的问题进行了梳理，并将主张前置法的违法性与刑事违法竞合的观点归纳为违法一元论，将主张违法性判断可以在两个领域相对独立判断的称为违法相对论。[1]此外，还可以归纳出一种观点，即违法独立性的理论——由于各个法域的目的与法律效果各不相同，导致该效果的"作为要件的违法性"的内容自然不同。"直接主张不同法域之间的违法性判断是'相对'

〔1〕 参见[日]前田雅英：《可罚的违法性论研究》，东京大学出版会1982年版，第339～341页。

的，要更为明确且妥当。"[1]在笔者看来，刑事违法性判断的独立性这一点并不难以理解，因为刑法虽然作为保障法和最后法的存在，形式上具有违法的终极性特点或者说具有二次性特征，但实际上并非总是如此。在刑法中，许多犯罪本身就是"出礼而入刑"，并非"出法而入刑"，此时刑事的违法的一次性特征是明显的。只是或者尤其是涉及行政犯的时候，两法衔接的问题凸显，尤其是国家对于秩序的保护向更多领域渗透的时候，衔接的问题会愈加突出。

那么是否就可以据此否定刑事违法性的独立判断呢？这里我们必须首先看一看前置法的内在价值。行政法都是围绕着行政机关的权力本位，以秩序行政为中心来构建，也就是说，其基本职能就是对行政方面秩序的维护。尽管近些年来行政法学中，存在管理论、控权论以及平衡论三种行政价值取向，尽管不断附着新内涵，但这并不能否定行政法作为一种管理法的基础性特征，所谓的控权实际上只是法律基本价值的体现而已。正如刑法以惩罚为基本表现但不能否认刑法的控权价值一样，行政法意旨与刑法本身相去甚远。

否定一元违法论的理由可以基于以下具体方面：

1.法律的独立性的必然。刑法独立性是由刑法法益的独立性所决定的。当然，对于法益论，从来没有一个稳定的确定的概念，"李斯特将法益定义为生命自身产生的'人类的利益'，但也未能更清楚地说明，哪些利益应该受到刑法保护，哪些不能……若扩大到普遍法益（比如公共利益对于正确执行程序、宗教法秩序、证书的可靠性的要求），这一概念只表明了量刑时的基本思想。"[2]为了说明其具有实质性的内容，罗克辛甚至归纳了9条被广泛认可的法益具体化的原则。[3]其实，历史性与稳定性之间的矛盾被夸大了，尤其是当刑法变动不居的时候，法益的确定性被很大程度上削弱了。但这种削弱并不

〔1〕 [日]前田雅英：《法秩序の統一性と違法の相対性》，载《研修》第559号。转引自王昭武：《法秩序统一性视野下违法判断的相对性》，载《中外法学》2015年第1期。

〔2〕 [德]冈特·施特拉腾韦特、洛塔尔·库伦：《刑法总论Ⅰ：犯罪论》，杨萌译，法律出版社2006年版，第30页。转引自周光权：《行为无价值论的法益观》，载《中外法学》2011年第5期。

〔3〕 这9条原则是："恣意的、纯粹建立在意识形态之上的刑法条文，或者违反基本权利的刑法条文所保护的绝不是法益；不道德的或者值得谴责的举动本身，还不能作为认定成立法益侵害的根据；侵犯自身人格尊严的行为，并不属于法益侵害；只有在因为胁迫而产生了现实的恐惧时，我们才能认为，对感情的保护是对某种法益的保护；对他人有意识的自陷风险予以协助或者支持的行为，并没有侵犯（他人的）法益；在绝大多数情况下，象征性的刑法规范不具有法益保护的功能；禁忌并非法益；若保护的对象抽象得无法让人把握，则该对象也不能被看做是法益。"参见［德］克劳斯·罗克辛：《对批判立法之法益概念的检视》，陈璇译，载《法学评论》2015年第1期。

能否定稳定性本身。其实，即便是在雅各布斯等反对刑法立法法益的学者那里，也并不否认刑法独立性利益保护的存在，其只不过是以另外一种方式呈现而已，如魏根特就提出了用合比例性原则代替法益保护原则的设想。而合比例原则尽管并非旨在为权利与法益的冲突提供直截了当的标准，但其提供了一个基本的程序和标准之标准的合理程度，为刑事处罚的合适性提供了路径。通过平衡具体行为的相关因素与法益之间的重量，寻求不同的法律适用的独立性依据。譬如，基于合比例原则，美国最高法院经过判例的不断归纳，针对言论领域归结出了“清楚而现实的危险”(clear and present danger)、“言论附加”(speech plus)、“象征性言论”(symbolic speech)以及“真实恶意”(actual malice)等规则，[1]进而对诽谤行为入罪给出了合比例性的标准。这样的思路其实在其他行为定罪时同样比较合适。不仅刑事责任判断的独立性会得到许多支持，行政法领域责任判断的独立性同样也会得到支持，行政比例原则本身就是行政法中十分重要的原则，其明确要求行政行为实施时应当考虑行政目标和相对人权益保障的平衡。我国行政法中行政比例原则也常有体现，如《行政处罚法》第4条规定：“设定和实施行政处罚必须以事实为依据，与违法行为的事实、性质、情节以及社会危害程度相当。”这种合比例的要求也有自觉防止刑法的提早侵入的功能。但是，实践中并非泾渭分明，这在中国的两法衔接的争议中可见一斑，刑法甚至将案件不移送的行为上升为犯罪来处理。但是，我们不得不承认，行政法在很多时候责任的认定与其行为的界定是匹配的，行政执法人员更多的是从实质角度来判断是否应当移送。譬如，《药品管理法》规定了多种处罚方式，[2]而这些处罚实际上是对行业秩序管理的应对方法，是一种对于违法形式的关联性的应对，最终落实为行政取缔或行政禁止，而这些方式更倾向于是一种具体的行业管理方式，有些方法的实质处罚性特征并不明显。由此反推，其所对于假药的界定以及相关违法行为的界定具有行业秩序因素，自然难以成为刑事违法性的标准。

事实上，《药品管理法》明确将假药分为两类：一种是“实质”的假药，即

---

〔1〕 See Henry M. Mrobleski, *Introduction to Law Enforcement and Criminal Justice*, 3rd Edition, West Publishing Company, 1990, pp.67-68.

〔2〕 这些方式主要包括：(1)没收违法所得；(2)罚款；(3)责令停产、停业整顿；(4)吊销《药品生产许可证》《药品经营许可证》或者《医疗机构制剂许可证》；(5)撤销药品批准证明文件；(6)10年内不得从事药品生产、经营活动等。

《药品管理法》第48条第2款的明示的假药；另一种是“形式”的假药——第48条第3款规定的“按假药论处”的药品。之所以划分两种分类，乃便宜主义的思想使然。尤其是第二类“按假药论处”的规定，属于行政法对于假药的拟制，其应有之义在于——该类药品并非假药，但是其对药品管理秩序的违反也是存在的，因此应当属于药品管理法的范围，但可以通过停产整顿或者禁止一定期限从业的方式来解决。所以，这种行政法中的拟制规定只是基于该法特殊需要的考量，这样的考量根本不适合作为刑法认定的决定性因素。刑法在确定范围的时候在依据《药品管理法》的前提下，应该独立作出一些判断，而不能一股脑地照单全收。

2. 独立性判断的丧失也产生了一些新的问题，譬如，《关于办理危害药品安全刑事案件若干问题的解释》第14条规定，假药认定由负责药品安全管理行政执法的药品监督管理部门负责假药的鉴定。于是出现了一个鉴定意见的中立客观性问题。笔者认为，实践中关于鉴定的中立性的争议只是一种结果，刑事司法对于假药判断独立性的丧失才是内在原因。行政法意义上的假药的认定者、执法者成了刑法中假药的认定者，正如交通肇事最终行政处理方面的责任鉴定成了刑事责任的标准一样，都是一元违法论支配的产物。

3. 公法中的个人利益正在得到应有的重视。行政法长期以来对于公共利益和管理秩序放到了极高的位置。个人利益和公共利益的关系缺乏平衡性。但是目前这种情况正在得到改观，“现阶段的行政法所需要解决的一个重要问题就是怎样对公共利益和个人利益之间的关系进行协调，怎样在维护公共利益的同时最大限度地对个人利益进行保障。所以，在处理公共利益和个人利益两者之间关系时，要尽可能确保两个方面之间的协调，对公共利益和个人利益进行处理的一个关键之处就在于对两者进行平衡兼顾”。[1]在行政法都开始强调二者之间平衡的时候，意味着在对假药认定时候开始更多地关注如何限制权力，如何防止武断认定假药对个人利益带来的损害。刑法则往往涉及基本的人权保障，因此这种平衡应当更加重视，而不是成为行政权武断形式的随从，更不应该随意将行政权的的触角大肆向刑法蔓延。

4. 反向的一元违法性是存在的，这也是相对违法性的“相对性”的表现。

---

〔1〕 马歆：《我国现阶段行政法的价值取向分析》，载《人民论坛》2011年第37期。

从反向标准来看，因为行政犯属于一种管理意义上形成的犯罪，所以在前置法不认为违法的前体下，刑法就缺乏处罚的依据。从这一个意义上来说，前置法又具有一定的决定性。所以相对违法性的提法是比较合理的。

其实无论是一元违法论，还是相对违法伦抑或多元违法伦，从整体的法律关系角度来说这一区分可能比较有意义，譬如是否可以通过实质的违法性取代可罚的违法性的问题探讨，[1]但是针对各罪而言，有时意义就并不十分明显。在生产、销售假药罪中，无论是从可罚的违法性的角度出发还是从多元违法性的角度出发，其实际的结论应该是相同的。

（四）生产、销售假药罪作为个罪的实质违法性衡量

具体落实到生产、销售假药行为在刑法中的认定，其不仅表现为一个相对违法性的问题。而且还涉及实质违法性的要求。相对违法性只是为了说明严重违背行政管理行为入刑，却无法说明如何入罪、入何罪。关涉药品最为直接的至少可能涉及三个罪名——生产、销售假药罪，非法经营罪以及生产、销售伪劣产品罪。于是，对于生产、销售假药罪是否属于形式犯就成为区分此罪与彼罪的考量因素。

“在行政取缔法规之中，从保护法益的必要性出发，命令或禁止一定的行为，只要形式地违反这一规定即予以处罚，存在着这样的所谓直罚规定（比如《日本食品卫生法》第75条）。直罚规定是规定了对于各自的法规所直接保护的法益引起了间接危险的犯罪，该犯罪即是形式犯。”[2]但是这里的形式犯在中国二元处罚体制的语境中是不合适的。即使在日本，“完全没有法益侵害性的行为不能成为犯罪。表面上看，可以看作是形式犯的犯罪类型，也应该理解为只有在发生了危险性的场合才受到处罚”。[3]所以，笔者认为，形式犯的实际结果是落足于行政取缔和行政禁止，因此在中国更应该表达为一种通常意义

---

〔1〕 其实，这种区别有时并不具有实质性。如有观点认为：缓和的违法一元论与违法相对论均认为，违法判断的统一性并不必然意味着其他法域的违法行为在刑法上也必须受到处罚，因而都承认违法判断具有“相对性”，也都赞同可罚的违法性理论，但其区别不仅仅在于是否正面肯定违法的相对性，更在于是否承认“一般违法性”概念，是否采取二重判断结构。亦即，对于那些虽具有一般违法性但不具有可罚的违法性的行为，前者认为是“虽然在刑法上违法但不具有可罚的违法性”，而违法相对论则直接认为“在刑法上不违法”。这才是两说的根本对立点。具体可参见王昭武：《法秩序统一性视野下违法判断的相对性》，载《中外法学》2015年第1期。

〔2〕 付立庆：《行为犯概念否定论》，载《政法论坛》2013年第6期。

〔3〕 [日]前田雅英：《刑法总论讲义》（第4版），东京大学出版会2006年版，第96页。

的行政处罚。从形式犯和实质犯相区分的角度来说，将生产、销售假药罪作为行为犯是一种不求甚解的解读，其将形式与实质不加甄别扩大了入罪的范围。“将某种犯罪理解为所谓行为犯的场合，一旦行为完成则被告人的无罪辩解就难有机会获得认可；而将所谓的行为犯理解为抽象危险犯（或者是实害犯），就为被告人预留了通过反证不存在危险或者实害而出罪的空间。这是本文主张的最大实益所在。”〔1〕生产、销售假药罪是实质犯，违规生产药品在不具有抽象危险或者说实质危害性的时候，被作为犯罪对待，其实就是在刑法中对形式犯直接承认的结果。

生产、销售假药罪最初是作为危险犯的概念提出的。也就是说，作为行为犯还是危险犯的区别不在于对药品真假的界定上，而在于对其行为样态的界定上，从危险犯演变为行为犯，这似乎已成为公论。

对于将行为犯与危险犯并列作为不同既遂形态的划分方法，实际上已经有学者进行过一些批判。如有观点认为：“危险犯和实害犯解决的是犯罪成立条件的问题，行为犯和结果犯解决的是犯罪既未遂的问题。两组概念针对的是不同角度的问题。因此，不能简单地认为，危险犯等于行为犯，实害犯等于结果犯。危险犯完全可能是结果犯，如放火罪，实害犯也完全可能是行为犯，如侵犯公民住宅罪。”〔2〕

在笔者看来，尽管对这一问题存在认识的分歧。但有一点我们似乎是应当接受的：“认识上的误区，都源于没有正确区分和界定行为犯、结果犯与危险犯、实害犯两组概念。通常的所谓行为犯，除少数应直接理解为实害犯外，多数应理解为抽象危险犯。”〔3〕笔者认为，是否将行为犯一定要理解为抽象危险犯必然存在巨大争议，但是其实质的合理性在于，在中国的二元化架构的处罚模式中，如果缺乏了实质性危害的要求不仅会导致行政罚与刑事罚界限的模糊甚至竞合，还会导致刑法中的罪名之间包括法条竞合的理论出现一系列混乱。由此，生产、销售假药罪被界定为实质犯更为合理，如果药品不具有实质危害性，其充其量是对行政管理秩序的违反，而这种行为本质上就是属于一种

---

〔1〕 付立庆：《行为犯概念否定论》，载《政法论坛》2013年第6期。

〔2〕 肖中华、陈洪兵：《“危险概念是一个危险的概念”——关于狭义危险犯的理论及立法检讨》，载《中国刑事法杂志》2005年第6期。

〔3〕 付立庆：《行为犯概念否定论》，载《政法论坛》2013年第6期。

违背国家规定的经营行为或者就是生产、销售一般的伪劣产品的行为。

四、法益保护的绝对性对可罚性的除斥

陆勇一案发生后，有网络评论认为："法律是真的无情的！有时真的是害人性命的东东！陆勇这个人如果遵守法律早死了！若不是仿制药的帮助他连触犯法律的机会都没有，对于每个人的性命来说法律就是个屁！"[1]网络语言虽然粗俗但揭示出了另外一种形式的"安提戈涅之怨"。专业人士则表达得有些文绉绉："如果一个公认的善举受到法律的惩罚，必然不能体现法律的正义。"[2]其实无论是粗俗还是文雅，来自各方的声音所要表达的内涵都是一样的——至善之举不应该以罪罚作为报应，因为至善最终归结为权利。诚如德沃金所认为的："社会是个体互补的世界观的共合体。所有的个人都拥有个体价值和善念。众生能够生活在共同体的原因是因为秉持的重要利益和价值是相同的。但对这些利益或价值达成共识时，他们倾向于通过抽象权利的方式来表达，然后寻求各种制度和实施程序来加以保护。"[3]

（一）善的报应不是刑罚

生产、销售假药罪所保护的是什么法益？这是一个十分值得深究的问题。当某种药物无损于人体健康甚或是有助于人体健康、有助于维持生命体征的时候，作为犯罪是否合适？（对此，尽管最高司法机关发现其中存在诸多问题而对定罪进行了些许松动，但并不构成实质性的限制）。于是我们不得不回到刑法立法意旨的高度来评判。生产、销售假药罪作为一个罪名存在甚或是一种法律的定在，其根本价值何在？刑法中的损害原则此时处于何种地位？

首先应当回到法律的报应性特征中来思考。尽管许多学者对报应论进行了攻击，报应作为刑法大厦的基础满目疮痍，但实质上并没有被撼动。至少针对主要的犯罪类型而言，犯罪本身就是一宗恶行。"犯罪的最古概念——犯罪是一种涉及重要结果的行为。"[4]尤其是对基本权利的侵犯，只有违反规范才有可能上升为犯罪。善是一个共合体共识的内容，也是一个基本的自我的目

---

〔1〕 猫眼看人：《可笑的法律——白血病人陆勇案透视》，载中华网：http://club.china.com/data/thread/1011/2775/42/27/6_1.html，最后访问日期：2015年10月21日。

〔2〕 付鑫鑫：《抗癌药代购人的"罪与罚"》，载《文汇报》2015年3月16日，第8版。

〔3〕 Ronald Dwokin, *Jurisprudence*, Cavendish Publishing Limited, 2000, p.236.

〔4〕 [英]梅因：《古代法》，沈景一译，商务印书馆1959年版，第238页。

的，善的行为只受到人的内心的支配，而不应沦为刑法领域的惩罚对象。这就是黑格尔所说的——“国家的法律不可能想要及到人的心意，因为在道德领域之中，我是对我本身存在的，在这里暴力是没有什么意义的。”〔1〕法律在于维护抽象的生命权和健康权，而生命权与健康权又是社会共合体中的共同信守的伦理的浓缩，所以不应该成为恶行渊薮。

康德是报应的提倡者，他将命令区分为自然法则、道德法则和法律法则。在他看来，不同于自然法则的自由的限制就是一种道德法则。如果这些涉及自由的方式表达为外在的行为以及行为本身的合法性问题，其就表现为一种法律的法则。无论是外在的自由——合法性，还是内在的自由——伦理性，都有着共同的基础，都被理性的法则所决定。“不论是从外在的或内在的意志行为来观察自由，它的诸法则（一般来说，它们作为纯粹实践的理性法则，用以决定意志的自由活动），必须同时是意志作出决定的内在的原则，虽然这些法则可能不会总是按照这种关系来考虑的。”也就是说，都必须满足绝对命令的要求。一项绝对命令就是一项规则。作为一种自由构成的道德的权利，其不是偶然性的、任意的，而是由我们的理性先验地、无条件地施加于我们的内心。因此法庭或者法官的作用只是在于被授权去认定是否合法。而这种合法性最先基于行为的道德表现和德行。“如果这个判断又规定了关于这种道德行为的法律后果，那么，这个判断就是合法的或有效的；否则它便仅仅是一种裁定或宣告而已。一个享有法权的人——单个人或集体——被授权去判定行为是否合法，他就是法官或法庭。”〔2〕

就刑法角度而言，报应来自损害。损害包括多重含义：（1）延伸的或衍生的损害；（2）对利益的阻挠、阻碍或破坏；（3）超出平衡利益造成的不法行为。刑法意义上的损害“其内涵应当是含义二与含义三的交叉部分：不法行为对利益的阻碍，以及阻碍利益的不法行为，才是对损害的适当理解”。〔3〕也就是说，其必须是以限制自由的存在为基准点。从结果无价值论来看，行为不构成对自由的限制，则相应的犯罪不能成立。即使从行为无价值理论来看，由于违法

---

〔1〕 [德]黑格尔：《法哲学原理》，范扬、张企泰译，商务印书馆2013年版，第97页。

〔2〕 [德]伊曼努尔·康德：《法的形而上学原理——权利的科学》，沈叔平译，商务印书馆1991年版，第42、52页。

〔3〕 [美]乔尔·范伯格：《刑法的道德界限（第一卷）——对他人的损害》，商务印书馆2014年版，第36页。

性的本质被定位于社会伦理规范违反，所以其行为违法性的个性特征并不明显，会获得与结果无价值理论同样的结论。此外，一般情形下，维护法秩序的价值可能具有终极性，这主要是针对犯罪的类型以及罪刑的均衡性而言的，但是在一些具体场合中，法秩序并不具有终极性，或者说不法的定性超出了利益平衡的要求，就难以被界定为刑法意义上的损害。这与法律的报应特征具有种属关系。虽然在很长时期内很有影响。法秩序的要求无法与法律的原则（包括伦理原则、宪法原则等）相抗衡，假药犯罪就是适例。过分强调法律是一种命令，强调秩序的重要性，容易陷入实证主义思想的泥沼。"对生命和重大健康安全对公民而言具有绝对价值，决定了法律（包括刑法）应当对该法益进行"绝对"保护。"〔1〕绝对的保护类似于绝对命令，其排斥了刑法报应的可能性。在药品犯罪中，人的健康与生命是具有终极性的，因此更倾向于具有违法阻却性的特征。这一问题并不令人费解，就像报应理论并不深奥一样。

刑法的适用必须与基本的伦理相对应，尤其是就出罪角度而言，符合绝对精神或者说至善的是不构成犯罪的，此时法律必须满足更高的正义或者说更高的目的性的需要。拉德布鲁赫公式所揭示的意蕴就在此。其实我国刑法适用中也不乏其例。譬如对于羁押期间怀孕的妇女不适用死刑就是一个基于伦理的正当性对法律突破的绝佳实例。

"生存需要"与"司法权威"并非截然对立。其实可以通过把握刑法乃至宪法的原则而开拓视野，通过解释方法的精进而自圆其说。只不过司法机关多了一种实证主义法领域的淳朴，少了一份担当意识而已。也正因为如此，倒是陆勇彰显出一份侠义之心：他在被释放回到家中以后，向他寻求帮助的人们仍然络绎不绝，陆勇本人也表示仍然会通过其他方式帮助他们。〔2〕之所以面临法律的处罚仍然对代购无怨无悔，就是因为心中至善在支撑，这实际上就是另外一种方式对安提戈涅所喊出的对"更高的法律"的遵循。

（二）基于报应规则的具体分析

康德认为，判断一个行为是否受到法则的约束，务必要遵循三个递进的准则：（1）要只按照你同时也能成为普遍规律的准则去行动；（2）不论是谁，在

〔1〕 何荣功：《自由秩序与自由刑法理论》，北京大学出版社2013年版，第42页。

〔2〕 参见匡笠：《抗癌药代购第一人陆勇：还会去印度帮人买药》，载《现代快报》2015年3月8日第F14版。

任何时候都不应把自己和他人仅仅视为工具，而应该永远看作自身就是目的；（3）全部准则通过立法而和可能的目的王国相一致，如像自然王国一样。[1]罗尔斯从四个步骤来解释这个公式的内涵：

（1）在C的条件下，为了产生Y，除非Z，我想做X；

（2）在C的条件下，为了产生Y，除非Z，每个人都想做X；

（3）在C的条件下，为了产生Y，除非Z，好像遵守着一条自然法则一样（好像这个规律通过自然本能根植于我们身上的），每个人都总想做着X；

（4）我们把第三个步骤中的"好像"自然法则与现行的自然法则结合起来（因为这些法则已经为我们所理解），一旦这种新结合到一起的自然法则有了充分时间发挥作用，我们便尽最大努力来揭示自然秩序将是一个怎样的秩序。[2]

结合本章的主题，这样的规则似乎可以这样演绎：

在生病的情形下，每个人愿意买到治病的药，除非通过正常途径无法买到等效的药，否则不会违背秩序性的规定。

命题一：在刑法禁止个人销售药品的情形下，规则一般并不被反对。除非我不是病人，否则我迫切希望能够及时地买到治病的药品。尽管这看起来只是病人的一种渴望，但由于每个人都是潜在的病人，实际上这就是每个人的渴望。此时法律的禁止性规定就与每个人的免于匮乏的自由相冲突，对于秩序的违背不具有伦理可谴责性。

命题二：在刑法规定为犯罪情形下，有助于生存权力存续的事由基于秩序的违反，具有可罚的不特定性。一旦只要在无害的情形下，大家都能够认可一点：将该行为确定为一种犯罪或者说严重犯罪是没有意义的。譬如，除非药品具有实质危害性，否则其就只是一个违反秩序的行为与生存权形成实质性的对立。

如果以上几个命题都能够得到认可。上述的生产、销售假药罪的困惑会变得相对较为清楚。

---

〔1〕　参见[德]伊曼努尔·康德：《道德形而上学原理》，苗力田译，上海人民出版社2012年版，第39～57页。

〔2〕　参见朱会晖：《道德法则究竟如何可能？——围绕〈道德形而上学奠基〉的文本解读》，载《山东科技大学学报》（社会科学版）2012年第5期。

也正是因为这样的逻辑，事实上，在我国的刑法实践中，一些不具有资格销售药品的行为最终多被依照非法经营进行处理。譬如，在上述张士华销售假药一案中，被告人张士华在未取得《药品经营许可证》的情况下，从安徽华源等公司购进药品后，在上海市浦东新区川沙新镇虹桥村从事药品批发活动，该行为最终被确定为非法经营罪，仅仅根据药品是否具有批准文号来界定犯罪的性质而忽视了行为本身，形式的不同被解读为质变。“又按定在说，犯罪具有在质和量上的一定范围，从而犯罪的否定，作为定在，也是同样具有在质和量上的一定范围。但是这一基于概念的同一性，不是侵害行为特种性状的等同，而是侵害行为自在地存在的性状的等同，即价值的等同。”[1]等同的价值应该拥有等同的效益。一个行为之所以成为犯罪绝不应该仅仅为一种国家的命令，法律的命令应该是依据自然的命令。犯罪本质上是一种道义的报应，其次才是成为一种法律的命令。

（三）基于法条本身的对应性分析

回到法条本身去分析。生产、销售假药罪被规定在《刑法》分则第3章的破坏社会主义市场经济秩序罪中。尽管就整体而言，该章客体表达为对市场秩序的保护，但这一部分原因是条文归类的需要，并不周延。首先，市场秩序是一个大的概念。市场管理是市场秩序的稳定和发展所必须的，但并不意味着管理本身就是一种市场秩序。尤其对刑法而言，该章犯罪主要应该表现为对市场秩序本身的一种侵犯，而不是主要表达为对行政管理的侵犯。其次，其中的一些犯罪不仅仅表达为对市场秩序的一种侵犯，而是表达为一种对特定领域产生的一种实质性危害，生产、销售伪劣商品罪这一节最为突出。在该节犯罪中，第一个罪名——生产、销售伪劣产品罪——为一个兜底性的罪名，或者说涵摄了所有伪劣产品罪的罪名中的违背市场秩序法益部分，并且规定了相对较为适中的法定刑，其核心意义在于将生产、销售伪劣产品的行为作为一种行政犯来加以规制，根据对于纯粹秩序的违背程度架构起2年以下有期徒刑直至无期徒刑之质量对价的惩罚体系。

然而，在犯罪中存在超出或脱离秩序违反之要素，正因如此，刑法中设定了包括生产、销售假药在内的诸多法条，在这些法条中，针对不同的对象设置

〔1〕[德]黑格尔：《法哲学原理》，范扬、张企泰译，商务印书馆2013年版，第104页。

的不同的罪名和法定刑，其暗含之意在于对违背市场秩序的行为在刑法意义上进行了加工。这意味着生产、销售假药罪所侵犯的法益本身已经超越了市场秩序本身的范畴，直接进入人身安全领域。

在刑法中，犯罪可以表现为对两个方面的侵犯：一是秩序，包括国家安全秩序、公共秩序、经济秩序、社会监管秩序等；二是权益，主要表现为人身法益与财产法益等。而其中人身尤其是生命与重大健康无疑是最为基础也是最为重要的，是所有个人法益乃至是个人其他安全法益存在的基础。

这种法益保护的绝对性决定了生产、销售假药罪存在的特异体质。一方面，药品的基本机能在于治病救人，对人的生命和健康的维护具有实质性的意义。另一方面，具有实质危害性的假药不仅无助于生命和健康的保全，反而存在戕害的结果，因此对具有实质危害性行为的严厉处罚无疑与保护具有绝对性的生存的自由具有同样的价值归属。问题的特殊性在于，如果生产、销售的是对人体健康和生命具有正相关作用的药品则同样与人身法益的保护具有正相关的作用。这与其他犯罪的表征显然存在着很大区别。以与此罪最具有相似的生产、销售有毒有害食品罪为例，除了二者行为方式的相似性之外，其同属生产、销售伪劣商品罪中的特别法条，而且二者所侵犯的法益都既涉及安全法益，更是涉及人身健康乃至生命。也正是因为如此，二者之间的法定刑也十分类似。刑法修正之后，甚至二者的行为特征都雷同。但是笔者认为，尽管如此，生产、销售假药的特异性仍然十分明显：药品的适用是一个人体从危机边缘走向机能正常的过程，是维护生命的关键因素，“假药”也可能有助于健康甚至可以挽救生命；食品的摄入只是一个维护正常的过程，是维护生命的基本因素，伪劣食品是对健康的侵犯或无助于健康的维护。因此对于食品的毒害性不一定坚持一种实质性的标准，选择一个形式上的标准是可以接受的，只不过需要对解释方法的精巧构思。笔者想要得出的结论就是，有毒有害食品于人体无益，所以定罪标准可以放宽，而所谓的“假药”可以救命，所以不可轻易入罪。

五、结语

“抗癌药代购第一人”案以一种令人意想不到的方式收场，也导致该案折射出来的法律问题没有得到最终解决。直白一点说，只不过一种悲情因素——一个人入狱将导致数百人的生命面临即时的威胁——对出罪起到了重要作用。司法机关巧妙地规避了法律与更高目的冲突选择，回避了解释手段的贫乏，从亮化的角度来说，是从报应的角度出发的结果公正。然而，“这种技巧性的应对方式，极大弱化了该案可能产生的正面示范价值。”[1]在该案中，司法机关自始至终，都不曾宣示出明确的价值立场，这意味着，代购（或代销）抗癌药一类的行为，其法律定性和违法风险与以往并无任何不同。这种“技巧”对个案而言并非乏善可陈，但类似的其他被告人却没有陆勇般幸运。如果仍然有许多人在做“善事”而又仅因违反行政秩序构成犯罪（而不是仅仅被行政取缔或行政处罚），那么刑法必将成为被人嘲笑的对象，判决的权威性也将不复存在。

当人们仍然需要在守法和求生之间进行抉择的时候，且不说面临生命之虞的人们会怎么选择，至少，相关的法律工作者应该反省立法或者司法的过程，因为问题还在那个地方。

---

〔1〕 然玉：《“代购抗癌药获释”应成有价值的判例》，载《扬子晚报》2015年2月3日，第A9版。

第十三章　法定化视野下网络服务提供行为的“传播”性质*

一、网络服务提供行为性质[1]的裁量：乏例可循下的谨慎

2013年年底，笔者参与了检察机关组织的一起关于提供网络深度链接服务的案例研讨：

案例一：犯罪嫌疑人李某于2009年年底申请注册网站域名后创建、开设www.1000ys.cc网站，通过搜索获得租用网络服务器网站，注册后以月租人民币500元价格租用位于浙江绍兴的某服务器，获取账号和密码后将马克斯软件安装于该服务器。嗣后，犯罪嫌疑人李某将哈酷资源网提供的与马克斯软件匹配的采集插件安装在网站管理后台，后台即显示哈酷资源网提供的影片播放地址，点击采集其提供的影片，再点击生成链接网页，从而实现从哈酷资源网上链接相关影视作品，并通过对影视作品等设置目录、索引、描述性段落、内容简介等方式向用户进行推荐，并为网络用户浏览下载强制提供QVOD播放软件等

---

* 本部分内容刊载于本书作者发表的《慎终如始的民刑推演——网络服务提供行为的传播性质》，原载《政法论坛》2015年第1期。刊载时有删改。近期立法上虽有所变化，但从应然性角度来说，作者仍然坚持本书观点。

〔1〕 最高人民法院《关于审理侵害信息网络传播权民事纠纷案件适用法律若干问题的规定》包含了为服务对象提供自动接入、自动传输、信息存储空间、搜索、链接、P2P（点对点）等服务的行为。而最高人民法院、最高人民检察院、公安部《关于办理侵犯知识产权刑事案件适用法律若干问题的意见》则仅仅明确将提供互联网接入、服务器托管、网络存储空间、通讯传输通道、代收费、费用结算等直接作为共犯论处。笔者认为，真正的争议仅仅表现在搜索、链接、P2P（点对点）等作品上传后提供服务的性质界定上，因此，本章所论及的网络服务提供行为仅指这些争议范围内的行为，这类似于上述刑事司法解释确认共犯之外的对象。

技术性支持。经鉴定，www.1000ys.cc网站通过加框方式共计链接了943部影视作品供他人在线浏览和下载。后百度联盟通过统计在www.1000ys.cc网站播放的广告的点击数先后向李某分成广告费共计人民币10万余元。

在该案的研讨过程中，关于李某行为是否能够入罪的分歧可谓泾渭分明。2014年4月，笔者再次应邀参加了审判机关组织的关于该案定性问题的研讨。组织者出于审慎的需要，在会前进行了充分的准备，并搜罗到北京市海淀区法院此前不久公布的一个比较类似的判例：

案例二：被告人张某于2013年3月起，创建网站“2345热播”“星级S电影网”，并使用软件从其他网站上采集影视作品，未经著作权人许可，在上述网站上传播他人影视作品，在网页刊登广告并收取广告费用。经查，上述两个网站侵犯乐视网信息技术股份有限公司、合一信息技术有限公司及北京搜狐互联网信息服务有限公司享有独家信息网络传播权的影视作品共计600余部。法院裁决认为：“被告人张某以营利为目的，未经著作权人许可，发行他人影视作品，情节严重，其行为已构成侵犯著作权罪。”〔1〕最终被告人被判处有期徒刑6个月。然而北京判例的裁判文书只有短短的1700多字，显得非常简陋。在行文中只有事实的描述和规范的结论，没有丝毫的说理成分。这固然可能是基于避免引发争议的缘故，但说理的欠缺导致判例缺乏实质性的参考意义。

笔者也为此考察了域外司法中的一系列判例，但是由于法律体系构造的不同以及案件本身的特殊性，这些判例同样缺乏足够的或直接的考量价值。〔2〕

---

〔1〕 北京市海淀区人民法院（2014）海刑初字第83号判决书。

〔2〕 海盗湾（The Pirate Bay）是专门储存、分类及搜寻BT种子的网站，并自称是“世界最大的BT种子服务器（bit torrenttracker）”，提供的BT种子除了有自由版权的收集外，也有不少被著作人声称拥有版权的音频、视频、电脑应用软件与电子游戏，为网络分享与下载的重镇。2007年12月，瑞典检察官以“协助侵犯版权罪”提起诉讼。2009年2月17日，“海盗湾”创始人在瑞典斯德哥尔摩一家法院被指控为盗版活动提供帮助、使娱乐公司蒙受数十亿美元损失。而“海盗湾”网站表示，该网站是一个供用户彼此共享内容的网络，不存在版权内容。2009年4月17日，瑞典斯德哥尔摩的法院以侵犯版权罪判处海盗湾4名创始人各1年的监禁，并处以约3000万瑞典克朗的罚金。参见“海盗湾”词条，载百度百科：http://www.baike.com/wiki/%E6%B5%B7%E7%9B%97%E6%B9%BE，最后访问日期：2014年4月20日。

而在国内，类似的案件为慎重起见，多作为民事案件进行了处理。[1]

实践中对网络服务提供行为入罪乏例可陈，定罪似乎成了“第一个吃螃蟹”的事情。因此，一些司法机关往往存在一种观望的心态，在进入刑事诉讼程序时更是显得徘徊不定。同时，理论的众说纷纭加之一些缺乏说服力的结论似乎徒增司法工作人员的困惑，正所谓：因无助而踌躇，因踌躇而谨慎。

最终，在进行了大量论证和技术考察之后，对于案例一，法院的看法是，哈酷资源网上的地址实为P2P技术下影片种子文件属性的索引地址，哈酷资源网并非直接上传影视作品的绝对地址。鉴于“QVOD播放软件采用P2P技术进行作品传播已经成为互联网领域普遍知晓的技术事实”，[2]行为人传播影视作品传播的技术为P2P技术而不是深度链接。遂于2014年5月23日作出宣判，认定被告人构成侵犯著作权罪。被告人并未上诉。

判决的形成只是给一个案件画上了休止符，并不意味理论争议的消弭。具体来说，其中的分歧主要体现为以下一些疑问：

1.刑事司法对网络著作权的保护应当贯彻什么样的刑事政策？信息网络产业是新兴产业和知识经济的重要载体，网络服务提供者对于促进信息网络技术创新和商业模式发展具有极其重要的作用。刑法制裁如何能够更好地把握好其间处罚的“度”？

2.网络服务提供行为是否属于“通过信息网络向公众传播他人作品”，进而能否视为复制发行？

3.网络链接型侵犯著作权案中，如果服务行为属于帮助信息网络传播行为，那么欲证明帮助者构成间接侵权，是否必须证明被链网站属于侵权网站以及被链作品属于侵权作品？帮助者能否单独以其帮助行为构成间接侵权？

---

〔1〕 譬如，在宁波某报业集团侵害信息网络传播权纠纷一案中，中国宁波网“某某网视”栏目提供《叶问》等电影的点播业务属深度链接，而且栏目设立了电视剧、电影、播客等多个频道，并提供搜索分类服务。法院认为：“被链接的影视作品已成为中国宁波网网页内容的一个组成部分。”浙江省宁波市中级人民法院（2013）浙甬知终字第24号民事判决书在北京慈文影视制作有限公司诉中国网络通信集团公司海南省分公司侵犯著作权纠纷案中，最高人民法院认为：通过互联网进入海南网通的网站，点击其网页上的“影视频道”，即可在进入的页面上进行操作观看电影《七剑》。进入的网页上虽然有“影视天地”的名称，但该网页上没有显示任何对应的域名或者网站名称等信息可以表明该网页属于第三方所有。该网页的IP地址亦不能证明该网页另属其他主体所有。在海南网通公司未提供相关证据的情况下，其关于仅提供链接服务的抗辩不能得到支持，其应对该网页上播放慈文公司享有著作权的电影作品的侵权行为承担相应的法律责任。参见《最高人民法院知识产权案件年度报告（2009）》。

〔2〕 上海市普陀区人民法院（2013）普刑（知）初字第11号判决书。

4.网络服务提供者侵犯著作权纠纷的民刑界限标准应当如何界定？相关司法解释规定："未经录音录像制作者许可，复制发行其制作的录音录像制品，复制品数量合计五百张（份）以上的……"即可以侵犯著作权罪予以立案追诉。网络著作权的刑事处罚与民事纠纷的界限是否仅仅体现在侵权作品的数量上？

二、问题出现的背景、政策与规制之困境

在中国，互联网运用具有非常广阔的市场和空间，网络技术也获得了突飞猛进的发展。然而随着新技术的出现，新的法律问题不断滋生并快速蔓延。在2009年12月18日召开的中美互联网版权保护前沿和热点问题论坛上，国家版权局版权管理司司长王自强就指出："中国互联网长期保持高速发展，在网民规模、宽带网民数、国家顶级域名注册量等三项指标上已稳居世界第一，互联网普及率稳步提升。"他还认为，版权客体日益丰富、版权使用更加惠及大众、版权制度不断扩张调整、版权保护范畴不断延伸，同时，作品的传播形式和载体也发生了巨大变化，传统环境下作品生产者、使用人和消费者的版权利益格局受到了冲击，版权保护的基本原则、保护机制、权利结构等都面临着调整和完善。[1]然而，规则落后于技术似乎成为网络时代司空见惯的现象。

（一）对于违法行为的打击重心逐步转向"帮助"性侵权行为

国家对网络的管控、对违法行为的打击一直居于高压态势。2005年以来开始的网络侵权盗版专项治理——"剑网行动"已经进入第10个年头，非法提供网络服务行为逐渐成为近些年来"剑网行动"的一项主旨。在2013年"剑网行动"部署时，将重点工作领域界定在以下几个方面——"要重点围绕网络文学、音乐、影视、游戏、动漫和软件以及网络销售平台等领域，严厉打击未经许可非法上传、传播他人作品以及通过电子商务平台销售盗版制品等违法行为；严厉打击故意为侵权盗版分子提供搜索链接、信息存储空间以及服务器托管、网络接入等服务的违法行为；严厉打击利用手机等移动设备、电视机顶盒、电视棒和音视频播放器等软硬件工具侵权盗版的违法犯罪活动"。[2]除了传统的上传等侵权行为之外，提供搜索链接等"帮助"性侵权行为成为打击的重点。

〔1〕 参见方圆：《络侵权盗版专项治理取得显著成效》，载《中国新闻出版报》2009年12月21日。
〔2〕 参见吴娜：《2013年"剑网行动"启动》，载《光明日报》2013年6月26日。

服务提供行为逐步成为打击的重点是政策重心逐步细化的结果。譬如，在2007年8月1日，国家版权局、公安部、信息产业部联合发出《关于开展2007年打击网络侵权盗版专项行动的通知》中，工作重点如下：(1)大力取缔非法网站。对从事侵权盗版同时未经通信管理部门许可或备案的网站依法予以取缔。(2)坚决查处通过互联网非法传播电影、音乐、软件、图书等作品的侵权行为。(3)对省级注册的具有影响力的知名大型网站进行主动监管。(4)加强对网吧侵权盗版行为的监管。[1]也就是说，仍然将取缔非法网站、对大型网站、网吧的监管作为重点内容。工作仍然致力于网络环境的一种整治，并未关注服务提供行为的侵权问题。然而这种情形到了2009年发生了重要的变化。在当年召开的中美互联网版权保护前沿和热点问题论坛上，国家版权局就中国政府互联网版权保护、2009年打击网络侵权盗版专项治理行动的具体情况进行了通报时指出，与此前连续4年开展的网络专项治理行动相比，2009年专项治理行动开始呈现出4个新特点：一是针对网站内容传播的新特点，通过版权手段加强内容管理；二是以大案要案查处为突破口，进一步强化对网络侵权盗版行为的打击力度；三是加强网站主动监管，建立和完善打击网络侵权盗版的长效机制；四是提高技术监管能力，进一步提高网络版权执法的主动性、有效性。

由此，注重通过版权执法加强内容管理成为政策转变的一个重要的表征，法律规范的合理使用开始成为一个重点的问题，由此粗放式的打击开始转化为一种细致的法律规范的耕作，提高“版权执法”成为一个十分重要的依托。2010年“剑网行动”开始得到落实——“严厉打击未经许可非法上载、传播他人作品以及通过电子商务平台兜售盗版音像、软件制品等的违法犯罪活动；严厉打击为侵权盗版分子提供‘搜索链接’‘信息存储空间’以及服务器托管、网络接入等服务的违法行为；严厉打击非法传播上海世博会、广州亚运会相关音乐、电影、软件、图书等作品的网络侵权盗版活动；严厉打击利用手机移动媒体侵权盗版的违法犯罪活动。”[2]同样地，2012年的“剑网行动”也主要针对提

〔1〕 新闻出版总署副署长、国家版权局副局长阎晓宏在2008年1月17日“国务院新闻办新闻发布会”上的讲话。

〔2〕 璩静：《中国将建立侵权盗版网站黑名单制度》，载新华网：http://news.xinhuanet.com/zgjx/2010-07/22/c_13409566.htm，最后访问日期：2014年4月15日。

供作品、表演、录音录像制品等内容的网站、提供存储空间或搜索链接服务的网站以及提供网络交易平台的网站中存在的侵权盗版行为进行专项治理，至此，未经许可传播他人作品以及为侵权盗版者提供搜索链接、信息存储空间以及服务器托管、网络接入等服务的“帮助”性行为等两类具有相互联系的行为成为打击的重点。

（二）注重刑法的适用已经成为一种重要的政策要求，但争议随之而来

在2012年的“剑网行动”开始时，政策制定者明确指出：将加大刑事打击力度，对于违反法律规定，“明知”是侵权盗版网站或者行为人利用网站从事侵权盗版违法活动，仍为其提供网络各项服务的单位和个人，将依法追究其共同侵权的法律责任；情节严重构成犯罪的，将依法追究其刑事责任。[1]在2013年的“剑网行动”中，政策制定者再次指出：“各地要深入落实‘两法衔接’机制的要求，版权执法部门在执法检查和接受举报投诉时，发现网站侵权盗版行为涉嫌犯罪的，要及时向公安机关移送，并积极配合公安机关深入打击网络侵权盗版犯罪行为。”[2]

但是实践中这一政策的具体贯彻似乎逐渐遇到了“瓶颈”。譬如，在2009年国家版权局等公布的当年网络侵权盗版专项治理“剑网行动”十大案件中，进入刑事程序的有9起案件，[3]没有进入刑事程序的只有1起案件。[4]但是随着版权化执法的深入，尤其是对于“帮助”性侵权行为的入罪分歧越来越明显，司法机关开始显得手足无措而裹足不前。譬如，在根据国家版权局、国家互联网信息办公室、工业和信息化部、公安部2013年联合召开的“2013年打击网络侵权盗版专项治理（剑网行动）新闻发布会”通报的当年十大案件中，有6起案件进入刑事程序，比重大大下降（参见表1）。[5]

当然，比例下降的原因可能是多方面的，譬如，早先的打击重点是针对上

---

〔1〕 赖名芳：《四部门开展“剑网行动”剑指网络侵权盗版》，载《中国新闻出版报》2012年7月5日。

〔2〕 吴娜：《2013年“剑网行动”启动》，载《光明日报》2013年6月26日。

〔3〕 这9起案件分别是：“A199”网站影视作品侵权案、“中国宽带影视”网站影视作品侵权案、“天线视频”网站影视作品侵权案、“一点智慧”软件作品网络盗版案、“霓裳小轩”网站文学作品侵权案、“O2SKY”网站音乐作品侵权案、名仕公司游戏私服侵权案、“天堂蚂蚁”游戏私服侵权案、“5151PK”网站游戏私服侵权案。

〔4〕 这一起案件是淘宝网上销售《朱镕基答记者问》盗版本案。

〔5〕 虽然这里只是以有关部门公布的十大案件为对比，但是作为标尺性的“十大案件”，显然是最为严重或者影响最为广泛的案件，入罪的比例都在逐步下降，其他案件的入罪困境自然可想而知。

传未经权利人许可的著作品的行为，所以，入罪问题虽然理论中存在一些争议（是否属于复制），但整体而言，在司法解释已经明晰的情形下，对司法实务来说，定罪并无障碍。如今，刑法的介入开始走向纵深，入罪的争议自然开始增多，出于谨慎（或可称为“谦抑”）的需要，强化行政处罚似乎是必然的。

但这只是表象，为什么对入罪存在诸多的争议，争议的焦点又在哪里呢？仔细分析可以发现，问题的症结就是在网络服务提供行为如何入罪这一点上。在2013年的“十大案件”中，就至少有3起案件都是因为涉及设链等网络服务提供行为而最终未进入刑事司法程序。

表1：2013年“剑网行动”十大案件的定性与结果[1]

案名	案由	定性	结果
百度、快播侵权案	向公众提供定向搜索、定向链接服务，直接定向搜索、链接到大量盗版网站	侵犯信息网络传播权	罚款25万元
“思路网”盗版数字高清作品案	该网站未经权利人许可，提供《泰囧》《十二生肖》等国内外最新知名高清影视剧作品18772部、音乐作品3316个、游戏软件208种，累计下载量达2千多万次	涉嫌侵犯著作权罪	处理中
王某等销售侵权盗版ISO标准案	上传10万余条各国标准的目录涉及100余个国家，标注销售价格，并留下邮箱地址和购买链接，通过使用国外第三方支付平台销售国外的标准从中非法牟利	—	—
国泰新点软件被侵权案	“一点智慧”软件自2010年起被多地不法商家盗版并通过淘宝网大肆销售，给著作权人造成了巨大经济损失	侵犯著作权罪、销售侵权复制品罪	有期徒刑
“阳光教育”网店销售盗版出版物案	淘宝店铺“阳光教育”未经权利人许可，销售盗版音乐儿童童话故事、红黄蓝早教教案、热门动画片精选等涉嫌盗版光盘	侵犯著作权罪	—
“爆米花”网传播侵权影视作品案	“爆米花”网设置多个频道，收取广告费。未经权利人许可，上传、传播52部影视作品及10部MV歌曲供会员观看和下载	—	罚款人民币10万元

〔1〕 根据国家版权局、国家互联网信息办公室、工业和信息化部、公安部2013年12月30日在京联合召开的《2013年打击网络侵权盗版专项治理“剑网行动”新闻发布会的通报》整理。

续表

案名	案由	定性	结果
“动漫屋”传播盗版漫画案	“动漫屋”网站经营主体在没有获得授权的情况下，在其网站上发布“火影忍者”等70部侵权漫画作品，并通过飞天传媒、百度推广、微游戏等广告推广平台投放广告	—	罚款人民币10万元
“音扑网”侵犯著作权案	“音扑网”通过信息网络擅自向公众提供他人作品、表演、录音录像制品最终确认该网站有侵权歌曲264首，点击数近8万次	涉嫌犯罪	—
康某等侵犯“热血传奇”网络游戏案	康某等人未经许可，复制、发行《热血传奇》服务器软件，在伪造《热血传奇》游戏软件的开发及销售、私服的发行与维护、私服的经营等环节，谋取非法利益，涉案金额4千万元	涉嫌犯罪	—
音乐移动软件侵犯著作权案	上海某信息技术有限公司供用户在当事人网站下载后，通过网络在移动终端设备上利用当事人软件产品搜索、浏览、点播、下载和收听索尼唱片公司享有著作权的音乐作品	—	罚款人民币2.8万元

（三）司法认定在具体化过程中进退维谷

网络侵权行为犯罪化的明确肇始于2004年12月22日起施行的最高人民法院、最高人民检察院《关于办理侵犯知识产权刑事案件具体应用法律若干问题的解释》。该解释第11条第3款规定：“通过信息网络向公众传播他人文字作品、音乐、电影、电视、录像作品、计算机软件及其他作品的行为，应当视为刑法第二百一十七条规定的‘复制发行’。”该条成为信息网络传播权行为构成侵犯著作权的最为重要的依据。

然而，以上规定只是架构了事实与规范之间的桥梁，入罪的标准——何为信息网络传播——在刑法司法解释中并未加以明确。2007年4月5日起施行的最高人民法院、最高人民检察院《关于办理侵犯知识产权刑事案件具体应用法律若干问题的解释（二）》甚至对侵犯信息网络传播权的行为只字未提。2011年的最高人民法院、最高人民检察院、公安部《关于办理侵犯知识产权刑事案件适用法律若干问题的意见》为了配合“剑网”行动，才开始对该行为予以关注。该意见第12条规定：“‘发行’，包括总发行、批发、零售、通过信息网络传播以及出租、展销等活动。”对网络服务提供行为等所谓的传播“帮助”行为是否属于刑法意义上的传播也未予明示。只是在第10条规定：“除销售外，具有下列情形之一的，可以认定为‘以营利为目的’……（二）通过信息网络传播他人作品，或者利用他人上传的侵权作品，在网站或者网页上提供刊登收费广告服务，直接或者间接收取费用的。”将“利用他人上传的侵权作品”作为“以营利为目的”的前提性条件，并没有明确“利用他人上传的侵权作品”的行为性质。当司法解释对于一个全新的概念语焉不详的时候，在一个缺乏司法能动的环境里，习惯于依照司法解释处理案件的刑事法官们自然一下子觉得手足无措。

冷静下来之后，刑事法官们开始从民事侵权角度为入口来解决问题，因为这至少可以为刑事的判断提供一个法律意义上的参考价值。

但是在民事领域中，何为侵犯信息网络传播权也没有令人信服的结论。比较系统的规定最早见之于2010年北京市高级人民法院《审理涉及网络环境下著作权纠纷案件若干问题的指导意见（一）（试行）》。该意见第3条规定：“网络服务提供者为服务对象提供自动接入、自动传输、信息存储空间、搜索、链接、P2P（点对点）等服务的，属于为服务对象传播的信息在网络上传播提供技术、设施支持的帮助行为，不构成直接的信息网络传播行为。”其一方面肯定了提供服务行为是传播行为，另一方面又不承认是直接传播行为。在将提供服务行为界定为间接侵权之后，间接传播是不是传播成为一个让人纠结的问题。为了避免矛盾，开始求助于主观方面的认定。该意见第5条规定：“网络服务提供者主张其仅提供信息存储空间、搜索、链接、P2P（点对点）等技术、设备服务，但其与提供作品、表演、录音录像制品的网络服务提供者在频道、栏目等内容方面存在合作关系的，可以根据合作的具体情况认定其实施了信息网络传播行为。”也就是说有了共同意思联络的，服务提供行为就是传播行为。至少在刑法角度上来看，这种以主观的意思表示为标准来决定客观行为是否传播在逻辑上是混乱的因而是十分经不起推敲的，更何况自动接入与提供P2P（点对点）等技术根本不是一个层面的行为类型。

2013年1月1日起施行的最高人民法院《关于审理侵害信息网络传播权民事纠纷案件适用法律若干问题的规定》对网络服务提供的侵权行为开始进行分类规定，具体可以归纳为以下情形：（1）有合作行为。有证据证明网络服务提供者与他人以分工合作等方式共同提供作品、表演、录音录像制品，构成共同侵权。（2）没有合作行为。网络服务提供者能够证明其仅提供自动接入、自动传输、信息存储空间、搜索、链接、文件分享技术等网络服务，不构成共同侵权。（3）片面帮助行为。网络服务提供者“明知”或者“应知”网络用户利用网络服务侵害信息网络传播权，未采取删除、屏蔽、断开链接等必要措施，或者提供技术支持等帮助行为的，构成帮助侵权。这一规定看起来比较全面也比较具体，但仍然是从意思联络的有无以及是否双向来考察，且是从侵权角度来判断，回避了从行为角度来判断。这似乎比较细致，但是由于分类之间存在复杂的关系，而共同侵权与帮助侵权关系仍然没有加以明确，这导致认定中存在规则使用的矛盾。[1]更为糟糕的是，刑法中最、需要解决的问题是何为传播行为，而上述规定只是强调最终的责任认定方式，责任的归结并不能直接反推行为的具体类别。

由此我们看到，注重版权执法以及配套规则的确立并不意味着问题的解决，恰恰相反，真正的问题才刚刚开始。

三、所谓“帮助”行为的实质与可罚性

对于网络提供行为的“帮助”性质以及行为的中立性问题可谓是争议的焦点所在，所有的争论实际上都是围绕着这一问题展开的。理论界存在一系列不同的看法：

一种观点认为纯粹的网络服务提供行为不具有刑事可罚性，这又具有两种证明路径，（1）以刑法中立行为理论为入口。“网络平台提供服务商的行为通常属于中立行为的帮助，没有制造不被法所容许的危险，不宜作为帮助犯处罚；为P2P提供软件及相关服务的经营者的行为通常属于正常的业务行为，不宜认为行为本身的危险达到了值得作为帮助犯加以处罚的程度，宜否定帮助行为的存在，否定帮助犯的成立。”[2]（2）从间接侵权角度论证：“深度链接并未直接侵犯作品本身，不能构成直接侵犯信息网络传播权，只能是侵犯信息网

〔1〕 从一定意义上说，倒是刑事司法解释的分类更为仔细和合理。譬如，2011年最高人民法院、最高人民检察院、公安部《关于办理侵犯知识产权刑事案件适用法律若干问题的意见》第15条在确定共犯的时候，仅仅将提供“主要原材料、辅助材料、半成品”等以及提供“网络接入、服务器托管、网络存储空间、传输通道、代收费、费用结算”等纯粹的帮助行为对待。这显然比较符合刑法共同犯罪原理。

〔2〕 陈洪兵：《网络中立行为的可罚性探究——以P2P服务提供商的行为评价为中心》，载《东北大学学报》2009年第3期。

络传播的帮助行为。从理论上说，深度链接行为可能构成侵犯著作权罪的片面共犯，但是由于深度链接的特殊性以及实践的局限性，认定深度链接构成共犯存在现实障碍。相关司法解释自身存在的致命缺陷以及刑法的谦抑性决定了对深度链接行为的刑法介入应当保持克制和适度。〔1〕

另一种观点则是从共犯行为正犯化的方面来解决入罪问题：“深度链接行为是帮助型的间接信息网络传播行为，属于间接侵犯信息网络传播权，可上升为侵犯著作权等犯罪行为。深度链接行为既构成刑法上的帮助行为，也可在一定条件下认定为相关犯罪的实行行为，具有双重属性。深度链接行为在理论上能构成共同犯罪，但无论是作为共谋型共同犯罪，还是作为片面共犯，均存在刑事司法认定上的重大困境，而共犯正犯化后的单独犯罪模式则成为较为可行的司法选择。”〔2〕“一般情况下，刑法往往将链接行为作为一种犯罪手段而不是一种独立的犯罪行为加以评价，但随着搜索引擎的发展，链接行为已经开始独立化和主动化，套用片面共犯理论已经不能解决搜索引擎恶意链接行为带来的司法难题。通过扩张解释的方式评价和打击搜索引擎的恶意链接行为，仍然是传统刑法理论和规则应对网络犯罪的优先选择，同时，面对网络空间链接行为的独立化态势，将链接帮助行为加以正犯化，也将会是未来刑事立法与司法均无法回避的选择。”〔3〕这实际上是一种目的性解释的思路。

作为一种追随民事规则思路考量的结果，刑事责任的认定一开始就将网络服务提供行为作为帮助行为来加对待，由此就牵涉到刑法共同犯罪的帮助犯的问题。从形式上看，由于提供服务和侵权的上传并不具有共同的犯意，而提供服务行为似乎又是一个中性的概念，因此上述各种观点的基础并无本质不同。

如何消弭上述分歧，笔者认为需要追根溯源，厘清最基本的概念，建构一个共识的平台才有可能得出共识性的结论。

（一）服务提供是帮助行为还是实质性的传播行为

笔者认为，二次违法性是一个抽象的概念，二次违法性理论也是一个缺乏定式的理论，因为缺乏定式，其本身的合理性就不无疑问。所谓前置法的问

〔1〕 参见林清红、周舟：《深度链接行为入罪应保持克制》，载《法学》2013年第9期。

〔2〕 王冠：《深度链接行为入罪化问题的最终解决》，载《法学》2013年第9期。

〔3〕 于志刚：《搜索引擎恶意链接行为的刑法评价》，载《人民检察》2010年第12期。

题，只是刑法适用过程中的参酌性的因素，一次违法与二次违法之间并没有直接的关系。同时，前置法中所设定的体系、责任承担方式以及思维模式与刑法存在一系列本质性的差别，注定了二次违法并不必然依赖于一次违法，一次违法性在刑事认定中并不具有决定性，而民事规则的解释不能构成一种前置法的要素。尤其是在认定网络服务提供行为性质的时候，当前置法的解释出现错误的时候，刑法更不能一错再错。

是不是传播行为与是否侵犯信息传播权并不是一回事。《中华人民共和国著作权法》（以下简称著作权法》）第10条第12项规定："信息网络传播权，即以有线或者无线方式向公众提供作品，使公众可以在其个人选定的时间和地点获得作品的权利。"这是立法给出的概念，是从权利的角度出发申明提供的自由，但并不意味着只有提供行为才是传播。最高人民法院《关于审理侵害信息网络传播权民事纠纷案件适用法律若干问题的规定》第3条规定："网络用户、网络服务提供者未经许可，通过信息网络提供权利人享有信息网络传播权的作品、表演、录音录像制品，除法律、行政法规另有规定外，人民法院应当认定其构成侵害信息网络传播权行为。"该规定从反向角度对法律规定进行了解读。但是将侵权行为从网络用户和服务提供者的角度划分为两种类型，开始出现传播与"帮助"的分离。

就提供者而言，传播是一个"向公众提供作品"的行为。就受众而言，其可以根据自己的需求获得作品。这一概念在一般情形下似乎并没有问题，将视频作品上传视频网站，只要登录特定的网址就可以予以观看，即属于典型的"提供"作品行为。但是提供显然不局限于上传，也正因如此，北京市高级人民法院《审理涉及网络环境下著作权纠纷案件若干问题的指导意见（一）（试行）》指出："信息网络传播行为是指将作品、表演、录音录像制品上传至或以其他方式将其置于向公众开放的网络服务器中，使公众可以在选定的时间和地点获得作品、表演、录音录像制品的行为。将作品、表演、录音录像制品上传至或以其他方式置于向公众开放的网络服务器中，使作品、表演、录音录像制品处于公众可以在选定的时间和地点下载、浏览或以其他方式在线获得，即构成信息网络传播行为。"这一指导意见似乎试图将《著作权法》的"提供"行为加以细化。但是将"提供＝上传+其他"的规定模式似乎并没有解决问题，因为其他提供行为的内容显然模糊不清，也为如何解释埋下了纷争。

从目前来看，许多论述一开始就构建了一个错误的前提，即因为服务提供行为因为不构成对网络信息传播权的侵犯，其行为不属于传播行为。无论是支持入罪的观点，还是反对入罪的观点似乎都遵循了这样的思路。

譬如，在反对入罪的观点看来，根据最高人民法院《关于审理侵害信息网络传播权民事纠纷案件适用法律若干问题的规定》第3条规定，上传、设置共享文件或者利用文件分享软件等方式应当认定提供行为。据此，侵犯网络信息传播权的行为只能是一种提供作品的行为，即将作品置于信息网络中。“深度链接是在被链网站上传作品的基础上，帮助原本即可为公众所获取的作品得到了更为广泛的传播，能够为更多的网络用户获取，故深度链接的实质只能是信息网络传播行为的帮助行为。”[1]由此理论中形成了这样的思路：上述的规定属于充分的、全面的规定而不是提示性的规定，传播的内容依照形式区分而不是依照实质区分。只有上传、共享等行为才属于传播。而将上传的作品进一步散布或者说在更大范围内让公众知悉则属于传播的帮助行为。

而支持将网络服务提供行为入罪的观点似乎也没有能够挣脱这一逻辑的束缚。其沿袭了著作权领域的结论，将侵犯信息网络传播权区分为直接侵权和间接侵权。而间接侵权虽然不能直接构成侵犯传播权的行为，但是可以构成“帮助”性的侵权行为。[2]其基本依据就是前述的北京市高级人民法院《审理涉及网络环境下著作权纠纷案件若干问题的指导意见（一）》（试行）第3条关于不构成直接侵权的规定。言下之意，提供网络服务行为并非不构成信息网络传播行为，责任是不构成“直接的”侵权行为。但又因为构成侵权，所以构成犯罪成为可能。

这种理解是否符合传播的基本含义或者说传播的实质性内容呢？

传播大致可以划分为人际传播和大众传播。所谓人际传播，是一种个人与他人之间的一种交流。这种交流可以是个体之间具体的语言、身体动作方面的交流，也可以是通过媒介与他人之间的交流，如通过书信、邮件等方式进行的信息传递。大众传播是专业化的媒介组织通过一定的传播媒介，对不特定人所进行的大规模的信息传播活动。大众传播与人际传播相比而言，具有公开性、可选性、单向性等特征。由于传播的特点不同，刑法中的传播型犯罪

---

〔1〕 林清红、周舟：《深度链接行为入罪应保持克制》，载《法学》2013年第9期。

〔2〕 王冠：《深度链接行为入罪化问题的最终解决》，载《法学》2013年第9期。

自然也带有一种不同的传播特征。刑法的传播行为根据其传播特征的不同，同样也需要划分为不同的类型。譬如，传播性病罪的行为就是一种典型的人际传播行为。因为其需要通过身体动作的交流而实施。其犯罪的基本特点在于只要存在个人与个人的交流就具备了客观的该当性。但是刑法中另外一些传播行为则需要通过一种专业化的媒介来加以实施，从而类似于大众传播的方式来实施。譬如传播淫秽物品罪、走私淫秽物品罪（以传播为目的）等。这些传播行为如果不具有公共性，受众不具有特定性，传播行为就不具有刑事可罚性。〔1〕

然而，网络传播的出现使传播的方式与分类开始变得复杂起来。网络传播既可以是一种有组织的类似于大众传播的方式，也可能是一种人际的传播的方式，或者说传播方式往往杂糅了人际传播的某些特点。传播方式既可能一对多，也可能是一对一的。对此，刑法的传播应当如何界定呢？

笔者认为，就可罚性角度来说，刑事意义上的网络传播还是要坚持大众传播的实质性标准，即传播的公共性。所以，网络链接服务提供淫秽物品的行为因为具有受众的公共性特征，在现实的司法认定中也一直是被作为刑法意义上的传播来加以对待的。“建立超链接点本身并非一定就是传播淫秽物品的行为，但由于通过这些链接点可使他人能够容易地进入淫秽网站或网页，观看到淫秽物品，因而也是一种传播淫秽物品的方式。”〔2〕公安部督办的“QQ华娱网”传播淫秽电影案，就属于将链接视为传播行为的典型案例。〔3〕类似的处理

〔1〕 譬如，在个人之间传递淫秽物品的，尽管事实上导致了淫秽物品的扩散，但因为只是在特定人之间实施的，所以一般不被作为犯罪来加以对待。

〔2〕 罗李梅：《传播淫秽物品犯罪研究》，四川省高级人民法院第十二届学术讨论会获奖论文（川高法[2009]734号）

〔3〕 公安部和辽宁省公安厅通过互联网监控发现，在沈阳地区有一个传播淫秽色情信息的网站“QQ华娱网”。网站上共有1200余部电影在线播放，其中408部电影链接国外淫秽网站，内容极其淫秽。通过该网站的页面显示，这些淫秽电影的浏览量超过410多万人次，而且该网站还利用手机注册会员，以收取会员费传播淫秽色情物品牟取暴利. 两名被告分别被判处有期徒刑11年和10年，各处罚金1万元。这成为震惊公安部的5号挂牌督办案件。参见王志东：《俩20岁“网主”网上贩“黄”震惊公安部》，载《辽沈晚报》2004年9月15日。

更是不乏其例。[1]近几年来，国内各地更是开始纷纷出现将为淫秽物品网络服务提供行为作为传播淫秽物品犯罪定罪的判例（参见表2）。

表2：国内部分地区首起利用网络服务提供行为传播淫秽物判例

时间	地点	案名	案由	处理
2013.3	内江	黄某传播淫秽物品牟利案	将网盘上的色情信息链接发布在各大色情网站，通过他人点击其链接发布的淫秽网页获取利益	有期徒刑3年
2009.7	青海	周某传播物品案	周某在家中用笔记本电脑在某论坛上链接淫秽视频31个	管制1年
2004.10	襄樊	杨某传播淫秽物品案	将30部淫秽电影链接于南漳广电网成人片区中	拘役3个月
2013.9	新疆	李某传播淫秽物品牟利案	从色情资源站将大量的色情信息链接到自建的5个色情网站，并以招揽广告联盟等方式牟利	有期徒刑7年
2010.10	江苏	李某等37人传播淫秽物品牟利案	开设大型色情网站并通过网站链接与一些性用品广告、视频聊天网站等获取广告费	不详
2013.5	菏泽	潘某传播淫秽物品牟利案	转存、上传含有色情内容的成人视频、图片、小说以及包含以上内容的种子链接等文件	有期徒刑2年6个月
2010.3	唐山	王某等9人利用网络传播淫秽物品牟利案	以分级浏览的方式鼓励普通会员向该网站发布含有淫秽内容的帖子，并发展付费的VIP会员，在网站设立付费链接	2年6个月徒刑—无期徒刑
2004.9	重庆	重庆杨某等利用网络传播淫秽物品牟利案	在网站提供淫秽电影的直接有效链接，网友采用注册会员制付款后在线收看。共在网上提供淫秽电影链接20部	有期徒刑7年

---

〔1〕 涉嫌犯罪的鹿某用自己的QQ申请了“烟台交友群”，后有管理员将群名改成“烟台色友群”。该群空间共享大量淫秽电影链接和一些淫秽图片。有鹿某自己发的，也有加入的网友发的，渐渐地，群里的淫秽电影越积越多，最后达到了几百部。通过淫秽电影链接，可以视频看到淫秽电影。“利用QQ聊天工具建QQ群发布淫秽电影和图片被批捕的，在我市尚属首例。”参见于珺：《利用QQ空间发布淫秽电影链接一男子传播淫秽物品被捕》，载《烟台晚报》2010年1月1日。2003年8月，湖南人谭某在互联网上免费申请了一个域名，租用了某公司300兆的虚拟空间。随后建立了自己的“浪人中特网”网站。先后从互联网上将161部含有淫秽内容的电影、132部淫秽小说和11篇淫秽图片链接在该网站的“成人专区”版块上。截至被公安机关查获，共有29722人次点击观看了这些淫秽内容，造成极大的社会危害。参见庐检宣、献松：《一男子将大量淫秽电发布到个人网站害人害己》，载《江淮晨报》2004年9月22日。

当然，司法实践中似乎对公共性并未进行过多纠缠，而是以数量作为标准。根据最高人民法院1998年颁布的《关于审理非法出版物刑事案件具体应用法律若干问题的解释》，构成传播淫秽物品牟利罪要求向他人传播淫秽物品200~500人次以上，而只有向他人传播淫秽物品300~600人次以上或造成恶劣社会影响的才符合传播淫秽物品罪中的“情节严重”。这既有刑法认定便利性的因素，也有将人数众多视同为公共性拟制性规定的因素。

体系性解释一直是大家共同认可的解释正当性的重要依据。然而，服务提供行为被界定为传播这一不是问题的问题一旦进入侵犯著作权领域便争议得不可开交。“深度链接从技术角度看，并不上传作品本身，其提供的只是作品的路径指引，即起到的是居间作用，帮助用户找到作品，或者帮助作品上传者进一步传播作品。因此，深度链接行为缺乏信息网络传播行为“提供”作品的要件，并不属于直接的信息网络传播行为。”[1]即使在赞成入罪的观点看来，“网络中的上传行为、共享或分享行为均属于信息网络传播行为，而深度链接行为因为依存于被链方而不具有独立性，故而不属于直接的信息网络传播行为。这种依存性体现在设链方单独无法对链接内容实施控制，需要依靠被链方完成对链接内容的全面控制。”[2]

在笔者看来，这实际上是对《关于审理侵害信息网络传播权民事纠纷案件适用法律若干问题的规定》错误理解的结果。该规定并不是一个完全界定传播的规定，而是说明了何种行为侵犯了信息传播权，而且其也不是一个充要的定义，充其量只是说明了“提供”行为是一种侵犯信息传播权的行为，并不是说只有提供行为才是传播行为。另外，正如侵犯财产权最终往往是通过以非法占有为方式来实现的一样，并不是说只有占有了才侵权，侵犯信息网络传播权是以上传、共享为开始，但并不是只有上传和共享才是侵权。其三，说得极端一点，提供只是传播的准备，甚至不能称为严格意义的传播。传播的实质是信息通过一种有效的手段在更大范围内被知悉。所以，其特点不在于手段本身的工具性，而在于受众通过这种工具直接获知了信息。其四，尽管提供方法或工具行为本身并非属于传播，形似一种帮助受众知悉的方式，但是对于深度链接、P2P等网络服务提供行为，实际上既具有工具性，也直接导致受众与信

---

〔1〕 林清红、周舟:《深度链接行为入罪应保持克制》，载《法学》2013年第9期。

〔2〕 王冠:《深度链接行为入罪化问题的最终解决》，载《法学》2013年第9期。

息的接触，所以其实质上是一种网间的传播行为。单纯的提供（上传）行为的传播面往往是有限的，甚或只是提供了一种传播的可能性，传播的形成依赖于受众的主动搜索和捕获。大量的导致信息在网络中被受众捕获并扩散就是通过网络服务提供行为来实现的，缺少了网络服务提供行为网络传播将失去其基本的生命力。不能说合法的传播是传播行为，不合法传播就不是传播行为。其五，即使链接等网络服务提供行为没有传播内容，但是其通过目录等方式已经为受众提供了基本信息，本身就是一种信息传播行为。

反对将网络服务提供行为作为传播行为对待还有一个重要的理由就是，传播者必须对传播的对象和内容有控制权，而设链方的服务提供者缺乏一种对作品的控制，因此其行为不属于传播。其主要理由是，“深度链接紧密依附于被链者，其作品能否取得、取得什么样的作品均取决于被链者，被链者对作品未采取任何保护措施时，公众能够在任何时间和地点获得作品，但一旦被链者对作品采取加密、收费等保护措施或者删除了作品，设链者就无法保证‘公众能够在个人选定的时间和地点’获得作品”。[1]这种观点未必经得起推敲。首先，传播从来没有以控制信息为要件，而是以信息的受众扩大为特征。在传播过程中，传播者甚至根本不需要了解信息的具体内容，自然谈不上对信息的控制。具体信息被发布者撤回后否认，充其量只是说明最终传播的影响没有产生或者传播结果没有实现。并不能否认传播行为本身的存在。其次，只要使受众能够获知就是控制的体现。

（二）共犯理论或者中立行为帮助行为理论的适用存在前提性障碍

作为共犯对待的前提是，“深度链接只是帮助被链方传播作品内容，扩大作品内容的受众面而已。从这个意义上讲，深度链接行为是一种帮助型的间接信息网络传播行为，”[2]“深度链接作为一种路径指引的传播方式，完全依赖于被链者，其只能是以设链的方式扩大被链网站已上传作品的影响，引导更多网络用户从被链网站获取作品。被链网站上传作品的行为就是《著作权法》中最为典型的信息网络传播行为，深度链接是在被链网站上传作品的基础上，帮助原本即可为公众所获取的作品得到了更为广泛的传播，能够为更多的网

〔1〕 王冠:《深度链接行为入罪化问题的最终解决》，载《法学》2013年第9期。
〔2〕 王冠:《深度链接行为入罪化问题的最终解决》，载《法学》2013年第9期。

络用户获取，故深度链接的实质只能是信息网络传播行为的帮助行为。”[1]

但是，这样的结论必然面临一系制度与理论的挑战：在刑法中，帮助犯属于共同犯罪形态下的一个范畴，而在实践中遇到的争议性的网络服务案件中，往往服务提供行为与信息提供行为之间并没有一种共同的意思联络，在难以构成共同犯罪的情形下，不得不诉诸片面共犯的基本原理来解决。但是在适用片面共犯理论的时候，再次遇到了障碍：片面共犯缺乏独立性存在，只有在正犯成立的时候，片面共犯才能够成立。如果不存在正犯实行行为，自然不存在片面共犯。片面共犯之所以片面，是因为其只具有单向的意思联络，网络服务提供行为者对信息提供者的行为是否构成犯罪其实并不关心。其所链接的信息提供对象在很多时候是众多的乃至是不特定的，如何界定其意向上的一致性就存在难以逾越的障碍。

为了解决上述问题，又只能退一步求助于中立行为帮助行为理论。有观点认为，“对于P2P服务提供行为，由于行为本身具有正当的业务行为性质的一面，不能认为这种行为具有直接促进正犯犯罪行为的危险，即这种危险还属于法律所允许的危险；会员利用这种服务从事侵犯著作权犯罪的行为，完全属于正犯的自我答责的行为领域；如果让经营者承担帮助犯的责任，无疑就是要求经营者停止经营行为，正如若是让螺丝刀的出售者、出租车司机和面包店老板承担帮助犯的责任，无疑就是让这些行业统统关门歇业，而这是所有人都不愿看到的”。[2]因此，该行为没有制造不被法允许的危险，不具有帮助行为性，因此不构成犯罪。

然而，中立行为理论本身就缺乏一致性的结论。譬如，德国学者罗可辛（Roxin）认为，中立行为是否具有可罚性还是要以行为人的主观方面为基础，且可以分为确切地知道对方的犯罪意图即确定的故意的情形，和只是知道对方实施犯罪的可能性即未必的故意的情形进行讨论。在确定的故意的场合，通常应该认为存在犯罪关联性，成立帮助犯。虽然在未必的故意的场合一般可适用信赖原则，但若是正犯已呈现出明显的犯罪倾向，则不应再适用信赖

〔1〕 林清红、周舟：《深度链接行为入罪应保持克制》，载《法学》2013年第9期。

〔2〕 陈洪兵：《网络中立行为的可罚性探究——以P2P服务提供商的行为评价为中心》，载《东北大学学报》2009年第3期。

原则。[1]上述观点被嘲讽为“心情刑法”而遇到强烈的责难，转从行为风险的角度寻找可罚性依据不仅没有取得共识，反而带来了新的诘难。在我国刑法理论中，也存在不同的看法，不一而足。有以“正犯行为的紧迫性”[2]作为标准的，有以“犯罪的意义关联”[3]作为标准的，有以“是否具有明显的法益侵害性”[4]作为标准的，有以“制造了不被允许的风险”[5]作为标准的。以一个有争议的理论来论证网络服务提供行为的性质，不仅不会弥合分歧，反而会导致裂痕的加深。

在笔者看来，相关案件所涉及的“帮助”行为并非刑法意义上的帮助行为。人们将其理解为“帮助”行为是受到民事侵权规定误导的结果。我国《侵权责任法》第36条规定：“网络用户、网络服务提供者利用网络侵害他人民事权益的，应当承担侵权责任。网络用户利用网络服务实施侵权行为的，被侵权人有权通知网络服务提供者采取删除、屏蔽、断开链接等必要措施。网络服务提供者接到通知后未及时采取必要措施的，对损害的扩大部分与该网络用户承担连带责任。网络服务提供者知道网络用户利用其网络服务侵害他人民事权益，未采取必要措施的，与该网络用户承担连带责任。”《信息网络传播权保护条例》第23条规定：提供搜索和链接的网络服务提供者，明知或应知链接对象侵权的，应当承担共同侵权责任。从一开始，网络服务提供行为就被视为与非法上传等提供行为作为一个整体来加以对待，从而承担了共同侵权的责任。既然是共同侵权，势必要对服务提供行为的性质或身份作出一个定位。于是便有了《关于审理侵害信息网络传播权民事纠纷案件适用法律若干问题的规定》第7条关于帮助侵权的规定：“网络服务提供者在提供网络服务时教唆或者帮助网络用户实施侵害信息网络传播权行为的，人民法院应当判令其承担侵权责任……网络服务提供者“明知”或者“应知”网络用户利用网络服务侵害信息网络传播权，未采取删除、屏蔽、断开链接等必要措施，或者提供技术支

---

〔1〕 Vgl. Claus Roxin, Strafrecht Allgemeiner Teil, Band. Ⅱ, 2003, S. 206ff. 转引自陈红兵：《网络中立行为的可罚性探究——以P2P服务提供商的行为评价为中心》，载《东北大学学报》2009年第3期。

〔2〕 张明楷：《刑法学》，法律出版社2011年版，第385页。

〔3〕 陈家林：《外国刑罚通论》，中国人民公安大学出版社2009年版，第612页。

〔4〕 周光权：《刑法总论》，中国人民大学出版社2007年版，第236页。

〔5〕 陈洪兵：《中立的帮助行为论》，载《中外法学》2008年第6期。

持等帮助行为的，人民法院应当认定其构成帮助侵权行为。”

从立法规定来看，网络信息传播的重心也是落足于与受众的交流而不是对提供的“帮助”。《世界知识产权组织版权条约》(WCT)第8条、我国《著作权法》第10条的规定均强调“使公众可以在其个人选定的地点和时间获得作品”。如果一个提供行为无法为公众所知悉，其传播的目的就难以实现。深度链接等服务行为尽管无法对作品形成控制。但这并不妨碍作出传播性的注解。理由在于：一是如前所述，传播并不一定以控制为要件；二是“使公众可以在其个人选定的地点和时间获得作品”是网络信息传播最基本也是最重要的特征；三是作为受众，其甚至根本不知道其所获得的信息是被链接的结果，其确实也没有通过额外的操作去捕获信息，在受众看来，其就是在“个人选定的时间和地点”获得信息的。这似乎符合目的性解释的后果同质性的要求。

从刑法角度来说，帮助行为具有一种确定性，主要表现为两个方面：一是刑法总则中关于共同犯罪行为人分工的一种分类，在犯罪中起辅助作用的从犯，在理论中一般被称为帮助犯；二是在分则中作为罪名的方式行为，如协助组织卖淫罪的协助行为实际上也是帮助行为。无论是辅助还是协助，作为刑法意义上的帮助行为都有一个共同的特性，如果事前存在意思联络，则作为同罪的帮助行为可以延续至主行为完成之后；如果是一种片面的帮助，则必须发生在实行行为完成以前，否则帮助行为就成为一种新的独立的行为而存在。据此，网络服务提供者提供搜索、链接等服务的行为在刑法意义上可以做出以下分类，(1)如果事先就存在共谋，主动帮助提供接入服务等行为，一般认为就属于帮助行为。但是在笔者看来，这种帮助又可以分为两种情形：一是技术服务具有主导性，实际上就是提供行为，就是实行行为；二是技术服务在上载提供传播过程中仅仅起到了辅助作用，此时属于共同犯罪中的帮助犯。(2)如果缺乏共谋性，而是在他人上传侵权作品后设链的，此种行为无法作为帮助犯处理，这也是本部分的核心结论。理由在于：主行为已经完成后的行为在缺乏共谋的情形下被认定为共犯违背了共犯的基本制度和原理，因为所谓的帮助行为与主行为之间既没有主观方面的交流，也缺乏客观方面的竞合。正如帮助一个已经散布的谣言进一步散布只是一个新的散布行为，信息在网络上提供之后，提供行为至此已经结束，后续的传播只是非法状态的持续问题。设链者只是在这样的既成的事实基础上，进一步导致传播面的扩大，这显然是一个独立性的传播行为。反过来说，如果我们将此类网络服务提供行为作为刑法中的帮助行为，则意味着主行为仍然在继续过程中，也意味着信息提供者仍然在实施提供信息的行为，而这显然不符合事实。

以上只是结合刑法共犯基本原理来进行论证，退一步说，即使人们不认可上述结论，但对于一个具有争议性的概念又应当该如何进行解释呢？解释的方法论似乎也能为我们找到另外一种论证的路径。譬如，对于网络服务提供行为来说尤其是一些深度链接、P2P等技术行为，虽然只是提供了一个链接手段，但是其经过目录设置以及对被链接资源的整合，未必不可从目的性解释的角度被理解为一种传播行为。譬如，《关于审理侵害信息网络传播权民事纠纷案件适用法律若干问题的规定》第10条规定：“网络服务提供者在提供网络服务时，对热播影视作品等以设置榜单、目录、索引、描述性段落、内容简介等方式进行推荐，且公众可以在其网页上直接以下载、浏览或者其他方式获得的，人民法院可以认定其‘应知’网络用户侵害信息网络传播权。”这一规定所遵循的原理是，行为人提供了一种与传统传播具有实质性相同性的方式，使受众得到了信息的形式，从而可以利用网络找到信息的内容，实现了与传统传播相同的结果。如果这一观点可以被接受，具有实质传播性“帮助”行为就可以解释为传播行为。这种“帮助”更类似于通过向受众推介，进而扩大了作品的提供渠道。

需要说明的是，在其他国家或地区的判例中并不缺少遵循“帮助”的思路并进而通过中立行为帮助行为理论解决案件的实例，但这些判例与当前我国理论和实践中言及的“帮助”行为形同实异。譬如，在美国，就有多起对经营文件共享网站或非法共享文件内容的人进行处罚的案例。音乐盗版组织A-pocalypse Production Crew的一些成员就因此而获罪。在前述的瑞典“海湾案”中，被告人也是因此而被判刑。日本的“Winny”软件案尽管比较特殊，但也是围绕这一问题展开。“Winny”是一种通过网络将对方电脑中文件实现共享互换的软件（P2P），使用者可以从其他人的电脑网络上收发电影、歌曲或游戏等。它采取匿名操作，文件的发送和接收无法特定到个人，为侵害著作权提供了温床。软件开发者原东京大学研究生院的金子勇于2006年12月被认定“帮助侵害著作权”而被判处有期徒刑1年，京都法院裁判长冰室真在判决中指出：“Winny”作为网络共享文件技术之一，可能应用于众多领域，具有一定的意义，软件技术本身是中立性的，没有任何问题，但其为违法活动提供了平台。

被告于2002年5月在自己的网页上将软件免费发布后，“明知”这一举动会助长他人对著作权的侵害，又在次年9月推出最新版本。致使游戏“超级玛莉”、电影《美丽心灵》等多部作品在网络上被肆意传播。[1]裁判的焦点就是对提供P2P这一近似于中立性的技术帮助行为的界定。2009年10月8日，大阪高等法院作出二审判决，改判被告无罪。审判长小仓正三给出的判决理由称：“如果主要用途不是侵害著作权，就无法认为公开软件构成帮助罪。”[2]言下之意，技术本身并无价值属性，当提供行为不具有明显的非法性的时候，这种提供行为就是中立的。仅仅提供价值中立的技术行为，不足以制造不被允许的风险，因此不应构成犯罪。这是一种技术发展与侵权认定权衡的政策体现。在笔者看来，技术本身在具有多种用途的情形下固然不足以证明行为客观的可罚性，但一旦技术明显被主要用来从事非法行为的时候，技术开发者在“明知”的情形下是难以豁免法律责任的。

上述一系列判决尽管将被告行为作为帮助行为来对待，但却是作为下游侵权行为的帮助行为而不是作为上游侵权行为（如上传作品）的帮助行为来加以对待的。也就是说，无论是否做出有罪认定，境外的一系列裁判与我国当前的司法解释以及理论的思路是不同的，因此并不具有直接的借鉴性。我国当前的司法实践中，无论是刑事司法解释、民事司法解释还是理论中的争议都是以“传播”这一核心概念为基础，而不是以受众的侵权为基础的。下游侵权行为至多是被作为进一步传播（即我国理论中的“帮助”）的主观要素的印证方式，譬如，在开篇的案例一中，裁判者即从P2P软件使用者的免费传播下载的特点反推出上传本身未经著作权人许可的特征。当然，即便如此，“Winny”的判决有一点和本章的结论是一致的——“而素未谋面的使用者犯法行为也不能对软体开发者构成帮助犯罪的罪行”。[3]

---

〔1〕《WINNY软件被不正当使用中国籍开发者被日本判入狱1年》，载百度贴吧：http://tieba.baidu.com/p/155113764，最后访问日期：2014年5月10日。

〔2〕《“Winny”开发者二审被改判无罪》，载《日本新华侨报》2009年10月8日。

〔3〕《日本Winny研发者金子勇二审被改判无罪》，载百度快照：http://cache.baiducontent.com/c?m=9d78d513d9d432a94f9a9f697e11c01669438113798c8c4934c3933984172c563163f7fc677c1f5e95833e7000dc5441afb5736537747bf1c195d71dcabbe57972d73034075ac35c49954af9945b768166cb0bb7f80ee7cdb268d1b9d3a78e4352bc54007c81fb&p=8d67c64ad4934eac59e6c164500ccc&newp=8361c54ad5c24af90ef1d52d021485231610db2151ddd11429828f09&user=baidu&fm=sc&query=%C8%D5%B1%BEWinny+++%B0%B8&qid=&p1=4，最后访问日期：2014年5月11日。

（三）链接行为存在独立化倾向

有观点认为：“从对授权人的权利危害角度而言，盗贴搜索引擎的危害性不仅超越了百度等搜索网站，也超越了普通盗贴网站。它不仅整合了盗贴链接，事实上也整合了其所链接的盗贴网站，通过盗贴搜索引擎，盗贴网站的流量将得到更大程度提高，VIP章节的转载速度将更快，盗贴网页将更清洁，盗贴小说的数量也将更多，而授权网站所受到的侵害将更大。因此，搜索引擎的恶意链接行为形式上是对于淫秽影视和文字的链接、是对侵犯著作权的侵权复制品的链接，实际上已经开始完全独立化，成为一种独立的‘传播’淫秽物品、‘复制、发行’侵权复制品等的犯罪行为。”对盗贴搜索引擎的侵权主动性的问题，“在形式上并没有非法复制、转载授权网站的网络小说，它提供给用户的只是盗贴网站各个章节的链接，可以理解和评价为一种盗贴行为的‘帮助行为’。但是，此类网络空间中的帮助行为已经与一般的帮助行为有了很大的区别，一般的盗贴网站为了推动自己的搜索排名，较少对外部网站链入设置限制”。[1]据此，认为应当将帮助行为独立化的方式来解决，即共犯行为正犯化。笔者认为，尽管上述观点的最终结论与本章具有类似性，但该观点似乎是从应然性的角度来论证的或者说是从立法建言的角度来论证的，这无助于问题的及时解决。在法学界非罪化的呼声非常强势以及法不责众的思维模式下，这样的立法也似乎并不能得到支持。而对于链接淫秽物品行为而言，如前所述，在司法实践中认定传播已经成为定式。将本属于传播的行为界定为帮助行为之后，再将其解释为独立化的传播行为，实在是多此一举。

四、“明知”推论的重要性及其民刑交错的认知

侵犯著作权罪的该当性表现在未经著作权人许可而侵犯他人的著作权，由此对未经许可的“明知”成为该罪故意的逻辑起点。这在上传、共享等提供他人作品的行为类型中相对比较明确，但是在论定网络服务提供行为过程中，因为其只是对已传播作品的进一步的传播，加之网络服务技术的专业性特征，“明知”的确定显得尤为飘忽不定。

在美国的《数字千年版权法案》和中国的《信息网络传播权保护条例》

---

〔1〕 于志刚：《搜索引擎恶意链接行为的刑法评价》，载《人民检察》2010年第12期。

中,“避风港原则”和“红旗原则”就是并存的,而是否“明知”或“应知”就成为一个重要的因素。在著名的“百度盛大之争”中,盛大公司遵循“红旗原则”的原理起诉,百度公司则依“避风港原则”的原理应诉,法院最终判决认为:“百度公司作为网络服务提供者,“明知”涉诉作品的信息传播权仅归于盛大文学的状况下,依旧未及时删除侵权信息或断开链接,构成间接侵权;同时百度公司通过百度WAP小说搜索对WEB页面进行技术转码,并非只是引导用户到第三方网站浏览搜索内容,而是替代第三方网站直接向用户提供内容,属于复制和上载作品的行为,构成直接侵权。”[1]尽管百度公司自称是搜索和链接网站,很大部分视频来源于第三方网站,无法判断是否经过了授权。“但从百度视频页面上看,对搜索链接的结果进行了编辑选择。根据互联网著作权行政保护办法的规定,视频搜索链接网站一旦经过编辑和选择,就不能适用避风港制度。再根据信息网络传播权保护条例,可以认定其是应当知道侵权内容而提供搜索链接的,应当承担相应的法律责任。”[2]

“明知”问题成为是否入罪方面一个至关重要的问题,最先也是在是否构成侵权的意义上展开的。在直接侵权领域,“明知”的认定显然相对比较简单,但是对于网络服务提供行为而言,因为被界定为“帮助”侵权的性质或者说是对侵权传播的再传播的过程,其非法性建立在信息提供行为非法性的基础上,对信息提供行为侵权的“明知”或“应知”成为侵权行为的重要要件。为此,最高人民法院《关于审理侵害信息网络传播权民事纠纷案件适用法律若干问题》的规定第7条明确将“‘明知’或者‘应知’”作为主观要件。第8条又规定:“网络服务提供者的过错包括对于网络用户侵害信息网络传播权行为的‘明知’或者‘应知’。”随后在第9～13条更是用了数种情形对“明知”和“应知”的推论进行了详细的罗列。

在刑事领域,无论是将信息服务提供行为作为帮助行为还是作为传播行为,主观方面的“明知”要求显然是必然的,尤其是将该行为界定为片面共犯时,对于信息提供侵权的“明知”更显得十分重要,否则片面共犯就难以成立。

---

〔1〕《盛大文学起诉百度侵权案尘埃落定,百度赔偿50余万》,载盛大文学:http://www.cloudary.com.cn/News/1020940,最后访问日期:2014年5月11日。

〔2〕王宇:《“剑网行动”能否让网络侵权行为无处藏身?》,载新民网:http://news.xinmin.cn/rollnews/2011/01/28/9133386.html,最后访问日期:2014年6月1日。

然而，现在面临的问题是，民事规则中的对于主观心态的认定是否可以直接外化为一种刑法中的主观过错的认定。

对于这一问题的研讨必须回归本源。在案例一的讨论中，普遍的观点认为，民法中的过错不能直接上升为刑法中的过错。因为刑事责任的严厉性特征，所以应当赋予更高的证明标准，也就是说，民事规则中的过错推定或推论因为要求较低，所以不能直接用来作为刑法过错的标准。

这一说法从整体或者从大多数时候来说似乎没有问题，譬如在证据规则的方面，刑事方面所采取的“排除合理怀疑”的证明标准显然比民事方面的“优势证据规则”要高，但并非总是如此。回到对“明知”的认定这一问题来具体分析，我们可以发现刑事判断在这一方面的要求并不总是比民法更为严格，甚至有时可能会更低。例如，最高人民法院、最高人民检察院、公安部、司法部近期联合发布的《关于依法惩治性侵害未成年人犯罪的意见》第19条第2款明确规定：“对于不满十二周岁的被害人实施奸淫等性侵害行为的，应当认定行为人‘明知’对方是幼女。”再如，最高人民检察院《关于办理与盗窃、抢劫、诈骗、抢夺机动车相关刑事案件具体应用法律若干问题的解释》规定，行为人“明知”是盗窃、抢劫、诈骗、抢夺的机动车，而实施买卖、抵押、拆解、拼装、更改车辆标识等行为的以及国家机关工作人员“明知”是盗窃、抢劫、诈骗、抢夺的机动车而办理登记手续的，分别构成掩饰、隐瞒犯罪所得、犯罪所得收益罪以及滥用职权罪。该司法解释第6条规定，有以下两种情况之一的，应当认定行为人主观上具有“明知”：“（1）没有合法有效的来历凭证；（2）发动机号、车辆识别代号有明显更改痕迹，没有合法证明的。”

这一问题形式上是一个证明标准的问题，实质上是一个如何理解刑事推论的问题。如上所列，近些年来，在最高司法机关出台的一系列司法解释中，以推定或推论的方法确定犯罪事实的越来越多，而且主要集中在主观方面，如对杀人意图的界定，集资诈骗罪中非法占有目的的认定，对强奸罪、走私罪“明知”尤其是应当“明知”的认定，对持有物性质的认定，对制造、运输、贩卖毒品以及对买赃故意的认定等。[1]尽管这些司法解释条文有些属于推论性的规定，有些属于推定性的规定，但其至多只是涉及是否可以反证，在侵权法上的意义似乎更为明显，也可能影响到“避风港原则”的使用，就刑法而言，没有实质性的意义。

推定的直接结果是导致证明要求的降低，而推论实质上也具有类似性。如果过分扩张使用势必会以一种高度的盖然性替代“排除合理怀疑”，从而使刑事证明要求降低，使刑事作为限权法的本质受到挑战。于是，比较一致的意见认为，犯罪主观方面构成要件的认定可以或必须适用推定或推论。

主观内容的推论的合理性以及广泛使用是不言而喻的。其原因主要在于，(1)在实践中大多数的刑事犯罪重点故意都是依靠推论或推定来完成的。司法解释只不过是一种实践经验的固化或标准化的总结而已。(2)主观心态的推定一般除了被告人的辩解反驳之外，一般缺少其他的证据的反驳。这一点与客观事存在重大的区别。在客观事实方面，如果任意的适用推论，必将时时会面临来自相反证据的反驳，导致证明力千疮百孔。(3)被告人辩解的反证同样也需要证据的印证，也就是说这种辩解与其他的客观证据相比，同样不具有直接性，这意味着推定、推论或者印证变得十分必要。(4)主观的推论往往是建立在客观证据的基础之上的，所以最终是一个对客观证据的合理确信的问题。

再前进一步，与其说主观推定或推论是一个推理问题，毋宁说是一种将被告人作为一个理性人标准来加以对待的问题，即主观方面的问题不是一个是否排除合理怀疑的问题，而是一个是否将被告人作为理性人来加以对待的问

---

〔1〕 主要有：最高人民检察院《关于办理生产、销售伪劣商品刑事案件具体应用法律若干问题的解释》(2001年4月5日)，最高人民法院、最高人民检察院、海关总署《关于办理走私刑事案件适用法律若干问题的意见》(法〔2002〕139号)，最高人民法院、最高人民检察院《关于办理妨害、控制突发传染病疫情等灾害的刑事案件具体应用法律若干问题的解释》(2003年5月13日)、最高人民法院、最高人民检察院《关于办理侵犯知识产权刑事案件具体应用法律若干问题的解释》(2004年12月8日)，最高人民法院、最高人民检察院《关于办理与盗窃、抢劫、诈骗、抢夺机动车相关刑事案件具体应用法律若干问题的解释》(2007年5月9日)，最高人民法院、最高人民检察院、公安部《办理毒品犯罪案件适用法律若干问题的意见》(2007年12月18日)。当然，有些解释条文具有推论的性质，有些解释具有推定的性质。

题。如果我们赞同理性人标准，[1]民法中对“明知”的界定标准与刑法中的对“明知”的证明标准并无实质不同。

事实上，在相关规则中，这种结论得到了具体的论证。《关于审理侵害信息网络传播权民事纠纷案件适用法律若干问题的规定》第8条与刑事司法解释对于“明知”的规定可谓如出一辙。在大量的刑事司法解释中，对于主观过错的界定也是分为“明知”和“应知”。[2]如果我们可以确认二者之间“明知”的程度应当是相同的，都已确知为标准，又有什么理由认为“应知”的内容和程度是不同的呢？不仅如此，即使在一些刑法规范中，“应知”被确定为一种罪过心态也不少见。例如《美国模范刑法典》第251·4(2)节规定：“凡在自己的营业过程中销售或持有淫秽物品的，推定其为‘明知’或轻率。”

同时，刑法理论同样也认为，“明知”包括确知和一定条件下的“应知”。“当刑法要求行为人‘明知’某种构成事实或者必须具有某种目的，而行为人声称不‘明知’或者不具有该目的，导致对行为人主观上是否‘明知’或是否具有该目的存在疑问时，不能轻易适用存疑时有利于被告的原则，做出行为人不“明知”某种构成要件或不具有某种目的因而无罪的判决；而应根据客观事实合理推定行为人主观上是否‘明知’某种构成要件、是否具有某种目的。”[3]尤其是在法定犯类型中，行为人对行为对象的性质判断往往需要专业鉴定才能完成的情况下，推定的“明知”显得尤为必要。“如何认定行为人是否‘明知’，主要从行为人是否有认识的义务、行为人是否有认识的能力以及认识义

---

〔1〕 理性人标准（the reasonable person standard）一词最早出现在英国的判例Vaughan v. Menlove（1837）132E R 490（CommonPleas1837）中，该案中被告在其租用的场地上以一种易于自燃的方式来堆砌柴草，在其后的五个星期内被不断的警告；最后导致自燃，不但烧坏了被告的柴草也殃及了场主的房屋；被告的律师承认这一不幸是由于被告没有以最高的警觉标准来行事，只有陪审团能够确定被告没有以“诚信（bo—nafide）和其最好的判断”行事时才能认定其有过失。法庭不同意这样的观点，认为这样的标准过于主观，而应该有一个客观的标准来裁判案件：遵照一个谨慎的人的注意程度一直是一个被落实了的规则，并且实施这一规则是比较困难的，在这一规则的指导下，陪审团们总是会说在所讨论的情形中是否存在疏忽；因此，与其适用这种像每个人的鞋子号码一样具有不同差异的具体个人的疏忽责任标准，我们宁愿在所有的案件中遵循作为一个普通的谨慎的人都应该遵循的注意程度（Vaughan v. Menlove（1837）132E R 490（Common Pleas1837）. 转引自吴伟光：《网络服务提供者对其用户侵权行为的责任承担——不变的看门人制度与变化的合理注意义务标准》，载《网络法律评论》2011年第1期。理性人的基准决定了主观说合理性的基础。

〔2〕 譬如，最高人民法院、最高人民检察院2001年发布的《关于办理生产、销售伪劣商品刑事案件具体应用法律若干问题的解释》第6条，最高人民法院、最高人民检察院2004年发布的《关于办理侵犯知识产权刑事案件具体应用法律若干问题的解释》第9条等。

〔3〕 张明楷：《刑法格言的展开》，法律出版社2002年版，第327页。

务与认识能力兼具情况下当时的实际情况三个方面来判断。”[1]只要行为人具备对事实的认识，即可推论行为人对于违法性同样存在认识。

具体而言，在“应知”认定层面，《关于审理侵害信息网络传播权民事纠纷案件适用法律若干问题的规定》第9条给出了这样的标准：人民法院应当根据网络用户侵害信息网络传播权的具体事实是否明显，综合考虑以下因素，认定网络服务提供者是否构成“应知”：基于网络服务提供者提供服务的性质、方式及其引发侵权的可能性大小，应当具备的管理信息的能力；传播的作品、表演、录音录像制品的类型、知名度及侵权信息的明显程度；网络服务提供者是否主动对作品、表演、录音录像制品进行了选择、编辑、修改、推荐等；网络服务提供者是否积极采取了预防侵权的合理措施；网络服务提供者是否设置便捷程序接收侵权通知并及时对侵权通知作出合理的反应；网络服务提供者是否针对同一网络用户的重复侵权行为采取了相应的合理措施；其他相关因素。“互联网企业应该知道热播影视作品、流行度较高的文字作品、音乐作品的著作权权属情况并有义务提高注意力，为这些作品设置榜单、目录、索引并提供深层链接服务法律直接认为这种情况属于‘应知’，这种规定是非常符合红旗原则的精神的，因为既然已经是‘热播影视作品、流行度较高的文字作品、音乐作品’，那么就像红旗一样飘扬，推说没有看到是不合理的。”[2]对于“红旗原则”的使用是一个认识层面的问题，作为一个人是否认识到或者是否应当认识到，无论是刑事法意义上的事实中，还是民事法的事实中，并没有本质性的区别，至多可能存在的区别是在主观意志的希望态度还是放任态度的不同上，而这对认识过错认定本身并不构成影响。

此外，“避风港原则”也只不过是提供了一个抗辩中的免责事由，其本身并不能否定侵权责任本身。“红旗原则”为主观罪过的确定提供了依据，这也是《关于审理侵害信息网络传播权民事纠纷案件适用法律若干问题的规》第23条规定“‘明知’或者‘应知’所链接的作品、表演、录音录像制品侵权的”应当承担共同侵权责任的原因。

在网络服务提供行为的具体认定中，不同的传播手段实际上对“明知”的认定要求也是不同的。如果说对链接行为或者说深度链接行为在“应知”的

---

〔1〕 许桂敏：《罪与罚的嬗变：生产销售有毒有害食品罪》，载《法学杂志》2011年第12期。
〔2〕 赵虎：《争议中的避风港原则和红旗原则》，载《电子知识产权》2012年第5期。

确定上还存在一定的分歧，对被链接方的侵权的“明知”还具有一种不特定状态，则在利用提供P2P技术的情况下对于侵权“应知”确定则接近于一种共识，因此推理变得相对较为容易。在开篇所论及的张某侵犯著作权犯罪案中，认定主观“明知”或“应知”的理由至少包括以下几个方面：其一，将作品制作成“种子”置于互联网上，作品提供者虽然可能十分分散，但一般认为从影视作品权利人的经营模式及授权形式（客观说标准或者理性人标准）出发，基于P2P技术特点，权利人不可能许可其影视作品以设置成“种子”的形式免费传播，所以成立“明知”就具有了前提标准。其二，行为人采取了设置目录、索引、内容简介、排行榜等方式向用户推荐作品，这构成了符合推定的规范性基础。其三，涉案的www.1000ys.cc网站上所涉作品包含影视作品，而“正版授权店影视视频分享网站是业内公知信息，本案被链接的哈酷资源网并非此列”，则构成了认定“应知”的实质性标准。其三，被告人张某开设的是影视视频分享网站系非法网站，“引起网站的非法性也不可能获得相关作品权利人的合法授权”[1]则构成了认定“明知”的有力佐证。其四，被告人对“明知”的供述也构成证据链中重要的一环。正是是基于这些因素，推论推定行为人“明知”未经著作权人许可的主观心态应该是比较全面的，而且被告人没有任何的避风港可以规避。

〔1〕 上海市普陀区人民法院（2013）普刑（知）初字第11号判决书。

第十四章　法定化视野下故意杀人罪“情节较轻”的界定标准*

由于死刑本身缺乏阶梯性，我国刑法中的死刑规定又分布在不同性质的犯罪中，从而如何对可判处死刑的犯罪进行规范的量刑成为一个十分重要和敏感的话题。其实，即使在故意杀人罪这一典型的侵犯生命权的犯罪中，如何适用刑罚本身就是一个无法回避的话题。如果说经济犯罪与死刑在新的观念下否定存在均衡，则在“杀人偿命”仍被奉为信条的今天，如何对杀人行为进行合理的量刑、如何界定故意杀人罪的中“情节较轻”的规定则显得非常具有现实意义。

一、故意杀人罪“情节较轻”在我国司法实践与理论中的争鸣

我国《刑法》第232条规定：“故意杀人的，处死刑、无期徒刑或者10年以上有期徒刑；情节较轻的，处3年以上10年以下有期徒刑。”我国对于故意杀人罪的处罚不同于一般的犯罪，其刑罚的阶层是从重到轻的一个排列顺序。可见，我国对于故意杀人罪采取的是一种从严处罚的态度。但同时也规定了“情节较轻”的情形，体现了罪刑相适应的刑罚观以及宽严相济的刑事政策。也就是说同样是故意杀人，由于考虑到具体情节的不同，也会被判处差异较大的刑罚。

---

* 本部分内容刊载于本书作者发表的《故意杀人罪“情节较轻”标准规范化的实证考察》一文，原载《政治与法律》2012年第9期，由本书作者及其硕士研究生李春燕合作完成。

(一)在司法实践中对"情节较轻"的认定莫衷一是

实践中各级法院自由裁量，难以做到同案同判的公正。由于我国到目前为止依然没有明确的司法解释或者规范性的法律文件对于什么样的情形才可以认定为"情节较轻"的情况进行说明，而且理论上对这一问题难以形成统一的观点，因而各级法院也就大大发挥了法官的自由裁量权，但是这样的自由裁量权过于宽泛而导致了同案不同判的结果。根据理论指导实践的经验，理论上的分歧对于司法实践有着不可忽略的影响作用。因为如果司法工作人员在审理具体案件时，在案件的判决中运用其认同的"情节较轻"的观点进行裁判就会与其他没有认同此观点的司法工作人员作出截然相反的判决。

1.情节是否属于"情节较轻"的情形，不同法院会作出不同的认定。对于同一案件同一情节，不同的法院会作出不同的认定以及进行不同的判决。比如张某龙在与恋人相约自杀的过程中故意杀人案。[1]1992年12月5日，张某龙给赵某珍写信让赵伟珍拿上"苯巴比妥"药到赵伟珍姐姐家共同自杀。张某龙先服下25片药，然后阻止赵某珍喝药。赵某珍听后得知张某龙不想死，又要抛弃她，便气愤地喝下198片"苯巴比妥"。张某龙未加制止，并阻挠赵某珍的姐姐等人要救赵某珍。经法医鉴定：赵某珍系"苯巴比妥"中毒死亡。山西省晋中地区中级人民法院经过公开审理认为，被告人张某龙采用诱骗手段，非法剥夺他人生命，其行为已构成故意杀人罪，且作案手段卑劣，应予严惩。故判处张玉龙死刑。山西省高级人民法院二审认为，被告人张某龙与死者赵某珍相约服"苯巴比妥"药自杀属实。但张某龙服毒后后悔了，这时张有义务阻止赵再服药而没阻止；赵服药后药性发作，张某龙有义务抢救而不抢救；当赵的姐姐等人来救赵时，张予以阻拦不让抢救，张某龙的行为已构成故意杀人罪，但犯罪情节较轻。原审判决定性准确，但量刑畸重，应予纠正。判决被告人张某龙犯故意杀人罪，判处有期徒刑4年。

2.法院虽然认定某情节属于"情节较轻"的情形，但是不同法院对于类似案件却给予不一样的判决。也就是说，法院虽然认定某情节属于故意杀人罪中"情节较轻"的情形，但是在量刑上却出现了比较大的差别。姚某英故意杀人案与陈某故意杀人案就是如此。姚某英与被害人徐某生是夫妻关系，结婚

[1] 最高人民法院中国应用法学研究所编：《人民法院案例选》(刑事卷上)(1992—1999年合订本)，中国法制出版社2002年版，第383页。

十余年间徐某生经常无故打骂、虐待姚某英。2010年5月10日晚，徐某生又寻机对姚某英进行长时间的打骂；次日凌晨5时许，姚某英趁徐某生熟睡之际拿出一把铁榔头，朝徐某生头、面部等处猛击数下，后用衣服堵住其口、鼻部、致徐树生当场死亡。衢州市衢江区人民法院认为，被告人姚某英持械故意杀害其丈夫徐某生，其行为构成故意杀人罪。但姚某英的杀人故意系因不堪忍受被害人徐某生的长期虐待和家庭暴力而引发，因此，其杀人行为可认定为故意杀人罪中的情节较轻。案发后，姚某英主动到公安机关投案如实供述自己的罪行，是自首，依法可从轻处罚。故判处有期徒刑3年，缓刑5年。[1]但在陈某杀人案中结果却大相径庭。陈某与被害人孙某于1986年结婚，自1991年以来，妻子孙某稍有不顺就拿陈重出气，要么破口大骂，要么拳脚相加。1992年7月的一天，陈某忘记了妻子孙某交办的“任务”，回到家中妻子冲过来对他又打又咬。陈某还击了一下，孙某大怒，冲进厨房抓起一把菜刀冲过来，陈某吓得在朋友家躲了几天。2007年6月1日，陈某要帮一位同事代班，孙某听说那同事是女的，当即破口大骂，并将他一脚踢下床。陈某越想越气愤，次日凌晨3时许，趁妻子入睡时，他用一圈铜芯线，一头扎在妻子的左手腕，一头捆在妻子的右小腿脚踝关节处，然后接通了电源。案发后，陈某投案自首。四川内江市中级人民法院认为陈某因长期受妻子打骂，怒而将妻子电击致死。鉴于其能投案自首，且被害人有严重过错，法院判决陈某犯故意杀人罪，判处有期徒刑12年。[2]

从以上两个案例可以得知，在姚某英案中法院认为姚某英是因为长期受到丈夫的虐待而杀人，属于被害人有过错的故意杀人罪，因而可以从轻处罚。而在陈某案中，法院也认定了陈某是因为长期受到妻子的长期虐待而故意杀人，被害人存在严重过错，但是却按照严重的故意杀人罪的情形进行量刑，因而按10年以上有期徒刑进行处罚。上述案例中被告人都是因为家庭纠纷中的虐待忍无可忍而犯下杀人之罪，手段上都属于一般的杀人行为，杀人后没有其他特别残忍的毁尸情节，而且双方都有自首的情节。这样的案件，既有酌定的从轻情节也有法定的从轻情节，姚某英案中除了未成年的女儿需要照料之外，其他情节基本与陈某案相近似，为何在量刑上会出现一个适用缓刑而另一个

〔1〕 中华人民共和国最高人民法院刑事审判第一、二、三、四、五庭主办：《刑事审判参考》（总第76集），法律出版社2010年版，第30～31页。

〔2〕 参见《男子不堪妻子长期虐待将其电死》，载《华西都市报》2007年12月10日。

却在10年以上的有期徒刑中进行评价？陈某的12年有期徒刑相对于姚某英所判处的缓刑刑罚是否畸重？为何法院在认定了陈某案件中被害人存在严重过错的情节，却没有按照故意杀人罪中“情节较轻”的情形在3年到10年的量刑幅度进行量刑？这说明了在我国司法实践中，各级法院即使认定某情节属于故意杀人罪中“情节较轻”的情形，也会在量刑上出现比较大的差别。

（二）故意杀人罪“情节较轻”在我国理论中缺乏共识

对于故意杀人罪“情节较轻”的认定，理论上百家争鸣，难以形成统一观点。我国虽然在1979年“刑法”中就规定了故意杀人罪中有“情节较轻”的情形，但是至今仍然没有统一的司法解释或者相关的法律文件对何种情况属于“情节较轻”进行明确规定。因而，不同的学者对于什么样的情形方可认定为“情节较轻”也有不同的观点。有学者认为，“情节较轻”一般指义愤杀人、防卫过当杀人、因受被害人长期迫害而杀人、帮助自杀、受嘱托杀人等情况。〔1〕有学者认为，情节较轻的故意杀人主要有：当场基于义愤的杀人、因受被害人长期迫害的杀人、基于被害人请求的杀人以及“大义灭亲”的杀人等；〔2〕有学者认为，情节较轻的杀人包括：当场基于义愤的杀人、因受被害人长期迫害的杀人、基于被害人同意甚至请求的杀人、防卫过当的杀人、大义灭亲的杀人等；〔3〕也有学者认为，情节较轻的故意杀人，主要包括当场基于义愤杀人、受被害人嘱托杀人、受被害人长期迫害或者虐待而激愤杀人、“大义灭亲”杀人、父母为掩饰羞耻或因家庭困难而溺婴等。〔4〕由此可见，在理论上，学者对于故意杀人罪“情节较轻”的认定有着意见一致的部分，也有意见分歧的部分。学者们对于基于义愤杀人和因受被害人长期迫害而杀人这两种情况都认为是故意杀人的“情节较轻”情形。而对于帮助自杀和父母为掩饰羞耻或因家庭困难而溺婴这些行为却难以达成统一的意见。

二、故意杀人罪“情节较轻”的认定必须以罪刑均衡为基础

作为剥夺他人生命的重罪，故意杀人行为的定罪与量刑也越来越受到民

〔1〕 参见高铭暄、马克昌主编：《刑法学》，北京大学出版社、高等教育出版社2000年版，第472页。
〔2〕 参见张明楷：《刑法学》（第4版），法律出版社2011年版，第761页。
〔3〕 参见陈兴良主编：《刑法学》（第2版），复旦大学出版社2009年版，第313页。
〔4〕 参见赵秉志主编：《当代刑法学》，中国政法大学出版社2009年版，第578页。

众的关注。生命的权利，似乎一直都被民众所珍视却从来不知何时会终结于尘世。横行乡里的恶霸也会遭受正义的个人进行处决，只为“为民除害”；[1]久受虐待的妻子终于不愿忍辱负重而铤而走险对丈夫下了毒手，只为从今摆脱受折磨的人生；[2]父母左右为难最后痛下决心杀害残疾的孩子，只为尚年幼的孩童免受日后人间的冷眼。[3]看似残酷的杀人行为，背后总是带着心酸的悲悯之情。这样的故意杀人案件，总会得到民众呼吁“刀下留人”或者“万人上书”[4]向司法机关请求法外留情。如何界定故意杀人罪中“情节较轻”的情形，如何实现罪刑均衡的原则，以及如何在量刑过程中进行规范化的考量适用这些“情节较轻”的情节，对于这些“善良的犯罪人”而言，是至关重要的司法过程。

（一）在故意杀人罪中设立“情节较轻”是基于罪刑均衡考虑的结果

我国曾经对杀人犯罪进行不同的规制，历史的沿革需要情节轻重上的设定。其实早在《唐律》中我国就有对杀人罪中情节较轻的规定。《唐律》将杀人犯罪分为：谋杀、故杀、斗殴杀、误杀、戏杀和过失杀六种。按照《唐律》的规定，有两种情况的杀人罪应处以较轻的法定刑或者应予以免刑：一种情况是

---

〔1〕 2005年在四川成都市双流法院的法庭上审判了一起母亲与两个儿子“大义灭亲”杀死强奸大嫂鱼肉乡民作恶多端的小儿子的案件，法院在审理该案的过程中收到了当地上千名群众的联名信，信中称张万成兄弟是为民除害，要求法庭减轻处罚。法院最终以故意杀人罪分别判处3名被告人2年至3年不等的有期徒刑，同时对3被告人分别宣告3年至4年不等的缓刑。参见王鑫、赖国民：《成都双流“大义灭亲”案宣判》，载《人民法院报》2005年4月26日。

〔2〕 上文提到的姚某英故意杀人一案中，姚某英与被害人徐某生是夫妻关系，姚某英在结婚十余年间忍受丈夫徐某生经常的无故打骂、虐待，为了摆脱这种受伤害的日子，姚某英才实施了杀害丈夫的行为。法院以故意杀人罪判处姚国英有期徒刑3年，缓刑5年。参见中华人民共和国最高人民法院刑事审判第一、二、三、四、五庭主办：《刑事审判参考》（总第76集），法律出版社2010年版，第30～31页。

〔3〕 绝望的妈妈韩某凤面对一双脑瘫的双胞胎儿子，在尽力照顾、治疗13年后，因为看不到好转的希望，为了让家人和孩子都得到解脱，最终选择了溺死自己的一对亲生儿子的极端做法。2011年7月，广东省东莞市第一人民法院以故意杀人罪判处韩某凤有期徒刑5年。案件发生后，受到很多人的关注。社会在反思为何没能早点伸出援助之手，在悲剧发生前去挽救在希望与绝望中挣扎的母亲。参见邓新建：《绝望妈妈溺死脑瘫儿子获刑悲剧折射救助制度缺失》，载中国新闻网，http://www.people.com.cn/h/2011/0706/c25408-3000733825.html，最后访问日期：2012年6月3日。

〔4〕 2003年11月10日，兴化市一名客车司机李某兵，开着空车行驶时，突然遇一伙人搭木棒拦车，最终李某兵撞死一位拦车老人。泰州市中院以李某兵犯故意杀人罪判死刑。然而，让人大感意外的是，该司机营运线路沿途的上千名乘客，联名“上书”省高院等处，提出两个请求：一是二审刀下留人，二是督促相关部门严惩“路霸”。参见宫靖：《司机受路霸恶气“撞”人，千人上书请求刀下留人》，http://news.xinhuanet.com/auto/2004-04/15/content_1431626.htm，最后访问日期：2012年6月3日。

第269条“夜无故入人家”规定的:“诸夜无故入人家者,笞四十。主人登时杀者,勿论;若知非侵犯而杀伤者,减斗杀、伤二等。其已就拘执而杀、伤者,各以斗杀、伤论,至死者加役流。”〔1〕另一种情况是第452条“罪人持仗拒捍”规定的:“诸捕罪人,而罪人持仗拒捍,其捕者格杀之,及走逐而杀,若迫窘而自杀者,皆勿论。即空手拒捍而杀者,徒二年。已就拘、执,及不拘捍而杀,或斩伤之,各以斗杀、伤论;用刃者,从故杀、伤法。”〔2〕而在1935年《中华民国刑法》将杀人犯罪规定在分则的第二十二章“杀人罪”之中,并将杀人犯罪分类为普通杀人罪、杀害直系血亲尊亲罪罪、义愤杀人罪、杀婴罪、教唆或帮助他人自杀罪、受托或承诺杀人罪和过失致人死亡罪7种,并规定了相应的法定刑。〔3〕由于新中国在1979年制定新刑法时将古代规定杀人行为具有“情节较轻”的模式抛弃掉,同时也没有采纳《中华民国刑法》将杀人犯罪分列不同罪名的方法,而仅仅将杀人犯罪规定了故意杀人罪和过失致人死亡罪两个罪名。由于故意杀人罪囊括了之前众多的杀人行为,因而在这种历史沿革的情况下,只有规定不同的杀人情节方可达到惩罚犯罪和保障人权的目的。

单一的故意杀人罪名,导致了情节的轻重设置方式。生命权作为人最基本的权利也是刑法重点予以保护的权利,以剥夺人的生命为目的的故意杀人罪,一般被认为是最严重的刑事犯罪。我国自古就有“杀人者死”“杀人偿命”等传统的同态复仇观念,因而在现实中一般对于杀人犯罪都会给予严惩。但是,定罪与量刑是两个不同的概念,根据罪刑相适应的原则,刑罚应与犯罪分子所犯的罪行相当。世界上很多国家都对杀人的行为规定了不同的罪名以此区分行为人的社会危害性进行定罪量刑。比如,美国将杀人罪分为谋杀和非预谋杀人两大类。谋杀罪还分为一级谋杀罪和二级谋杀罪。〔4〕而日本刑法将杀人的行为分为普通杀人罪、杀害尊亲属罪(于1995年删除)、参与自杀罪和同意杀人罪。〔5〕由于我国现行刑法对于杀人行为只是单一地规定了故意杀人罪,因而有必要根据情节区分罪重或者罪轻进行量刑。

---

〔1〕 曹漫之主编:《唐律疏议译注》,吉林人民出版社1989年版,第654~656页。

〔2〕 曹漫之主编:《唐律疏议译注》,吉林人民出版社1989年版,第942~944页。

〔3〕 参见左振声主编:《杀人犯罪的定罪与量刑》,人民法院出版社2000年版,第22页。

〔4〕 参见储槐植:《美国刑法》,北京大学出版社2005年版,第135~152页。

〔5〕 参见[日]西田典之:《日本刑法各论》,刘明祥、王昭武译,中国人民大学出版社2007年版,第10~19页。

罪刑均衡原则，需要在故意杀人罪中设定轻重的处罚情节。犯罪情节是体现行为人的主观恶性和人身危险性以及由此而引发的社会危害性等主客观的事实。行为人的主观恶性主要体现在犯罪的动机和犯罪目的中，而行为人的人身危险性主要体现在行为人在实施犯罪前的道德品性和实施犯罪后认罪以及悔罪的态度等客观事实。在相同的犯罪中，可能会因为案件的不同而导致犯罪情节的不一致的情形，而这些不尽相同的犯罪情节导致了不一样的社会危害性。因而在故意杀人罪中，即使同样定性为故意杀人，但是情节的不同，也会导致量刑上的差别。因而为了符合罪刑相适应的原则，为了法律效果和社会效果的统一。在故意杀人罪中规定较重的处罚情节，也规定较轻的处罚情节是必不可少的。

（二）罪刑均衡原则在故意杀人罪中“情节较轻”的体现必须以明确性为前提

由以上的分析可知，对于故意杀人罪中的“情节较轻”，无论是理论上还是司法实践中都无法达到一致的共识，因而界定故意杀人罪“情节较轻”情形对于在司法实践中正确量刑具有至关重要的作用。尽量减少司法实践中出现的“同案不同判”以及量刑畸轻畸重的司法不平衡情况。明确规范“情节较轻”的情形实际上类似于列举式的规定。列举式的规定可能存在不周延，但是笔者认为，明确“情节较轻”是可行的。首先，不周延结果往往出现在列举式立法中，因为立法尽管经过调研，但对以后发生的结果是不确定的。其次，故意杀人罪作为自然犯，经过历史和现实的积淀，其基本的行为样态早已经固定下来，出现新情况的可能性比较罕见。最后，所有的规定都会遇到例外的情形，在明确化的规定能够解决基本问题、通常问题的时候，例外并不能构成阻却的充足理由。其实，故意杀人罪是重罪，规范适用缺乏明确性对被告人的权力而言也是一种极大的损害。

犯罪情节是指刑法明文规定的，表明行为的法益侵害程度而影响定罪与量刑的一系列主观与客观的情况。我国对于犯罪情节的轻重一般都采取列举的方式明确犯罪的手段或者方式，以此达到刑法明确性的原则。比如我国《刑法》第236条的强奸罪中就规定了，强奸妇女、奸淫幼女，有下列情形之一的，处10年以上有期徒刑、无期徒刑或者死刑：（1）强奸妇女、奸淫幼女情节恶劣的；（2）强奸妇女、奸淫幼女多人的；（3）在公共场所当众强奸妇女的；（4）2人以上轮奸的;(5)致使被害人重伤、死亡或者造成其他严重后果的。类似的情形还有很多。循同此理,虽然立法对加重的情节进行了规定,但司法中显然同样可以对减轻的情节予以明确化。这不仅符合我国的法治发展,也是统一司法实践的有效措施。根据罪刑均衡原则,行为人所受到的刑罚应当与其所犯罪行相适应。由于犯罪情节各不相同,当行为人具备从轻处罚的情节时适当给予轻罚,当行为人的犯罪行为具有从重处罚情节时给予重罚,这样才可以体现罪刑均衡,实现惩罚犯罪与保障人权的目的。

此外,故意杀人罪属于重罪,其刑罚的顺序从死刑往下降低排列。而且刑法分则对应的法定刑都是以犯罪既遂作为前提,这意味着即使3年到10年有期徒刑这样的“情节较轻”的情形也是以既遂为前提。在情节内容不明的前提下,必然赋予司法机关极大的自由裁量权,从而会导致不同的法院不同的法官会对于类似案件作出不一样的裁决,上述案件所出现的迥然相异的结果就是有力的例证。

三、故意杀人罪“情节较轻”的界定的综合标准

一般认为犯罪情节是体现行为的客观危害性、行为人的主观恶性和人身危险性的主客观事实总和。体现行为客观危害性的情节主要有行为方式、行为导致的危害结果以及行为所引起的社会评价等客观事实;而体现行为人主观恶性的情节主要有行为的犯罪动机以及犯罪目的等主观上的事实;最后体现行为人人身危险性的情节主要有行为人的日常行为表现和行为人犯罪后的认罪悔罪态度等主客观方面的事实。故意杀人罪的“情节较轻”应为特定案件中体现行为的客观危害性、行为人的主观恶性和人身危险性较小的所有主客观事实。如何认定这些较轻的情节,则需要按照法律的规定以及司法工作者长期的实践经验结合一般民众的道德伦理情感作决定。再者,情节较轻应该符合我国如今提倡的宽严相济的刑事政策的要求。因而从行为的客观危害性上考虑,行为人实施杀人的手段或者方式不是很恶劣,所引起的社会评价不是义愤填膺反而是民众的呼吁“刀下留人”,可以作为“情节较轻”的考量;从行为人的主观恶性来看,如果行为人是出于激愤或者长期受虐等可宽恕的犯罪动机才实施杀人的行为,那么也应该考虑属于“情节较轻”;最后从行为人的人身危险性上分析,行为人实施犯罪后投案自首如实供述犯罪事实以及结

合行为人的一贯表现，可以表明行为人再次实施犯罪行为的可能性较小，在这种情况下也应该作为“情节较轻”考虑。

标准的确立是为了对杂乱无章的现状进行规范化的梳理。由于故意杀人罪是非法剥夺他人生命的行为，生命一经剥夺即无可挽救，因而我国对于故意杀人的行为一贯从严处罚。因而在司法实践中适用3年到10年的有期徒刑进行量刑时必须遵循严格的条件，实现宽严相济的刑事政策。对于什么样的情节才可以认定为故意杀人罪的“情节较轻”，刑法应当明确其标准。笔者认为，认定故意杀人罪“情节较轻”的情形应该确立如下标准：(1)行为人必须具有法定减轻的情节；(2)行为人实施杀人的手段不是特别残忍；(3)行为人是基于可宽恕的动机实施杀人行为；(4)从行为人的认罪以及悔罪态度上分析可以得出再犯可能性较小的；(5)从法律效果的角度考量，从轻处罚可以达到法律效果与社会效果的统一。

第一，行为人必须具有法定减轻的情节。刑法分则的法定刑都是以犯罪既遂作为基准。在绝大多数的分则罪名设定模式中，犯罪既遂对应的都是法定刑中最轻的法定刑，然后再根据各种分则情节提高法定刑。但故意杀人罪恰恰相反，故意杀人罪首先与死刑相对应。最后才与3年到10年的有期徒刑相对应。这就为司法者量刑打开了空间，提高了任意性。譬如，同样是被害人有重大过错的，不同的法官就会选择不同的量刑幅度，可以是死缓，可以是无期徒刑，可以是10年以上有期徒刑，选择“情节较轻”则需要跨越以上众多幅度，没有法定情节的支撑显然会十分随意。所以我们认为，从规范性的角度处罚，有必要确立基本的法律标准，为选择量刑幅度提供一个基本的限制性条件。犯罪分子具有法定的减轻情节的才具备了“情节较轻”的基础条件。如果没有法定减轻情节的，必须依照《刑法》第63条的规定报请最高人民法院批准后才能在3年以上10年以下处刑。

以上的观点也得到有关司法精神的支持。如最高人民法院公布的《全国法院维护农村稳定刑事审判工作座谈会纪要》规定：“被告人有法定从轻处罚情节的，一般不应判处死刑立即执行。”既然法定的从轻情节作为一般不适用死刑立即执行的标准，言而推之，“情节较轻”的认定显然宜以法定减轻情节为基础。

第二，行为人实施杀人的手段不是特别残忍。犯罪手段是指行为人实施犯罪时所采取的具体方法。犯罪手段作为犯罪客观方面的内容，一般不会影响行为的定罪，但是会对量刑造成一定的后果。根据我国《刑法修正案（八）》的规定，对于老年人犯罪的，审判的时候已满75周岁的人，不适用死刑，但以特别残忍手段致人死亡的除外。由此可见，我国对于手段恶劣的犯罪行为采取的依然是从严处罚的方式，即使是对于年满75周岁的老年人免死的情况下对于手段特别残忍的也不能例外。因而在故意杀人罪中认定“情节较轻”的情形时，也应当慎重考量杀人的手段是否特别恶劣。如果杀人的手段特别恶劣表明行为人的客观危害性比较大，因而是不能将其纳入“情节较轻”的范围。这是因为以特别残忍手段杀人，与以一般的、非残忍杀人相比，在同样侵害了被害人的生命权之外，又多出了对于善良风俗和底线伦理的严重侵犯，以及对于作为“仁之端”的人类恻隐之心的极端挑战。〔1〕由于手段特别残忍属于规范性的构成要件要素，而规范的构成要件要素，是需要填充的构成要件要素，即法官仅仅根据法规的记述还不能确定，只有进一步就具体的事实关系进行判断与评价（这种判断与评价既可能是基于法官的自由裁量，也可能需要基于道德、礼仪、交易习惯等法以外的规范）才能确定的要素。〔2〕因而法官在审理具体的案件时，应当根据自身的阅历以及根据社会一般人的观念认定某种行为是否属于法律上的手段特别残忍的行为。在原某明故意杀人罪一案中，陕西省渭南市中级人民法院认为被告人原某明在公安机关尚未掌握其杀害流浪女的犯罪事实的情况下，能够主动供述自己杀害流浪女的犯罪事实，具有坦白情节，但其犯罪情节恶劣，手段残忍，杀人后又肢解尸体，依法不应从轻处罚，故辩护人请求对被告人从轻处罚的辩护意见不能成立，不予采纳。〔3〕也就是说，在司法实践中已经将手段恶劣作为从重处罚的一个考虑因素。因而手段恶劣的故意杀人行为不可以认定为情节较轻。

第三，行为人是基于可宽恕的动机实施杀人行为。犯罪动机是指刺激、促使行为人实施犯罪行为的内心起因或思想活动。对犯罪动机的解读，可以得知行为人是在什么样的心理支配之下实施的犯罪行为。我国刑法没有将犯罪

---

〔1〕 参见车浩：《从李昌奎案看邻里纠纷与手段残忍的涵义》，载《法学》2011年第8期。

〔2〕 参见张明楷：《刑法学》（第4版），法律出版社2011年版，第123页。

〔3〕 参见《原长明故意杀人罪一案》，载中国法院网：http://www.chinacourt.org/paper/detail/id/704695.shtml，最后访问日期：2012年5月25日。

动机纳入犯罪构成要件之中，但是犯罪动机可以按照酌定量刑情节在司法实践中予以适用。不同的犯罪动机，可以直接反映行为人的不同罪过程度，所以在量刑的过程中必须要考虑犯罪动机。可宽恕的杀人动机，是指根据社会公众的普遍观念和情感，当理性的个人身处行为人的处境选择合法行为的可能性较低的情况下，法律应当降低对行为人的谴责，而在刑法上的评价也应当适当减轻。在对行为人定罪量刑的过程中综合考虑行为人的主观方面的从轻情形，才可以真正达到罪刑均衡的目的。曾经轰动一时的蒋某珍故意杀人案，正是体现了可宽恕的杀人动机对于量刑的重要意义。蒋某珍在无端的派性斗争中遭受到同事的严重侮辱、诽谤以及迫害，使年仅20岁的她忍受着无边的悲痛，最终酿成了蒋某珍杀害三位捏造事实侮辱诽谤她的同事。事件经《人民日报》披露后，当时审理蒋某珍案件的石河子地区中级法院收到了833封信件，信件大多对蒋某珍表示同情、惋惜，要求法院对其减轻处罚。[1]法院最终判处蒋某珍15年有期徒刑。由此可见，对于可宽恕的杀人动机，一般都是因为被害人存在过错或者是被害人激发矛盾而引起的后果。因为被害人的原因导致了行为人的杀人行为，因而降低了行为人的主观危害性，所以从一般公众的观念上分析，对于被害人有着天生的怜悯之情，而被害人对于社会的危害性以及主观危险性不高。所以，具有可宽恕的杀人动机的行为人所实施的杀人行为，在给予刑法上的评价时，应当作为酌情从轻处罚的一个因素。

第四，从行为人的认罪以及悔罪态度上分析可以得出再犯可能性较小的。再犯可能性一般是指行为人的人身危险性，其最基本含义是犯罪行为人再次实施犯罪的危险。[2]刑罚的目的一方面在于惩罚犯罪，另一方面在于预防犯罪。行为人是否应该承担刑事责任以及刑事责任的大小，首先应当确定行为的社会危害性是否达到刑事处罚的程度，然后也要考虑行为人的犯罪情节、犯罪前的表现和犯罪后的态度。而犯罪情节、犯罪前的表现和犯罪后的态度都是体现了行为人的人身危险性。犯罪人的人身危险性的大小，表明了犯罪人的改造的难易程度，因此，所谓所处刑罚与犯罪人的人身危险性大小相适应，实际上也就是要求与犯罪人改造的难易程度相适应。犯罪人的人身危险性大，就意味着改造起来比较困难，改造所需的时间就长，与之相适应，所处的

〔1〕 参见凌愉：《他曾为蒋爱珍辩护——发生在二十年前的杀人案》，载《中国律师》1997年第4期。
〔2〕 参见曲新久：《刑法的精神与立场》，中国政法大学出版社2000年版，第205页。

刑罚也相应较重。反之，犯罪人的人身危险性小，也即意味着改造起来比较容易，改造所需的时间就短，与之相适应，所处的刑罚也相应较轻。[1]在孙某磊犯故意杀人罪一案中，江苏省徐州市中级人民法院认为，被告人孙某磊不能正确、理智地处理夫妻矛盾，竟持刀故意捅刺妻子身体要害部位，造成死亡的严重后果，其行为已构成故意杀人罪。但被告人孙某磊归案后认罪悔罪，其主观恶性、人身危害性以及再犯可能性均有别于其他故意杀人案件，根据本案的具体情况，依法可对其较大幅度地从轻处罚。最后判处孙某磊犯故意杀人罪，处有期徒刑15年。[2]由此可见，司法实践中已经将行为人的人身危险性较小的情形作为一个酌定的量刑情节从轻处罚。所以，在故意杀人罪中认定“情节较轻”时，也应当将行为人的人身危险性较轻作为其中的一个考虑因素。

第五，从法律效果的角度考量，从轻处罚可以达到法律效果与社会效果的统一。所谓法律效果，在西方法社会学中，是指法律或判决对社会生活的作用、影响。衡量法律效果如何，主要看法律作用的结果能否达到法律的预期目标。[3]所谓社会效果，则是指通过法律适用，使法的本质特征得以体现，实现法的秩序、自由、正义、效益等基本价值的效果，从而使法律适用的结果得到社会公众的认同。[4]刑法的机能除了惩罚犯罪之外也有着保护人权的机能，在定罪与量刑的过程中，既要最大限度地保护法益又要最大限度地保证自由，以此使法律的法律效果与社会效果得到融合，提高公众对法律的认同。最高人民法院刑三庭就如何贯彻《最高人民法院关于贯彻宽严相济刑事政策的若干意见》的精神进行了简要阐释，认为在办理案件故意杀人、伤害及黑社会性质组织犯罪案件的审判中贯彻宽严相济刑事政策的时候应该注重法律效果与社会效果的统一。严格依法办案，确保良好法律效果的同时，还应当充分考虑案件的处理是否有利于赢得人民群众的支持和社会稳定，是否有利于瓦解犯罪，化解矛盾，是否有利于罪犯的教育改造和回归社会，是否有利于减少社会对抗，

---

〔1〕 参见周振想:《当代中国的罪与罚》，中国人民公安大学出版社1999年版，第197页。

〔2〕 参见《孙晋磊故意杀人案》，载中国法院网：http://www.chinacourt.org/paper/detail/id/183616.shtml，最后访问日期：2012年5月19日。

〔3〕 参见朱景文:《现代西方法社会学》，法律出版社1994年版，第204页。

〔4〕 参见阴建峰:《论法律效果与社会效果的统一——以贯彻宽严相济刑事政策为中心》，载《河南社会科学》2011年第2期。

促进社会和谐，争取更好的社会效果。[1]故意杀人的行为侵犯的是刑法保护的最重要的法益，当案件中具备某些可以从轻处罚的情节时，无论是法定的还是酌定的，都要慎重考虑，努力化解双发的矛盾，真正实现“案结了事”，达到法律效果与社会效果的统一。

在处理相关的案件时，只有案件同时具备这5个条件才可以认定为故意杀人罪中的“情节较轻”，从而在量刑上根据“情节较轻”的法定刑在3年到10年的幅度内进行处罚。如果某个案件具备其中一个或者一个以上条件但是没有全部具备5个条件时，不能适用“情节较轻”的处罚。这也是区分在故意杀人行为中出现从轻情节时不判处死刑立即执行的一个指标。当司法实践中出现故意杀人案件时，肯定会交织着各种各样的情节，有可以从轻处罚的情节，也有一些从重处罚的情节。对于出现可以从轻处罚的情节时，该情节是作为不判处死刑立即执行的从轻情节进行考虑还是作为3年到10年有期徒刑的从轻情节进行考虑？这就要比照上述所说的5个条件，只有案件同时具备了上述5个条件，才可以在3年到10年的范围内进行量刑，否则就不可以适用。比如上述孙某磊犯故意杀人一案中，因为孙某磊是因为家庭琐事与妻子争吵而后导致的杀人行为，这就从行为的客观危害性较大这一情节中进行剔除，因而不能认定为故意杀人罪中的“情节较轻”，从而不能在3年到10年的有期徒刑幅度内进行量刑。但是由于行为人再犯可能性较小，因而可以作为不判处死刑立即执行或者作为不判死刑而判处无期徒刑的从轻情节进行考虑。

四、“情节较轻”标准主要体现领域的考察及其运用

根据上述的分析，可以知道故意杀人罪“情节较轻”的认定必须从行为的客观危害性，行为人的主观恶性以及人身危险性进行分析，只有同时具备5个条件才可认定。因而，论者认为可以以列举的方式将比较常见的故意杀人罪的“情节较轻”的领域，给司法实践一定的指导性作用。

第一，被害人具有重大过错。在故意杀人罪中，被害人的过错是指被害人促成犯罪。促成，是指被害人的行为是故意杀人罪发生的起因，也就是说，没有被害人过错在先，故意杀人罪就不会发生。引发故意杀人罪的过错是多种

---

〔1〕 最高人民法院刑三庭：《在审理故意杀人、伤害及黑社会性质组织犯罪案件中切实贯彻宽严相济刑事政策》，载《人民法院报》2010年4月14日。

多样的，从程度上来区分有轻重，轻的过错引发故意杀人罪的可能性较小，重的过错引发故意杀人罪的可能性较大。因此，过错轻重对于量刑的影响是有所不同的。[1]被害人具有轻微过错，一般多为日常生活中的琐事所引起的争执，根据一般常识认为被害人的过错还不至于引起他人的杀害行为，因而加害人应对故意杀人负较大的责任。只有被害人具有重大过错时，也可以说是严重过错或者明显过错时，才可以减少对加害人的刑法评价，在量刑时适当从轻。这样的案件大多发生在家庭以及职业工作中有密切联系的家庭成员以及上级领导与下级员工之间。这些都是受了虐待或者威胁的个人在极端难受或者无法忍受的情况下而闯下的逆天大祸，正是被害人本身的加害行为才导致被杀害的结果，如果没有被害人的不当行为，那么未必会发生杀人的结果。因而被害人的行为减轻了被告人的受谴责的可能性，也使得被告人主观恶性和人身危险性程度减低。因而，对于因为受被害人长期迫害而杀人的行为，理应从轻处罚。根据1999年10月27日最高人民法院公布的《全国法院维护农村稳定刑事审判工作座谈会纪要》规定：“要准确把握故意杀人犯罪适用死刑的标准。对故意杀人犯罪是否判处死刑，不仅要看是否造成了被害人死亡结果，还要综合考虑案件的全部情况。对于因婚姻家庭、邻里纠纷等民间矛盾激化引发的故意杀人犯罪，适用死刑一定要十分慎重，应当与发生在社会上的严重危害社会治安的其他故意杀人犯罪案件有所区别。对于被害人一方有明显过错或对矛盾激化负有直接责任，或者被告人有法定从轻处罚情节的，一般不应判处死刑立即执行。”这也是我国司法机关对于被害人有过错的杀人行为的一种态度以及所作的一些文件性的规范。但是在司法实践的过程中，对于故意杀人要注意综合不同的情节，在认定具有基于被害人的长期迫害而故意杀人时还需综合考虑其他会影响被告人主观恶性以及人身危险性的情节进行量刑。比如在贾某芳故意杀人案中，[2]即使考虑了被害人对其的长期虐待这个“情节较轻”的情节，也就是被害人具有重大的过错，但是贾某芳在杀害了丈夫以及情人后点燃汽油焚烧尸体以及用斧头将其丈夫的右脚剁下，其杀害了丈夫以

---

〔1〕 参见陈兴良：《被害人有过错的故意杀人罪的死刑裁量研究——从被害与加害的关系切入》，载《当代法学》2004年3月第18卷第2期。

〔2〕 中华人民共和国最高人民法院刑事审判第一、二、三、四、五庭主办：《刑事审判参考》（总第46集），法律出版社2006年版，第26～29页。

及丈夫的情人，而且手段极其残酷，因而在一审被呼和浩特市中级人民法院判处死刑，后经内蒙古自治区高级人民法院改判死缓。这也说明了在众多情节进行交叉的过程中，要注意各个情节之间的轻重以及影响，不可一味从轻地在3年到10年的量刑期间进行量刑，而要考虑其人身危险性以及主观恶性，进行适当的量刑。

第二，当场基于义愤的杀人。当场基于义愤的杀人，是行为人在经历或者目睹被害人所实施的不义行为基于义愤而产生的使自己或者他人脱离危境的目的所实施的杀人行为。虽然行为人在主观目的上不一定具有维护法律的正义或者社会的伦理道德，但是在客观上确实起到了维护正义或者维持社会伦理道德的效果，因而社会上一般将这些当场基于义愤的杀人认定为是“大义灭亲”或者是“为民除害”的行为。基于义愤的杀人，大多为民间矛盾激化的杀人，但是也有一些是因为恋爱或者邻里的争吵而导致的杀人行为。由于民间矛盾大多发生在民间生产以及生活的过程中，也许是由于债权债务的纠纷没有处理好，也许是因为土地房屋的边界难以认定，也许是因为婚姻家庭的琐事而埋下祸根。但是，由于民间矛盾激发的杀人范围相对特定，而且矛盾可能是经过长期的积累而引发的。在一般情况下，这些矛盾都会随着时间的推移而逐渐消失或者双发当事人会互相谅解而达成和解，只有少数的矛盾会引致杀人的后果。对于这些在犯罪动机上有着可谅解的情理，在犯罪的主观恶性中可以找到降低谴责性的原因时可以从轻进行处罚。最高人民法院在2010年2月8日发布的《关于贯彻宽严相济刑事政策的若干意见》第22条规定：“对于因恋爱、婚姻、家庭、邻里纠纷等民间矛盾激化引发的犯罪，因劳动纠纷、管理失当等原因引发、犯罪动机不属恶劣的犯罪，因被害方过错或者基于义愤引发的或者具有防卫因素的突发性犯罪，应酌情从宽处罚。”由于民间矛盾繁杂多样，法律的规定不可能面面俱到，因而采取这种不完全列举的方式将一些比较常见的民间矛盾列举出来，有助于规范司法工作人员的认定以及对一些新型的民间矛盾进行比较参考进行量刑。阎某普、黄某故意杀人案[1]就是体现了当场基于义愤所引起的故意杀人从轻处罚的一个例证。被害人阎某立在强奸了阎某普的妻子黄某后与阎某普发生厮打事件，阎某立在被判处10年刑期出狱

〔1〕 中华人民共和国最高人民法院刑事审判第一、二、三、四、五庭主办：《刑事审判参考》（总第8辑）法律出版2000年版，第13～17页。

后对阎某普夫妇怀恨在心，多次对阎某普及其兄弟索取财物并威胁黄某，而且扬言如果不给钱就杀了阎某普全家。2000年1月12日在阎某立再次向阎某普索取财物时，阎某普和黄某合力将阎某立杀害，案发后向公安机关投案自首。濮阳市中级人民法院认定被害人阎某立存在极大过错，两个被告人的行为属于激愤杀人，具有自首情节，判决阎某普犯故意杀人罪判处有期徒刑6年，而被告人黄某犯故意杀人罪，判处有期徒刑2年，缓刑3年。由于被害人对于矛盾的激发负有直接的责任，被告人基于义愤杀人的，可以归入民间矛盾激发所引起的杀人进行从轻处罚。

第三，行为人的行为与被害人自杀具有因果关系的情形。主要是指教唆、帮助等引起的自杀或者基于被害人请求的杀人，教唆自杀一般认为是将没有自杀意志或者自杀意识不强的人故意采用引诱或者欺骗等方式使他人产生自杀意图，而帮助自杀是指他人有自杀意志时给予被害者一定的帮助然后使被害者实现自己的自杀行为。基于被害人请求的杀人一般是指患有严重疾病或者不治之症的被害人请求亲人或者朋友甚至医生结束自己生命的行为，这样的行为是因为不想再看见被害者一直忍受病魔的折磨想要为被害人解脱所实施的。在我国一般是指“安乐死”，因为“安乐死”等基于被害人请求的杀人在主观上是为了解脱被害人在客观上得到被害人的允诺，因而可以从宽处罚。而帮助或者教唆自杀，因为在主观上有促使他人自杀的意志，在客观行为上有致使某人的生命处于危险状态手段行为，但是自杀毕竟是被害者自己所选择或者所追求的一种状态，从其主观恶性以及人身危险性上分析可以从轻处罚。[1]2012年5月30日广东省广州市番禺区人民法院对于备受关注的四川籍孝子邓某建“购农药助母安乐死案”作出了以故意杀人罪判处被告人有期徒刑3

〔1〕　司法实践中经常发生一些夫妻之间因为争吵或者矛盾激发导致一方自杀，而另一方不予救助的案件。对于这样的案件，我国实践中一般按照故意杀人罪进行处罚。比如宋某祥案件，河南省南阳市中级人民法院认为被告人宋某祥与其妻李某关系不和，在争吵撕打中用语言刺激李某，致使其产生自缢轻生的决心。被告人宋某祥是负有特定义务的人，对李某自缢采取放任态度，致使李在家中这种特定环境下自缢身亡，其行为已构成故意杀人罪（不作为）。因而维持原审判处4年有期徒刑的判决。参见《宋福祥不作为杀人案》，载司法安全研究网：http://www.njucasereview.com/web/hot/hot/2000/20120226/092539.shtml，最后访问日期：2012年6月3日。但是理论上对于夫妻相互扶养的义务是否包括相互救助的义务依然在进行着深层次的挖掘。所以对于夫妻之间这种不作为所引起的自杀是否构成犯罪依然是值得探讨的问题。但是，如果这种情况构成故意杀人罪，如果要按照“情节较轻”的故意杀人在3年到10年之间量刑，也必须符合本文所提到的5个标准。否则，如果具有某种从轻情节，可以落入不判处死刑而在死缓、无期徒刑或者10年以上的有期徒刑之间进行量刑。

年，缓刑4年的判决。此前，检察机关在量刑建议上认为邓某建数十年坚持照顾重病母亲，帮助母亲自杀，系应长期受病痛折磨的母亲之请求，帮助她免除疾病痛苦，就作案动机而言主观恶性较小，又系初犯，认罪态度较好，且家属、乡邻纷纷向司法机关呈情。检察机关认定该案不同于一般恶性故意杀人案，属于我国《刑法》第232条规定的“情节较轻”情形，建议法院对邓某建酌情从轻处罚。[1]在这样的案件中，因为最终的死亡结果还是被害者自己选择所致，因而在量刑时要酌情对被告人进行从轻处罚，这样既有利于实现刑罚的目的，也可以达到更好的社会效果。

第四，生父母对亲生婴儿的杀害。父母对亲生婴儿的杀害，一般发生在广大农村或者文化程度不高的边远地区受“重男轻女”思想的影响而杀害女婴的居多，也有一些是因为新生婴儿先天性的遗传疾病或者后天引致的残疾，为了婴儿以后不要面对冷漠的人群或免于他人的鄙视而杀害亲生婴儿的行为。这样的行为大多违背父母的意愿，但是传宗接代的思想或者为了残疾孩童不要经受痛苦的一生所作出的决定，往往出于怜悯无奈的心态，这相对于一般的治安行为的故意杀人有着某种程度上的宽宥性，如曹某林溺杀亲生女婴案。[2]2001年6月14日凌晨5时许，被告人之妻邓某秀足月正常分娩生下一女婴，重男轻女的被告人曹某林将女婴连同未断脐带的胞衣一起扔到房内装有产妇用的卫生纸及血水等液体的尿桶里。宁都县人民法院认为被告人曹某林因溺杀亲生女婴，构成故意杀人罪，依法判处被告人曹某林有期徒刑6年。如今也有着很多未婚的少女母亲因为年幼无知涉世未深而无法承受要抚养孩子的压力而将亲生婴儿杀死的情形，对于这样的杀婴行为，也应当认定为故意杀人罪中的“情节较轻”，从轻处罚。因为骨肉之情是人的自然感情，作为父母如果没有难言之隐，一般不会亲手杀害自己的孩子。法律应当将父母杀害孩子的行为给予刑法的评价，但是也要区别一般的故意杀人行为进行量刑。

第五，其他主观恶性较小、社会危害性不大的杀人行为。由于社会生活千姿百态，法律不可能一一详尽各种“情节较轻”的行为。法律既要给司法实

---

〔1〕 参见钟亚雅、许晓君:《“孝子”助母“安乐死”续：以故意杀人罪获判缓刑》，载人民网：http://legal.people.com.cn/GB/188502/18029173.html，最后访问日期：2012年6月3日。

〔2〕 参见廖忠东、肖东长:《宁都法院判处一起杀婴案》，载中国法院网：http://www.chinacourt.org/article/detail/2002/04/id/4237.shtml，最后访问日期：2012年3月25日。

践一些明确性的规定，也应当给予司法实践一些参考性的规定。以上已经列举了4种论者认为属于故意杀人罪中“情节较轻”的情形，那么当实际生活中出现新的反映行为人主观恶性不高以及社会危害性不大的各种情节时，也可以从轻处罚。很多学者认为防卫过当也属于故意杀人罪中“情节较轻”的情形，但是论者认为防卫过当属于刑法总则所规定的法定从宽处罚的情节，故意杀人罪中的“情节较轻”属于行为人在实施犯罪的过程中在主观方面有值得宽宥的动机或者目的，而在客观行为上有着手段的不残忍性等反映行为人在人身危险性较低的犯罪情节。因而没有将防卫过当的杀人行为纳入此从轻的情节中，但是防卫过当的杀人根据刑法总则的规定也是可以从宽处罚的。

因此，根据认定故意杀人罪“情节较轻”的5个标准以及所列举的情形，上文所提到的姚某英故意杀人案与陈某故意杀人案中，属于被害具有重大过错的情形。从具有法定的从轻情节上进行分析，姚某英一案中的姚某英有自首的情节，而在陈某案中，陈某也具备了自首的法定从轻情节。从行为人的杀人手段上分析，姚某英是使用铁榔头将丈夫杀害，而陈某是将妻子电死的，杀人手段相对而言不是特别残忍。而两人实施杀人行为是因为受被害人长期迫害，具有可宽恕的杀人动机，从两个行为人的各自表现以及事后自首的态度上分析两人的人身危险性较小，将两人的故意杀人行为各自认定为故意杀人罪中的“情节较轻”，可以达到法律效果与社会效果的统一。因而法院可以在酌情考量姚某英尚有未成年的女儿需要照料判处缓刑，但是法院在陈某一案中不应将陈某的故意杀人行为定性为严重的故意杀人判处12年有期徒刑，而应该认定为“情节较轻”的故意杀人，在3年到10年的有期徒刑进行量刑。

五、结语

近年来，司法实践在适用故意杀人罪的时候较为明确地体现了慎杀、少杀的刑事政策，并得到了理论的肯认。但是这并不意味着对故意杀人罪可以无限制地从轻处理，毕竟遵循罪刑均衡的原则十分必要，故意杀人罪是一个典型的违背生命伦理的重罪，故意杀人行为是刑法重点打击的对象。所以在认定“情节较轻”的时候，标准必须明确化，依法规范“情节较轻”的认定十分必要。此外，标准的明确也有利于防止司法的随意性。司法的随意会消解法律的权威性和严肃性。故意杀人罪由于是重罪，其法定刑的幅度跨越较大，从剥夺短期自由直至剥夺生命，失缺了标准，不仅会导致同案不同判，导致宣告刑的巨大落差，更会导致道德因素超越法律规范因素成为左右法定刑的标准。这是必须注意的。

第十五章　法定化视野下"扒窃"认定的司法审慎*

一、问题的提出

2011年5月1日在我国正式实施生效的《刑法修正案（八）》第39条规定："将刑法第二百六十四条修改为盗窃公私财物，数额较大的，或者多次盗窃、入户盗窃、携带凶器盗窃、扒窃的，处三年以下有期徒刑、拘役或者管制，并处或者单处罚金。"自此，"扒窃"便进入刑法学的视野，这可能是继"醉驾"之后另一个备受关注的《刑法修正案（八）》的修改。早在《刑法修正案（八）》出台之前，学界就有对"扒窃"入罪持反对意见的声音，有观点认为，我国现行《刑法》中以及司法解释中规定的盗窃罪已经足以涵盖扒窃行为，没有必要再设一个扒窃类的盗窃罪，"不具有刑法可罚性的扒窃行为，总体上而言只是一种违反治安管理处罚法的行为，不宜认定为犯罪。否则，就会不适当地扩大盗窃罪的定罪范围、刑罚处罚的范围，也混淆了刑事处罚和行政处罚的边界"。〔1〕甚至在《刑法修正案（八）》出台之后，批判声也不绝如缕。有学者认为"扒窃型盗窃的入罪化是刑事立法功利化的倾向进一步加剧的后果，是刑法万能理念的

---

* 本部分内容刊载于本书作者发表的《"扒窃"入罪后的司法审慎》一文，原载《法学杂志》2013年第11期，由本书作者及其硕士研究生王丽超合作完成。

〔1〕 陈丽平、李吉斌：《"扒窃"行为是否入罪存争议》，载《法制日报》2011年1月7日，第3版。

进一步体现”,[1]也有学者提出,将扒窃入罪是浪漫主义立法观大行其道的体现。[2]在立法之前,学者对法律的变动(尤其是增设新罪)提出自己的批判意见,以使立法者能够听到不同的声音从而能够理性立法。但是一旦立法方案通过并且生效,我们就应当尊重法律,正如美国著名法学家伯尔曼所说的,“法律必须被信仰,否则它将形同虚设”,[3]一味地批评指责法律制定得不合理,不理性已经没有多大用处,因为这已经是既定事实,我们所要做的是通过合理地解释法律保证法律的合理实施。现如今“扒窃”已经入刑,无论是刑法理论界还是司法实务界所要解决的首要问题是如何适用“扒窃”的规定。

“扒窃”一词原本不是法律用语,所以在法律法规或者是其他具有规范性的文件以及学理解释中,并没有对扒窃行为作出明确的界定。尽管“扒窃”一词已经成为一个刑法学意义上的犯罪概念,但是在刑法中“扒窃”行为属于空白罪状,尽管最新出台的《最高人民法院、最高人民检察院关于办理盗窃刑事案件适用法律若干问题的解释》,对“扒窃”的认定是“在公共场所或者公共交通工具上盗窃他人随身携带的财物的”,但是“说起扒窃,可能很多人心领神会言之何物,但往往无法精确解释其含义”。[4]故在各地出现的“扒窃”定罪案例中,其中不乏有些产生定罪上的分歧甚至混乱。

案例1:2011年5月9日凌晨3点多,被告人包某来到宁波海曙区新园路上的一个网吧上网,看到一个睡着的小青年,遂起意偷取对方左边裤袋里的手机,但是由于对方裤袋很深,包某未能掏出手机。随后包某决定放弃,在网吧找了个空位玩游戏。后因小青年睡醒之后发现自己右边裤袋60元钱不见了,网管通过监控录像发现包某在凌晨3点多的时候在小青年身边捣鼓了很久,尽管没有证据证明包某偷了小青年的60元钱,但是监控录像里清楚地记录了包某意图偷手机的画面。海曙区人民法院审理此案后,根据《刑法修正案(八)》的规定,认定包某的行为属于扒窃,其行为已构成盗窃罪,系未遂,最终判处包某拘役4个月,并处罚金1000元。[5]

---

〔1〕 李翔:《新型盗窃罪的司法适用路径》,载《华东政法大学学报》2011年第5期。

〔2〕 参见付立庆:《刑法修正案(八)中的浪漫主义思维——以醉酒驾驶入罪为切入的反思》,载《云南大学学报》(法学版)2011年第5期。

〔3〕 [美]哈罗德·伯尔曼:《法律与宗教》,梁治平译,中国政法大学出版社2003年版,第15页。

〔4〕 吴加明:《刑法修正案(八)中对“扒窃”的司法实践认定》,载《中国检察官》2011年第7期。

〔5〕 参见张菁菁:《扒窃入刑出手即犯罪》,载《宁波通讯》2011年第20期。

案例2：2012年3月10日18时左右，在西安市临潼区南大街十字红绿灯处，被害人张某驾驶一辆电动自行车并带着小孩在等红绿灯，犯罪嫌疑人刘某趁其不备悄悄拉开电动车上一挎包的拉链，从挎包中摸出一个钱包，随即被过往群众抓获。经查，钱包内有现金人民币108元及手机一部价值336元。公安机关以盗窃罪批准逮捕刘某。[1]

案例3：2011年5月，在四川省成都市金牛区某一菜市场，马某趁被害人陈某不注意，用随身携带的镊子盗取被害人1.5元，法院最后认定马某构成盗窃罪，判处有期徒刑6个月。[2]

上述三个案例都是扒窃入罪的案例，主要呈现了以下几个问题：(1)对“公共场所或者公共交通工具”的理解，哪些地方属于“公共场所”，以及在夜深人静人烟稀少的公共场所实施扒窃行为是否构成犯罪？(2)对于“随身携带的财物”的理解，“随身携带的财物”仅仅是指带在身上的财物，还是不仅仅包括带在身上的财物，还包括放置在身边附近的财物？(3)《刑法修正案(八)》取消了对扒窃行为入罪的数额限制和次数限制，是否就意味着对于任何扒窃行为均应定罪处罚，诸如上述案例3中的“一块五”扒窃案件是否有必要动用刑法来调整？

上述案例反映的问题正是刑法理论界和司法实践中亟待解决的问题，这些问题涉及对“扒窃”行为的认定，不同的回答可能导致扒窃行为罪与非罪结果的大相径庭。鉴于此，本章试图回答上述的三个问题，以期有助于对扒窃行为进行认定，限缩“扒窃”的惩罚范围，厘清扒窃行为与普通盗窃行为的界限。

二、如何解释法律

《刑法修正案(八)》虽然将扒窃行为入罪，然而关于扒窃的规定却属于《刑法》上的空白罪状，而最新出台的司法解释对于扒窃的解释则是，在公共场所或者公共交通工具上盗窃他人随身携带的财物的，应当认定为“扒窃”。可见司法解释将“公共场所”和“随身携带”的财物作为“扒窃”行为认定的

---

〔1〕 参见侯建国：《如何理解盗窃罪中的“扒窃”情形》，载拍案网：http://www.124aj.cn/news/llysj/2012/4/19/359KH4F161FEFIKK6.html，最后访问日期：2013年1月16日。

〔2〕 参见秦莹等：《“扒窃”定罪争议也不小》，载《检察日报》2011年9月14日，第5版。

两个特征，但是理论界与实务界对于“公共场所”和“随身携带的财物”的内涵与外延缺乏统一的认识，尤其当某些行为介于扒窃行为与普通盗窃行为之间的时候，对“公共场所”和“随身携带的财物”的不同理解将导致罪与非罪的分歧，甚至可能出现同案不同判的情况。

“规范永远只是许多可能产生的案件之标准而已，但规范绝非因此就是一个现实发生的案件之判决，由此可知制定法不是现实性，只是法的可能性。”〔1〕故要确保法律的有效实施离不开必要的解释，这也是司法机关的一项专门职责，若想维系人民群众对法院判决的信任，法院必须令自身的合法性被广大人民接受认可。法院在适用法律时，应当借助有利于促进其有效实施的方法，充分利用刑法的解释方法，如文义解释、历史解释、体系解释、目的解释。

在刑法理论界认为，当法律需要时，我们首先需要考虑的是文义解释，因为根据条文的字面含义进行解释既不扩大也不缩小，是法律条文从词语、术语、概念的字面到语法结构的解释，最贴近条文的字面内涵。然而，文义解释尽管是一种基本的解释方法，但却不是简单的解释方法。我们可以结合一个例子来说明，我国《刑法》第263条规定：“以暴力、胁迫或者其他方法抢劫公私财物的，处三年以上十年以下有期徒刑，并处罚金……”这里的“其他”是指除了“暴力”“胁迫”之外的任何其他方法，还是除了“暴力”“胁迫”之外的其他与“暴力”“胁迫”相当的方法？如果根据文义解释，那么得出的解释就是前者，显然这样的解释是不合理的。大多数情况下，所谓的法律规定不明确，并不是立法语言涉及专业术语，或者是普通读者难以理解立法语言所要说明的某种情形。我们都明白“其他”的意思，也没有必要去查词典，但是“其他”的范围如何确定，法条的确没有详尽的表述，但从字面上我们也不能弄清立法者的确切意图。词典可以提供词语的定义，却无法界定言说者所想表达的意图，一旦结合具体语境，就很容易读出言说者的意图。故在文义解释不能提供合理的解释时，我们必须借助其他解释方法来解释法律。

对于何为“扒窃”，我们可以在词典里找到该词的解释，但是仅仅根据词典中关于“扒窃”的解释不能明确刑法中所要处罚的“扒窃”的内涵，这就是文义解释的局限性，故需要寻求其他解释方法来界定“扒窃”内涵。“扒窃”在

---

〔1〕 [德]亚图·考夫曼：《类推与“事物本质”——兼论类型理论》，吴从周译，台湾学林文化事业有限公司1999年版，第25页。

《现代汉语词典》的定义是“从别人身上偷窃财物”，[1]这样的解释略显粗糙，如果仅仅根据该词典的解释，那么有时候会出现“扒窃”与普通盗窃的重合，也就是没有明确地表达出扒窃区别于普通盗窃的本质特征，其内涵不清、外延模糊的缺陷显而易见。既然仅仅根据文义解释不能对“扒窃”做出合理的解释，那么我们就必须运用其他解释方法来解释“扒窃”，笔者认为我们可以根据立法意图与预期后果来解释“扒窃”。立法者的立法工作不是草率进行的，其立法必须立足于合理的根据和理由，尤其涉及剥夺人身自由与生命的刑事法律更要慎之又慎。因此，我们可以探究立法者制定法律时所想解决的问题，思考立法者打算利用相关法律解决哪些问题，亦即探寻立法者的立法意图或者立法目的。在确定立法者的立法意图之后，我们需要进一步评估预期后果，研讨相关后果能否促进立法意图或者立法目的的实现。

对于根据立法意图来解释法律，可能会存在一些反对意见，因为我国《刑法》的制定者是全国人大及其常委会，这是一个机构，从语言学的角度来看，机构并不具有意图，与其说判断机构的意图，还不如说判断机构成员的意图。并且，有时候法律的通过并不能体现所有成员的意志，有些成员同意法律的通过可能只是出于自己的政治利益考量而非其自身意志的体现，这就很难确定其立法意图。此外，立法意图有时很难确定，立法意图的宽泛程度可以有不同的解读，那么这种解释有依主观标准解释之嫌，以此种为解释方法来解释法律的法官可能根据个人偏好滥用这种解释方法。对此，笔者认为，虽然立法者是一个机构，但是不能否认其所具有的意志性，现实中，社团、公司、合伙或者其他法人团体都进行着各项有意识的活动，如签订买卖合同、保证、抵押等，这些团体的意图可能与它的组成成员的意图存在很大差异。正如在球场上各个球员的目的各异，我们仍可以从这支队伍的整体表现中判断出他们的防守与进攻的意图。我们可以根据语言或者社交的习惯（虽然错综复杂，但是可以心领神会）辨别出一个团体的意志。立法意图有时候真的难以判断，但是我们不能就因此全盘放弃以立法意图来解释法律的方法。就像我们不能因为解释法律很难而放弃解释法律一样。根据立法意图来解释法律正如帕斯卡尔赌局那

---

〔1〕 中国社会科学语言研究所词典编撰室编：《现代汉语词典》，商务印书馆2005年版，第1014页。

样，[1]法院若能够正确判定立法意图，便会受益匪浅。至少法院不会因此而蒙受任何损失。如何在对特定问题的多重解读中，找出“正确”的适用范围？一般情况下，我们可以根据说话人的前后发言内容判断他的想法和意图。故在根据立法意图来解释法律时我们同样可以通过这样的方式来判定立法意图。有这么一个笑话，有人乘热气球在空中迷失了方向，就冲着陆地上的行人大声问：“我们现在在哪里？”行人回答：“在热气球上啊。”这个笑话中的行人虽然回答并没有错，但是他没有结合语境，判断发问者的意图。最后，对于批评者认为以立法意图解释法律可能导致法官滥用该种解释方法以实现其本人的意图，笔者的观点是，任何法律解释方法都可能被滥用，那么是否意味着其他法律解释方法都不能运用到法律解释当中来呢？我们不能因为某种东西有被滥用的可能性就对其全盘否定，这是一种因噎废食的做法。根据立法意图来解释法律，探求的是立法者试图通过立法解决哪些问题以及其背后的价值观，这也往往与民众的价值判断不谋而合，根据立法意图解释法律，使法律更贴近人们的诉求，进而能够更好地促进法律的实施。

对“扒窃”行为入罪，全国人大常委会法工委负责人郎胜的解读是，“一般来讲扒窃是技术含量较高的犯罪，这类犯罪行为通常具有常习性。由于这种行为要求比较高的犯罪技巧和犯罪技能，往往反侦查能力也比较强。对待扒窃行为也以数额论的话具有一定偶然性，抓住了以后还得看被偷的钱包里有没有钱，偷的人较穷，兜里就200元钱，也定不了罪，偷个有钱人的钱包，虽然行为什么都一样，里面有几千元钱就可以定罪了。这样定罪无论是从行为的价值判断上，还是行为的共性上都不够科学；另外，在现实生活中的扒窃往往为多人共同犯罪，迫使被害人不敢、不能反抗，一旦反抗他们往往进一步伤害被害人人身，鉴于这类犯罪比较嚣张，危害性较大，因此加大了对这种犯罪的打击”。[2]另外，根据有关媒体报道，“扒窃入刑”，考虑到扒窃行为对公众安全

---

〔1〕 帕斯卡尔赌局是帕斯卡尔在“上帝之赌”中所说：“假如你是对的，世界上没有上帝。那么当我，作为一个信徒，死亡之后，我没有任何损失。我只是一个将生活献给爱和道德的人。但是如果你，一个无神论者，是错的，那么上帝将会把我带入天堂，而你将会在地狱受到永远的惩罚。所以，无论如何，我们信徒是不会有任何损失的，而你将损失一切。”也就是说，“假如你赢了，你就赢得了一切，如果你输了，你却一无所失”。

〔2〕 郎胜：《刑法修正案（八）的解读》，载《国家检察官学院学报》2011年第2期。

感的损害及其严重的社会危害性。[1]由此可见，立法者之所以将“扒窃”行为入罪主要基于以下考虑：(1)扒窃行为是近距离的接触被害人，对被害人的人身危险性较大；(2)扒窃者往往是惯犯，由于数额的限制，对很多扒窃者只能采取治安管理处罚，这样导致对很多扒窃惯犯“抓了又放，放了又抓”的情况不断出现，而这些扒窃惯犯的主观恶性不容易改变，治安处罚已经不足以威胁这些违法分子。那么，由此我们就可以推断出立法者将“扒窃”行为入罪的立法意图，立法者的立法意图首先是试图通过降低“扒窃”行为的入罪门槛，打击扒窃惯犯、结伙扒窃犯以及流窜扒窃犯；其次，通过严惩“扒窃”行为以保护被害人的人身安全以及社会公众的安全感。

三、“公共场所”和“随身携带”：对“扒窃”的两个核心要素的解释

根据“两高”最新颁布实施的关于盗窃罪的司法解释，对于“扒窃”的定义是指“在公共场所或者公共交通工具上盗窃他人随身携带的财物”。由此可见，“公共场所”和“随身携带”是认定“扒窃”的两个核心要素，故如何解释“公共场所”和“随身携带”对“扒窃”行为的定性有着举足轻重的影响。

（一）对“公共场所”的解释

对于什么是“公共场所”，人们的第一反应是车站、码头、商场、公共汽车等是公共场所，但是如何用简介的语言来概括“公共场所”的定义，亦即如何解释“公共场所”，这时就陷入困境之中，哪些地方属于公共场所，但就是不能精确地解释其含义，正如俗语所说“只可意会不可言传”。有时候将一个司空见惯、耳熟能详但含义模糊的日常用语转化成一个理论上具有明确内涵和规范边界的法学概念，需要我们对生活和法律进行理解和想象，才能在理论上进行抽象和创造。

在《刑法》中，关于“公共场所”的规定仅见于《刑法》第291条“聚众扰乱公共场所秩序、交通秩序罪”，对于公共场所的定义也是采用列举式的定义，即“车站、码头、民用航空站、商场、公园、隐剧院、展览会、运动场或者其他公共场所”。这种列举式的定义，不能穷尽列举，而且越是详细具体的规定就越是漏洞百出，因为客观事物的复杂性往往难以被人认识，而合理使用模糊性的

---

〔1〕 参见周玉婷等：《拟明确“扒窃”行为入罪》，载《北京日报》2010年12月21日。

概念是任何法律都不能避免的，[1]正如意大利刑法学家菲利所说："法律总是有一定的粗疏和不足，因为它必须在基于过去的同时着眼于未来，否则就不能预见未来可能发生的全部情况。现代社会变化之疾之大使刑法即使经常修改也赶不上它的速度。"[2]我们所要做的就是对这些模糊的概念做出合理的解释。

虽然列举式的定义存在缺陷，但是我们可以从这些列举中归纳出这类"公共场所"的共有特征。根据上述对"公共场所"的列举首先可以得出的是这类地方的一个明显特质就是人流量较大，但是否属于"公共场所"的本质特征我们还需考证。某些人流量大的地方但是人员组成却是特定的，这类地方属不属于"公共场所"？例如某些大型企业、学校等地人流量可能比车站、商店的人流量还大，但是这类地方具有严格的门禁制度，只有企业内部的员工，学校的学生老师及相关工作人员才可以出入，也就是说，这类地方人流量较大但是人员构成基本是固定的，早上是这些人下午还是这些人，这些人是不可替代的，而车站、商店这类属于"公共场所"的地方的人员组成是随时变化的，现在可能是甲乙丙丁，下一秒可能就是戊己庚辛，场所内的人随时可以被任何人替代。所以大型企业、学校等人流量大但组成人员是特定的，与车站、商店等被人们普遍认为是公共场所的地方有所不同，由此比较可以得出人流量大并且组成人员不特定是"公共场所"的本质特征。

既然"公共场所"的本质特征是人流量大并且人员组成不特定，于是有观点认为，建筑工地、高校教室、机关单位的办公场所由于实际中的管理不严，其他人可以自由进出，也应当将其认定为公共场所。[3]对此，笔者认为，虽然由于实际中的管理不严使建筑工地、高校教室、机关单位的办公场表面上具备了"公共场所"的本质特征，但是这类地方的人员组成的不特定性是由于管理制度上的缺陷造成的，实际上这类地方的要求是不允许外人进入，其应有的属性是对外封闭的，即组成人员是特定的，无可替代的。我们判断这类地方是否属于"公共场所"是根据这类地方是否对外开放，而非管理的严密程度，只要

---

〔1〕 参见张明楷：《刑法分则的解释原理》，中国人民大学出版社2004年版，第227页。

〔2〕 [意]恩里科·菲利：《犯罪学研究》，中国公安大学出版社1990年版，第125页。

〔3〕 参见陈家林：《论刑法中的扒窃——对〈刑法修正案八〉的分析与解读》，载《西北政法大学学报》2011年第4期。

这类地方是禁止对外开放的，那么就应当认定这类地方已经被排除在“公共场所”范围之外，不能因为管理严格就不属于“公共场所”，管理不严格就属于“公共场所”，那么这种判断标准随着管理人员的工作态度而转变，可能早上管理人员严格一点就不属于“公共场所”了，下午管理人员工作态度散漫了，其他人自由出入了，就属于“公共场所”了。将会产生怎样的预期后果？如果行为人在管理严格的时候窃取他人随身携带的财物的行为构成普通盗窃，在管理不严格的时候窃取他人随身携带的财物的行为构成扒窃。也就是说，在同样的场所实施的行为因为管理人员的主观状态而不停地改变，这样的随意性能促使立法意图的实现吗？答案是否定的，这样只会越来越偏离刑法的应有之义。刑法是保障法，是权利的最后一道防线，刑法的立法意图是惩罚犯罪、保障人权，因此刑法必须是稳定的，是人们可以预期自己行为的后果的，如果人们不能预期自己的行为将会如何定性，那么这与法律的朝令夕改有何分别呢？所以对这类地方的认定应当根据的是客观标准即是否对外开放来判断，而不是主观标准，如果这类地方是禁止对外开放，那么这类地方就不属于“公共场所”，不能讲实际中管理制度上的缺陷的责任转嫁给行为人。

根据上述对“公共场所”的解释，“公共场所”是人流量大并且人员组成不特定的地方，那么上述三个案例中的网吧、红绿灯十字路口、菜市场都属于公共场所。但是还需要解决的一个问题是上述案例1中的网吧是否因为其时间的特殊性而否定其“公共场所”的属性？对此，有观点认为，只要行为发生在公共场所，即使公共场所的人不是很多，也不影响扒窃的成立。例如，在公共汽车上只有少数几个人时，行为人实施扒窃行为的，也应当认定为盗窃罪。〔1〕有观点则认为，扒窃行为侵犯的是财产权利，在凌晨空无一人或者仅有数人的车站窃取他人随身携带的物品不应认定为扒窃。〔2〕笔者认为，“公共场所”不因开放时间的特殊性或者人数的多少而改变其属性。“公共场所”在不同的时间段可能人流量的大小不一样，就如案例1中的网吧在凌晨3点的时候，只有管理员、被害人和行为人三个人，但是只要其在营业期间，其仍然对公众开放，公众可能随时进出该场所，有时候可能人潮拥挤，有时可能人烟稀少，但是并不

〔1〕 参见张明楷：《刑法学》，法律出版社2011年版，第881页。

〔2〕 参见陈家林：《论刑法中的扒窃——对〈刑法修正案八〉的分析与解读》，载《西北政法大学学报》2011年第4期。

影响其作为“公共场所”的属性。“公共场所”的属性不应当以人员数量的变化而变化，否则某个地方将会在“公共场所”和“非公共场所”之间变来变去，飘忽不定。这样就为“公共场所”的认定带来随意性，这是刑法作为保障法所不允许的。此外“扒窃”之所以入罪除了行为人的主观恶性较大之外，还因为“扒窃”行为在侵犯财产权利的同时，还具有危害被害人人身安全的危险，故立法者将“扒窃”入罪的意图之一就是保护被害人的人身安全。相比在人多的“公共场所”窃取他人随身携带的物品而言，在凌晨空无一人或者人数稀少的“公共场所”窃取他人随身携带的物品，对被害人的人身危险性更大，既然前者都认定为扒窃，为何在后者对被害人人身危险性更大的时候就不能认定扒窃呢？保护被害人的人身安全的立法意图要求只要是在“公共场所”开放期间，“公共场所”的属性不随时间和人数的变化而变化。

综上，“公共场所”的特征在于人流量大并且人员组成不特定，需要根据客观标准来判断，不能因人的主观因素将不属于“公共场所”范围的场所认定为“公共场所”，也不能随时间和人数的变化而改变“公共场所”应有的属性，这是符合立法者的立法意图的，且这种认定的预期后果也有助于促进立法者立法意图的实现。

（二）对“随身携带”的解释

“扒窃”行为与其他盗窃行为最主要的不同是其窃取的是他人“随身携带”的物品，也是界定“扒窃”的关键。但是对于“随身携带”的射程到底有多广，无论是在刑法理论界还是司法实务界都存在争议。“随身携带”是由“随身”与“携带”两个词组成，对于携带的理解没有多大争议，所谓携带是指“在从事日常生活的住宅或者居室以外的场所，将某种物品带在身上或者置于身边附近，将其置于现实的支配之下的行为”。[1]而所谓随身，根据词典的解释，有4种含义：第一是指待在身边、不离身；第二是指跟在身旁；第三引申为依附于身体；第四是指犹侍从。[2]从以上的解释来看，“随身携带”不仅包括在放在身上还包括置于身旁。故有学者认为，扒窃所窃取的应是他人随身携带的财物，亦即他人带在身上或者置于身体附近的财物。例如，在公共汽车上窃取

〔1〕 张明楷：《刑法学》，法律出版社2007年版，第720页。

〔2〕 中国百科网汉语词典，载http://www.chinabaike.com/dir/cd/S/374218.html，最后访问日期：2013年2月3日。

他人口袋内、提包内的财物，在火车、地铁上窃取他人置于货架上、床底下的财物，均属于扒窃。[1]有观点认为，财物虽然未附着于主人的身体，但距离极近，可用身体随时直接触摸、检查时，属于随身携带的财物；[2]还有观点则认为“随身携带”的财物仅限于他人身上的财物，不包括其他被害人实际控制但是脱离被害人身体接触的财物。[3]而实务界是对“随身携带”作宽泛解释，将被害人放置在行李架上、座椅下的财物都认定为“随身携带”的财物，如上述案例2中的电动车脚踏板上的包也认定为“随身携带”的财物。

从上述观点来看，对“随身携带”的解释可以分成宽、中、窄三种。最宽泛的解释是根据词典关于“随身”的解释，将“随身携带”的财物解释为放在身上或者置于身体附近的财物；而中间的解释则对置于身体附近进行限制，置于身体附近的财物必须是距离极近，可用身体随时直接触摸、检查；最狭窄的解释是将“随身携带”的物品仅仅限于他人身上的财物，不包括其他被害人实际控制但是脱离被害人身体接触的财物。根据文义解释方法，第一种解释当然是正确的，但是如上文所述，文义解释存在其局限性，“扒窃”是盗窃的其中一种行为，如果仅仅根据文义来解释“随身携带”，那么“扒窃”概念的内涵和外延将会变得模糊不清。首先，怎么判断财物是在“身体附近”，是根据财物离身体的距离是10米、20米还是30米？如果说放在火车行李架上的行李属于“身体附近”，那么当旅客突然走开一段时间，那么该行李还是不是属于“身体附近”？假如有人窃取该行李架上的行李，你怎么判断行为人是在何时窃取的，是旅客在坐的时候还是离开的时候？显然，对“身体附近”的判断没有一个具有明确边界的、可操作的标准。其次，如果将窃取置于身边附近的财物都认定为“扒窃”，将出现一些不可思议的结论，如行为人偷偷开走放置在被害人附近的汽车，根据这种解释，行为人窃取的是他人放置在身体附近的财物，那么应当认定为扒窃，可是人们恐怕不能接受“扒窃”一辆汽车的结论吧。中间的解释虽然对身体附近进行了限缩，但是同样会出现第一种解释所无法解决的问题。

---

〔1〕 参见张明楷：《盗窃罪的新课题》，载《政治与法律》2011年第8期。

〔2〕 参见陈家林：《论刑法中的扒窃——对〈刑法修正案八〉的分析与解读》，载《西北政法大学学报》2011年第4期。

〔3〕 参见王志祥、张伟珂：《盗窃罪新增行为方式评析》，载《北京航空航天大学学报》（社会科学版）2012年第5期。

故笔者比较赞同对“随身携带”作缩小解释,“随身携带”的财物仅仅指放在身上的财物。首先,根据盗窃罪整个罪名来看,盗窃罪分为5个行为,普通盗窃、多次盗窃、入户盗窃、携带凶器盗窃、扒窃。这5个行为之中,多次盗窃、入户盗窃与携带凶器盗窃比较容易判断,但是对于“扒窃”和普通盗窃就比较难以区分两者的界限。普通盗需要达到一定的数额才构成犯罪,而“扒窃”则不计数额,可见,“扒窃”的不法性高于普通盗窃,但是“扒窃”高于普通盗窃的不法性体现在哪里?也就是体现在财物离被害人身体的距离远近上。普通盗窃窃取的是被害人占有的财物,但是被害人对财物的占有相比“扒窃”而言,这种占有可以是远离被害人身体的财物,而“扒窃”中的被害人对财物的占有是比较紧密的。如何判断“松弛占有”和“紧密占有”,是否放置在被害人身上可以为两者的区分提供明确的标准。故将“随身携带”作缩小解释可以为“扒窃”与“普通盗窃”提供明确的、可操作的界限。无论任何财物,只要是放置在人的身上的,财物处于其私人空间范围,只有占有人本人才能独立支配的空间,占有人对财物的占有属于“紧密占有”,而一旦财物脱离人的身体,财物已经不再处于只有占有人才能独立支配的空间,而是他人也可以支配的空间,占有人只能依据所有权才能主张其占有,此时占有人对财物的占有就属于“松弛占有”。其次,根据盗窃罪的入罪来看,存在5种不同的行为,根据比例性原则,这5种行为是同样的量刑起点,那么“扒窃”应当与其他四种行为的社会危害程度相当,其不法内涵也应相当。普通盗窃有数额要求,多次盗窃有次数要求,入户盗窃因为额外侵犯住宅安宁,携带凶器盗窃因为提高了可能侵犯公共安全和人身安全的危险性以及违反危险器具的管制。那么“扒窃”与其他4种盗窃行为社会危害程度相当体现在哪里?根据立法意图来看,将“扒窃”行为入罪是为了保护被害人的人身安全,因为“扒窃”行为不仅仅侵害了被害人的财产权利,而且对被害人的人身安全产生了危险。如果窃取的是被害人置于身边的财物则其人身危险性体现在哪里,这与普通盗窃行为有何区别?这两者侵害的都仅仅是财产权利,为何一个需要数额要求另外一个则不需要,这显然在理论上是无法回答的。而对“随身携带”财物的限缩解释,将“随身携带”的财物仅仅限于被害人身上的财物就可以解释“扒窃”为何与其他盗窃行为的社会危害程度相当。因为当扒窃犯将手伸向被害人随身携带的财物的同时也触犯到了被害人的身体,而被害人身体则代表他的隐私和尊严,是被害人人身权的体现。每个人身体都是一个禁忌范围，是未经本人同意不可以触碰的。尽管现代社会拥挤现象随处可见，但无论是在拥挤的地铁还是街上，人们总会尽量拉开自己与他人的距离，避免身体接触。尽管有时候两个人的距离只有一厘米甚至有时是零距离，但每个人还是排斥他人再进一步的接触自己，比如当有人将手放在自己身上的时候，每个人的第一反应就是避开，可见身体是个人的私密空间，这是对自己进行自我保护，避免与他人接触的最后防线。正如入户盗窃中一样，之所以不计数额惩罚这种行为，是因为行为人除了窃取财物之外，还未经允许进入被害人的相对私密的空间，这个空间是被害人与外界相对隔离的空间，这个空间为个人提供隐私保护，提供生活的安宁。其实“身体”就是一个迷你“户”，它也是个人与他人隔离的私密空间，“扒窃”与其他盗窃行为的社会危害程度相当就是因为行为人窃取的是被害人身上的财物，这些财物不同于其他财物之处在于其处于被害人禁止他人侵入的空间，这个空间就像“户”一样是个人与外界隔绝的空间，是个人对自己身体保护的最后防线。而行为人未经允许，侵入这个私密空间窃取财物，侵犯的不仅仅是财产权，还侵犯了人身权，这也是“扒窃”与其他四种盗窃行为社会危害程度相当的原因。

四、应当限缩“扒窃”入罪

上文从解释论的角度在一定程度上限缩了“扒窃”内涵，也相应地缩小了“扒窃”的犯罪圈。但是对于符合“扒窃”特征的行为是否一律入罪呢？自《刑法修正案（八）》生效以后，各地相继出现“扒窃第一人”最后以盗窃罪定罪处罚的案例，其中不乏有小数额扒窃以及零数额扒窃，如上述案例3中的一块五案件就是典型的小数额扒窃，还有发生在江西景德镇方山菜场的扒窃案例，行为人窃取的小布包内没有任何财物，只有一些缝纫刀具，最后被检察院批准逮捕。[1]对于此类零数额扒窃和小数额扒窃最后动用刑罚的手段来规制不禁让人怀疑，由此引发了“扒窃是否一律入罪”的问题。对此笔者的观点是，对于“扒窃”是否一如入罪，不能采用“一刀切”的司法模式，从立法意图上看，立法者期望通过降低“扒窃”入罪门槛，严惩那些扒窃惯犯、结伙扒窃犯以

---

〔1〕 参见金存、洪江华：《“扒窃入刑”：“零窃取”也构成犯罪》，载江西新闻网：http://jiangxi.jxnews.com.cn/system/2011/06/28/011700027.shtml，最后访问日期：2013年1月22日。

及流窜扒窃犯，但是法规规定也将那些偶犯、初犯及其他情节显著轻微的扒窃也纳入了犯罪圈。故有必要限缩“扒窃”入罪，将一些扒窃偶犯、初犯及其他情节显著轻微的扒窃排除在犯罪圈之外，如何为这些“扒窃”出罪提供理论上的依据则是我们所要解决的问题。

盗窃罪的立法模式是“立法定性+立法定量”，也就是说仅仅具有盗窃行为不一定构成犯罪，还必须达到一定的数额或者情节才能构成犯罪。但是对于“扒窃”立法，刑法分则只是定性但未定量，那么是否意味着对“扒窃”行为没有罪量上的要求？笔者认为，我国《刑法》是总则加分则的规定模式，虽然分则并没有规定“扒窃”的罪量要求，但是总则第13条“但书”规定包含了对“扒窃”的罪量要求。《刑法》总则第13条规定：“一切危害……的行为，依照法律应当受刑罚处罚的，都是犯罪，但是情节显著轻微危害不大的，不认为是犯罪。”“但书”规定就是在前面论述了犯罪概念之后加上的，在我国是“违法”与“犯罪”分立的二元立法模式的情况下，“但书”规定的目的就在于在刑法分则没有规定罪量要素时，为“犯罪”与“违法”提供一个量上的界限。故“但书”规定为限缩某些“扒窃”入罪提供了理论依据。

首先，从犯罪概念和犯罪构成的关系上来理解，某行为是否构成犯罪必须结合犯罪构成与犯罪概念来判断。犯罪概念在宏观上区分罪与非罪，即判断行为是否构成犯罪从该行为的社会危害性程度来判断，而犯罪构成则从微观上来判断罪与非罪，在行为具有社会危害性的前提下，分析行为是否具备某罪所有的犯罪构成要件，如果不具备，根据罪刑法定原则，即使行为的社会危害性再大也不能定罪处罚。换言之，判断某行为是否构成犯罪先从犯罪概念角度分析，再从犯罪构成角度分析，如果行为从犯罪概念的角度分析并不具有社会危害性或者情节显著轻微，那么就没有必要再分析该行为的犯罪构成，也就是说该行为没有犯罪构成。而“但书”规定恰恰从反面论述什么是犯罪，在判断某行为是否构成犯罪时，我们可以根据“但书”规定首先从犯罪概念的角度来排除某些行为的犯罪性。自然，对于扒窃行为是否一律入罪，我们也应首先从犯罪概念角度分析，将某些情节显著轻微危害不大的扒窃行为排除在犯罪圈之外，无须纳入刑法的调整范围。

其次，从我国的立法模式来看，我国立法是“定性+定量”的模式。然而，由于社会生活的复杂性和法律规定的局限性，刑法分则条文不可能将所有的定量因素都一一体现出来，从我国治安管理处罚法等其他法律可以发现，很多刑法规定为犯罪却无定量要求的行为类型在其他法律中存在给予非刑事处罚的规定。可见，单单以刑法分则或者其他相关法律的规定不足以划清违法行为与犯罪行为的界限，而“但书”规定就是对刑法分则无法体现的定量因素的补充，从行为的社会危害性程度的量来划分违法与犯罪的界限。《刑法修正（八）》取消了扒窃行为的数额限制和次数限制，也就是说，刑法分则取消了扒窃行为的“量”的限制，故很多人认为扒窃行为应当一律入罪，但是，我们不能忽略总则“但书”规定对于犯罪的定量因素，“但是”之前规定什么是犯罪，里面包含了犯罪的质和量，如果一个行为仅有犯罪的质但达不到犯罪的量，则该行为不构成犯罪。[1]扒窃行为之所以入罪是因为其常常形成团伙作案、流窜作案和惯犯作案，严重影响了民众的安全感和社会秩序，对于上述这些扒窃行为具备了犯罪的质和量的要求，将这些扒窃行为入罪则无异议。然而对于扒窃数额微小、因生活所迫而扒窃且数额不大的初犯、偶犯等难以说其社会危害性程度的“量”已经达到了需要刑罚处罚的要求，可以根据“但书”规定的定量因素将该类扒窃行为出罪，归入违法行为。

最后，从我国《刑法》总则与分则的关系来看，刑法总则指导刑法分则，刑法分则应当受到刑法总则的制约，故刑法总则的“但书”规定显然可以适用于刑法分则的任何规定。虽然我们在具体适用刑法时首先会考虑刑法分则规定的各个具体犯罪的构成要件，但是我国是总则分则相结合的犯罪构成模式，在将具体行为对应犯罪构成时必须考虑总则的相关规定，如果某些扒窃行为却是属于情节显著轻微危害不大的，就不能因为扒窃行为的存在而一律入罪。扒窃行为的构成要件没有了数额限制和次数限制，但这并不意味着我们因此可以机械地套用法条，简单地判断扒窃行为是否构成盗窃罪，“但书”规定要求我们需要综合分析整个案件的情节和社会危害性程度来判定扒窃行为入罪与否，也就意味着着对于扒窃行为是否入罪要受到“但书”规定的制约，对于情节显著轻微危害不大的扒窃行为可以根据“但书”规定出罪。

---

〔1〕 参见赵秉志：《当代刑法学》，中国政法大学出版社2009年版，第91~92页。

五、结语

扒窃行为以独特的方式进入刑法规制的视野，《刑法修正案（八）》取消了扒窃的数额限制和次数限制，大大降低了扒窃的入罪门槛，但降低到何种程度，如何在兼顾社会现实的同时实现其立法意图，这些都需要明确界定"扒窃"行为的边界。故在对扒窃的内涵进行界定时，不能对"公共场所"和"随身携带"仅作文义解释即可，需结合立法意图和预期后果来解释。对"公共场所"进行解释应当根据其本质特征，其本质特征不因人为因素影响而改变，也不因时间变化或者人数变化而改变。"扒窃"行为与入户盗窃、携带凶器盗窃的社会危害程度相当性要求对"随身携带"的财物作限缩解释，"随身携带"的财物仅仅是指他人身上的财物，否则将会混淆"扒窃"与普通盗窃行为的界限，更无法体现其与其他盗窃行为社会危害程度的相当性。

审慎对待"扒窃"入罪，"扒窃"内涵的界定是第一步，惩罚范围的扩张或者限缩则是第二步考量。数额和次数限制的取消并不代表就能机械地认定扒窃行为应当一律入罪，根据立法意图降低"扒窃"入罪门槛主要指严惩扒窃惯犯、结伙扒窃犯和流窜扒窃犯，对于偶犯、初犯等情节显著轻微的扒窃行为应当排除在犯罪圈之外，否则不分轻重就一律对"扒窃"入罪所导致的后果则是对立法意图的背离，立法的另外一个意图保护社会公众安全感就无法实现，如果轻微的违法行为都要受到刑罚处罚，那么社会大众就会人人自危，不能犯一点点小错误。故应当限缩"扒窃"入罪，而我国《刑法》总则第13条"但书"规定则为轻微"扒窃"行为提供出罪依据。

刑法是保障法，是保护法益的最后一道防线，刑罚具有强烈的剥夺性痛苦。通过刑法和刑罚保护公民的财产权，既要积极，又要慎重。所谓积极，是在行为严重侵害财产权而刑法必须介入时，不能借口"刑法谦抑性"而将法益保护的责任推给民事法律等其他规范调整；所谓慎重，则指必须看到刑法的特性本身以及财产权在整个个人法益体系中的位阶顺序，不当为则不为。[1]

〔1〕 参见付立庆：《论刑法对财产权保护中的均衡性原则》，载《法学》2011年第5期。

第十六章 法定化视野下互易毒品行为的性质*

贩卖毒品罪中的卖出行为本质上以买卖关系为基础，互易毒品行为与之存在性质差别。有偿性交付毒品和买卖毒品是不能画等号的，有偿性只是贩卖毒品的一个特征，而不是买卖行为的独自属性。将互易毒品行为认定为贩卖行为在逻辑上存在大前提的判断错误。以毒品代物清偿同样不属于贩卖毒品。一概视为贩卖毒品罪违背了罪刑法定原则。只有通过完善立法，将提供毒品行为立法入罪，才能从根本上解决问题。

一、问题的提出

从经济学角度分析，毒品犯罪的核心问题在于毒品能够同时满足供需双方的需要。就供方而言，毒品通过生产、制造和交易可以为其带来滚滚财源以及其他的利益，正因如此，毒品的交易甚至与民族问题、恐怖主义交织在一起。就接受方而言，毒品的特点导致了其不断满足和引导着消费，进而刺激着毒品的泛滥和蔓延。如何处理毒品与现实经济利益之间的关系成为无论是国际法还是国内法都不可回避的问题。从刑法领域来看，对于毒品流通行为惩治成为应对毒品犯罪的重点方向，但问题在于毒品流通和毒品交易的方式存在多样性。

案例1：2007年3月15日，徐某经他人牵线，在上海市某住宅小区2号503室内，用14颗甲基苯丙胺（冰毒）与苏州来沪的陈

---

* 本部分内容刊载于本书作者发表的《互易毒品行为的刑法性质评析》，原载《法律科学》（西北政法大学学报）2009年第5期。

某交换了50余克K粉。当陈某持票携带交换来的冰毒进入铁路上海站候车室时，因形迹可疑被公安民警盘查，并当场从陈某衣服口袋内查获上述毒品。经上海市毒品检验中心鉴定，检出甲级苯丙胺成分，净重14.02克。经公安机关侦查，先后将其他犯罪嫌疑人抓获。到案之后，均对上述事实作了如实供述，其中徐某交换后取得的50克K粉已被吸食殆尽。〔1〕

案例2：2006年8月某日，被告人庄某根在上海市古美西路上的某假日旅馆内，将1把自制手枪、1发子弹以人民币1800元出售给被告人刘某平。同年12月上旬某日，被告人刘某平在上海市某假日酒店和古美西路上的某酒吧内，先后将上述手枪和子弹以人民币3500元出售给被告人郑某，其中的人民币1400元由被告人郑某以1.7克左右的冰毒交付。同年12月19日晚，被告人郑某在上海市福州路某大酒店617房内，将上述手枪和子弹以人民币1万元的价格出售给他人时，被公安人员当场人赃俱获。〔2〕

案例3：卡某2004年来到北京，由于没有谋生手段，就走上了贩毒的道路。2006年11月26日下午，他在西城区百万庄西口，有人想拿手机换他的毒品。他看见手机漂亮，非常喜欢，就答应把身上0.35克海洛因卖给那个人，结果被当场抓获。〔3〕

在司法实践中，互易毒品行为是一种十分普遍的毒品交易行为，也是一种常见的获取毒品的方式，有些事件的影响甚至超出了毒品犯罪本身。如《泰晤士报》就曾经报道："英国负责安全事务的官员证实，驻伊英军士兵在伊拉克组建有一个秘密的走私网络，他们将偷盗的枪支弹药运出伊拉克，然后再从黑市上换回可卡因毒品或现金。其中1士兵至少6次前往德国，利用从伊拉克走私出来的手枪与毒犯们交换毒品。这些枪支弹药共换回50克的可卡因，目前市值约为2500英镑。据这名遭到逮捕的士兵交待，他在获得这些毒品后，将会立即利用各种方式带回伊拉克，然后再将毒品全部出售给在伊拉克服役的英军士兵。"〔4〕当然，这些零星的互易毒品行为相对于一些大规模的互易毒品行为则是"小巫见大巫"了。譬如在阿富汗，"塔利班政权曾颁布过禁毒令，但

〔1〕 此案件为上海市铁路运输检察院2008年办理的一起案件。

〔2〕 上海市黄浦区人民法院（2007）黄刑初字第179号。

〔3〕 参见杨文学、智勇：《用毒品换手机花季少年被判刑》，载《京华时报》2004年3月30日，第A7版。

〔4〕 参见春风：《驻伊英军士兵走私枪支弹药在德黑市交换毒品》，载中国法院网：http://www.chinacourt.org/html/article/200609/25/218274.shtml，最后访问日期：2008年8月23日。

近年来，塔利班控制地区一直在从事毒品的生产和批发活动。在阿富汗的毒品交易基本是以易货形式进行的，国际贩毒集团，尤其是国际武器黑市上的军火商将武器卖给塔利班武装或恐怖分子的基地组织，然后从他们那里互换毒品，因此塔利班的武装和在其庇护下的恐怖组织不需要现金就能得到各种武器”。[1]

以上三则案例是司法实践中遇到的实例，其中案例1在检察机关与审判机关之间存在不同的看法，案例2则被收入最高人民法院《刑事审判参考》，[2]并且和案例3一样，被告人最终均被认定为贩卖毒品罪。从实际处理结果来看，案例2中的被告人被上海市黄浦区人民法院认定构成非法买卖枪支罪和贩卖毒品罪，两罪并罚执行有期徒刑3年6个月。案例3中被告人卡某被北京市西城区人民法院以贩卖毒品罪判处有期徒刑10个月，并处罚金人民币1000元。以上三起案例还有一个共同之处，即虽然都被认定为贩卖毒品罪，但是其行为方式显然与一般意义上的贩卖毒品罪的行为方式存在差异。其中涉及的问题主要是何为互易（交换）毒品，互易毒品与贩卖毒品行为是否雷同。

对此，实践中较为普及性的看法认为，贩卖毒品的行为包括：(1)将毒品买入后又转手卖出，从中牟利的；(2)将家中祖传下来的毒品卖出牟利的；(3)制造毒品后销售的；(4)以毒品为流通手段交换商品和其他货物的；(5)以毒品支付劳务费或者偿还债务的；(6)赊销毒品的；(7)介绍毒犯，从中牟利的；(8)依法从事生产、运输、管理、使用国家管制的麻醉药品、精神药品的单位和人员，违反国家规定，以牟利为目的，向吸食、注射毒品的人员提供国家管制的麻醉药品、精神药品的；(9)依法从事生产、运输、管理、使用国家管制的麻醉药品、精神药品的单位和人员，“明知”对方是贩卖毒品的犯罪分子，而向其提供国家管制的麻醉药品、精神药品的。上述归纳显然将互易毒品以及支付劳务等

〔1〕　参见《亲历阿富汗前线（15）：罂粟在阿富汗被称为“绿色金子”》，载湖北日报网：http://www.cnhubei.com/aa/ca32132.htm，最后访问日期：2008年8月23日。

〔2〕　参见中华人民共和国最高人民法院刑事审判第一、二、三、四、五庭主办：《刑事审判参考》2007年第6集（总第59集），法律出版社2007年版。

行为均认同为贩卖行为。[1]

二、贩卖与互易属于不同性质的行为

（一）买卖行为的基本特征

在说明互易行为之前，必须首先对于贩卖行为作出合理界定。何为贩卖毒品？根据1994年12月20日最高人民法院《关于执行〈全国人民代表大会常务委员会关于禁毒的决定〉的若干问题的解释的规定》，[2]贩卖毒品“是指‘明知’是毒品而非法销售或者以贩卖为目的而非法收买毒品的行为”。而在理论中，对“贩卖”一词的理解存在分歧：第一种观点认为，贩卖包括行为人实施非法转手倒卖和销售自制毒品的行为，并说明转手倒卖是指行为人以较低价格将其他毒贩的毒品购进，再以较高的价格卖给他人；第二种观点认为，所谓贩卖，是指非法地有偿转让，包括买卖、交换、批发和零售；第三种观点认为，贩卖是指有偿转让毒品或者以贩卖为目的而非法收购毒品的行为，有偿转让即行为人将毒品交付对方并从对方获取物质利益。[3]上述几种观点对于贩卖毒品行为作出了不同的解读，争议主要体现为两个方面：（1）以贩卖为目的而非法收购毒品的行为是否属于贩卖行为；（2）贩卖仅仅是指买卖行为，还是只要是非法有偿转让都属于贩卖行为。其中第一个问题司法实践有明显标准，至多只是理论的不同见解之争。而第二个问题不仅司法解释没有明确规定，在理论上也没有厘清，但在实践中确十分常见，其中最为核心的问题就是互易毒品行为的性质。

在确定互易行为是否构成贩卖毒品罪之前，我们必须对贩卖行为本身的概念进行梳理。所谓贩，是指“买货出卖”。[4]根据中国古代第一部词典《说文解字》的解释，买卖是相对的。买的繁体字为“買”，即要四面八方搜罗到货

---

〔1〕 这一观点较早见诸刘家琛：《新刑法常用罪认定与处理》，人民法院出版社1998年版，第354页。在后来的禁毒知识宣传中被普遍使用，司法机关也时常使用上述标准认定贩卖毒品罪。《东方法治网》2007年6月27日发表了《倪金龙庭长网谈涉毒案件审判》一文，多次担任毒品犯罪案件审判长的上海市第一中级人民法院刑一庭倪金龙庭长就持上述观点。

〔2〕 根据2000年4月4日最高人民法院《全国法院审理毒品犯罪案件工作座谈会纪要》的共识：“在新的司法解释出台前，认定以上犯罪，原则上仍然应当按照最高人民法院《关于执行〈全国人民代表大会常务委员会关于禁毒的决定〉的若干问题的解释的规定》确定罪名。”

〔3〕 参见熊劲松：《论贩卖毒品罪的既遂与未遂》，载姜伟主编：《刑事司法指南》，法律出版社2005年版。

〔4〕 《新华字典》(第10版)，商务印书馆2004年版，第123页。

贝，然后去买，而卖的繁体字则为"賣"，賣字由"士"和"買"字构成。"化贝为货""货化为贝"。[1]由此可以看到，从字源来分析，"卖"的行为实际上就是出售毒品从而获得金钱的行为，这是词义的基本内涵，贩卖毒品罪的"卖"词源同此一理。

其次，从现代社会规范的意义上对卖的行为分析同样是建立在买卖关系上。在贩卖毒品罪中，虽然行为对象是毒品这一特征决定了行为的可罚性，但是不能据此否认卖出行为的确定性。尤其现代社会是规范性社会，买卖关系更应该具有确定的特征。

所谓买卖，是指出卖人转移控制的物品交给买受人，由买受人支付价款的行为。[2]具体来说，买卖行为具有以下特征：(1)买卖是转移标的物的行为。即出卖人在收取一定价款后失去对标的物的占有、使用、处分的状态，而买受人在支付一定的价款后取得对标的物的占有、使用、处分的状态。(2)买卖关系是有偿的。所谓双方有偿，是指出卖人和买受人之间事实上形成了一种关系，即在交易过程中，出卖人出让财物获取对价，而买受人则因为支付对价而获取了对于财物的控制。(3)双方是在自愿前提下进行的交易。(4)买卖是以买方支付价款为表现方式的。支付价款有两种形式，对零售或者小额买卖，可在交付标的物时一次支付结清，即"一手交钱，一手交货"的即时结清的支付方法，另一种是按约定的时间、地点、方式支付的非即时结清的大宗货物买卖支付价款的方式。因此，通过出售毒品而获得金钱作为对价的行为显属贩卖毒品罪之列。

(二)互易行为[3]的基本特征及其与买卖行为的本质区别

所谓互易，又称以物换物或易货，是当事人双方约定以货币以外的财物进行交换的行为。互易的当事人双方均以从对方取得标的物的控制为目的，即一方是以交付和转移自己的财物为取得另一方的财物的代价。互易具有如下特征：(1)互易的当事人双方须向对方给付货币以外的财物。互易是财物占有的行为，这是它与买卖的相同之处，但相同只是说明了所导致的某些权利义

〔1〕(汉)许慎:《说文解字》。

〔2〕这一定义的合理性在于，依《合同法》第130条的规定，买卖合同是指出卖人转移标的物的所有权于买受人，由买受人支付价款的合同。毒品买卖虽然是非法的，但是买卖行为本身的共性是无法否认的。

〔3〕本章所指的互易既包括以毒易毒行为，也包括以普通货物交换毒品的行为。

务的相同性，譬如交付义务的相同性等。[1]然而互易是以物易物，而非以货币换物。互易的这一最基本特征，把它与买卖区别开来了。(2)互易是双务有偿的。互易的双方当事人都应当向对方交付约定的标的物，同时也都可以请求对方交付标的物。

互易可分为单纯互易与价值互易。单纯互易是指当事人双方并不考虑给付对方的标的物的价值，如甲以一电视机换乙的一自行车，双方并不计算各个财物的价值。价值互易是指当事人双方以标的物的价值为标准互换标的物。在价值互易中，双方互换的标的物的价值应当相当，如价值不等，则一方应向另一方支付差价。

单纯互易类似于两个赠与，只是此两个赠与互为前提或条件。价值互易则指当事人双方以标的物的价值为标准，互相交换财产并移转财产权的一种互易。这种互易特点在于当事人双方以两个价值相同的物进行交换。此种互易形式上类似于两个买卖，其价款相互抵销，其实它不同于价款相互抵销的非以货换货的两个独立的买卖，也不同于代物清偿价金的买卖。当事人相互就自己交付的标的物向对方负瑕疵担保责任。当标的物是毒品时，显然上述对于互易不同性质的归纳对于行为是否构成贩卖毒品罪具有至关重要的影响。首先，在毒品互易的时候，毒品的非法性质决定了不可能是一种价值互易，而是一种单纯互易。此外，还存在补足金的互易，指的是当事人约定一方向另一方移转金钱以外的财产权，而另一方除移转金钱以外的财产权外并应支付一定的金钱，以补足互换的两物的差价的互易。它不同于买受人向出卖人支付价款，但可以给付一定的实物作价的买卖。譬如，相互交换毒品中，由于对于使用价值的不同理解，从而一方支付一定金钱进行补足即属此例。

此外，买卖与互易的区别还可以从规范性内容之外来加以理解，从商品的基本属性角度来进行区分。商品包括价值和使用价值，所谓价值，是凝聚在商品中的无差别的人类劳动或一般人类劳动价值。它是在必要劳动时间里创造出来的。决定价值量的社会必要劳动时间，是以简单劳动为尺度来计算的，把复杂劳动化为倍加的简单劳动。通过劳动的社会过程确立一个统一的衡量标准来反映不同种商品生产者之间比较和交换劳动的关系。具有统一特性或

---

〔1〕 从某种程度说互易是买卖行为的原始体现。也正是因为这样的原因，我国《合同法》第175条规定："当事人约定易货交易，转移标的物的所有权的，参照买卖合同的有关规定。"

通约性。而使用价值则表现为不同的特征，其不具有统一度量的可能性，主要原因在于：(1)价值主体对于商品的使用价值具有不同的判断，不同的人基于心理、偏好以及认知能力的不同，对于同一商品具有不同的使用判断标准；(2)不同用途的商品在现实中衡量的标准不同，适用的范围不同，所以对实用价值大小的衡量缺乏统一性。

所以如果说价值具有统一的判断性，而使用价值则不具有同一度量性，而是和主体的判断联系在一起。买卖行为来说，因为是追求一种价值的实现，所以一般体现为以一般等价物作为一种衡量标准，多数情况之下体现为交换以等价原则为基础，表达为对于金钱的追求。而互易关系中，行为人多体现为了追求标的物的使用价值。从而较少考虑价值的对等性。这是互易与买卖之间的重要区别，当然这种区别并不是周延的，也就是说例外情况是存在的。但无论如何这表现了互易与买卖行为的情形下的区别。

(三)互易行为具有有偿性和流通性特点，但不能据此认为互易行为就是买卖行为

买卖和互易存在明显的差别。“买卖以有财产权的转移与价金支付为要素，但如双方当事人均为物之所有权移转，则为互易。互易契约虽非买卖，惟性质上仍为有偿契约，故可以准用买卖之规定。”[1]据此我们可以看到，无论是买卖行为还是互易行为都必须是有偿的。但是有偿的行为不一定就是买卖行为。这也说明了互易不能视为买卖的根本原因。

所谓有偿性，主要是指民事活动必须按照价值规律的要求进行等价交换，在实现自己的经济利益时也必须满足对方当事人的经济利益要求的准则。有偿性是民法的基本原则之一，是价值规律在民法上的表现。商品的交换同生产商品所耗费的社会必要劳动时间是相适应的，只有遵循等价有偿原则，才能实现价值规律的要求，保障商品交换的正常进行。由于民法调整的社会关系主要是商品经济关系，因此，除少数非商品经济关系外，一般的民事活动皆应遵守有偿原则。其核心是强调在民事活动中任何当事人无权要求对方当事人损失自己的经济利益，但如果对方当事人愿意放弃或贬损自己的权利，则法律予以允许，所以并不强求任一民事活动都能使双方当事人经济利益对等。其

---

〔1〕 林诚二：《民法债编各论》，中国人民大学出版社2003年版，第71页。

具体内容为：(1)除赠与、无偿借贷等不要求取得财产的一方向对方履行义务的特殊情况以外，一般来说，民事主体取得的财产与履行的义务在价值上应大致相等；(2)共同从事某种民事活动时，各方民事主体都应取得一定的经济利益，一方不得无偿占有、剥夺他方的财产，侵犯他方的利益。

有偿性原则主要适用于具有经济内容的民事关系，对非经济内容的人身关系不适用。此外，有偿性原则所要求的等价性只是一般要求，在一些情况之下可以表现为一种对价关系。对价是有偿的体现，不以等价为前提。其主要是以另一方的行为或诺言为支付代价，所获得的代价可以大大低于另一方转让财产的价值。也就是说，有偿性是一个较为普遍的交易原则，在大部分的财物流通中均可以体现为有偿性特征。就从债权契约的角度来说，无论是买卖、互易关系，还是租赁、借贷、承揽、运输等契约中等可以是有偿的，但是显然我们不能说这些都是买卖关系。从刑法条文来看确实也可以提出一系列反证。就毒品犯罪而言，我国刑法中不仅包括贩卖毒品罪，还包括运输、制造毒品罪以及非法种植毒品原植物罪等行为都可能是有偿的。但刑法中都是单列罪名，而不是根据在流通环节以及有偿性的行为从而确定为贩卖毒品罪。从这些规定可以看到，刑法中确立不同罪名的重要依据就是行为方式。

有偿性不是贩卖的独有特点，这还可以通过一些案件来加以证明：

案例4：2008年2月底，范某(女)给吸毒人员孙某打电话，提出用毒品海洛因作为报酬，让孙某托关系为其丈夫朱某保(因贩卖毒品犯罪被羁押)减轻刑罚。同年3月初，在孙某家中，范某将毒品交给孙某。其间，孙某将部分毒品吸食并找朋友毛某为范某办事。后范某害怕孙某将毒品吸完而办不成事，就将部分毒品索回并藏在孙某家楼道凉席夹缝中。3月6日，公安人员在孙某家将范某和孙某抓获，当场从孙某家西卧室的墙角柜查获毒品海洛因1包，净重27.9克，从楼道凉席夹缝中查获毒品海洛因1包，净重8.4克，同时查获辅料52.8克。[1]

范某的行为是否属于贩卖毒品行为呢？司法实践中一些判例将这样的行为认定为贩卖毒品罪，主要理由在于：从形式上看，范某是将毒品作为一种报酬的方式转让的，是一种有偿转让，主观上具有获取一定利益目的，对于“用毒品作为劳务费、报酬”的方式认定为贩卖毒品的一种方式。“范某给孙某毒

---

〔1〕 参见张玉萍：《用毒品作为交换条件如何认定》，载http://www.jtjcy.com/main.asp? ptype=%D2%D4%B0%B8%CA%CD%B7%A8&id=136，最后访问日期：2008年8月23日。

品吸食是以让孙某帮忙托关系为其丈夫减轻刑罚作为交换条件的，是作为报酬给孙某的。也就是说不是让孙某白吸的，从后来范某害怕孙某将毒品白吸完，而未给自己办成事，就将部分毒品索回完全能证实这一点。所以，从范某的主观故意上分析，她是绝不可能将毒品无条件赠与孙某的。况且在理论中有这样观点：刘家琛等学者认为，常见的贩卖毒品犯罪的行为方式有九种，其中之一就是'以毒品支付各种费用或偿还债务'。"[1]

但具体分析，上述结论值得推敲。刑法理论在界定买卖毒品行为的时候，毫无例外将赠与行为从买卖行为中加以排除。其实，赠与关系在很多时候也并非是无偿的。赠与可以附义务。赠与附义务的，受赠人应当按照约定履行义务。此时行为性质不构成互易，同样更不构成买卖关系。附义务的赠与，也称附负担的赠与，是指受赠人接受赠与后负担一定义务的赠与。附义务的赠与不同于一般的赠与，而属一种特殊的赠与。其特征在于：(1)一般的赠与，受赠人仅享有取得赠与财产的权利，不承担任何义务。而附义务的赠与，赠与人对其赠与附加一定的条件，使受赠人承担一定的义务。(2)附义务的赠与，其所附义务有一定限度，通常低于赠与财产的价值。(3)一般情况下，在赠与人履行了赠与义务后，才发生受赠人义务的履行问题，但当事人另有约定的也无不可。(4)赠与所附义务，可以约定向赠与人履行，也可以约定向第三人履行，还可以约定向不特定的多数人履行。(5)履行赠与所负的义务，依照当事人的约定，可以是作为，也可以是不作为。(6)赠与所附义务，是赠与合同的组成部分，而不是另外的独立合同。

受赠人应当按照合同约定履行义务。赠与人向受赠人给付赠与财产后，受赠人应依约履行其义务。受赠人不履行的，赠与人有权要求受赠人履行义务或者撤销赠与。赠与人撤销赠与的，受赠人应将取得的赠与财产返还赠与人。

在上述案件中，范某将毒品提供给孙某吸食的行为实质上是一种附义务的赠与，只不过这种义务本身又包含着一种委托关系，属于"赠与"与"委托"联立行为。范某赠与毒品，条件是委托被委托人履行一定的行为，且履行行为不具有财产的性质，当被委托人没有履行义务的时候，则委托关系得被解除，赠与关系也无法履行。"故应认为系附条件之赠与，获赠与与委任之联立契

---

〔1〕 参见张玉萍:《用毒品作为交换条件如何认定》,载http://www.jtjcy.com/main.asp? ptype=%D2%D4%B0%B8%CA%CD%B7%A8&id=136,最后访问日期:2008年8月23日。

约，盖二契约互为依存条件。但如依当事人真意而视为整体契约，则以附负担之赠与说为当。”[1]

据此，范某的行为还是一种赠与关系，显然不能构成贩卖毒品罪。这从一个侧面印证了有偿性之间和买卖行为之间是不能画等号的。有偿性只是一种一般属性的体现，而不是买卖行为的个别属性。随而推之，互易毒品行为虽然体现为有偿性，但不能据此认定为贩卖毒品罪。[2]

三、互易与买卖过程中代物清偿的区别

在案例2中，被告人刘某平将手枪和子弹3500元出售给被告人郑某，其中的人民币1400元由被告人郑某以1.7克左右的冰毒交付。这里面实际上就包含着两层关系。首先是非法买卖枪支弹药的行为。非法买卖，是指违反有关法规，购买或者出售枪支、弹药、爆炸物；对于这一问题，控辩双方在性质上并无争议，因为根据刑法规定无论是卖出方还是受买方均构成刑法中非法买卖枪支弹药罪，案件的主要争论是第二个层面，即收买方以毒品充抵价款是否构成构成贩卖毒品罪？案件的实际审判结果是认定收买人构成贩卖毒品罪。判决理由如下：“作为流通领域内的毒品犯罪，贩卖毒品罪的危害主要表现在生产出的毒品经贩卖后进入消费领域得以流通，其妨害了国家对麻醉药品和精神药品的管制，并且对不特定多数人的身体健康造成损害。由于毒品的流通主要通过价值交换的方式来实现，因此就实质上而言，贩卖的本质是一种有偿的转让行为，即毒品的交易存在对价。当然，尽管毒品的贩卖与巨额利润有关，但这种对价的体现形式，不应仅仅局限于金钱，也可以是以毒品易货，或是以毒品抵债等，只要是实质上的有偿转让都可成立贩卖毒品行为。因为，无论采取何种形式的对价，毒品都进入了流通领域，都造成了严重的危害。”[3]

由此可以看出法院定罪的“三段论”来自两个层次：

---

〔1〕 林诚二：《民法债编各论》，中国人民大学出版社2003年版，第187页。

〔2〕 实际上，民法概念的有偿还只是从狭义角度来说的，如果将日常生活中常说的有偿作为标准，并将互易视为贩卖行为，则贩卖的概念不仅包括卖物，甚至还可以包括卖身。如媒体就曾经报道“女艺人陪睡换毒品”的事件。“警方怀疑，有些二线艺人染上毒瘾或毒瘾太大，为取得毒品，可能‘以身体换毒’，或依药头指示，用‘陪睡’特定人的交易方式，变相向药头买毒。”参见黄涛：《“台湾再掀抓毒风暴”追踪女艺人陪睡换毒品》，载《厦门晚报》2007年11月17日。

〔3〕 上海市黄浦区人民法院（2007）黄刑初字第179号。

1.流通问题

（1）大前提："贩卖的本质是一种有偿的转让行为"且行为导致毒品"得以流通"。

（2）小前提：收买人交出毒品是因为获得了枪支弹药，是有偿交付并且进入了流通领域。

（3）结论：交付毒品方的行为是贩卖毒品。

2.对价问题

（1）大前提：交易买卖的对价，不应仅仅局限于金钱，也可以是以财物等。

（2）小前提：贩卖毒品"可以是以毒品易货，或是以毒品抵债等"。

（3）结论：交付毒品方的行为是贩卖毒品。

对于第一个理由，在上一部分已经说明，贩卖的本质的确是有偿的转让行为，但无论是从形式逻辑的角度还是法律关系的实际规定来看，都不能反推出有偿转让的行为就是贩卖行为。也就是说，审判中存在两个错误：一是大前提设定错误。即只有"有偿转让的行为就是贩卖行为"这样的结论能够成立，上述三段论才是成立的。然而，有偿转让的行为就是贩卖行为这一命题并不成立。二是根据法律规定，存在对价的行为并非都是买卖行为，这在法律中有明确规定。易货与买卖关系不是相同的法关系。

综上所说，试图从将互易解释为买卖存在较大瑕疵。"有偿""流通""对价"是买卖的必要条件，但不是充要条件。而是因为，双方买卖枪支弹药的行为本质上属于买卖行为。而以毒品作价充抵货款实际上是建立在买卖基础之上的代物清偿关系。充抵是建立在买方对价基础之上的，也就是说是建立在"买"的基础上的，不构成贩卖毒品罪。〔1〕

然则对于以上行为的性质如何确定呢？其实，被告人上述行为不是互易行为，而是代物清偿的行为。"互易仅须以金钱以外之财产权为契约标的即

---

〔1〕 还需要说明的是，判决认为："贩卖毒品行为与非法买卖枪支行为之间不存在牵连关系，应予数罪并罚。""就本案而言，贩卖毒品行为与非法买卖枪支行为之间在法律上不能包含于一个犯罪构成客观要件之中，因此不构成牵连犯，不能从一重处断，而应数罪并罚。"参见上海市（2007）黄刑初字第179号。笔者认为，即使认定为贩卖毒品行为。实际上是购买枪支弹药行为与贩卖毒品行为的竞合。因为收买行为直接包含着两个过程——毒品作为支付对价和获得枪支弹药，而贩卖毒品的行为也包含着两个过程——出售毒品和获得作为对价的枪支弹药，二者完全是重合的，只不过被赋予了不同法律评价，所以实质上是一个买卖行为出现了不同的法律定性，因此只能按照一罪处理，认定为数罪并罚是不合理的。

可，互易财产权之性质非须相同，故不论物权、债权、准物权或无体财产权，也不论动产或不动产，均得为互易标的。唯如A向B购买机车一步，嗣因A无现金而以其古董三轮车一部为给付者，则非互易，性质为“民法”第319条之代物清偿，盖其原有给付义务，已因A以他物代替原有给付，经产权人受领而消灭，故应为代物清偿。”[1]

所谓代为清偿，是指双方当事人确定行为构成买卖关系之后，收买人应当按照约定支付金钱作为对价获取对方财物。但是收买人可能基于某种原因发生了支付困难。经过出卖方同意，受买方给付其他财产或者提供劳务充抵价款的行为方式。也就是一般说的“以物抵债”或者“以劳抵债”（当然这里的债是非法之债）。在代物清偿的效力上，由于事实上存在他种给付消灭债权的约定在先，即受领他种给付、获得清偿利益在后，故代物清偿与清偿有相同效力。也就是说先前存在过的买卖关系是无法否定的。不能因为存在物品之间的交易就认定为互易行为，进而认定交付毒品一方构成贩卖毒品罪。落实到本案，可以发现，虽然以毒品代为清偿，实际上是建立在买卖基础之上的，这种代物清偿实际上效力等同于清偿。也就是说虽然交付了毒品，但是本质上还是居于收买方的地位，不能认为是出卖方的地位，不能认定为构成贩卖毒品罪。更不能认定双方是互易行为，再如：

案例5：被告人李某奇为了提高贩毒数量从而获取暴利，又伙同其妻王某倩以高工资、提供免费毒品折抵工资为诱饵，先后纠集其亲属、刑满释放吸毒人员等社会闲杂人员王某建等12名被告人，并向其提供多处租用的房屋为住所，配发通信工具，明确分工，向吸毒人员长期、大量贩卖毒品，法院一审以贩卖毒品罪分别判处被告人李某奇死刑，剥夺政治权利终身。[2]

上述案件实际上包含两层关系：一是提供免费毒品折抵工资的行为，二是向吸毒人员贩卖毒品的行为。本案认定为贩卖毒品罪的依据只能是后者，而单纯以毒品折抵工资的行为实际上是以毒品折抵还债的行为，不是贩卖行为，不能以贩卖毒品罪论处，也不存在互易行为。但是反过来说，如果是贩卖毒品，受买方无能力支付价金从而选择了代物清偿，因为效力等同于清偿，并

---

〔1〕 林诚二：《民法债编各论》，中国人民大学出版社2003年版，第180页。

〔2〕 参见赵国宇、景永利、赵西云：《小夫妻拉拢亲戚组建贩毒团伙，为同伙提供免费毒品》，载《今日安报》2008年1月11日。

不影响出卖方的行为性质，其行为关系不属于互易，所以可以界定为贩卖毒品罪。如某甲贩卖甲级苯丙胺40克给某乙，但是某乙支付8000元现金之后又以手表作价3000元给某甲，则不影响某甲的贩卖毒品罪质。

四、对于危害性的解读以及对于罪刑法定原则的坚守

从经济学意义上讲，毒品制造、贩运和滥用本质上是一种地下经济的表现方式，毒品问题是一个经济问题，毒品犯罪之所以存在，是因为它能够同时满足供需双方的需要。从本质角度上来说，遏制毒品犯罪最为经济和有效的做法是遏制毒品的制造和毒品的消费。为此，各国普遍从经济角度着眼，把注意力转向压缩毒品消费市场并在部分毒品产地实施相应的替代种植计划，以期从经济上根除毒品，这些禁毒措施都是以经济思想处理毒品问题的具体体现。刑法作为一个部门法，只是遏制这种非法经济的一个环节或者是一种体现。从这个意义上说，刑法应当采取的是"控制毒品供应"的政策，防止毒品在市场上的流通，故制造毒品和贩卖毒品的行为被赋予最严重的社会危害性，并被作为严重危害社会管理秩序的行为加以打击。

问题的症结在于刑法应当如何进行规定以及如何理解刑法的规定。前者是刑法立法合理性的问题，后者则是如何坚守罪刑法定原则的问题。

1.刑法应当如何规定

首先，通过刑罚手段体现控制毒品供应政策从方向上说是合理的。这是对涉毒行为打击的合理选择，因为制造毒品是根源，而交易毒品是毒品扩散的主要途径。通过减少供应以降低毒品使用数量，减少毒品流通的途径。其次，从经济学角度来说，刑罚的严厉打击促成毒品流通风险的加大和成本增加，阻止一些人因利益驱动参与毒品犯罪活动，促使一部分人退出涉毒犯罪。但问题在于，方向的合理性需要规定的合理性进行支撑。笔者认为，在大方向给定的前提之下，应该合理确定刑法制度。就罪名来说，应该将犯罪行为不仅仅局限于贩卖方式，而应当扩展到整个流通环节中，无论是买卖的还是互易的，无论是有偿的还是无偿的，无论是支付对价的还是附条件的交易，只要是提供毒品造成毒品流通和扩散并且达到定量要求的，均应该上升为犯罪，并且属于性质相同的犯罪行为。

事实上，在我国现行刑法中这一思路并不是没有体现，如根据我国《刑

法》第355条的规定，依法从事生产、运输、管理、使用国家管制的麻醉药品、精神药品的人员，违反国家规定向吸食、注射毒品的人提供国家规定管制的能够使人形成瘾癖的麻醉药品、精神药品，构成非法提供麻醉药品、精神药品罪。上述人员向走私贩卖毒品的犯罪分子或者以牟利为目的，向注射毒品的人提供国家规定管制的能够使人形成瘾癖的麻醉药品、精神药品，按照贩卖毒品罪处理。再如我国刑法中的强迫、引诱、教唆他人吸食毒品等犯罪中，同样可能包含着提供毒品的行为。

从上述规定我们可以看到刑法已经对非法提供行为单列罪名进行处罚，虽然只是作为立法的一种例外规定，而且犯罪主体和犯罪对象都是特定的。但这无疑给我们一个启示，提供行为是导致毒品蔓延的关键环节，因此具有刑事可罚性。此外，对于提供上述物品给走私、贩卖毒品分子的按照贩卖毒品处理。即无论是贩卖行为，还是提供行为，其制裁基础是一样的。这是给我们的另一个启示。

此外，1988年《联合国禁止非法贩运麻醉药品和精神药物公约》第3条“犯罪和制裁”第1款规定：“各缔约国应采取可能必要的措施将下列故意行为确定为其国内法中的刑事犯罪：(a)(一)：违反《1961年公约》、经修正的1961年公约》或《1971年公约》的各项规定，生产、制造、提炼、配制、提供、兜售、分销、出售……任何条件交付任何麻醉药品或精神药物。”提供行为是《公约》明确要求各国犯罪化的行为。可见买卖行为只是提供行为的一种来加以制裁的。通过立法的完善，确立提供行为的贩罪性是可以解决上述问题的，不应通过扩大贩卖行为的内涵来解决问题。

2. 如何理解刑法的规定

在立法尚未没有做出完善规定的前提下，类似互易的行为是否可以依照贩卖毒品罪进行处理呢？落实的毒品犯罪，从实质合理性角度来说，一些互易行为实质上和贩卖毒品罪具有等价的社会危害性。但是，这充其量只能说明立法有待完善。将其他方式理解为“贩卖”，也超出了普通国民的理解、预测能力。况且这样的理解显然已超越司法解释的权限，侵入了立法权的领域。如果就此将互易纳入贩卖毒品罪的范围，无疑会导致贩卖本身的确定性受到影响，从而引发一系列新的困惑。譬如，互赠行为是否可以纳入贩卖毒品罪的范围？将毒品进行质押是否可以构成贩卖毒品罪？提供毒品之后毒品灭失提供获得一定补偿是否构成贩卖毒品罪？以劳务最为对价提供毒品是否构成贩卖毒品罪？此外，刑法中的贩卖内涵被扩大之后，会使刑法的协调性得到破坏。我国刑法中，包括贩卖行为的罪名有4个：走私罪，拐卖妇女，儿童罪，毒品罪，贩卖淫秽物品罪。如果将互易等一些列进行交易的行为按照贩卖处理，势必扩大了打击范围，增加了打击对象，与某些罪名法益相违背。如《刑法》第240条规定了拐卖妇女、儿童罪，将互易行为作为拐卖犯罪无疑与立法宗旨相悖。

综上所述，将互易等流通行为解释为贩卖，导致规范的内容被无限扩大，模糊了规范的确定性，使得罪刑法定原则的基本内涵受到冲击，罪刑法定原则的实质被忽视，也意味着对法益保护的扩张，所以笔者认为，在立法不尽规范的前提下，通过改变规范本身的确定性内容来换取对于危害行为的惩治，是以牺牲罪刑法定原则为代价的。

图书在版编目(CIP)数据

重申罪刑法定主义/孙万怀著.—北京:法律出版社,2017
(华东政法大学65周年校庆文丛)
ISBN 978-7-5197-1311-9

Ⅰ.①重… Ⅱ.①孙… Ⅲ.①罪刑法定主义—研究 Ⅳ.①D914

中国版本图书馆CIP数据核字(2017)第212065号

重申罪刑法定主义
CHONGSHEN ZUIXING FADING ZHUYI

孙万怀 著

责任编辑 汤子君
装帧设计 汪奇峰

出版 法律出版社
总发行 中国法律图书有限公司
经销 新华书店
印刷 固安华明印业有限公司
责任校对 杨昆玲
责任印制 陶 松

编辑统筹 学术·对外出版分社
开本 720毫米×960毫米 1/16
印张 19.5
字数 301千
版本 2017年10月第1版
印次 2017年10月第1次印刷

法律出版社/北京市丰台区莲花池西里7号(100073)
网址/www.lawpress.com.cn
投稿邮箱/info@lawpress.com.cn
举报维权邮箱/jbwq@lawpress.com.cn
销售热线/010-63939792
咨询电话/010-63939796

中国法律图书有限公司/北京市丰台区莲花池西里7号(100073)
全国各地中法图分、子公司销售电话:
统一销售客服/400-660-6393
第一法律书店/010-63939781/9782
西安分公司/029-85330678
重庆分公司/023-67453036
上海分公司/021-62071639/1636
深圳分公司/0755-83072995

书号: ISBN 978-7-5197-1311-9
定价: 58.00元
(如有缺页或倒装,中国法律图书有限公司负责退换)